中国农业补贴改革：思考与探索

——构建"险补结合"农业暨粮食补贴新体系

姚 蔚 著

中国农业出版社

北 京

序一

庹国柱

姚蔚博士的专著《中国农业补贴改革：思考与探索》要出版了，有幸先睹，实为快事。我是一个农业保险研究爱好者，特别喜欢学习和阅读各位同仁朋友的有关农业保险的作品，每每读到这种很有见地的有创意的全书和著作都是异常高兴的。

姚蔚博士的这部著作，讨论的是农业特别是粮食的补贴问题。农业补贴是我国农业发展的重要政策，这类政策关系到广大农民的切身利益，也关系到农业的长期稳定发展。我国政府在过去几十年里，在农业补贴方面出台了一系列相关政策，采取了很多重要措施，财政在这方面的投入也不断增加。这种补贴，不仅直接补贴给农户，还要大量补贴给粮食流通企业。应该说这种普惠性补贴政策，对于鼓励农户从事粮食生产，保障城乡居民的廉价粮食供给，取得了积极效果。但是，在我国农业现代化和城市化迅速发展和忠实执行WTO农业协议的背景下，随着越来越多的农户将土地流转给其他经营者或者放弃种植，其正向激励作用越来越弱。同时，因为粮食收购价格保护，使国内粮食价格与国际市场价格倒挂，导致粮食流通领域产生巨大的亏损"挂账"，无论对于粮食流通企业还是对政府财政预算支出都增加了压力。因此，现行农业补贴政策的实施效率和效果日益递减，而且很多方面颇受诟病，同时由于有些方面不完全符合WTO的某些规则，也受到来自其他国家的投诉。

姚蔚博士作为一个农业发展银行的员工，其部分工作跟农业补贴有关，也专门参与农业补贴政策的实施，对该政策越来越明显的缺陷体会良多，针对性地做过不少调查研究，提出了用"以险代补，险补结合"的创新方案替代目前的农业补贴方式。我认为这是很有创新意义的研究成果。

对于如何合法有效使用农业补贴,是很多国家的政府都在动脑子和不断探讨的问题。那就是在行政化补贴和市场化补贴两种政策手段并存的条件下,考虑到行政化补贴的低效率和世贸规则的约束,更多地利用市场化的补贴手段补贴农业和农民,更容易在不犯规条件下达到更好的补贴效果。这里所说的市场化补贴手段就是通过对农业保险的普惠补贴,更好地达成政府农业政策目标的手段。

从世界范围内来考察,农业保险这种市场化的补贴工具或方式,之所以越来越受各国政府青睐,从原理上来说,它对真正达成多重农业和社会政策目标来说,效率是相对较高的。因为,与撒胡椒面式的行政化补贴相比,农业保险是从一个普惠的起点(每个农户都平等享有政府保险费补贴的权利),通过保险再分配机制,使真正需要获得损失(灾害风险损失和市场风险损失)补偿的农业经营户获得了比较充分的损失补偿。这种积极结果和较高效率是行政化补贴无法企及的。

怎样更好地利用农业保险这种政策工具,使其更好地达到政策目标,真正取得最优的政策效果,是农业保险学界和业界一直努力想做到的。姚蔚博士在仔细研究了其他国家特别是美国的经验之后,精心设计出了这种"以险代补,险补结合"的方案。那就是,在完全放开粮食市场交易的背景下,基于有限政府和共同分担风险的理念,以扩大保费补贴资金来源为条件,以农业再保险为载体,对粮食作物的自然风险损失和市场风险损失都进行补偿,不过这种补偿不是通常单独采用的产量保险或者收入保险产品和操作方式,而是很好地将粮食补贴和粮食生产保险结合起来,将补偿和激励结合起来。这种巧妙的设计,将粮食流通领域低效率的间接暗补,变成生产领域高效率的风险补偿,并以此作为"以险代补,险补结合"农险体系的财政补贴资金来源。通过流通领域稳步推进的去库存策略,把当前的粮食流通领域低效率的高额补贴,通过这种方式调整到生产环节,既促进了粮食生产,又解决了政府在粮食流通领域一直头疼的巨额"挂账"问题。显然,这是一个两全其美的创新方案。

作者在介绍其方案设计原理的同时,还专门讨论了纳入本方案的重要农产品如何确定,风险补偿资金从哪里来,风险补偿补给谁,补偿价格如何定，补偿数量如何核定等具体操作要点，还测算了经营规模和所需财政资金，大大提高了该方案的可操作性，为决策部门提供了比较充分的决策依据，也方便实务部门试验操作。我想，这种理论与实际紧密结合的研究成果是非常有价值的，为我们农业政策和农业保险研究提供了一个很好的范例。

目前，我国正在致力于实施乡村振兴战略，农业供给侧结构性改革也在轰轰烈烈地展开，政策性农业保险是这个宏伟战略的重要组成部分。12年政策性农业保险的发展实践表明，农业保险做好了，将在多个方面达成政府、农业农村、金融等多个领域的政策目标。当然农业保险制度建设需要完善，农业保险的政策需要调整，农业保险的经营模式需要创新，农业保险需要更多像姚蔚博士的这类有创新意义的研究成果，极大丰富我们的农业保险理论和实践，为实施乡村振兴战略做出更多贡献。

在姚蔚博士这本专著出版之际，我向姚蔚博士表示衷心的感谢和祝贺，也向各界推荐这部针对性和可读性都比较强的著作，期待著作中提出的方案能够被采纳和实施。

2019年4月20日于北京

序 二

鲍建安

粮食安全是国家安全的重要基础，是党中央治国理政的头等大事。随着农业供给侧结构性改革的深入推进，粮食生产、消费、加工及市场调控等外部环境正在发生深刻变化，面对生产成本攀升、国内外价格倒挂、调控压力加大，以及WTO规则约束的"多重挤压"，持续推进粮食市场化改革已是大势所趋、不可逆转。在这样的大背景下，姚蔚同志提出按照"以险代补、险补结合"思路改革我国农业暨粮食补贴体系的政策建议，是深化我国农业支持保护制度改革的一次新尝试。

粮食市场化改革的主要目的是要减少政府对粮食市场的行政手段和行政干预，放开市场，真正发挥市场机制在资源配置中的决定性作用，这就是农业补贴体系改革的作用所在。当然，改革的关键还是要靠创新，用创新的思维和方法解决粮食市场化改革中面临的难点和突出问题。

创新的过程既是思想解放的过程，也是统一认识、拓宽思路的过程，更是创新举措、产品、模式和机制的过程。就本书而言，姚蔚同志提出的"以险代补、险补结合"的新模式，非常有创新思想，具体体现在几个方面：一是将种粮农户的收入补贴和自然风险补偿结合到了一起。二是规避了财政风险，节约了财政支出，提高了农业补贴效率。三是通过再保险和银行间市场建立全国农业的巨灾风险分散机制，弥补了国内农业保险领域比较大的一个制度缺陷。实际上，以农业再保险改进粮食补贴体系是一个很好的政策框架，创新性地把直补政策和反周期补贴政策有机结合到了一起，不仅激发了农民的种粮积极性，同时也不影响市场机制发挥作用。

粮食补贴新体系的改革，要建立在对历史、现状和未来进行全面思考和分析的基础上，要实行问题导向。为此，姚蔚同志提出对现有的政策框架实行保留、取消与修改相结合，合理引入条件，逐步建立粮食流通市场全面放开、粮食最低收购价和临时收储政策、"以险代补、险补结合"粮食补贴体系"三位一体"的新型粮食宏观调控总体框架。但从实践角度来看，新体系要充分发挥作用还需注意两方面问题。一是要有大局观，要强调站位。要从有利于国家粮食安全的高度，尤其是中美贸易战的背景下，怎样保持中国农民种粮的积极性，怎样保证中国人的饭碗装的是中国粮，要从这个大局的高度来考虑问题。二是要保留调控的余地。中国的农业问题不是一个简单问题，所以在设计宏观调控架构的时候，对粮食生产和流通领域都要保留调控的余地，要确保宏观调控的工具箱有足够的政策工具可用。

"知为行之始，行为知之成"。"以险代补、险补结合"的农业暨粮食宏观调控框架是否可行，还有待实践的进一步检验，但姚蔚同志能够提出这样一套新的农业暨粮食宏观调控思路，已属难能可贵，希望作者能够继续通过工作实践跟踪研究我国农业补贴体系的演进路径，提出更多更好的政策建议和改革方案。

2019 年 4 月 25 日于北京

前言

经过近15年的思考、探索与实践，以及近两年的写作，《中国农业补贴改革：思考与探索》这部书终于面世了，也算完成了萦绕我心头多年的一个夙愿。

记得2004年刚刚入职中国农业发展银行的时候，总是接触一个难以理解的专有名词——"粮棉油价差亏损挂账"，于是我就带着几分好奇心，想认真了解一下什么是"粮棉油价差亏损挂账"，以及亏损挂账形成的原因。没想到，由此与农业暨粮食补贴体系改革结下了不解之缘。通过对"粮棉油价差亏损挂账"的持续思考与研究，我发现我国近40年来持续使用并导致四次挂账的粮食价格支持政策体系，其实质都是通过流通环节的粮食价格来影响前向的生产环节和后向的加工环节。这种调控方式虽然名义上降低了财政负担，但实际上不仅干扰了市场价格体系，产生了有规律的四次大规模挂账，更对我国形成现代化的农业生产和加工体系形成了系统性扰动：在粮食价格上升阶段，导致加工环节的生产企业原材料成本急剧上升，以致加工企业大规模退出市场；在粮食价格下降阶段，导致生产环节的现代化种植企业收益暴跌，并产生劣币驱逐良币的逆淘汰问题。

于是，下一个问题"如何进一步完善我国农业暨粮食宏观调控方式，提高补贴效率，从根本上解决粮棉油价差亏损挂账"便一直萦绕在我的心头，挥之不去。经过近15年的持续思考、探索与实践，我逐渐认识到农业暨粮食调控政策的关键在于把握好"度"，既要发挥其提高粮食等大宗农产品产量、保护种粮农民收入、稳定市场价格预期的功效，又要避免过度使用政策调控工具，尤其是价格型调控工具，对经济造成不必要的扰动，避免为解决一个问题而导致更加严重的新问题。

那么，解决问题的方向在哪里呢？结合多年来的工作实践与基层调研，再加上持续的思考与探索，我逐步将进一步优化农业暨粮食宏观调控政策体系的思路归纳为"以险代补、险补结合",即在保留当前粮食生产环节直接补贴的前提下,可以通过组建中国农业再保险公司,以再保险公司保障、规范、引导各类农业保险,将粮食流通领域的间接价格补贴通过新型农业保险的方式转化为粮食生产领域的风险收入补偿,并逐步使之成为种粮农民收入补贴的核心支柱,从而为健全现有粮食补贴体系、促进粮食价格回归市场调节创造条件。

实际上,在我内心深处,建立"以险代补、险补结合"粮食补贴体系不仅是优化农业暨粮食宏观调控政策体系的方案,更是深化我国农业支持保护制度改革的一次新尝试。在建立"险补结合"粮食补贴新体系过程中,要联系过去、现在和未来,深入思考问题,实行问题导向,对现有的政策框架实行保留、取消与修改相结合,合理引入条件,逐步建立粮食流通市场全面放开、粮食最低收购价和临时收储政策、"以险代补、险补结合"粮食补贴体系"三位一体"的新型农业暨粮食宏观调控总体框架。一个政策分别解决一个问题,力争每个政策在解决问题的同时尽量不产生新的问题,充分发挥市场机制在资源配置中的决定作用,更好地发挥政府在促进资源合理配置和建设现代公平公正社会中的重要作用。

《中国农业补贴改革:思考与探索》这部书能够面世,首先要感谢我的导师蔡昉,以及首都经贸大学的庹国柱老师。2004—2007年我在中国社科院研究生院攻读博士学位时,蔡昉老师不辞辛苦指导我完成了博士全书《中国农业保险准公共物品边界及其竞争性供给体系研究》,也正是通过写作这篇博士全书,我才对我国的农业保险—再保险体系有了系统认识,并为后来将其与我国农业暨粮食补贴体系改革进行结合与创新奠定了基础。庹国柱老师是我国农业保险领域的泰斗和前辈。这些年我跟踪研究我国农业保险的主要途径之一就是认真拜读学习庹国柱老师的相关著作。2018年,在第五期中国农业保险论坛上,我有幸第一次向庹国柱老师系统汇报"险补结合"农业暨粮食补贴新思路,得到了庹国柱老师的大力支持与肯定,也为我出版此书进一步增强了信心。

感谢中国国际经济交流中心的张晓强副理事长和聂振邦副理事长,以及产业规划部的李金波副部长和张秀青研究员。2015年,我与中国国际经济交流中心产业规划部副部长李金波同志开始共同研究"险补结合"农业暨粮食补贴体系改革问题。2016年8月，我和李金波同志合著的《构建基于再保险的粮食补贴体系促进农业持续健康发展》一文在中国国际经济交流中心研究报告上刊发。2016年9月，中国国际经济交流中心副理事长、国家粮食局原局长聂振邦同志在办公室单独约见我和李金波同志，听取我们关于我国粮食补贴体系改革的具体思路和操作建议，并表示认同"以险代补、险补结合"的粮食补贴新思路。随后，中国国际经济交流中心常务副理事长、国家发改委原副主任张晓强同志也几次听取我们的研究进展情况汇报，并在接下来的两年中亲自指导课题研究，给予了我极大的支持和帮助。

感谢中国农业发展银行解学智董事长、钱文挥行长、鲍建安副行长和殷久勇副行长。正是得益于上述四位领导的大力支持，"险补结合"农业暨粮食补贴体系改革课题研究才能够在中国农业发展银行立项并获得经费支持。课题立项两年来，一方面四位领导多次专门听取课题汇报，随时了解课题进展，全力支持课题研究；另一方面中国农业发展银行的全力支持为"险补结合"课题研究提供了坚实的基础。可以说，没有中国农业发展银行的鼎力支持和悉心培养，就不会有《中国农业补贴改革：思考与探索》这部书的问世。

最后，还要感谢我的家人在我近两年创作《中国农业补贴改革：思考与探索》期间给予我的支持。在我写作期间，正是家人无微不至的照顾与陪伴，使我得以倾注全力完成此著。

书生报国成何计，只计耕耘不计收。谨以此书献给辛苦耕耘的农民兄弟！

姚 蔚

2019年4月9日于雄安新区

目录

序一
序二
前言

导论　中国农业补贴改革：思考与探索 ………………………… 1

　第一节　改革开放 40 年来对我国农业暨粮食宏观
　　　　　调控政策的反思 ………………………………………… 1
　第二节　我国农业暨粮食宏观调控政策体系的演进与完善 …… 3
　第三节　中国农业补贴改革：思考与探索 ……………………… 6

第一章　农业补贴的经济分析 ………………………………………… 10

　第一节　农业补贴的概念及其界定 ……………………………… 10
　第二节　农业补贴的经济分析 …………………………………… 21

第二章　我国农业暨粮食补贴基本框架、绩效与存在问题 ……… 32

　第一节　公共财政框架下我国农业暨粮食补贴的功能定位 …… 32
　第二节　我国财政支农基本框架、政策绩效与存在问题 ……… 36
　第三节　我国粮食支持补贴体系基本框架、政策绩效与
　　　　　存在问题 …………………………………………………… 48

第三章　农业保险：农业暨粮食补贴的一种方式 ………………… 83

　第一节　农业保险：农业直接补贴的最优安排之一 …………… 83
　第二节　农业保险：国际粮食补贴体系的主流趋势 …………… 97

第四章　我国农业保险发展评述 …………………………………… 138

　第一节　我国农业保险发展历程 ………………………………… 138
　第二节　我国农业保险发展现状及主要经营模式 ……………… 147

第三节　我国农业保险发展取得的成就与存在的问题 …………… 161
　　第四节　我国农业保险发展评述 ………………………………… 174

第五章　农业再保险："险补结合"的主要载体 ………………………… 182
　　第一节　再保险概述 ……………………………………………… 182
　　第二节　再保险市场 ……………………………………………… 189
　　第三节　农业再保险："险补结合"的主要载体 ………………… 195
　　第四节　我国农业再保险发展评述 ……………………………… 208

第六章　引入"险补结合"粮食补贴新体系的基本原理 ……………… 214
　　第一节　构建新体系的指导思想 ………………………………… 214
　　第二节　构建新体系的主要方法 ………………………………… 225
　　第三节　构建新体系的主要原则 ………………………………… 237

第七章　"险补结合"粮食补贴新体系政策框架 ……………………… 259
　　第一节　新体系的政策框架 ……………………………………… 259
　　第二节　新体系的运行模式 ……………………………………… 284
　　第三节　新体系的主要功能 ……………………………………… 298
　　第四节　"险补结合"新型农险与农业收入保险和
　　　　　　价格保险的区别 ………………………………………… 305
　　第四节　新体系对现行农业暨粮食补贴体系的比较优势 ……… 313

第八章　"险补结合"粮食补贴新体系实证分析 ……………………… 318
　　第一节　公共财政补贴"险补结合"型农业保险的原则 ……… 318
　　第二节　农业保险费率的确定 …………………………………… 319
　　第三节　公共财政补贴测算 ……………………………………… 322
　　第四节　结论 ……………………………………………………… 331

附表 ……………………………………………………………………… 333
参考文献 ………………………………………………………………… 342

导论

中国农业补贴改革：思考与探索

改革开放 40 年来，我国农业暨粮食宏观调控政策框架的多目标可以按重要顺序依次归纳为：一要确保粮食稳定高产，这是我国人口众多的国情决定的；二要稳定粮食价格，这关乎我国整个商品价格体系和国民经济的平稳运行；三要持续提高农民收入，这关乎社会稳定和共同富裕。40 年来，我国农业暨粮食宏观调控政策体系的基本逻辑就是在粮食价格回归市场调节的大前提下，采取价格支持这一种政策工具，确保上述三大目标尽可能实现。

第一节 改革开放 40 年来对我国农业暨粮食宏观调控政策的反思

改革开放 40 年来，由于人口基数大造成的产量"硬约束"等问题的存在，为持续稳定粮食等大宗农产品产量，中央政府还不能完全放弃价格型调控，价格型工具在粮食政策调控中仍发挥着必要的作用。而我国目前的粮食调控政策框架也正处在从价格型调控模式向收入保障型政策模式转型的过程中，粮食等大宗农产品产量稳定兼具"价格"和"收入"保障两方面的特征。通过认真归纳梳理我国改革开放 40 年来农业暨粮食宏观调控的得失，至少有以下几方面仍值得我们认真关注和深入思考。

一、价格支持政策导致市场机制扭曲

从现行价格支持政策执行效果来看，该政策提高了国家有效掌握重要农产品资源的能力，充实了国家战略储备，更好地实现了粮食等重要农产品的供需平衡，特别是国家运用粮油收储和投放，取得了比较好的稳定市场供给和价格水平的作用。但随着我国粮食价格支持政策的持续实施，其负面效应也逐渐显现。一是市场机制扭曲。收储数量过多，影响了市场机制的发挥，不利于产业链健康发展。不限量的收储政策导致储备粮棉油库存远超常年储备，背离了"托底收购"的政策初衷。二是阻碍了多元市场主体健康发展。流通、加工各类市场主体正常经营积极性下降，交储成为唯一目标，形成事实上的国家统购统销，阻碍了多元市场主体的发育和产业链健康发展。三是过量收储造成各方面压力剧增。粮食等大宗农产品库存高企、内外价差拉大、进口数量激增、加工企业经营亏损、财政补贴难以为继、信贷资金占用创历史新高，整个粮食生产、流通和加工领域潜在风险居高不下。

二、农业暨粮食调控政策的关键在于把握好"度"

历史地看我国农业暨粮食宏观调控政策体系演变，可以发现，包括我们正在实行的粮食目标价格补贴政策、生产者补贴政策与最低收购价政策在内，均未跳出近40年来持续使用并导致四次挂账的粮食价格支持政策体系，其实质都是通过流通环节的粮食价格来影响前向的生产环节和后向的加工环节。这种调控方式虽然名义上降低了财政负担，但实际上不仅干扰了市场价格体系，产生了有规律的四次大规模挂账，更对我国形成现代化的农业生产和加工体系进行了系统性扰动：在粮食价格上升阶段，导致加工环节的生产企业原材料成本急剧上升，以致加工企业大规模退出市场；在粮食价格的下降阶段，导致生产环节的现代化种植企业收益暴跌，并产生劣币驱逐良币的逆淘汰问题。因此，农业暨粮食调控政策的关键在于把握好"度"，既要发挥其提高粮食等大宗农产品产量、保护种粮农民收入、稳定市场价格预期的功效，又要避免过度使用政策调控工具，尤其是价格型调控工具，对经济造成不必要的扰动，避免为解决一个问题而导致更加严重的新问题。

三、采取价格支持这一种政策工具不仅无法同时实现提高粮食产量、保护种粮农民收入、稳定市场价格这三个目标，还会导致政策的系统性偏差

根据丁伯根法则，一个政策目标至少需要一个政策工具来支持。

而反观我国农业暨粮食宏观调控现实，40年来持续使用价格支持这一种政策工具来实现提高粮食产量、保护种粮农民收入、稳定市场价格这三个目标，实在是勉为其难，尤其在实际经济运行高度复杂多变的情况下，农业暨粮食调控仅采用价格支持这一单一政策工具不仅存在诸多问题，而且事实上一旦开始盯住某一个目标，例如价格，这个目标本身也会异化，进而导致政策的系统性偏差，因此，调控政策需要引入多工具变量，如农户收入保险政策体系，把当前对粮食流通领域低效率的高额补贴，通过"以险代补、险补结合"的方式，逐步调整至生产环节，在重点支持现代高效粮食生产体系发展的同时，放开粮食流通和加工环节，通过市场竞争方式培育我国具有国际竞争力的粮食流通和加工产业。

第二节 我国农业暨粮食宏观调控政策体系的演进与完善

概括起来，一个"好"的农业暨粮食宏观调控政策体系需要根据经济发展水平和形势变化的要求，权衡和把握各方面的利弊得失，在各种"两难选择"中寻找最佳的中间状态，争取实现最好的政策效果。

当前，基于我国现实国情，建议按照"以险代补、险补结合"的思路，进一步优化农业暨粮食宏观调控政策体系，即在保留当前粮食生产环节直接补贴的前提下，通过组建中国农业再保险公司，以再保险公司保障、规范、引导各类农业保险，将粮食流通领域的间接价格补贴通过新型农业保险的方式转化为粮食生产领域的风险收入补偿，并逐步使之成为种粮农民收入补贴的核心支柱，从而为健全现有粮食补贴体系、促进粮食价格回归市场调节创造条件。结合我国农业保险发展的客观实际，可以将我国目前农业保险的风险补偿设计思路调整为收入补贴设计思路，以农业保险来托底农户收入，使之成为种粮农户收入补贴的核心工具。具体就是针对三大主粮品种（小麦、稻谷和玉米），在农户实现稳产高产的情况下，通过农业保险的收入保障契约条款，确保农户取得稳定的种植收益（保障收入＝常年产量×保障价格×保障水平，若农户取得的种植收益低于上述保障收入，由农业保险补齐差额），以防"谷贱伤农"；而在农户面临自然灾害、出现减产亏损的情况下，通过农业保险的风险补偿契约条款，确保农户前期投入和物化劳动能够得到风险补偿。该方案可以有效建立种粮农民的收入保障机制、粮食价格自由浮动机制、农业保险履约机制和加大农业支持的融资机制，在提高补贴效率的同时减轻财政负担，促进农业持续健康发展，具体内容将在后续章节详细展开。

从本质上看，"以险代补、险补结合"粮食补贴体系是一种具有特殊针对性的农业补贴制度和粮食市场损失（包括价格损失和因灾损失）补偿制度的结合，主要目的是为了发挥市场机制在农业资源配置中的决定作用和解决市场机制所不能解决的利益分配上的失灵问题。基本内容是在粮食市场流通适度放开的条件下，实行价补分离（粮食价格由市场主体决定，粮食补贴由政府统筹决定）和险补结合（粮食补贴与价格变化和粮食实际生产等挂钩）。补贴在价外运行，国家在有限政府框架内按照公开、公平和效率原则，帮助解决农业生产者粮食价格损失和自然灾害损失问题，在制度设计上带有公共性、长期性和合约性。基本思路是放开市场，发挥市场机制在资源配置中的决定性作用，让农产品市场损失问题显性化，用制度解决问题，实行合约治理。主要方式是政府财政出资，让国家对农业生产者提供的政策性补贴通过"以险代补、险补结合"的方式合理化、"绿箱"化，建立激励约束机制，确保制度在实践中执行的实际结果与制度设计目标保持一致。

其中，"以险代补"就是设立农业再保险机构，以农业收入保险充当农业补贴的核心工具，替代农产品价格支持政策和其他直补政策的农户收入补贴功能，健全粮食补贴体系。但这里要强调的是，这个"代"不是彻底代替、非黑即白的边角解，其最终目的是要实现"险补结合"，为农业暨粮食宏观调控增加一个生产环节保护农民收入的调控工具，以便于相机抉择：即剥离粮食价格支持政策的农户收入补贴功能，交由粮食生产领域的农户收入保险来承担，与此同时，保留价格支持政策对粮食流通领域的价格调节功能，使得每一项政策工具仅承担一项粮食调控目标，并通过政策工具的组合应用，共同服务好我国粮食安全和宏观调控需要。因为根据"丁伯根法则",实现一个政策目标至少要采用一个政策工具,且可用的工具越多,对每个工具的依赖程度就越低。反思我国改革开放40年以来粮食流通领域的农业补贴政策,正是因为单独依靠农产品价格支持这一种政策工具[①],才形成四次规模一次比一次大的挂账,并通过8~10年一次有规律的挂账节奏,将农产品流通领域的人为扰动扩散至前端的生产环节和后端的加工环节,导致我国现代化的农业生产和深加工产业迟迟无法形成!这也再次证明市场规律只会迟到却不会缺席,违背市场规律迟早会付出代价。因此,我们要发自内心地尊重市场的力量,采用市场化的意识和方式来应对大宗农产品市场状况。

本书提出的建立"以险代补、险补结合"粮食补贴体系是深化我国农业支持保护制度改革的一次新尝试。我国是一个农业大国,推进农业支持保护政策改革关系重大,影响全局和长远。在建立"险补结合"粮食补贴新体系过程中,要联系过去、现在和未来,深入思考问题,实行问题导向,围绕保供稳价、长期发展和解决问题,对现有的政策框架实行保留、取消与修改相结合,合理引入条件,逐步建立粮食流通市场全面放开、粮食最低收购价和临时收储政策、"以险代补、险补结合"粮食补贴体系"三位一体"的新型粮食宏观调控总体框架。一个政策分别解决一个问题,力争每个政策在解决问题的同时尽量不产生新的问题,充分发挥市场机制在资源配置中的决定作用,更好地发挥政府在促进资源合理配置和建设现代公平公正社会中的重要作用。

当然,对于粮食等大宗农产品市场进行调控,任何政策都不可能十全十美,让各方面都满意,而且任何政策选择也都有机会成本,即意味着选择这一政策,就放弃了其他政策选择带来的好处。就当下而言,之所以提出"以险代补、险补结合"的政策建议,一方面是因为

---

① 粮食流通领域的目标价格补贴政策、生产者补贴政策与最低收购价政策的制定思路一样,均未跳出近40年来持续使用并导致4次挂账的粮食价格支持政策体系。所不同的只是玉米直补政策采取的是放开价格,使得玉米价格和产量步入下降通道,而小麦和稻谷为确保产量,其最低收购价政策采取的依然是托住价格的政策思路。但实质上,上述思路都是通过流通环节的粮食价格来影响前向的生产环节和后向的加工环节。

农产品价格支持政策经过近 40 年的持续使用，其政策的边际收益递减、边际成本上升，政策的副作用日益增大，甚至到了中央财政无力承担的地步，迫切需要引入新的政策体系，在有效保护种粮农户收入的同时，降低中央财政负担，提高农业补贴效率。另一方面，需要强调的是，无论价格支持政策也好，农户收入补贴政策也好，或者农业再保险政策也好，所有这些政策都是农业宏观调控的相机决策工具，本身没有绝对的好坏之分，而是各有利弊，事前难以做出精准的评判，政策执行中的利弊也是动态演化的，并非一成不变。

第三节　中国农业补贴改革：思考与探索

当前，我国经济发展已经进入新常态，面对农业生产成本攀升、国内外农产品价格倒挂，以及资源环境压力持续加大的"多重挤压"，确保粮食等大宗农产品有效供给和质量安全，提升农业可持续发展能力，促进农民持续增收，对于我国经济社会发展全局至关重要。在这样的大背景下，提出按照"以险代补、险补结合"思路改革我国农业暨粮食补贴体系的政策建议，除了希望进一步完善我国农业宏观调控体系，也希望通过以建立农业保险-再保险市场调控机制为契机，以点带面，在下述几方面逐步发挥市场在大宗农产品资源配置中的决定性作用。

一、建立"农业生产基础信息大数据管理系统"

"农业生产基础信息大数据管理系统"是贯穿"险补结合"新型农业保险全流程的跨行业、跨专业、跨地域、跨时间的结构化、多维度、多形态的海量农业保险相关数据的大集中，是发挥数据价值、促进新型农业保险创新发展的重要手段。当前，我国加强农业政策信息和统计信息发布工作具有重要的意义，这关系到我国农业生产决策的科学性。在这方面，迫切的工作是完善统计制度和信息披露制度，通过建立"农业生产基础信息大数据管理系统"，避免非客观因素对信息的屏蔽或扭曲。因此，我们希望通过引入"险补结合"农业保险体系，建立起包含全国各个农户土地承包与种植面积的地理信息、种植产品信息等全方位基础性数据库信息系统，以便能够准确甄别和确定各个农户的产量、种植面积等情况，为此，有关部门应充分应用卫星遥感等现代信息技术，结合农户承包地登记、确权及农业普查等工作，率先在粮食主产区建立以农户为单位的耕地资源与粮食种植面积基础数据库和土地空间信息管理系统，为今后实施"以险代补、险补结合"政策打下坚实基础。

二、引导未来我国农业经营模式的演变方向

从我国的实际情况看，虽然小农户经营靠实行精耕细作和从事兼业活动通常能够保证获取维持生计所需要的收入，但这种在封闭市场下可以维持的经营模式很难在开放的环境下长期生存，其劣势突出表现在家庭可支配的资源要素在结构上不匹配、生产和流通环节缺乏规模经济、对产品质量进行监控的成本过高、应对自然风险和市场风险的能力太弱、在商业性资金市场上难以融资等多个方面，针对小农户的政策扶持措施也存在难以对准目标和执行成本高昂的问题。更重要的是，这种经营模式和生活模式对于年轻一代农民缺乏足够的吸引力，从而造成农户无法顺利实现代际交接问题。因而从技术、经济和社会各个层面看，小农户经营模式都缺乏可持续性，更谈不上具有国际竞争力。考虑到上述情况，我国需要在保持当前的农村基本经营制度基本稳定的同时，妥善规划其未来的发展方向，并创造适合的政治经济环境，引导其循序渐进地做调整。

参照国外已有的实践经验，未来中国的农业经营组织的发展方向包括规模化的家庭农场、基于合作制的联合经营和公司制农场。从我国实际情况看，家庭农场规模化具有现实可行性，但依赖于农村居民向城镇迁移的速度，并且即使得到有效推进，规模仍然非常狭小，不足以根本改变目前的格局。合作制联合经营可以将农户组织在一起，提高生产和流通效率，但要素产权不清晰、商业环境不良、农民缺乏民主决策的文化、改革开放前多年实行集体经济给人们留下的惨痛记忆、政府对于农民组织的疑虑等限制了合作经营模式的发展。虽然在国内外都把"订单农业"作为将农民与市场连接起来的一种有效方式，但其经营绩效和利益分配格局在很大程度上取决于双方能否在利

益共享的基础上形成合作关系，这需要适合的法律制度。由于我国的耕地主要为集体所有，并且不存在土地交易市场，这使得商业企业只能通过租赁土地的方式介入生产，或通过订单生产方式获取所需要的农业原料，发展公司制农场尚缺乏必要的条件。因此，我们希望建立"以险代补、险补结合"的农业补贴体系，通过保费下浮鼓励适度规模经营等方式，引导农户自发性地开展制度创新，而非强制地推行某种模式，最大化地采取市场方式提高农业生产效率，释放农业生产力。

三、促进农业政策目标的协调、机制的顺畅和可持续性

我国40年来依靠价格支持政策开展农业宏观调控的经验教训以及后续第一章即将展开的农业补贴经济分析表明，扭曲性的价格支持措施虽然有助于实现产出目标，但造成的国民经济福利损失通常较大；非扭曲性的直接补贴政策虽然有助于提高农民收入，但对于实现产出目标往往并无直接帮助，不仅无法作为宏观调控工具使用，在面对大量小农户时执行成本也极为高昂。为此，我们希望通过建立"险补结合"的农业保险-再保险市场调控机制，进一步融合价格支持和收入补贴两种农业补贴方式的优势，在明确农业收入保险体系承担粮食收入补贴核心支柱职能的前提下，发挥市场在资源配置中的决定性作用，统筹粮食收入补贴政策与价格支持政策的调整，促进农业政策目标的协调、机制的顺畅和可持续性。即按照"稳价格、提收入、调结构、促转型"的思路，统筹规划以农业保险为核心的粮食收入补贴政策与粮食价格支持政策的调整，力争做到政策调整环环相扣，互相协同，整体推进。其中，"稳价格"是粮食补贴政策调整的前提，这里的稳价格除了指稳定粮食现货市场价格以外，更重要的是稳定未来市场价格预期；"提收入"主要是指通过"以险代补、险补结合"的方式，提高对种粮农户的收入补贴力度，但要指出的是，"稳价格"是"提收入"的前提，如果价格预期不稳，即便提高种粮农户的收入补贴力度，政策效果也会大打折扣；"调结构"主要是指调整粮食收入补贴政策的补贴方向、深度和范围，并将农户收入补贴的发放与农业保险的投保、定损、理赔情况相衔接；"促转型"主要指通过统筹

规划农业收入补贴政策与农业价格支持政策的调整,达到促进我国农业生产向适度集约化、规模化的现代农业发展方式转型的目的。

四、探索农业风险管理方面的制度创新

我国的农业发展面临多种形式的内部和外部风险,如极端气象灾害对农业生产造成严重影响、重大食品安全事件、热钱投机炒作导致的价格异常波动、政治因素导致的农产品市场运行偏离正轨等。这些现象的发生会影响到国内大宗农产品供给或国际贸易,进而影响到农业生产者的收入或消费者的生计,因而需要采取措施加以防范或抑制其负面影响。而实践经验进一步表明,农产品需求很少出现急剧变化,波动主要发生在供给方面,这可能涉及灾害对生产的影响、政策或政治因素导致的生产波动或出口波动、发生动植物疫病造成的进口或出口限制等。鉴于农产品供给发生波动在所难免,如果按照"以险代补、险补结合"思路建立起农业保险-再保险市场调控机制后,可以将中国农业再保险公司的发起人作为银行间市场与保险市场的联结点,可以通过银行间市场定期融入巨额流动性资金(如发行巨灾债券)满足中国农业再保险公司在大灾之年理赔农业保险产品的流动性资金需求,进而降低或分担财政承担的潜在农业风险责任,弥补我国农业保险领域的重大制度缺陷。

五、进一步激活我国农村金融市场,丰富农村金融产品

按照"以险代补、险补结合"思路建立起农业保险-再保险市场调控机制后,有利于对我国粮食生产和流通领域进行一体化的系统调控,提高补贴效率,减轻财政负担,形成更好的政策协同效果,同时也为我国农业宏观调控创造一组合适的调控工具,便于相机抉择,进一步激活我国农村金融市场活力,丰富农村金融产品。未来,一张"险补结合"的农业收入保险保单,既可以作为质押,直接到银行申请涉农贷款融资;也可以作为现货仓单,用于大宗农产品的现货流通凭证;还可以作为期货仓单,参与大宗农产品的期货交易。

第一章

农业补贴的经济分析

第一节 农业补贴的概念及其界定

在现实生活中,人们经常提到农业补贴,但是,没有人为农业补贴做一个完整的学术定义,通常人们还将"农业补贴"、"农业保护"和"农业支持"等看作同一概念。首先,有必要对农业补贴进行界定和分类,并为本书以后的论述和研究奠定一个基础。一般地讲,农业补贴就是财政对农业部门的转移支付,即政府通过财政对农业生产、流通和贸易进行的转移支付。农业补贴和其他财政补贴一样,是为了调节农产品生产者与社会其他成员、农产品供给者与消费者之间的利益分配,合理配置农业部门与非农部门资源,以达到增进社会福利、提高人民生活水平的一种财政手段。

一、农业补贴的分类

从国内外实践和政策执行看,农业补贴的形式有多种多样,人们对农业补贴的称呼也各不相同,农业补贴的划分方法也不尽一致,主要有以下几种划分方法。

（一）按补贴对象受益形式划分

1. 直接补贴

直接补贴也称直接收入补贴。农业直接补贴,是指政府为了稳定和提高农民收入或减少政策调整给农民收入带来的损失而对农民进行的直接转移支付,它是相对于价格支持等间接补贴而言的。直接补贴是为了补偿由于价格削减或其他政策调整给农民收入造成的损失而进行的政府转移支付。如我国当前实行的对种粮农民直接补贴,也是在放开粮食市场价格、减少价格干预的背景下实施的。直接补贴分为与当前生产脱钩的直接补贴和与生产挂钩的直接补贴。与生产脱钩的直接补贴对市场均衡价格的形成不产生影响,属于WTO的"绿箱"政策。作为一项农业政策改革,直接补贴之所以在近年为许多国家奉行,一方面源于对农产品价格支持理论的深刻反思,另一方面则来自于WTO规则对它的倡导。与其他补贴方式相比,直接补贴效率更高,尤其是有些直接补贴项目与减少化肥、农药的投入等环境保护措施结合,从而有利于环境的改善,并且由于不存在对消费者的隐性征税从而增加了补贴的透明度。

2. 间接补贴

间接补贴也称农产品价格支持。农产品价格支持主要通过降低生产成本或提高销售价格来增加农民的收入,其作用机制具有间接性,即农民只能通过市场环节间接受益,例如我国采取的粮食最低收购价政策。农产品价格支持政策在具体实施过程中,一般由政府事先确定保护价格,并细分为干预价格和目标价格两种,政府既可以在市场价格低于干预价格时,直接按干预价格收购;也可以在市场价格低于目标价格时,直接向农民支付市场价格与目标价格的差价。间接补贴属于WTO的"黄箱"政策。

(二)按补贴与农业生产的关系或对农产品市场影响程度划分

农业补贴包括"农业保护"和"农业支持"两层含义。农业保护是政府利用行政的或法律的强制力量,使农民在实现其农产品价值时能够得到高于由市场均衡价格所决定的收入的一种政府行为。它的基本特征是政府通过转移支付增加农民收入、提高市场均衡价格、降低农产品生产成本等手段,直接或间接增加农产品供给者的收益水平来刺激粮食等农产品产量的增加、保证粮食和食品安全。如对粮食等农产品提供生产、产品价格、生产资料价格、出口、农民收入或其他形式的补贴。在WTO农业多边协议框架下,农业保护通常会对农产品市场造成直接明显的扭曲性影响,尤其在国际贸易中,农产品的出口补贴扭曲了国际自由贸易,给进口国带来不利影响,是WTO自由贸易理念所不赞同的,并试图在多边贸易协议框架下限制和削减。在我国的农业补贴实践中,主要有粮棉油价格支持补贴、农业生产者补贴、相关农产品经营企业政策性亏损补贴、农业生产资料价格补贴、与生产挂钩的农民收入补贴等。

农业支持则是政府从改善农业生产的基本条件入手，通过对农业科技、教育、水利、环保、基础设施等公共产品的财政投资，为农业的持续发展夯实基础，增加后劲。它的基本特征是通过农业生产条件的改善来增加农民的收入，实质是走农业可持续发展的道路。在WTO农业多边协议框架下，农业支持不会对农产品市场和农业产出结构构成直接而明显的扭曲，它是现行农业协议的"绿箱"政策所允许的，也是WTO各成员增加农业补贴合理合法的最佳途径。在我国实践中，主要是支援农村生产和农林水气象等部门事业费、农业基本建设、农业科技三项费用、农村救济、扶贫等支农支出、农业保险等。

虽然农业保护和农业支持所使用的补贴手段不一样，但是它们有一个共同的目的，都是为了增加农民的收入。农业保护把财政转移支付投入在农产品提价或是要素价格补贴上，而农业支持则是把财政转移支付投入在农业生产条件的改善上，特别是对自然再生产条件的改善，通过提高劳动生产率和生物生产率来增加农民收入。因此，农业补贴的最终目的就是用直接或间接的手段增加农民的收入。

（三）按补贴的环节划分

1. 生产补贴

政府给予农业生产者一定水平的补贴，从而降低农产品的生产成本，扩大农产品的供给量。包括生产资料价格补贴和生产者直接收入补贴两种，其经济效应一样，都是造成供给曲线位移，从而改变生产者和消费者剩余。二者均不直接影响农产品的价格形成，但在与农业生产资料价格的关系上不同，前者对农业生产资料价格有直接影响，与市场经济价格形成机制要求不符，后者不存在这一问题。

2. 价格补贴

政府制定一个高于市场均衡价格的农产品价格水平，并以该价格收购因此而产生的全部多余农产品，以维持这一价格水平，其实质是通过政府购买实现收入分配从非农业人口向农业人口的转移，提高农业人口的收入水平。

3. 消费补贴

政府以管制价格从生产者购进某种农产品，然后把购进的农产品以较低的价格卖给国内消费者。迫于财政压力政府付给农业生产者的价格往往低于市场均衡价格，甚至低于农产品的生产成本，这样政府对农业实行的是一种负补贴。

4. 出口补贴

政府给予每单位出口农产品一定金额的补贴，以促进本国的农产品出口。

二、农业补贴的必要性与合理性

农业是国民经济的基础产业，它对人类经济社会发展的特殊性和重要性已经广为人知。蔡昉（2007）指出："现实中很少有哪一个政府从本意上到政策中都忽视了农业的重要性。而恰恰相反，农业和农民在任何政府和政治家的眼里都是未曾忘记的。政治家没有忘记农业，没有忽视农业的重要性，并不意味着政府所制定的政策一定有利于农业的发展。"① 实际上，农业是一个需要多元化投入的产业，如果这个产业能够依靠市场机制的力量步入自我发展的良性循环，那么执政者完全可以静观其变。然而市场机制不是万能的，农业领域存在比较严重的市场失灵，主要表现在以下三个层面。

（一）农业生产条件的公共产品属性

公共产品是指那些满足社会公共需要的具有消费非竞争性和受益非排他性的产品。根据产品非竞争性和非排他性的程度，又可将其分为纯公共产品和准公共产品。由于消费者对于公共产品的消费普遍存在掩饰真实偏好和"搭便车"的动机，再加上公共产品客观存在的外部性，单纯依靠市场机制会导致公共产品的供给不足。对此，萨缪尔森指出："私人生产公共产品势必导致供应不足，因为生产这些产品的收益非常分散，单个企业或消费者不会有经济动力去提供这些服务并从中获利……由于私人提供公共产品普遍不足，政府必须介入以鼓励公共产品生产。"农业生产涉及的投入要素有多种，有些要素投入

---

① 蔡昉. 穷人的经济学 [M]. 北京：社会科学文献出版社，2007.

(如劳动、种子、肥料、农药等)可以依靠农业从业者自行完成,但还有许多要素投入单纯依靠个体农业从业者是无法实现的,如农业基础设施(特别是防涝抗旱的农田水利设施)、农业科研和技术、动物疫病和植物病虫害防控等,这些农业生产条件具有突出的公共产品特征和较强的外部性,如果缺乏公共投资的有力支撑,必将导致农业生产条件的恶化。Johnston 和 Mellor(1961)指出,大幅度增加农业生产力和产出最实际、最经济的方法在于通过引进现代技术提高现存农业经济的效率,用于"发展性服务"(Developmental Services)和"非传统性投入"(Unconventional Inputs)的支出是特别重要的,如农业科研、教育和推广,它们拓宽了农业生产者可实现的生产可能性范围,强化了他们基于更充分的农业技术知识制定决策和执行决策的能力。Timmer(1991)认为,公共部门投资基础设施的一个重要后果是,农村基础设施、灌溉、排水、道路、港口和水路、信息沟通、电力、市场设施等为市场体系的建立打下了基础,只有在这样的基础上才能建立一种有效的农村经济。大部分投资都需要公共部门,即使私人部门在农业生产和建立市场中起主导性作用。没有公共部门这种投资,农村基础设施就会严重不足,也就不能激活生产更多的粮食和生活用品。缺乏充分的农村基础设施建设,私人部门的投资利润会减少,也就降低了农村的活力。公共部门在农村的投资,对私人投资起"聚拢"作用。因此,从长远来看,公共部门在农村基础设施上投资所起的作用主要是刺激农业生产,而农业生产的发展对农村就业和收入分配又起着重要的积极作用。

(二)农业领域的信息不完善

农业领域的信息不完善在产前、产中和产后各个环节均有不同程度的体现。首先,由于市场需求信息的不对称,农业从业者很难根据市场需求及时调整种植结构与产品产量,生产决策带有较大的盲目性。这种个体理性行为常常导致"合成谬误",使农业发展陷入供求失衡的波动中,容易引发"谷贱伤农"和"增产不增收"问题。其次,由于信息渠道不畅,农业科技成果与技术项目不能在农村迅速推广,农业从业者易被虚假的农业科技信息、种植和养殖信息、假化肥、假种子、假农药等蒙骗,造成难以挽回的损失。最后,由于信息传导机制的不完善，农业从业者可能难以及时准确地把握和利用国家出台的各项农业支持政策，再加上农业从业者组织化和社会化程度低，这不仅使他们的愿望和要求得不到及时表达，利益得不到充分体现，也使政府难以准确制定出符合农民实际需求的政策和措施。

（三）农业具有极强的外部性

所谓外部性，就是对于他人对自己造成的利益自己不付报酬（正的外部性或外部经济），或他人对自己造成了损害而他人没有给予赔偿（负的外部性或外部不经济）。外部性引发的后果是边际私人收益和边际社会收益、边际私人成本和边际社会成本的不一致。在此情况下，单纯依靠市场机制无法实现资源的有效配置，因而需要政府通过某些手段予以矫正，如征税、补贴、谈判或合并等。事实上，农业是把"双刃剑"，既能产生正外部性，也可带来负外部性，这主要取决于采取的农业政策，以及农业经营方式。一方面，农业生产不仅能够满足生产者追逐私利的需要，同时还衍生出许多私人无法占有而归于社会的功能，如国家粮食安全保障功能、土地的社会保障功能、生态功能及文化功能等，特别是随着工业化和城市化进程的加快，土地的生态功能和文化教育功能日益凸显。这一系列正外部性的存在使得农业生产的边际私人收益远远低于边际社会收益。另一方面，农业生产也可能产生比较严重的负外部性，如动植物减少、水体污染、土地板结、肥力下降、生活空间缩小，既给本代人的生活带来不利影响，也损害到后代人的生存与发展的权利。更可怕的是，农业生产化学化导致的食品安全问题，不仅危及当代人的身体健康，而且危及人种的繁衍。这些负外部性的存在又使得农业的边际私人成本远小于边际社会成本。尽管农业正外部性和负外部性的大小难以精确度量，但从对人类的整体影响来看，农业的正外部性应当占据主流。按照主流经济学的逻辑，补贴是将外部性内部化最常用的手段之一。因此，农业巨大的正外部性决定了政府需要通过补贴弥补由此导致的效率损失。当然，农业的正外部性是覆盖全国的，因而对农业正外部性的补贴需要多级政府的联合努力，特别是中央政府的努力。Bailey（2006）指出："正的溢出效应或者可以通过扩大地方行政区划的方法加以内部化，或者可以由中央政府负责提供那些会产生溢出效应的服务……作为一种替代性方法，中央政府可以对地方政府对该种服务的供应提供补贴以实现服务供给的经济最优水平……"①

虽然在国家干预上，主流古典经济学家通常有不同的看法，但在基本原则上，他们还是存在广泛的共识，认为政府应该进行干预，以提供公共产品，纠正市场失灵（Timmer，1991；David and Inocencio，2000）。当然，政府提供农业领域的公共产品必然需要相应的财力支持，因此，财政对农业的投入具有经济学逻辑上的理论支撑。西奥多·W. 舒尔茨（1964）以农业科研和技术推广为例强调了财政资金的重要性，并进一步强调指出："对于传统农民来讲，新技术产生高投入回报是绝对必要的，很清楚的是，只有在那些有能力为这些新的农业研究技术提供充足资金支持并进行实际推广的国家，农业发展的步伐才会加速，并在刺激整个经济发展过程中起着广泛的作用，因此为建立这样一种能力，提供充分的资金和科学资源显得尤为必要。"② Morrit 对世界上 17 个发达国家（1970—1975 年）和 18 个发展中国家（1975—1977 年）农业与经济发展关系进行比较后得出结论：人均收入每增加 1%，农产品总值中再投入农业的比重应增加 0.25%；每个农业劳动力人均收入每增加 1%，农产品总值中再投入农业的比重应增加 1.3%。当然，尽管财政投入对农业发展十分重要，但并不意味着政府必然会自觉强化对农业的投入。Hayami 和 Kikuchi（1978）研究了公共部门在灌溉上的投资力度问题。他们认为，一般来讲，无论是私人部门还是政府购买者发出的信号都不是太明显，只有当世界市场粮食价格上涨时，国家才增加预算，扩大农业生产，特别是通过投资灌溉设备，提高稻谷和小麦产量，虽然这种行为是可以理解的，但政府不能从长远观点进行投资决策的做法却是痛苦和窘迫的。

三、农业补贴的一般理论

发达国家的农业保护开始只是单纯的贸易保护。在 20 世纪 20 年

---

① 斯蒂芬·贝利. 地方政府经济学：理论与实践 [M]. 北京：北京大学出版社，2006.
② 西奥多·W. 舒尔茨. 改造传统农业 [M]. 北京：商务印书馆，1964.

代末至30年代初世界经济大危机到来之际，各国为了尽快走出危机，纷纷采取各种措施对农业进行保护和支持。进入现代农业保护阶段，则农业补贴与非关税壁垒控制相结合。在农业保护实践演变的同时，经济学家们也从不同的角度对农业补贴和保护产生的原因和特点进行了分析和归纳，形成了特殊的支持农业保护的理论。这些理论主要包括。

（一）新国际贸易理论

美国经济学家保罗·克鲁格曼（Paul Krugman）认为，在不完全竞争市场条件下，产业领域存在着规模经济报酬递增的现象，这个理论有力地挑战了古典贸易理论认为规模经济报酬不变的传统观点。由于市场竞争是不完全的，"租"不可能因竞争而完全消失，在一些产业中资本和劳动有时会获得比其他产业高得多的回报率。如果政府能够识别他们，就有可能采取战略性贸易政策。所谓战略性贸易政策，是指在"不完全竞争"市场中，政府积极地运用补贴或出口鼓励等措施对那些被认为存在规模经济、外部经济或大量"租"的产业予以扶持，扩大本国农产品的国际市场份额，以增加本国经济福利和提高其产品的国际竞争优势。例如中国可以充分利用劳动力廉价的优势，在一定补贴的支持下，大力发展劳动力密集型的农业高新技术产业，即畜牧业、水产业、花卉、蔬菜等，以获得部分国际竞争优势。

（二）经济福利理论

美国经济学家詹姆斯·布兰德（James Brander）认为生产补贴和出口都能增加国内经济福利。布兰德分析了补贴的两种效应，一种是成本节约，实际上它是由国内财政支付的，是一种转移支付。另一种是战略性效应，由于成本补贴使竞争对手相信国内生产者将扩大生产，因而竞争对手的直接反应是削减产量，使国内生产者得到额外利润，这些利润超过政府的补贴数额，即生产者剩余大于纳税者的损失。这说明出口补贴或生产补贴增加了国内经济福利，而且不论其他国家是否使用战略性补贴政策，本国经济的受益完全是以竞争对手的损失为代价的，因此极易引起其他国家的报复行动，特别是出口补贴和进口替代补贴的滥用，严重扭曲了国际贸易，已经引起国际社会的高度关注，但在实践中，这种理论的运用屡见不鲜。

(三) 公共财政理论

由于市场在具有外部性的产品供给上存在失灵，它为政府留出了施展才能的空间，而农业产业本身的弱质性和基础地位，决定其需要政府的服务。从经济学角度看，完善的基础设施是私人有效投入和市场机制发挥作用的先行条件：良好的设施能扩展生产收益的边界，从而影响主体的投资行为。农村基础设施、技术培训和农业科研创新在农村经济发展中的重要作用已成共识，然而它们具有正外部性，这些领域存在市场失灵和免费搭车行为，这就要求政府来充当制度供给者、环境营造者和主要投资者的角色。

(四) 农业的多功能性理论

随着生态环境保护和农业可持续发展的需求增长，对农业的认识也发生了很大的变化。农业被认为是一种多功能性的产业，突破了传统认识的局限，给予了农业新的地位和作用。农业的多功能性是指农业除了具有商品生产功能外，还有土地占有、环境、粮食安全以及文化等功能。农业的多功能性决定了任何国家都要重视构筑农业产业体系间各个环节的互动，而非传统的单一的农产品商品生产功能。农产品生产、农产品加工、食品销售、质量管理体系、政策支持体系、生产组织体系、市场体系、生态保护体系及其安全体系是构成具有政治和经济功能的农业产业体系的主要方面。对农业多功能性的认识，正在引导着农业投入或补贴政策的走向。农业投入或补贴政策应该确保农业在保持一些地区的社会和人文平衡，维系农业在国家财富的保持、生态平衡的维护、农作物与家畜品种的保护等方面所起到的重要作用。在农产品形成买方市场后，要大力鼓励土地休耕、土地轮作、农民向非农产业转移、营造农民转移的空间。这些都需要政府投入，这也是政府有所作为的广阔天地。保持和不断提升农产品竞争力的切入点除科技投入以外，主要是对农产品和农民的补贴政策。

在经济发展过程中丧失比较优势的行业较多，并不只是农业。根据贸易理论，当一个行业不再具有比较优势时，就应该顺其自然，让其减少生产而增加进口，将其资源转移到其他行业中去，一个失去比较优势的行业的衰落是有利于资源的有效配置和利用的。但为什么偏偏在农业失去比较优势后，大多数政府却采取各种保护和支持措施而不让其衰落呢？这里的根本原因是土地的不可转移性，即土地不像资本和劳动力等要素那样，可以比较便捷地在行业间自由流动，绝大多数土地除了进行农业生产外基本上别无他用。而当农民的收入全部或主要来自农业时，对农业的保护就不仅关系到整个国民经济的发展问题，还关系到农民的生存问题。换言之，关系到国家和社会的稳定问题。因此，作为政府，不管是从土地资源的利用考虑，还是从对农民生存问题的关心考虑，都不得不对农业采取一定的保护措施，这是大多数发达国家和新兴工业化国家对农业采取保护和支持政策措施的根本原因。

四、我国农业补贴理论和政策研究现状

具体到我国的农业补贴理论和政策研究，随着我国农业政策的实施，国内学者越来越关注农业补贴政策的实施效应。通过研究，一些研究肯定了农业补贴政策的积极作用，如田维明（1991）、张宏（2005）、吴海涛等（2015）等。但是，一些学者也研究表明农业补贴存在问题，比如，何忠伟等人（2003）得出结论：1949年后相当一段时间内，我国农业补贴政策效果并不明显。薛充等人（2006）认为现行农业补贴存在总量不足、补贴范围小、结构不尽合理，而且缺乏稳定的增长机制。臧文如等（2010）运用宏观数据，采用经济学理论分析和灰色关联度分析方法比较发现"四项补贴"对粮食增产的总体促进作用有限，其中，粮食直补效果最差。朱满德、程国强（2011）认为中国对农业的补贴总量和主要农产品补贴水平大幅提高，价格支持和挂钩补贴等措施逐步成为主要政策工具，对市场的干预和扭曲作用日益明显。肖琴（2011）认为虽然农业补贴提高了农户的生活水平，但农业物资价格的上涨和部门间的比较利益的存在，在一定程度上抑制了农业补贴的产出水平。谭智心、周振（2014）对现行农业直补制度对农民种粮积极性影响的研究表明农业直补制度促进了农民种粮积极性的发挥，但当前的农业补贴对农户种粮积极性的促进作用小于种粮成本上升带来的抑制作用。于晓华等（2012）和全世文、于晓华（2016）认为，中国农业政策实现了粮食产量目标，但未有效提高农民的相对收入，还对农业的国际竞争力和可持续发展造成了负面

影响。

除了总量问题，在农业补贴的具体落实操作中也存在不少问题。例如，郭建军（2004）调研发现种粮直补政策实施伊始，工作成本较高，乡镇的直接支出费用约为2万～3万元，政策执行的工作费用约占到整个补贴资金的十分之一。黄季焜（2015）测算实施新疆棉花目标价格三轮面积核查村委会、工作组和棉农的实地测量成本约达到5.47亿元，大量的人力物力投入形成了较高的执行成本给基层政府带来负担。引起政策执行成本较高的原因有多重：冯海发（2015）认为多部门管理增加了政策执行的工作量，难以形成合力，政出多门、协调失衡导致补贴政策执行过程中交易成本过高；朱俊峰（2005）、朱金鹤（2006）等认为由于中国小农户众多，补贴范围和对象难以准确框定造成补贴工作量大；文小才（2007）、番绍立（2016）等认为由于缺乏对补贴资金的监管，"截、冒、挪、漏"现象存在，如虚假造册套取补贴资金等。具体到补贴环节中，在政策实施过程中执行成本较高的环节主要体现在补贴面积数据的核查中。豆志峰（2006）就认为在粮食直补的实施过程中，面积数据难以准确掌握，统计也非常困难，这加大基层财政部门补贴兑付成本。唐跃洪（2016）将种植面积和应补面积形象比作"两张皮"，使得补贴执行过程困难。

针对农业补贴政策存在的问题，一些学者提出了调整措施和改进建议。其中，越来越多的学者认为应该创新市场化农业风险管理工具，增加"绿箱"政策的支持规模。高玉强、沈坤荣（2014）认为完善我国农业补贴制度的思路在于增强农业补贴政策工具的多样化与灵活度。冯海发（2015）指出我国现行农业补贴制度对增加粮食生产和促进农民增收发挥了重要作用，应进一步按照"绿箱目标、项目整合、产量依据、政策配套"思路，积极推进农业补贴制度改革。于晓华、武宗励、周洁红（2017）认为中国除了保持适量的粮食储备以保障粮食安全外，必须导入市场机制，减少扭曲生产的价格支持政策，同时以农村发展、环境保护以及养老等名义增加对农民的直接补贴。陈锡文（2017）建议取消主产区的麦、稻最低收购价格制度，按生产成本加补贴的办法，实行"市场定价，价补分离"政策。国家不再实行最低收购价，中储粮则可退出政策性收购，扭转库存继续增加的局面。张秀青（2015）认为农业保险是一种帮助农民管理风险的市场化手段，属于世界贸易组织（WTO）鼓励的"绿箱"政策，近些年越来越受到各国政府的重视，也应是我国粮食补贴制度改革的重要方向。庹国柱（2018）提出应依托收入保险，兜底农民收益，同时减少价格形成的干扰因素，助推农民发挥主观能动性，迎合市场变化而合理调整种植行为。

综上，上述多位国内外学者都从不同角度对国内外粮食补贴的依据、实施效果、影响、存在的问题以及改革建议做了一定深度的理论研究。这对于本研究无疑提供了重要的参考。一些理论分析方法和计量经济模型中所包含的动态分析思路对本研究具有启发性。在要不要对农业实施补贴的问题上，国内外多数学者认为"农业需要补贴"。在补贴政策实施效率问题上，一些研究肯定了农业补贴政策的积极作用；但是，部分研究在肯定积极作用的同时，提出了农业补贴政策实施中存在的诸多问题，并就此提出了政策建议和改革方向。总体来看，国内对农业补贴问题的研究在以下方面还有待加强：一是虽然逐步认识到农业暨粮食补贴问题是一个关系全局的重大问题，但大部分研究仍局限于原有市场价格支持和直接补贴的分析框架，没有跳出WTO规则限制的范围；二是目前的研究以补贴现状、问题研究为主，缺少框架完善和具有系统性的政策建议；三是应该结合中国实际，对农业暨粮食补贴政策成本和收益进行定量分析与对比评价。当前国际经济走势不确定性增加，WTO改革箭在弦上，国内农业暨粮食补贴政策也不再具有可持续性，研究新形势下农业补贴改革迫在眉睫。如何进行农业暨粮食补贴政策改革，使其既能符合WTO规则要求，又能提高财政资金使用效率和政策实施效果，是一个重大命题。

第二节 农业补贴的经济分析

就从事农业生产的农民而言，总是面临着两个基本的决策：一是决定是否将其所控制的资源如资本、技术、劳动力以及土地承包经营权等投入到农业生产，通俗地讲就是是否选择种田？二是在给定选择种田的前提下，如何根据市场需求的变化选择相应的种植品种、规模等,以最小投入换取最大收益。在经济学中,前者叫参与约束,即决定是否参与到"种田"这一行业中来;后者叫激励相容约束,即决定以最优的努力来实现最大的收益。而在政策工具上,当前农业支持保护体系可以概括为直接的农户收入补贴和间接的价格支持政策这两大类,分别对应于参与约束和激励相容约束。就政策目标而言,要实现稳定粮食产能、保障粮食安全的目标,重点在于要用收入补贴政策管理好农民的参与约束,即通过一整套有效率的收入补贴政策来吸引农民参与农业生产,保障农业有持续稳定的投入,从而维护农业生产能力的相对稳定。而引导供给侧更好适应需求变化、提高农业国际竞争力则需要发挥价格机制的作用,让价格作为"指挥棒"来引导农民合理安排种植结构和规模;即在多数情况下,价格应当随行就市;只有当价格发生超预期的波动时,才动用价格支持政策,通过托市、抛售等方式来平抑粮价。换言之,价格支持政策的重点是在非常情况下通过对价格的适度干预来管理好农民的激励相容约束。一个有效率的农业支持保护体系的核心在于如何以较低的成本提供上述约束,以激励农民多种田、种好田。

但现实问题的复杂性在于,现有的农户收入补贴政策由于受到以下几方面的限制而对农户收入的保障作用较弱:一是信息不对称,即补贴者(各级政府)与补贴对象之间存在信息不对称,为防止骗补,需要通过层层核实、逐一公示等手段来予以甄别,成本很高;二是收入补贴政策属于WTO农业支持中的"黄箱"政策,我国加入WTO时承诺的粮食生产"黄箱"补贴量不得超过年产值的8.5%,故当前进一步提高补贴的空间已经不大;三是政府财力不足。正是由于收入补贴政策效率不高、力度有限,难以起到稳定农民收入的作用,因此当连续丰收、市场均衡价格本应下跌时,为防止挫伤农民积极性,政策制定者不得不通过价格托市的方式来维护粮价稳定,以防止农民收入出现大幅波动。换言之,价格支持政策在客观上成为收入补贴的工具,也由此产生"价格刚性"。而一旦出现了价格刚性,所有与之相关的产业上下游都将出现不同程度的扭曲,损害了整体社会福利。

既然农产品价格支持政策与农户直接补贴政策都各有优缺点,且在实践中也息息相关、难以分割,那么,我们该如何评价农产品价格支持政策与农户直接补贴政策的优劣与成本收益呢？或者说这两种农业补贴方式的利弊该如何衡量？归纳而言，对农产品价格支持政策与农户直接补贴政策的利弊评价必须包含以下两个方面：第一从短期以及长期角度来看，其相关经济收益和成本的数量及分布情况[①]；第二在资金支持方面以及执行这些政策的便利程度。

一、经济收益与成本分析

农业生产者是农产品价格支持政策与农户直接补贴政策的最大直接受益人。其直接成本，也即贷款及农产品收购的直接支出由公共财政来支付，间接成本则由众多农产品消费者来集体承担。农产品价格支持政策与农户直接补贴政策能够对农产品的一般价格水平、自然资源利用以及国民经济的稳定发展产生一系列的动态影响。

（一）短期影响[②]

农产品价格支持政策的直接效应是增加农产品生产者的货币收入。但这种支持政策的力度取决于与市场价格相比农产品支持价格的相对上涨程度，以及支持政策所包含的农产品范围。这种价格支持政策需要公共财政支出足够的费用以满足价格从市场价格向支持价格的跃升。这些支出包括对农户发放的优惠贷款，对农产品实行敞开收购、储存、销售而发生的各项费用等。结果，消费者将为此承担更高的农产品价格。

农产品价格支持政策的短期经济成本及收益如图1-1所示。

由市场决定的均衡农产品数量为OQ，价格为OP_u，而针对消费者的农产品零售价格为OP_v。随着农产品价格支持体系的建立，农产品收购市场的价格被确定为OP_u'，与此相对应的农产品需求量减少为OQ'。于是，短期内多余的农产品数量QQ'就需要政府财政资金予以消化，其资金需要量为图1-1中B、C、D、E四部分区域之和。农产品生产者的收入因为价格支持的原因而增加，表现在图中为A、

---

① 包括农产品收购的额外成本以及农产品过高的价格支持体系造成的消费者损失。
② 在该时期内，农产品生产者无法依据价格变动而调整其产量，而政府也无法依据价格信号调整其现行的贷款和收购政策。

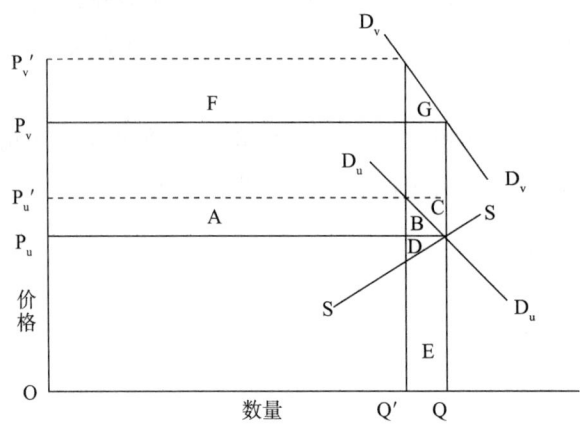

图 1-1　农产品价格支持政策的短期经济成本及收益

B、C 三部分区域之和。鉴于农产品属于生活必需品,其需求价格弹性趋近于零,因此,农户从农产品价格支持体系获得的收益将大于政府公共财政的补贴支出,也即 A>D+E。此时,如果农产品的需求价格弹性为单位弹性或者大于 1,则农户从农产品价格支持体系获得的收益将小于政府公共财政的补贴支出。

此外,农产品收购环节的价格支持政策也将导致农产品零售价格的更大幅度上涨。而利息成本的支出、保险以及其他相关费用也将随之上涨,并影响农产品零售市场价格的变化。

实际上,即便事前考虑并调整了相关的影响因素,准确衡量农产品零售市场价格与收购市场价格之间的变化关系依然是不可能的,因为农产品零售市场价格与收购市场价格之间的波动无法确定,例如肉类可能表现出单位弹性,蔬菜、鸡蛋可能表现出固定比例弹性,而棉花、羊毛等农产品的需求价格弹性甚至可能大于 1 等等。农产品零售市场价格与收购市场价格之间的这种变化关系,表明价格变化既有可能导致市场参与者盈利,也可能导致其亏损。

但可以肯定的是,农产品零售价格的上升无疑将导致消费者福利的损失。由图 1-1 可知,由市场决定的均衡农产品零售价格为 OP_v,而由农产品价格支持体系确定的零售价格为 OP_v'。在图中,我们假设农产品零售市场价格与收购市场价格之间的弹性系数为 1.5,也即收购市场价格增长1%，农产品零售市场价格增长1.5%。由此，支持价格将导致的消费者福利损失额为F与G两部分之和，在本研究的假设条件下要远远大于农产品生产者获得的政策收益。

上述对消费者承担的福利损失评价是以马歇尔的效用理论为基础的，也即对任何消费者来说，单位货币的效用是恒定不变的。但是，马歇尔、希克斯等人也早已经意识到某种商品的价格变化除了会通过影响消费者的真实收入来反作用于对该商品的需求外，还会造成低价商品对高价商品的替代效应，并进而影响消费者对涨价商品的需求。一般情况下，对某种商品的消费支出直接取决于消费者的收入水平，农产品的价格变化一方面产生了收入效应，另一方面也产生了替代效应。但是，我们在上文中以单位货币效用恒定不变的假设来衡量价格支持体系对消费者造成的福利损失，很明显地忽略了农产品价格上涨对消费者产生的收入效应，并进而低估了对消费者福利造成的损失。

在下文的分析中，我们将进一步修正上述假设的偏差，将农产品价格支持政策对消费者产生的收入效应和替代效应逐一进行考察，具体内容如图1-2所示。其中OX代表被选中农产品的数量，OY代表消费者的货币收入，曲线Ⅰ、Ⅱ、Ⅲ代表效用程度逐渐递增的三条无差异曲线。假设OA代表消费者的货币收入总额，则在没有农产品价格支持安排的情况下，消费者的预算线AB将与无差异曲线Ⅲ相切于点D，AL表示市场均衡情况下消费者愿意而且实际上消费的农产品数量，DL则表示消费者为此支出的货币价值。现在，我们假设政府引入了特定农产品的价格支持安排，则消费者的预算线AC将与无差异曲线Ⅰ相切于点K，在此情况下，AM将表示消费者消费的特定农产品数量，MK则代表消费者为此支出的货币价值，而KP则代表消费者由于特定农产品的价格支持原因而遭受的福利损失，也即在预算线从AB转移到AC的情况下，消费者承受的货币价值损失。

如果政府改变对农民的补贴思路，采取消费者转移支付对农产品种植者进行直接补贴，而非农产品价格支持政策，则如图1-2所示，在政府将KP代表的消费者货币收入转移至农产品种植者后，消费者面临的预算线为EF。由图可知，EF与AB平行，与无差异曲线Ⅰ相交于点K，而与效用水平更高的无差异曲线Ⅱ相切于点N。这意味着

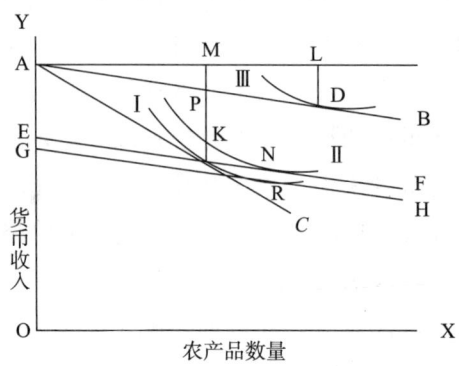

图 1-2　农产品价格支持政策的收入效应和替代效应

在政府转移相同的消费者货币收入 KP 的情况下，相对于农产品价格支持政策来说，对农产品种植者进行直接补贴的政策将导致更少的经济效率扭曲和资源错误配置，而消费者遭受的福利损失也更少。

为了进一步量化农产品价格支持政策导致的消费者效率损失，可以作一条与 EF 平行的预算线 GH，并与无差异曲线Ⅰ相切于点 R。GH 与 AC 相切于同一条无差异曲线的事实说明，对于消费者来说，政府采用农产品价格支持政策向农产品生产者转移 KP（也即 AE）量的货币收入等价于向农产品生产者直接补贴 AG 量的货币收入。由此，我们可以得出在政府转移相同的消费者货币收入 KP 的情况下，相对于直接补贴农产品种植者的安排，农产品价格支持政策将进一步导致消费者 EG 量的货币价值损失。如果与图 1-1 结合在一起分析的话，也即消费者损失 G 的面积。

如果将农户通过农产品价格支持政策获得的直接收益与为此而付出的直接财政支出成本以及间接的消费者福利损失成本相比较，则可以发现，至少在短期内，农产品价格支持政策导致的直接成本与间接成本之和将至少是农户获得的直接收益的两倍以上。①

实际上，农产品价格支持政策与农产品种植者直接补贴安排可以被看作两种具有替代关系的农业补贴政策。尤其是农产品价格支持安

---

① 成本与收益之间的具体比例关系将直接取决于特定种类农产品在收购环节与零售环节之间的需求价格弹性变化。

排所要达到的政策目标，直接补贴安排都可以做到。如在图1-1中，需要进行直接补贴的农产品数量是已知的，也即OQ。无论是否享受直接补贴，该农产品的市场价格均为OP_u。如果政府要给予农户一定量的直接补贴，并且要使农户收入水平达到农产品支持价格OP_u下的程度，则政府需要承担的财政支出也可以非常明确地表示为A、B、C三块区域的面积之和，并与农户得到的直接补贴资金完全相等（不考虑交易费用支出）。而对于消费者来说，其面对的农产品零售价格和消费的农产品数量均没有任何变化。整个社会也没有承担任何的福利损失以及额外的成本支出。

通过比较农产品价格支持政策与农产品种植者直接补贴安排的利弊可以发现，在短期内如果农产品收购市场的需求价格弹性小于1，也即需求曲线比较陡峭的话，则政府直接补贴农户的支出将高于农产品价格支持政策的财政支出。

进一步地，对于消费者来说，政府采用农产品价格支持政策对其造成的福利损失要远远大于农产品生产者从政府那里获得的收入补贴。因此，在短期内，农产品种植者直接补贴的社会成本支出或许仅占农产品价格支持政策全部社会成本的一半。但是关于这两种政策安排的社会成本的具体比例分布，则要取决于特定种类农产品在收购环节与零售环节之间的需求价格弹性变化。

因此，农产品价格支持政策与种植者直接补贴安排的收益与成本分布也是一个值得关注的重要问题。农产品价格支持政策的受益者是那些满足国内消费者日常需要的农产品生产者；而种植者直接补贴安排的受益者则是那些有资格参与、并被该政策保护的农产品生产者。但是像棉花以及小麦这些大宗农产品的生产以及销售遍及世界各地，如果一国政府提供农产品价格支持政策的话，则极有可能为其他国家的棉花或者小麦出口商提供补贴收入。

此外，种植者直接补贴安排与农产品价格支持政策的直接收益分布取决于单个农产品生产者的实际生产数量，而非实际市场需求以及其他因素。上述两种农业补贴政策的直接成本则由全体纳税人来承担。在一个有效的税率体系中，高收入的消费者将承担更多的上述直接成本分摊比例。相应地，上述两种农业补贴政策的间接成本将由全体消费者来承担,其分摊比例取决于对农产品的消费数量,这也就意味着低收入家庭将承担更多的间接成本分摊比例。

实际上,当且仅当是需求的暂时减少而非供给的非正常增加导致农产品价格持续下降时,农产品价格支持政策或者种植者直接补贴安排才能够发挥最大的作用,并增加农产品种植者的收入。一般情况下,因消费者需求不足而储存的农产品将在消费需求旺盛时期投放市场,以平抑物价和需求曲线的波动。但就政府财政成本而言,选择农产品价格支持政策在消费需求不足时期介入的政府支出成本要小于农产品直接补贴政策。但是就消费者承担的福利损失而言,农产品价格支持政策导致的效率损失依然是比较大的。

(二)长期影响

从长期角度来看,农产品价格支持政策与种植者直接补贴安排的收益与成本分布取决于政府事前确定的支持价格标准、产量控制以及对所收购余粮的处置方式。可以肯定的是,无论政府采用哪种政策安排,为了增加收入,农产品种植者将在保护性政策的激励下扩大生产规模。而另一方面,由于受到政府的保护,农产品的质量以及竞争力从长期来讲都会受到一定程度的影响,此外,如果实施农产品价格支持政策的话,消费者消费的农产品数量也会减少。

由于农产品需求价格弹性基本为 0,如果能够实行有效的产量控制,则即便没有农产品价格支持安排以及其他扶持政策,农产品的价格依然能够长期维持在较高水平。例如在图 1-1 情况下,如果农产品的数量能够被有效控制在 OQ' 的水平,农产品的价格即便不需要任何支持政策也能够维持在 OP_u'。此时,农户增加的货币收入可以由 $A-(D+E)$ 来表示。但是对于消费者来说,过高的农产品价格将使其承担($F+G$)面积的消费者福利损失。相比起来,消费者承担的损失要远大于农户增加的直接收入。因此,在长期内将农产品价格维持在高于市场价格的水平上将导致更多的经济效率扭曲和资源错误配置,并且这种安排也与政府提高消费者福利水平的初衷相违背。

长期内如果不对受到保护的农产品实施产量限制,则农户一定会将农业生产规模扩张至无利可图为止。在这种情况下,政府推行农产品价格支持政策所付出的成本要比短期政策所付出的代价高得多①，除了政府要支付更多的财政成本外，消费者也要承受更多的福利损失。表示在图1-3中，政府要支付的财政成本为C+B+D+E+J+K+H，远高于短期政策的财政成本C+B+D+E。与价格支持政策相比，此时推行农产品种植者直接补贴安排的效果要好得多②。政府直接补贴给农户的资金成本就是农产品种植者的收入增加量，而消费者的福利也不会受到任何的损失和扭曲。

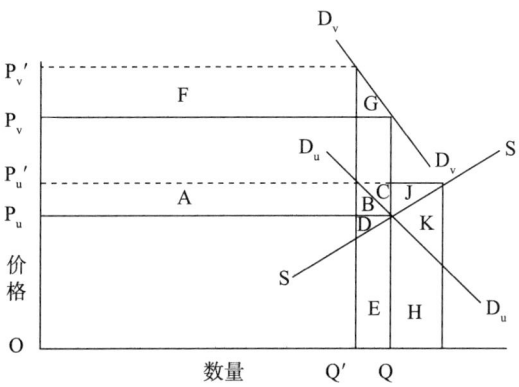

图1-3　农产品价格支持政策的长期经济成本及收益

但是无论推行任何一种保护性的农产品补贴政策，农产品的生产

---

① 农产品属于生活必需品，其需求价格弹性基本为0。正是由于农产品的上述特性，发展中国家的政府在短期内一般多采用农产品价格支持政策来扶持本国农业，这种政策能够保证在不加大政府财政负担的同时，提高农户的收入，当然其代价是消费者福利的加倍损失以及资源配置受到扭曲。但是如果要将此政策长期化，则如图1-3所示，政府为推行农产品价格支持政策所付出的财政成本将增加为C+B+D+E+J+K+H，而非短期政策时的C+B+D+E。这种政策安排将大大增加政府的财政支出，并进一步导致农产品过剩以及资源的错误配置。因此，该政策的长期效果要远差于对种植者直接进行补贴，至少直接补贴政策不会引起消费者福利的损失以及经济资源的错误配置。

② 假定政府直接补贴与农产品产量无关，则农产品种植者直接补贴安排的长期效果对于经济效率以及农产品市场价格没有任何影响，其政策效果仅仅相当于一笔"奖金"；如果政府直接补贴以农产品产量为基础，则推行直接补贴安排的长期效果相当于减少农户的成本投入，并将导致供给曲线SS的右移，其结果是一方面造成农产品市场价格下降，另一方面也不断增加了政府的财政负担。最终以农产品产量为基础的政府直接补贴长期安排将导致农户依然获得农产品种植的平均利润，而政府财政补贴的实际利益则由全体消费者来分配，这种安排等价于纳税人用自己的钱补贴自己，再加上现实政策实施的交易成本，这种补贴方式实质上没有起到任何有效的收入再分配效果。

量都将超过社会的有效需求量。如果将多余的农产品配置到其他效率更低的用途，则政府为此而支出的财政成本将能够收回一部分，但政府收回这部分成本的代价将是市场对资源配置的低效率；相反地，如果依然选择让市场消化这些多余的农产品，则多余农产品的日益积压将可能对农产品价格产生严重的通缩影响，并进一步加大政府进行干预的成本支出压力。

因此，如果政府要在长期内推行农产品价格支持政策，则必须实行严格的农产品产量限制作为前提条件。另一方面，由于其他非保护农产品的价格具有优势，在长期内这些具有替代性的农产品产量将不断扩张，并挤压受保护农产品的市场份额。结果，对于被保护的农产品，政府只能进一步限制其产量。

二、两种可替代政策的操作及融资可行性

在评价农产品价格支持政策与种植者直接补贴安排各自的利弊特点时，这两种补贴政策在操作及融资便利性方面的区别特别值得研究。在政策的具体实施过程中，可能遇到各种各样的问题，例如政府的财力是否足够，交易成本问题，以及各种成本的分摊问题等。这些问题之间的关系可能是共生的，也可能是相互对立的。

在给予农产品种植者同等程度补贴的前提下，这两种政策之间最重要的区别是种植者直接补贴安排比农产品价格支持政策需要更多的财政资金支持。因此，从政府决策的角度来讲，处于节约财政支出的考虑，首选的农业补贴政策自然是农产品价格支持安排，尽管这种政策安排一方面将导致更多的消费者福利损失和资源配置扭曲效果，并使得中低收入消费者承担了大部分的间接成本支出，另一方面还削弱了受保护农产品的竞争力。

毫无疑问，政府推行种植者直接补贴安排将意味着巨额的财政成本支出，虽然这种补贴方式的全部社会成本就是政府财政支出成本，而且这种补贴方式也不会引起消费者福利损失和资源错误配置。但是由于决策者和消费者都缺乏对于农产品价格支持政策全部成本（直接成本和间接成本之和）的了解，再加上该政策导致的间接成本在全社会消费者之间的分配方式是无形的，因此，决策者在作决策时，往往

在农产品价格支持政策的直接成本与种植者直接补贴安排的全部社会成本之间作比较，并且更倾向于选择政府财政负担较轻的价格支持政策。

从政策实施的角度来讲，上述两种政策之间的区别就更显得重要了。截至目前，我们都无法对农产品价格支持政策与种植者直接补贴安排各自所引起的管理成本和交易费用进行比较精确的评价和分析比较。对于农产品价格支持政策来说，其价格支持环节的交易费用仅限于政府筹集一定数量的财政资金，并将其用于农产品的收购；而种植者直接补贴安排在资金筹集以及分配环节将产生大量的交易费用，尤其是将补贴逐户分配到人的费用支出将是巨大的。但是对于价格支持政策来说，由于政府要直接参与农产品的收购，并组织运输、储存和销售，因此，加上这部分交易费用成本支出，其政策推行的交易成本甚至可能超出直接补贴安排的各项费用支出。

第二章

我国农业暨粮食补贴基本框架、绩效与存在问题

"农者,天下之大本"。农业不仅能提供人类生存所需的衣食,还是国民经济发展的基础。然而,作为自然再生产和社会再生产相互交织的产业,农业具有天生的弱质性,在生产过程中容易受到自然风险和市场风险的双重制约。因而各国政府都采取一定的农业支持或保护政策以促进本国农业发展。农业政策的重要性正如舒尔茨在《改造传统农业》一书中所说"一国农业停滞不前的原因并非资源禀赋贫寡,而多在于宏观经济政策和农业政策出现失误。"可见,一个强大而有效的农业暨粮食补贴政策是农业基础地位得以夯实和农业自身发展的关键所在。

第一节 公共财政框架下我国农业暨粮食补贴的功能定位

党的十八大提出,要加快改革财税体制,健全中央和地方财力与事权相匹配的体制,完善促进基本公共服务均等化和主体功能区建设的公共财政体系。农业农村领域作为我国基本公共服务水平十分弱化的领域,始终是我国公共财政投入的重点之一。

一、现代公共财政体系的主要内容及新时期我国财政体制改革

(一)现代公共财政体系的主要内容

现代公共财政体系具有科学化、规范化、精细化、高效化、民主化和法治化的特征。现代公共财政体系包括公共财政收入体系、公共财政支出体系、公共财政预算体系、公共财政政策体系、公共财政规

则体系、公共财政制度体系、公共财政管理体系、公共财政投资体系和公共财政监督体系九大板块内容。

在现代公共财政支出体系方面，包括了现代公共资源配置于各用途的总和，从财政支出的功能角度，现代公共财政支出体系划分为维持公共机构正常运转支出、社会发展性支出和经济调节性支出。现代公共财政支出体系的主要原则：一是适当控制支出总量的原则。既要考虑政府履行职能对财政支出的实际需要，又要在实际预算安排中，充分考虑财政的现实承受能力，坚持量入为出、收支平衡，进行财政支出总量控制。二是优化公共支出结构的原则。根据国民经济发展的具体情况和政府施政意图，在编制公共支出预算时"统筹兼顾、全面安排、保证重点"，以提高公共经济效率为导向，区分各项公共事务轻重缓急和机会成本，使公共支出结构适合政府以最佳结构提供公共物品和公共服务的需要，实现公共资源最佳配置，更好地促进经济社会科学发展，最大限度地增进社会成员的公共福利。三是讲求公共支出绩效的原则。就是将财政集中的资金安排到最合适的公共支出项目上，使有限的资金产生最大的效益。

（二）新时期我国财政体制改革的基本思路

财政是国家治理的基础和重要支柱，科学的财税体制是优化资源配置、维护市场统一、促进社会公平、实现国家长治久安的制度保障。2013年，党的十八届三中全会通过的《中共中央关于全面深化改革若干重大问题的决定》对当前我国财政体制改革的总体思路概括为24个字："完善立法、明确事权、改革税制、稳定税负、透明预算、提高效率"。完善立法，就是树立法治理念，依法理财，将财政运行全面纳入法制化轨道；明确事权，就是合理调整并明确中央和地方的事权与支出责任，促进各级政府各司其职、各付其费、各尽其能；改革税制，就是优化税制结构，逐步提高直接税比重，完善地方税体系，坚持清费立税，强化税收筹集财政收入主渠道作用，改进税收征管体制；稳定税负，就是正确处理国家与企业、个人的分配关系，保持财政收入占国内生产总值比重基本稳定，合理控制税收负担；透明预算，就是逐步实施全面规范的预算公开制度，推进民主理财，建设阳光政府、法治政府；提高效率，就是推进科学理财和预算绩效管理，健全运行机制和监督制度，促进经济社会持续健康发展，不断提高人民群众生活水平。

其中，在财政支出管理方面的主要举措包括：一是优化财政支出结构。严格控制政府性楼堂馆所、财政供养人员以及"三公"经费等一般性支出，清理规范重点支出同财政收支增幅或生产总值挂钩事项。二是优化转移支付结构。完善一般性转移支付增长机制，增加一般性转移支付规模和比例；增加对革命老区、民族地区、边疆地区和贫困地区的转移支付；中央出台增支政策形成的地方财力缺口，原则上通过一般性转移支付调节；清理、整合、规范专项转移支付，在合理界定中央与地方事权的基础上，严格控制引导类、救济类、应急类专项转移支付；引入市场化运作模式，逐步与金融资本相结合，引导带动社会资本增加投入。三是加强政府购买服务资金管理。将政府购买服务所需资金列入财政预算，从部门预算经费或者经批准的专项资金等既有预算中统筹安排，支持各部门按有关规定开展政府购买服务工作，切实降低公共服务成本，提高公共服务质量。四是加强预算执行管理，提高财政支出绩效。健全预算绩效管理机制，全面推进预算绩效管理工作，强化支出责任和效率意识，加强绩效评价结果应用，将评价结果作为调整支出结构、完善财政政策和科学安排预算的重要依据。

二、"三农"领域的公共物品和服务始终是我国最重要的公共物品之一

公共物品理论的核心内容是，由于公共物品的非排他性、非竞争性等特点导致市场机制供给失灵，必须由政府提供。政府在提供公共物品的方式上，可以选择直接提供，通过财政补贴、税收减免等措施鼓励私人部门生产，从私人部门那里购买产品和服务等方式。而在特定时期政府提供公共物品的具体选择顺序上，应根据各项公共物品的整体效益大小以及轻重缓急来确定。

从"三农"领域的公共物品和服务来看，一方面基于"三农"本身的公共性，农业为全体社会成员提供生存保障，承担着粮食安全的重任；农业为第二、三产业中相当部分的行业提供原料，是其他产业

发展的基础；农村居民收入过低影响国内消费需求的启动，从而不利于国民经济的可持续发展，对于我国这样一个高储蓄率、低消费率的国家更是如此，尤其是从农业产业的属性来看，农业生产严重受季节、气候、地理位置、土壤结构等自然条件的约束，在"露天工厂"的生产状态下，面临着巨大的风险，弱质性极为突出。另一方面，我国过去长期实行"以农补工""重城轻农"的发展战略和政策，实行"双轨制"的城乡公共物品供给体制，形成了城乡不平衡的国民收入和利益分配格局，城乡在经济发展、社会发展等方面差距较为悬殊，与城市相比，农村公共物品和服务极度缺乏。具体来看：

（一）确保粮食安全和主要农产品供给的形势十分严峻

对我们这样一个人口众多的大国来说，立足国内解决粮食和主要农产品供给问题，始终是治国安邦的头等大事。由于我国农业生产基础条件薄弱、粮食种植比较收益不高、自然灾害频发等因素影响，确保国家粮食安全的形势仍十分严峻，尤其是综合分析各方面情况，当前以及今后相当长时期，保持农产品供求平衡的任务十分艰巨。一方面，人口总量将继续增长，城镇化率和城乡居民消费水平将不断提高，农产品的工业用途不断拓宽，全社会对农产品需求会持续增长、质量安全要求不断提升；另一方面，耕地和水资源紧缺、农业生产成本上涨、青壮年劳动力减少，环境污染和生态退化等问题突出，尤其是在全球气候变化背景下，反常性、突发性、不可预见性情况日益凸显，极端天气气候事件将可能频繁发生，农业生产面临的自然灾害风险仍在进一步加大，造成损失的不确定性加大，农业稳定发展的难度也越来越大。同时国际上农业丰歉、石油价格涨跌、投机资本炒作、货币汇率波动等对我国农产品市场供求和价格产生明显影响。促进农业发展、保障粮食等农产品供给绝非易事，需要不断提高农业综合生产能力，而农业暨粮食补贴作为保护农业生产力的重要手段，亟须发挥更大的作用。

（二）推进农业现代化的现实需要

我国当前已经进入工业化、城镇化深入发展中同步推进农业现代化的关键阶段，亟须补齐农业现代化发展的短板。农业现代化的重要特征之一是农业产业化，即把农业产前、产中、产后各环节联结起来，实现生产经营的规模化、一体化、专业化和商品化，农业产业化组织投入生产要素的成本较高，农业产业化在促进农业专业化和集约化的同时，放大了农业生产面临的自然风险和市场风险。而适度规模的农业补贴不仅可以在一定程度上防范和化解农业生产中的市场风险，还可以进一步促进农业产业化。

（三）促进农民收入稳定增长

尽管中央作出社会主义新农村建设部署以来，我国农民人均纯收入始终保持较快增长速度，但必须清醒看到，我国最大的发展差距仍然是城乡差距，最大的结构性问题仍然是城乡二元结构。同时，我国人口规模巨大，即使今后城镇化水平大幅提高，仍将有数亿人生活在农村，因此，要统筹城乡发展，必须一手抓城镇化、一手抓新农村建设，城镇化不可能取代新农村建设。农业补贴，尤其是粮食补贴，作为一种特殊的政府向农民的收入转移支付政策工具，应该进一步充分发挥其稳定农民收入、减少城乡居民间以及农民之间收入分配差距的功能作用。

（四）保持物价水平稳定、发挥宏观调控的重要功能

保持物价水平基本稳定一直是政府工作的重要任务之一，但近年来由于国内劳动力、资源等价格上涨形成的成本推动因素，以及欧美国家新一轮货币量化宽松政策的不确定性，对我国而言，控制通胀的任务始终十分艰巨。搞好价格调控，防止物价反弹，关键是要建立健全主要农产品价格稳定机制，而农业补贴，尤其是直接补贴，可以在保障供应、稳定价格方面发挥更大的作用。

因此，从某种程度上讲，"'三农'领域的公共物品和服务"是我国当前最重要的"公共物品"，亟须财政给予支持。

第二节 我国财政支农基本框架、政策绩效与存在问题

一、中国财政支农发展历程

财政支农是指政府为促进农业和农村发展、增加农民收入和协调整个国民经济的稳定发展，通过财政投入、财政补贴、农业税减免等

政策手段，实现对农业的指导、帮助和管理。

新中国成立以来的长期经济建设实践表明，我国的财政支农工作一直和各个时期的发展战略部署是紧密结合的，因此，概括起来，财政支农工作的发展历程大致经历了以下几个发展阶段（表2-1）。

表2-1 新中国成立以来财政支农工作发展历程

阶 段	所处时期	演变内容
第一阶段 （1949—1958年）	社会主义改造时期	安排少量的资金支持恢复农业生产，从农业上取得的财政收入远远大于财政对农业的投入
第二阶段 （1958—1978年）	社会主义改造完成，人民公社"一大二公"制度的确立	农产品统购统销制度、工农产品价格"剪刀差"①使国家从农业中积累了相当数量的资金用于工业化。此时，财政对农业的投入份额非常小
第三阶段 （1978—1994年）	家庭联产承包责任制等改革时期	实行了大规模的农业综合开发，是现行财政支农政策的形成时期，资金渠道多，财政覆盖范围广
第四阶段 （1994—2002年）	确立社会主义市场经济体制改革目标并付诸实施的重要历史阶段	财政支农资金稳步增加，公共服务领域支出逐步成为财政支出的重点，财政支农的机制和方式方面发生了重大变化
第五阶段 （2003年至今）	经济发展阶段	中央对农业投入的力度进一步加大，进入工业反哺农业、城市支持农村的阶段，中国财政支持"三农"政策开始实现战略性转变，财政支农支出结构调整、支出方式转变、支持范围拓宽

第一阶段是1949—1958年，这个时期政府主要是以财政资金支持的方式恢复农业生产。

第二阶段是1958—1978年，这个时期主要是运用农业积累支持

---

① 价格"剪刀差"是指工农业产品交换中，工业品价格高于价值，农产品价格低于价值所形成的差额。这种差额的动态趋势呈张开的剪刀状，故称为"剪刀差"。

工业发展,国家财政对农业的投入较少。

第三阶段是1978—1994年,这个时期农村家庭联产承包责任制等改革开始,财政高度集中的统收统支管理体制改为财政包干体制,中央积极引导地方各级政府加大对农业的投入,实施了大规模的农业综合开发,这一时期是财政支农政策的形成时期。

第四阶段是1994—2002年,随着政府职能的转变和市场在资源配置中的作用增强,财政支出保障范围也相应地进行了调整,财政支农资金稳步增加,"三农"支出、教育、社保等公共领域支出逐步成为财政支出的重点,加大了对农村改革特别是农村税费改革的支持,财政支农的机制和方式发生了重大变化。例如,在财政扶贫领域和农业综合开发领域,引入了世界银行的项目管理办法,如报账制、专家评审制、绩效评价制度等。

第五阶段是2003年至今,2003年政府提出了"五个统筹"的方略,我国财政支农工作开始了战略性转变,先后出台实施了以"四减免"(农业税、牧业税、农业特产税和屠宰税)、"四补贴"(种粮直补、农资综合直补、良种补贴和农机具购置补贴)为主要内容的支农惠农政策,中央对农业的投入力度进一步加大,财政支农工作的指导思想也发生了根本性转变,农民与政府的"取"、"予"关系发生根本性转变。特别是自2004年起,我国粮食流通体制改革进一步推进,全面放开了粮食收购市场,实现粮食购销市场化和市场主体多元化。为了稳定市场、保护农民利益和促进粮食生产,我国逐步出台了稻谷和小麦的最低收购价政策。针对2008年3月东北地区玉米价格较低的情况,国家有关部门下达了两批中央储备和国家临时存储玉米收购计划。然而,2008年下半年,国际粮价剧烈波动,国内粮价也先扬后抑。为了稳定市场,国家自2008年10月起先后下达四批稻谷、玉米、大豆收购计划,力度之大,前所未有。经过几年的运行,粮食最低收购价政策和临时收储政策已经成为粮食生产领域的主要支持政策,推动我国粮食产量实现"十二连增",为国家粮食安全奠定了坚定基础。自2014年开始,我国对粮食流通制度进行了重大改革,粮食支持政策分地区、分品种逐步进行了调整和完善,先后取消了棉花、大豆的临时收储制度,开始实施"价补分离"的目标价格补贴试点。2016年开始，玉米、油菜籽等品种的临时收储政策陆续取消，转而实施更为市场化的粮食流通政策。2017年，东北大豆目标价格补贴政策改为"市场定价＋生产者补贴"。2018年8月，国家发布《关于开展三大粮食作物完全成本保险和收入保险试点工作的通知》，进一步提升农业保险保障水平，推动农业保险转型升级，探索完善市场化的农业生产风险分散机制。2018年9月，新疆维吾尔自治区政府发布了《2018年自治区"价格保险＋期货"试点方案（试行）的通知》，完善棉花价格补贴机制，探索棉花目标价格改革补贴可替代路径。2019年，这些农业保险试点继续推进，也是我国农业主要生产支持政策转向农业保险的进一步探索。

二、中国财政支农资金的总体规模

财政支农资金主要指国家财政用于支持农业和农村发展的建设性资金投入，主要包括农业和农村基础设施建设投入、农业科技发展投入、农业生产投入、财政扶贫资金、农村改革资金、抗灾救灾资金、农村社会事业发展投入和生态建设投入8个方面，具体的财政支农资金分类如表2-2所示。

表2-2 财政支农资金投入

项目类别	财政支农资金来源
农业和农村基础设施建设投入	农业基本建设投资、农业综合开发、小型农田水利建设支出、农村小型公益设施建设资金、扶贫资金等
农业科技发展投入	农业科研支出、科技三项费用、农业科技推广支出、农业科技成果转化资金、农民科技培训资金等
农业生产投入	良种补贴、农业产业化资金、农民就业技能培训资金、支持农民专业合作组织资金、农产品政策补贴资金等
财政扶贫资金	财政扶贫资金、国债资金（以工代赈）等
农村改革资金	农村税费改革转移支付、农产品政策补贴等
抗灾救灾资金	特大防汛抗旱资金、动植物病虫害防治资金、森林草原防火资金、农村救济费、农业税灾歉减免资金等
农村社会事业发展投入	教育支出、医疗卫生支出、文化支出等
生态建设投入	退耕还林资金、天然林保护资金、森林生态效益补偿资金、草原生态治理资金、水土保持资金等

由于统计口径的关系,本书将采用国家财政对农业的支出考察近年来我国财政支农资金的总体规模和水平。从财政支农资金绝对量上看,国家财政支农支出在过去的40多年有了较大幅度的增长,由1978年的150.7亿元增加到2017年的19 089亿元。尤其是2003年后,财政支农支出呈现出快速增长态势,详见表2-3和图2-1。大规模的财政支农支出为我国农业发展和农民增收发挥了重要的作用。

表 2-3 国家财政用于农业的支出

年份	农业支出(亿元)	农业支出占财政支出的比重(%)	农业支出占农业总产值的比重(%)
1978	150.7	13.4	14.67
1980	150.0	12.2	10.94
1985	153.6	7.7	5.99
1990	307.8	10.0	6.08
1991	347.6	10.3	6.51
1992	376.0	10.0	6.41
1993	440.5	9.5	6.33
1994	533.0	9.2	5.57
1995	574.9	8.3	4.67
1996	700.4	8.8	5.00
1997	766.4	8.3	5.31
1998	1 154.8	10.7	7.79
1999	1 085.8	8.2	7.35
2000	1 231.5	7.5	8.24
2001	1 456.7	7.7	9.23
2002	1 580.8	7.2	9.56
2003	1 754.5	7.1	10.09
2004	2 337.6	8.2	10.92
2005	2 450.3	7.2	10.93
2006	3 173.0	7.9	13.20
2007	4 318.3	8.7	15.08
2008	5 955.5	9.5	17.67

(续)

年份	农业支出（亿元）	农业支出占财政支出的比重（%）	农业支出占农业总产值的比重（%）
2009	7 253.1	9.5	20.59
2010	8 579.1	9.5	21.17
2011	10 497.7	9.6	22.11
2012	12 387.6	9.8	23.65
2013	13 349.6	9.5	25.92
2014	14 173.8	9.3	25.88
2015	17 380.5	9.9	30.16
2016	18 442.0	9.8	31.11
2017	19 089.0	9.4	32.88

注：从2007年起，因报表制度调整，国家财政支农支出口径与往年不同，本表中的支农支出仅为中央财政用于"三农"的支出。

数据来源：《中国统计年鉴》和《国民经济和社会发展公报》。

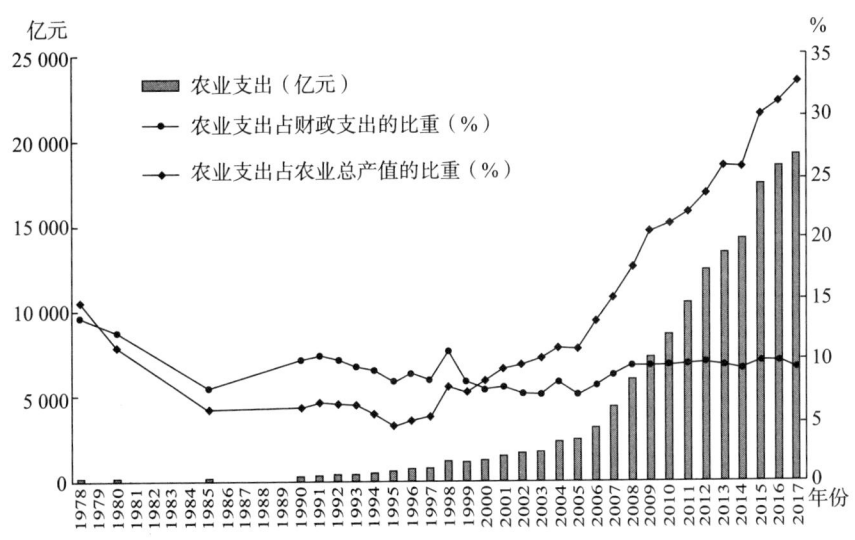

图 2-1 国家财政支农支出情况

从财政支农资金占全国财政支出的比重看，我国财政用于农业的支出占国家财政支出的比例较小，年支出的平均比重仅约为 9.2%；

财政支农资金占全国财政支出比重总体上处于下降趋势，支农比重最大的年份是1978年，比重为13.43%，支农比重最小的年份是2003年，比重为7.12%，2003年后有缓慢上升的迹象，2017年该比重为9.4%。

从财政支农资金占农业总产值的比重看，1978—2018年，财政支农资金占农业总产值的比重总体上呈现出上升趋势，尤其是2000年以后，财政支农支出占农业总产值的比重平稳上升，由2000年的8.24%快速持续上升至2017年的32.88%。

从财政支农资金的结构上看，国家财政支农资金主要包括支援农业生产和各部门事业费支出、农业基本建设支出、农村科技三项费用、农村救济费支出等。在中央财政资金的农业支出中，支持农业生产和农村水利气象等部门事业费支出呈现出稳步增长趋势，占财政支农资金的比重由1978年的51.1%上升至2006年的68.1%。农业基本建设支出占财政支农支出的比重总体呈现出平稳下降趋势，由1978年的34%下降至2006年的16%，其中：1978—1998年，农业基本建设支出规模呈现出平稳上升趋势；1999—2004年农业基本建设支出规模波动上升，之后农业基本建设支出缓慢减少。历年财政支农资金中用于农村科技三项费用和农村救济费的支出徘徊在较低水平，两者占财政支出的比重年均分别为0.77%和4.93%，农村救济费支出略高于农村科技三项费用。

2007年以来，国家财政支农支出报表制度有所调整，支出分项改为支持农业生产支出、农业四项补贴、农村社会事业发展支出三项。从近几年的支持情况看，国家财政支农支出总量继续以年均9.6%左右的速度增长，从结构上看，支持农业生产支出所占比重保持稳定，略有下降，由2007年的41.7%下降至2012年的38.6%；2007年，农业四项补贴所占比重为11.9%，随后两年该比重有所增加，2009年增至17.6%，之后平稳下降至2012年的13.3%左右；农村社会事业发展支出增幅较大，所占比重由2007年的32.8%上升到2012年的43.1%左右。2014年后，财政支农支出报表又有变化，国家财政用于农林水支出分项改为农业、林业、水利、南水北调、扶贫、农业综合开发和农村综合改革等几项，详见表2-4。

表 2-4　国家财政用于农林水事务各项支出

单位：亿元

年份	农业	林业	水利	南水北调	扶贫	农业综合开发	农村综合改革
2008	2 278.9	424.0	1 122.7		320.4	252.6	
2009	3 826.9	532.1	1 519.6		374.8	286.8	
2010	3 949.4	667.3	1 856.5	78.4	423.5	337.8	607.9
2011	4 291.2	876.5	2 602.8	68.9	545.3	386.5	887.6
2012	5 077.4	1 019.2	3 271.2	45.9	690.8	462.5	987.3
2013	5 561.6	1 204.3	3 338.9	95.6	841	521.1	1 148
2014	5 816.6	1 348.8	3 478.7	69.6	949	560.7	1 265.7
2015	6 436.2	1 613.4	4 807.9	81.8	1227.2	600.1	1 418.8
2016	6 250.4	1 676.9	4 408.6	66.0	2 284.4	610.8	1 471.3

注：2016年数据为预算执行数，以前各年为财政决算数。

数据来源：《中国农村统计年鉴》。

三、我国财政支农资金存在的主要问题

20世纪90年代以来，我国财政支农的总体规模不断扩大，从1990年的307亿元增加到2017年的19 348亿元，增长了63倍多，但从支农资金占全部财政支出的比重来看还较低，多年在6%~7%徘徊，2014年出现较大的增幅，占比为9.2%，之后三年增幅保持在9%以上。然而，当前财政支农资金除其在全部财政支出的比重过低外，管理上还存在投入项目杂散、资金渠道多、使用效益低、监督管理难等痼疾。

（一）支农资金多头分配管理，分散重复投入严重

在现行政府收支分类体系中，支农资金渠道来自20多个部门和企业，支出功能分类的19个类级科目中，财政支农资金在"农林水事务"等14个类级科目中均有分布。尽管各专项资金统一由财政部门存放与管理，但是其他主管部门还享有调用资金和支配项目资金使用的权力。由于各部门有不同的管理方式，投资领域和管理模式往往赋予了较为浓厚的部门色彩，支农资金来源分散，资金无法形成合力，对于部门性较强的中小型项目可能会有较好的效果，而对于跨部

门、有重大需求的项目却难以统一整合、集中实施，资金投入分散，中央资金难以聚力，以致项目投资效率明显偏低。

此外，还存在同一建设项目在不同的年度或向多个部门立项申报，多次从不同部门获得资金的现象，致使支农资金使用效益难以发挥。由于各职能部门缺乏衔接和联动，对财政支农资金如何投入、具体投入什么地方，没有明确规定，对财政支农资金缺乏有效整合，不同渠道的资金在使用方向、实施范围、建设内容、项目安排等方面有相当程度的交叉，重复投资的现象屡见不鲜。

（二）支农资金管理环节多，监管乏力

我国现行的财政支农资金管理模式中，中央、省、市、县、乡五级共同分担事权责任，以中央、省级投入为主，以市、县、乡配套投入为辅。该管理模式虽然能使支农资金发挥其作用，但是也存在一些弊端：首先是财政支农投资的管理层次多，管理环节多，各主管部门在部门利益的驱使下，难以实现项目资金统筹和协调，由此引发了项目主体不清晰、审批环节过多等问题，典型的如扶贫资金。其次是各部门财政支农资金管理制度相互抵触。由于支农部门存在多头管理，其资金管理制度也服从于本部门的项目任务，对于同一类涉农项目，各部门制定不同的资金管理制度和核算办法，审批程序也相对烦琐。

面对冗长的管理环节，我国财政支农资金监督显得疲软、乏力。首先是监管职能缺位。我国部门主体都享有直接或间接监管财政资金的权利，部门间配合不协调、责权划分不明确、工作落实不到位的情况频现。其次是监督工作缺乏独立性。财政部门、农业部门等既是财政支农资金的管理部门，又负有对财政支农资金监督的职责，监督主体缺乏绝对的独立性。再次是缺乏必要的再监督机制。财政支农资金拨付后，因财政支农资金所有权、使用权和管理权分离，资金使用前的科学论证以及使用过程中是否带来了经济效益、社会效益、生态效益等，并没有进行必要的跟踪监督控制和行之有效的考核评估，致使财政支农工作中出现了大量低效工程、劣质工程和"半拉子"工程。最后是财政支农资金配置使用透明度低，信息滞后，使用过程中缺乏完善的举报系统，社会监督和舆论监督没有发挥应有的作用。

（三）支农项目建设成本过高，政府代建模式有待改进

一般而言，支农项目的申报、审批、招投标等前期工作时间较长，成本较高。从申报到招投标环节看，一般需要1~2年的时间，甚至更长，项目建设会产生因时滞过长而导致项目资金"贬值"的问题，也会导致建设项目不能及时和充分地发挥其应有的效用。目前国家农村专项投资95%以上由县级政府部门代建，少量由乡镇、市级政府部门代建，项目建设方式单一，只有发包一种形式。项目建设由政府主管部门包办代建，项目申报、审批等前期工作全过程都在政府部门内部运作，设置的项目决策程序没有农民参与，项目实施由政府主管部门作为项目法人，通过招投标的方式建设，主管部门只与承建商打交道，不与农民打交道，该体制下，截留、挪用支农资金的现象屡见不鲜，造成农业资金的严重流失。

（四）支农资金总量与结构不合理，使用效益不高

中央财政拨款是财政支农资金的主要来源，因此，财政支农资金的使用效率受国家对财政支农资金投入力度的影响。在财政收入逐年增长的情况下，财政支农资金占财政总支出的比例呈下降趋势，2010年占比约4.39%，2017年降至3.05%。从财政支农资金具体使用情况来看（表2-5），2015年以前，农资综合补贴、其他农业支出、农业生产资料与技术补贴、事业运行和技术推广是财政支农资金投入最多的五个项目。2016年5月财政部、农业部印发《关于全面推开农业"三项补贴"改革工作的通知》，将种粮农民直接补贴、农作物良种补贴和农资综合补贴合并为农业支持保护补贴。农资综合补贴未合并在农业支持保护补贴之前，农资综合补贴是各年投入资金最多的项目，虽然资金额逐渐递增，但增幅却没有呈现持续性，且在2011年、2015年出现了明显的下降，2016年种粮农民直接补贴、农作物良种补贴和农资综合补贴合并为农业支持保护补贴后，农业支持保护补贴成为投入资金最多的项目，但是2017年较2016年出现较大幅度的下降，下降比例达到11.09%。农业事业机构的投入资金逐年增加且每年都有涨幅，但该项目投入的比例过大，突显了财政支农资金分配结构的不合理；技术推广投入资金额逐年有所增加，但从2016年开始出现显著性下降，其占财政支农资金总额的比例近年来也呈下降趋

势，且在 2017 年下降到 5%，远不满足推进新农村建设和促进农业现代化的需求。从近 5 年财政支农资金规模变动可以发现，财政对农业投入的增速在《农业法》规定要求的边缘，且国家财政对农业投入的大部分支农资金仅用于满足农村一般性支出，对农业的后续发展并没有给予必要且足够的支持，说明国家财政对农业投入的总量和结构都不能满足农业发展的需求。

表 2-5　财政支农资金投入情况

年份		农业事业机构	技术推广	农业生产资料与技术补贴	农资综合补贴	其他农业支出
2010	投入资金总额	321.16	252.13	444.36	721.41	442.45
2011	投入资金总额	386.62	299.51	1134.44	112.52	579.16
	比上年增减%	20.38	18.79	155.30	−84.40	30.90
2012	投入资金总额	437.28	364.18	554.57	989.59	688.37
	比上年增减%	13.10	21.59	−51.12	779.48	18.86
2013	投入资金总额	479.63	336.32	530.45	1 013.54	877.92
	比上年增减%	9.68	−7.65	−4.35	2.42	27.54
2014	投入资金总额	508.48	405.37	531.02	1 019.21	947.49
	比上年增减%	6.02	20.53	0.11	0.56	7.92
2015	投入资金总额	609.15	419.39	756.00	755.87	1 189.57
	比上年增减%	19.80	3.46	42.37	−25.84	25.55
2016	投入资金总额	668.66	390.12	1 605.55	1 340.62	
	比上年增减%	9.77	−6.98	—	12.70	
2017	投入资金总额	703.14	307.36	1427.44	1 280.91	
	比上年增减%	5.16	−21.21	−11.09	−4.45	

数据来源：财政部 2010—2017 年全国一般公共财政收入、支出决算表。其中财政收入为全国一般公共预算收入。"农资综合补贴"项目在 2011 年前后幅度变化较大的原因，在于 2011 年财政支农资金投入的前五个项目中并没有涉及"农资综合补贴"。2016 年 5 月财政部、农业部印发《关于全面推开农业"三项补贴"改革工作的通知》，将种粮农民直接补贴、农作物良种补贴和农资综合补贴合并为农业支持保护补贴。

（五）政府间事权界定不清，"越位"和"缺位"时有发生

现行法律法规对于中央和地方涉农事权划分只做了原则性规定，即各级财政承担本级农业财政支出的管理，中央财政同时负责全国性

农业财政政策的制定,以及重要农业财政专项资金管理制度的制定。上一级财政对下一级农业财政支出管理负有指导责任,即财权向中央集中,事权逐级下放。然而,中央与省级人民政府管理权还是不清晰,省与市县级人民政府行使管理权也不明确,导致部分涉农事权存在错位和越位。受政府机关职能定位不科学的条件限制,管理职能与权限存在交叉和重复,职责定位还不够明确,无法为考核考评提供主要的质与量的政策支撑,科学、合理、准确地设置考评指标具有较大的难度。

与事权划分不清晰相应的是支出责任不明确,央地之间事权划分不清晰致使在投资问题上出现责任模糊、管理权限互为纠葛。当前财政管理模式下,项目"投资、建设、管理、使用"四位一体,更易造成财政支农资金的使用范围模糊,资金监督管理弱化或缺失。由于资金来源分散,不同渠道资金项目的安排原则和管理办法大多为主管部门自行制定,各个部门之间缺乏有机协调,没有统一的管理办法,权责分工以及操作程序过于复杂,实际执行过程中弹性很大,导致农业资金投入在使用方向、建设内容、项目安排等方面难以协调、随意性大和重复投入。

(六)资金投入政策导向性不强,支农资金杠杆作用缺失

随着传统农业向现代农业转型升级,金融服务对于农业现代化建设的积极作用日益凸显,农业对金融服务的需求迫切。但是,我国金融服务实体经济领域以及支农政策领域,农业金融是最薄弱的环节,我国支农项目建设只注重财政资金的投入与使用,并没有建立与金融紧密联系的纽带,金融进入支农领域的困难重重,金融杠杆对财政资金运行的支撑功能长期缺失。随着农业现代化的深入推进,金融供给明显滞后,已严重制约新型经营主体的成长。可以说,支农领域中,金融服务是最短板,制定推出发展农村金融,健全、完善金融支持农业的政策刻不容缓。我国农村实际状况和农业特点决定了农村金融离不开财政支农政策支持,金融在农业领域只有得到了财政支持,才能转化为支持农业发展的现实资金力量,实现风险有效控制和成本合理弥补。此外,虽然中央财政近10年来启动实施了一些对农村经济发展强有力支撑的政策,但也随之出现边际效用递减、效益不高等问题。

（七）农民直接受益的投入少，难以满足"三农"发展需求

就财政支农资金对农民受益的投入方式而言可以将其分为两种：①可以直接使农民受益的投入；②间接使农民受益，即间接支持农业的投入。其中，农民收入补贴、支持农村生产支出、农业综合开发支出、支援不发达地区发展支出、农林水气等部门事业费以及农村基本建设投资都属于直接惠农的投入；大型水利、生态、气象等基础设施的投入，农林水气等部门事业费的大部分、财政补贴等，都属于间接支农的投入。此外，财政将大量的支农资金用于转移支付和农村救济等，对于农业科技发展和农民增收方面只有较少的投入。以2014年的政府农业财政资金投入方式为例，支农总投入中，与农民收入直接有关的资金投入约为74亿元，约占整个支农资金投入的15%。与农民生活直接相关的资金投入约为1 254亿元，占整个支农资金投入的22%左右，而间接支持"三农"的投入大约在3 688亿元，约占整个支农资金投入的63%。

第三节 我国粮食①支持补贴体系基本框架、政策绩效与存在问题

通过上一部分分析中国财政支农资金的总体规模和结构，我们了解到我国财政支农资金的总体规模在2017年达到了19 089亿元，占全年财政支出的9.4%，占当年农业总产值的32.9%，但由于国家财政用于农林水支出分项改为农业、林业、水利、南水北调、扶贫、农业综合开发和农村综合改革等几项（表2-4），如果进一步细分，可以发现实际上直接用于农业的财政补贴约占当年财政支农资金总规模的三分之一，如2016年我国财政支农资金的总体规模为18 442亿元，

---

① 在本书及以下章节中，粮食根据中国统计年鉴的分类，包括稻谷、小麦、玉米、高粱、谷子及其他杂粮、薯类、豆类。其产量计算方法，豆类按去豆荚后的干豆计算；薯类（包括甘薯和马铃薯，不包括芋头和木薯）1963年以前按每4千克鲜薯折1千克粮食计算，从1964年开始改为按5千克鲜薯折1千克粮食计算。城市郊区作为蔬菜的薯类（如马铃薯等）按鲜品计算，并且不作粮食统计。其他粮食一律按脱粒后的原粮计算。

第二章 我国农业暨粮食补贴基本框架、绩效与存在问题

其中直接用于农业的财政补贴为 6 250 亿元,占当年财政支农资金总体规模的 34%。因此,通过数据分析,本节将更多关注直接用于农业的财政补贴总量及其结构。由于每年 65% 以上直接用于农业的财政补贴均投入粮食生产和流通领域,本节将重点分析我国粮食支持补贴体系基本框架、政策绩效与存在问题。实际上,鉴于粮食在我国农业中占有举足轻重的地位,在本节及以后章节中,粮食补贴和农业补贴在很大程度上是可以互换的概念表述。

一、我国粮食生产现状

新中国成立以来,党和政府高度重视粮食生产,采取一系列政策措施,不断深化农村改革,加强农业基础设施建设,加快新品种和新技术推广,调动农民生产积极性,着力提高粮食生产能力。粮食产量从 1949 年的 2 264 亿斤①增加到 2018 年的 13 158 亿斤,实现了由长期短缺向供求基本平衡的历史性跨越,成功地解决了十几亿人口的吃饭问题,为我国经济社会发展奠定了坚实的物质基础,也为世界粮食安全做出了重大贡献。

(一) 新中国成立以来粮食生产回顾

回顾历史,我国粮食生产经历了新中国成立后 28 年(1949—1977 年)低起点快速发展和改革开放 30 年高起点波动发展两个阶段。

1. 从新中国成立到 1977 年

尽管这一时期,我国粮食生产受到三年自然灾害、"大跃进"、"文化大革命"的严重影响,但广大农村干部和农民发扬艰苦奋斗精神,开发荒地荒滩,加强农家肥积造,开展农田水利基本建设,推广良种和适用农业技术,提高复种指数,粮食生产在极端困难的条件下,取得快速发展。粮食播种面积从 16.5 亿亩②扩大到 1977 年的 18.1 亿亩,总产量先后跃上 3 000 亿斤、4 000 亿斤、5 000 亿斤三个台阶,年均增长 3.3%。粮食单产大幅度提升,亩产从 138 斤提高到

---

① 斤为非法定计量单位,1 斤=500 克。下同
② 亩为非法定计量单位,1 亩≈667 平方米。下同

314斤，增长1.28倍，年均增加6斤以上。物质装备和科技水平逐步提高，有效灌溉面积由1952年的2.99亿亩增加到1977年的6.75亿亩，增长了1.26倍；杂交水稻等新品种培育取得重大突破；现代化生产要素投入增加，化肥施用量（折纯）由1952年的7.8万吨增加到1977年的648万吨，增加了82倍。这一时期，虽然粮食产量跃上三个台阶，但由于人口增长较快，粮食人均占有量仅从418斤提高到596斤，仍处于较低水平，温饱问题仍未得到解决（图2-2）。

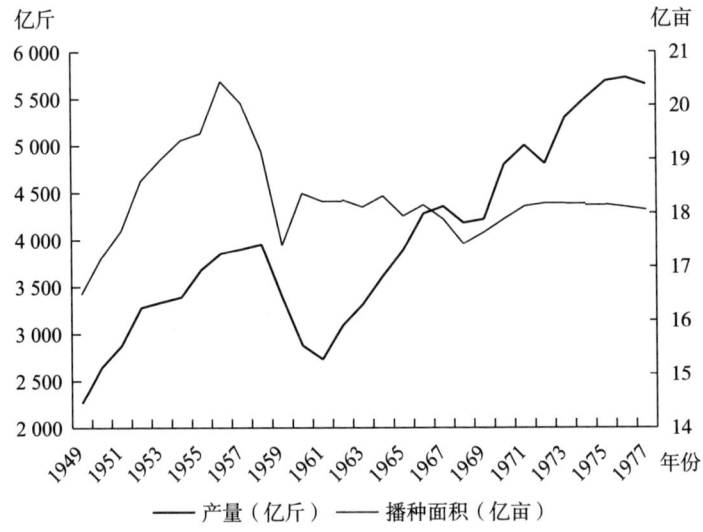

图2-2 1949—1977年粮食产量和播种面积变化情况
数据来源：国家统计局。

2. 改革开放以来

我国粮食总产量在6 000亿斤起点基础上，先后跨上8 000亿斤、10 000亿斤和12 000亿斤三个新台阶。其间，经历了"一增、一减、一恢复"三个阶段。

（1）总体增长阶段（1978—1998年）。粮食播种面积虽然由1978年的18.1亿亩波动下降到1998年的17.1亿亩，但亩产由338斤提高到600斤，年均提高13.2斤；产量由6 096亿斤增加到10 246亿斤，达到历史新水平，年均增加208亿斤。这一阶段粮食增长主要得益于：1978年实行家庭联产承包经营责任制，中央从1982年开始连续 5 年出台"1 号文件",确立了农民生产经营主体地位,解放了生产力;逐步改革粮食流通体制,在提高粮食统购价格、实行超购加价、减少粮食征购数量、允许农民在集市买卖粮食之后,又先后采取实行粮食省长负责制、提高粮食收购价格、建立粮食风险调节基金、按保护价敞开收购农民余粮等措施,调动了农民种粮积极性;大力推广新型杂交稻、地膜覆盖等高产栽培技术,开展商品粮基地县建设等,提高了粮食亩产水平。

(2)连续减产阶段(1999—2003 年)。由于城镇化、工业化步伐加快,基础设施建设占用耕地增加,各地农业结构调整力度较大,加之实行退耕还林,耕地面积由 1998 年的 19 亿多亩减少到 2003 年的 18.5 亿亩。粮食价格长期低迷,种粮收入减少,农民生产积极性下降,粮食播种面积由 17.1 亿亩下降到 14.9 亿亩,加上税费改革后,农民投工投劳冬修水利基本停滞,粮食产量降至 8 614 亿斤,仅相当于 1992 年水平,亩产由 600 斤下降到 578 斤。

(3)恢复发展阶段(2004 年至今)。从 2004 年开始中央连年下发"1 号文件"部署"三农"工作,制定了"多予少取放活"、"工业反哺农业、城市支持农村"的基本方针,不断加大强农惠农富农政策力度,实施了免征农业税、种粮直补、良种补贴、农资综合直补、农机具购置补贴、粮食最低收购价政策、奖励产粮大县等扶持政策,调动了农民种粮和地方政府抓粮的积极性。国家大幅增加农业基础设施建设投入,改善生产条件。粮食播种面积由 2003 年的 14.9 亿亩恢复到 2018 年的 17.6 亿亩,产量从 2003 年的 8 614 亿斤增加到 13 158 亿斤。目前,粮食生产能力基本稳定在 13 000 亿斤水平,实现了粮食供求基本平衡,满足了日益增加的消费需求,为经济社会发展和深化改革奠定了物质基础(图 2-3)。

(二)粮食生产格局变化

1. 粮食生产重心北移

随着东南沿海工业化、城镇化加快推进,粮食播种面积不断减少,北方地区粮食生产占全国比重逐年上升。2018 年,北方地区粮食播种面积占全国的 58.2%,产量占全国的 58.4%,分别比 1980 年增加 8.2 个百分点和 17.8 个百分点。其中,黑龙江省粮食产量由

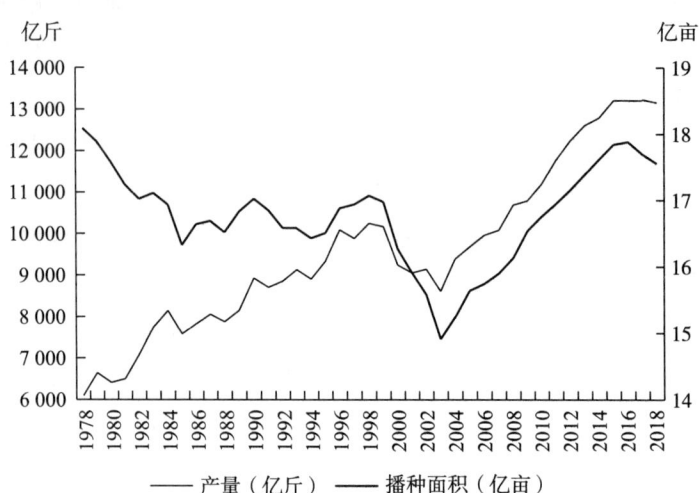

图 2-3　1978—2018 年粮食产量和播种面积变化情况

数据来源：国家统计局。

4.6%上升至 11.4%，河南粮食产量由 6.7%上升至 10.1%，山东粮食产量由 7.4%上升至 8.1%，吉林省粮食产量则由 2.7%升至 5.5%。

2. 粮食产能向主产区①和产粮大县集中

13 个粮食主产省区在全国粮食生产中的地位持续上升。2017 年，13 个粮食主产省（区）粮食产量占全国比重为 79%，比 1980 年增加 10 个百分点，位居全国前 100 名的产粮大县，粮食产量之和占全国粮食总产量的 20%以上。但由于消费增长较快，2017 年粮食主产区产消盈余缩小，其他地区产消缺口有所扩大，产销平衡区自给率仅 76%。主产区中，内蒙古、吉林、黑龙江、安徽、河南 5 省（区）产大于消均在 100 亿斤以上。

3. 粮食生产集约化水平提高，储运设施明显改善

随着劳动力价格上升，资本替代劳力趋势明显，化肥、农膜、除

---

① 主产区包括：河北、内蒙古、辽宁、吉林、黑龙江、江苏、山东、河南、湖北、湖南、四川、安徽、江西 13 个省；主销区包括：广东、海南、北京、天津、上海、浙江、福建 7 个先行放开粮食市场的省市；其余省份归入平衡区。

草剂使用量增加,农业机械化水平不断提高。2018年耕种收综合机械化水平超过67%,比1998年提高30个百分点,其中小麦基本实现全程机械化,有效提高了劳动生产率。同时,粮食仓储运输能力逐步增强,全国粮食有效仓容和日烘干能力得到提高,六大粮食物流通道贯穿南北,为实现大范围粮食调运提供了保障。

4. 粮食进口再创新高,大豆进口增幅较大

由于国内外粮食价差较大,粮食进口量继续保持在较高水平。据海关统计,2017年粮食进口2 457亿斤,同比增加423亿斤,为历史最高水平。其中,大豆进口1 911亿斤,同比增加270亿斤,其他粮食品种进口量也有所增加,主要原因是国内玉米价格回升,国内外玉米及玉米替代品价差有所扩大,导致玉米替代品进口同比增加。

(三)我国粮食生产的主要特点

1. 生产主体分散

在中国目前农村实行家庭承包经营为基础、统分结合的双层经营体制下,农户作为独立的粮食生产单位,负责向社会供给粮食。当前,在中国粮食年供给总量中(不考虑进口粮食的因素),国有农场供给的粮食约占总供给的3%,其余全国97%的粮食产量,由23 693万个农户供给。中国粮食生产不仅数量上分散,而且在地域上也十分分散。在全国各地,凡是有以耕作为主的农户居住区,就有粮食生产活动存在。中国粮食生产呈现出多元化和分散性的特点,一方面是因为它适应了粮食需求的分散性要求,解决了"民以食为天"的需要;但另一方面,这种分散特性也对粮食生产产生了许多不利的影响:一是容易产生粮食供给的无序性,即农户生产什么,生产多少,完全由农民自己决定,由此导致难以对供给社会的粮食品种、品质和数量进行计划和控制,容易造成社会资源配置的浪费;二是难以对粮食生产进行调控,如难以推行有利于粮食生产的休耕措施,或对生产者实施补贴等等。

2. 粮食生产结构趋同

中国的粮食生产受地域的影响,基本上是分区域集中产出。这种集中产出,按理说应该更有利于商品化、专业化的发展,但由于受生产主体分散化的影响,中国粮食的生产结构也基本上相同,主要表现为：一是品种结构上趋同，在小麦、稻谷、玉米、大豆的集中产区，大量产出同一品种的粮食；二是在粮食品质结构上趋同，缺乏根据需求进行生产的能力。就小麦而言，中国大量生产的是花麦、白麦，而适合于糕点使用的软质小麦和面包用的高面筋值的小麦却短缺。玉米的专用性更强，而全国基本上是一个品质的玉米。粮食生产同构化的状况，从一定程度上说，就是低质化，表现为中国粮食生产的质量不高。从总量上看，尽管我国粮食生产总量大，但有效供给是有限的，甚至是不足的。

3. 粮食供给机制脆弱

中国改革开放以来粮食生产与粮食供给的关系一再表明，中国的粮食供给受制于粮食产量的增减变化，也就是说，粮食产量稍有波动，就会立即引起粮食供给的波动。粮食供给系统自身调控机制比较脆弱，对自然灾害引起的粮食减产或风调雨顺带来的丰年以及各种原因引起的粮食产量波动不具备吞吐调节能力。中国粮食供给机制脆弱的原因可以归纳为以下几个方面。

第一，粮食生产主体的心理预期不稳定。中国粮食生产主体是分散的小农户，他们生产的粮食自留一部分，出售一部分。粮食越丰收，农户对粮食的安全预期越大，储存粮食越少，出售粮食越多；而当粮食减产时，农户对粮食的安全预期越小，自留储存的粮食越多。这种买涨不买跌，卖跌不卖涨的心理预期加剧了粮食供给的波动。

第二，粮食供给市场发育不全，调节供给能力较弱。长期以来，中国把粮食看成一种特殊商品，对粮食生产、流通实行管制。现实中政府对粮食供给的调节主要依赖政策、计划等行政手段，而忽视了培育、完善和利用市场调节机制，致使中国粮食市场发育不全，地区之间封闭分隔，既没有形成流通吞吐规模，也缺乏信息沟通交流，市场对生产的反作用显得更加微弱。

第三，受粮食高成本制约，不能有效地利用国际市场进行吞吐平衡，政府用巨额财政资金调节粮食供给不堪重负，难以为继。

4. 粮食生产的供给价格弹性逐步递减

在改革开放初期，中国粮食生产能力的提高主要依靠解放生产力，依靠调整生产关系来实现，其中，调整粮食收购价格对粮食产量的增加更起到了决定性作用。但是，到了21世纪，当粮食产量达到一定水平时，由于受土地资源和科技水平的制约，粮食生产的供给价格弹性逐步递减。其特点可以归纳为以下几个方面。

第一，粮食产量与粮食收购价格呈正相关波动，即粮食收购价格提高，粮食产量上升，粮食收购价格下降，粮食产量下降。如当收购价格增长幅度从1979年的30.5%下降到1980年的7.9%时，同期粮食产量的增长幅度也从9%下降为－3.5%。此外，1979—1989年，中国粮食的供给水平直接受粮食价格波动的影响，价格与产量的相关变动尤为明显，出现上述现象的主要原因是长期以来中国粮食处于短缺状态，计划经济条件下工农产品又存在严重的"剪刀差"，粮食价格与价值严重背离，提高粮食收购价格对粮食增产起了很大的作用。

第二，粮食产量对粮食价格的正相关波动并非无限，而是在一定区间内产生联动效应，一旦价格变动超过了这个区间，例如20%，产量与价格就无相关性可言，产量的弹性近乎于零。这也就是说，当价格在一定范围或区间内上下浮动时，产量的价格弹性最直接，粮食产量会随着价格的上下浮动呈趋同运动，而当价格浮动超过了这个区间，产量波动则呈停滞状态。这主要是因为粮食产量并非仅受价格因素的影响，还要受到耕地面积、农业科学技术进步、土地收益边际效用递减等诸多因素的影响，因此，进入20世纪90年代以后，中国粮食生产和供给的价格弹性趋弱。

第三，价格变动对产量的影响具有一定的滞后性。这种滞后性主要由农业自然生长周期的客观性决定。因此，在不考虑其他因素的条件下，粮食价格在一定范围内变动对粮食产量具有调节和刺激作用，这种调节随着工农产品"剪刀差"带来的粮食价格与价值严重背离的结束和农业科学技术对粮食生产影响的扩大而逐步递减。同时，当粮食产量达到一定程度，农业科学技术还没有取得新的突破时，受土地边际收益递减的影响，粮食产量对价格变动就不再具有弹性。也就是说，在这个时候，无论粮食价格提得多高，粮食产量决不会因为价格的提高而同步增长。

二、中国粮食生产面临的主要风险

(一) 中国粮食生产地域风险

表 2-6 反映了中国粮食作物的风险分区结果[①]。总体而言,尽管受灾概率超过 30% 的全国平均概率为 64%,即不到两年就会发生一次受灾概率超过 30% 的灾情,反映出中国各地区遭受自然灾害影响的严重程度,但从"单产变异系数"[②] 指标来看,由于目前中国粮食作物的平均单产水平较高,因此各地粮食作物的生产风险并不是很大,全国平均的单产变异系数为 10.08%。[③]

表 2-6 1995—2017 年度我国粮食单位面积产量变异情况

单位:千克/公顷

地区	平均产量	方差	标准差	产量变异系数 (%)
北 京	5 544.9	276 021.3	525.38	9.48
天 津	5 108.7	159 686.9	399.61	7.82
河 北	4 712.5	336 253.9	579.87	12.30
山 西	3 824.5	281 362.6	530.44	13.87
内蒙古	4 634.9	655 714.2	809.76	17.47
辽 宁	5 963.2	526 141.2	725.36	12.16
吉 林	6 775.1	822 485.8	906.91	13.39
黑龙江	5 346.1	565 356	751.9	14.06
上 海	6 780.2	127 370.1	356.89	5.26
江 苏	6 304.7	89 965.3	299.94	4.76
浙 江	6 203	261 176.6	511.05	8.24
安 徽	5 165.7	259 226.6	509.14	9.86
福 建	5 524.8	183 123.8	427.93	7.75
江 西	5 489.9	164 545.2	405.64	7.39
山 东	5 807.4	227 887.9	477.38	8.22

---

① 详细计算过程见附表 1。
② 单产变异系数是单产标准差与单产平均数的比值,是衡量粮食单产变异程度的统计量。
③ 农作物产量的标准差一方面与产量正相关,另一方面随着农作物单产的增加,农作物产量的变异系数呈下降趋势,也即农业生产风险与农作物产量正相关,但与农作物单产量负相关。

第二章 我国农业暨粮食补贴基本框架、绩效与存在问题

(续)

地区	平均产量	方差	标准差	产量变异系数（%）
河 南	5 352.9	442 658.4	665.33	12.43
湖 北	5 998.3	62 283.8	249.57	4.16
湖 南	6 020.6	65 316.6	255.57	4.24
广 东	5 483.6	60 910	246.8	4.50
广 西	4 948.7	96 761.8	311.07	6.29
海 南	4 414.7	168 117.2	410.02	9.29
重 庆	5 538.2	631 369.2	794.59	14.35
四 川	5 459.2	167 456.4	409.21	7.50
贵 州	4 430.8	199 033.9	446.13	10.07
云 南	4 185.9	139 711.7	373.78	8.93
西 藏	5 171.8	313 377.4	559.8	10.82
陕 西	3 716.1	248 258	498.26	13.41
甘 肃	3 524.5	417 524	646.16	18.33
青 海	3 528.7	94 937.9	308.12	8.73
宁 夏	4 725.1	753 878	868.26	18.38
新 疆	5 879.8	285 559.8	534.38	9.09

数据来源：1996—2017年《中国统计年鉴》。

以种植规模和单产水平为依据，进一步分析表2-6的风险分区结果可以发现，中国粮食生产的风险区划具有连片性特点。粮食生产的低风险地区包括广东、上海、浙江、福建等4个主销区，以及位于华中、华南地区的山东、江苏、江西、湖北、湖南、四川6个粮食主产区，以及西南地区。在这些粮食生产的低风险地区中，江苏等6个粮食主产区由于其良好的自然条件、精耕细作的农作制度而保证了粮食单产的持续稳定增长，因此单产变异系数相对较小（山东8.22%，江苏4.76%，江西7.39%，湖北4.16%，湖南4.24%，四川7.50%）。主销地区单产变异系数的波动同样较低，其主要原因是这些地区历史上曾经是我国的产粮大省，如浙江，自然条件较好，复种指数高，加之农作物耕作技术和农业发展水平较高，因此粮食单产在年度间的波动幅度也不大。而属于粮食产销平衡区的新疆、云南、贵州、西藏等省区历来不是粮食主要产地，再加上人口密度相对较小，

其粮食的生产压力及产量波动都不大。

粮食生产的中等风险地区主要位于华中和华北的大部分地区，包括河北、河南、安徽等省市，其粮食单产的变异系数位于10%～13%之间。

粮食生产风险最高的地区分布于西北地区的甘肃、宁夏、陕西、山西以及东北地区的黑龙江、吉林、辽宁和内蒙古自治区一带。将西北地区的甘肃、陕西、宁夏、山西等省列入高风险区的原因在于这些地区不但自然气候相对恶劣，农作物平均单产水平普遍在4 000千克/公顷以下，而且粮食单产变异系数普遍偏高，农作物生产面临的风险巨大。以甘肃为例，该省1995—2017年粮食平均单产为3 524.5千克/公顷，为全国最低水平，但其单产变异系数却达18.33%，列全国第2位，这种风险分布结构对于农业保险的开展是非常不利的。将东北的粮食主产省区黑龙江、吉林、辽宁和内蒙古自治区列为粮食

表2-7 中国粮食作物生产风险区域划分

风险区域	Ⅰ（低产不稳定区域）	Ⅱ（较低产不稳定区域）
平均每公顷单产（千克）	<4 000	4 000～5 000
产量变异系数（%）	>10%	>7.5%
包括省区市	甘肃、山西、陕西	内蒙古、河北、宁夏、贵州、云南、海南
风险区域	Ⅲ（较低产稳定区域）	Ⅳ（中产不稳定区域）
平均每公顷单产（千克）	4 000～5 000	5 000～6 000
产量变异系数（%）	<7.5%	>8%
包括省区市	广西	北京、辽宁、黑龙江、安徽、山东、河南、重庆、西藏、新疆
风险区域	Ⅴ（中产较稳定区域）	Ⅵ（中产稳定区域）
平均每公顷单产（千克）	5 000～6 000	5 000～6 000
产量变异系数（%）	5%～8%	<5%
包括省市	天津、福建、江西、四川	湖北、广东
风险区域	Ⅶ（高产不稳定区域）	Ⅷ（高产稳定区域）
平均每公顷单产（千克）	>6 000	>6 000
产量变异系数（%）	>10%	<9%
包括省市	吉林	上海、江苏、浙江、湖南

生产的高风险地区，主要是因为这些省份不仅粮食产量较大，而且其粮食单产的变异系数在全国范围内看也是最大、最集中的区域（黑龙江为14.06%、吉林为13.39%，辽宁为12.16%，内蒙古为17.47%），容易发生因自然灾害而引致的产量大幅波动。

通过对表2-6的进一步分析和归纳，本书尝试采用"平均单产"和"产量变异系数"两个指标对中国粮食作物生产风险区域以省为单位进行划分，并为第八章将要进行的"险补结合"粮食补贴新体系农业保险纯费率精算提供明确的区域风险分布依据。具体见表2-7。

（二）干旱：威胁中国粮食生产的主要自然灾害

干旱作为一种自然灾害，对农业，尤其是粮食种植业有着广泛和显著的影响，它不仅间接影响农业结构、作物布局和种植制度，而且对作物生长发育有着直接的影响，使得农作物缺水减产，影响农业活动，造成土壤侵蚀（风蚀），影响肥料的使用及其有效性，导致病虫害和火灾的发生等。

农业干旱的发生是农作物在生长期无雨或少雨的情况下，由于蒸发强烈，土壤缺水，使作物体内水分平衡遭到破坏，影响正常生理活动，而造成的损害。农业干旱的发生除受降水量多少、降水性质、气温、光照和风速等气象因素影响外，还与土壤性质、种植制度、作物种类、生育期等有关。

中国农业干旱灾害的发生具有明显的季节性、随机性、区域性、连片性特点，再加上中国国土面积广阔，各地的降水量相差悬殊，因此各地的干旱程度也存在很大差异。总体而言，中国农业干旱的地域分布特点是：两广北部至长江中下游地区多出现伏旱，而春旱较少；淮河以北地区主要是春旱或春夏连旱居多，个别年份有春、夏、秋连旱；西南地区冬、春旱较多；四川西北地区多春、夏旱，四川东部地区多伏、秋旱；西北地区一般是常年干旱。

据国家统计局相关统计资料，1951—2017年（其中缺1968—1969年数据），中国农作物遭受各种自然灾害（旱灾、洪涝灾、雹灾、冻灾、病虫灾害）的累计总受灾面积、总成灾面积分别为

375.53亿亩和176.74亿亩,其中旱灾受灾面积、成灾面积分别为211.79亿亩和95.58亿亩,分别占总受灾面积、总成灾面积的56.4%和54.08%;1951—2017年(其中缺1968—1969年数据)全国农作物年均总受灾面积、成灾面积分别为5.6亿亩和2.64亿亩,其中旱灾年均受灾面积、成灾面积分别为3.16亿亩和1.43亿亩,详见表2-8。

表2-8 全国干旱受(成)灾面积占农作物自然灾害受(成)灾总面积比重

年代	播种面积(亿亩)	总受灾面积(亿亩)	总成灾面积(亿亩)	旱灾受灾面积(亿亩)	旱灾成灾面积(亿亩)	旱灾受灾面积占总受灾面积比例(%)	旱灾成灾面积占总成灾面积比例(%)
50	221.79	41.70	16.87	22.76	7.77	54.58	46.06
60[①]	213.98	32.13	15.50	18.48	8.47	57.52	54.65
70	222.65	61.69	20.23	42.24	12.83	68.47	63.42
80	217.61	61.42	29.90	35.65	16.95	58.04	56.69
90	227.88	76.72	40.24	40.70	20.80	53.05	51.69
2000—2009	230.99	69.23	38.30	37.62	21.70	54.33	56.66
2010—2017	231.11	32.64	15.70	14.34	7.06	43.96	44.96
1951—2017[②]	1 566.01	375.53	176.74	211.79	95.58	56.40	54.08

注:①20世纪60年代统计数据缺少1968—1969年数据,表中数为8年的总和。

②1951—2000年时间序列数据缺少1968、1969年数据。

数据来源:《新中国五十年统计资料汇编》,《中国统计年鉴》2001年版,国家统计局。

按时序分析,1951—2017年,全国农作物总受灾面积与旱灾受灾面积一方面均呈稳步上升趋势,另一方面两者的波动也表现出了高度的相关性[①],这也进一步说明旱灾是决定我国农作物灾情的主体因素(图2-4)。

---

① 1954年、1998年等个别年份全国农作物总受灾面积与旱灾受灾面积的拟合程度不高,其主要原因是这几年洪水灾害比较严重。

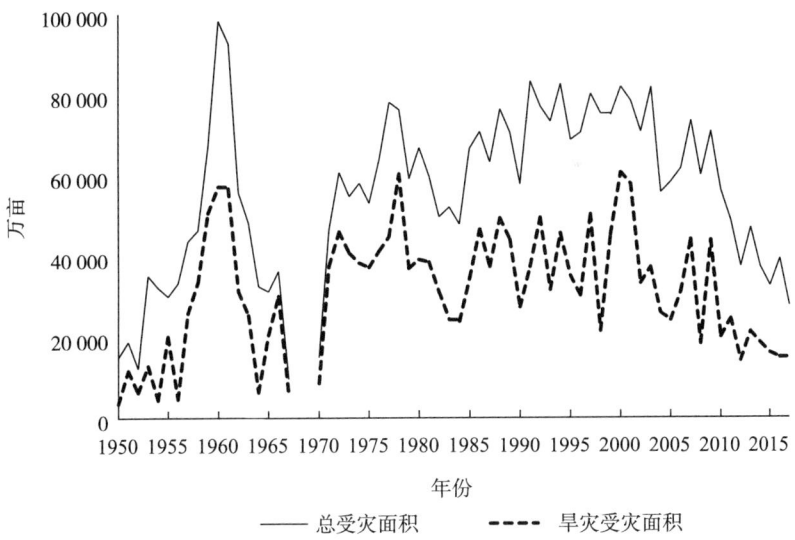

图 2-4　1950—2017 年全国农作物总受灾面积和旱灾受灾面积趋势分析

注：1951—2017 年时间序列数据缺少 1968、1969 年相关数据。

三、我国粮食供需面临的形势

展望未来，随着人口不断增加和生活水平的提高，我国粮食需求将继续呈刚性增长，产需缺口不断扩大，粮食品种和区域结构性矛盾加剧，供求平衡难度加大，国际市场粮源紧张，市场运行不确定因素增多，弥补国内粮食缺口的空间有限，我国必须立足国内实现粮食基本自给。虽然我国粮食生产面临的资源、环境等不利因素增多，但是通过加大投入，改善农业基础条件，挖掘粮食单产潜力，增加粮食产量是可以实现的。

（一）粮食需求刚性增长，饲料和工业用粮增幅较大

2017 年，我国粮食消费量 14 586 亿斤，比上年增加 978 亿斤，增幅 7.2%。近年来，我国粮食消费继续增长，分品种看，在比价作用影响下，小麦饲用和工业需求减少，消费量略有下降；稻谷作为主要口粮品种，产业链条短，消费基本平稳；玉米和大豆价格优势明显，消费量显著增加。从消费分项看，口粮消费稳中略增，饲料和工业用粮增长较快，种子用粮基本持平。分结构看，随着城镇人口增

加、乡村人口减少，城镇化率逐年提高，近年来城镇居民口粮消费相应增长，乡村居民口粮消费下降。以 2017 年为例，城镇居民口粮消费同比增长 4.6%，乡村居民口粮消费下降 2.9%，按 2017 年末全国总人口 139 008 万测算，人均口粮消费 400 斤，与 2016 年持平。与此同时，随着我国人民生活水平的提高，一方面，居民食品消费结构中肉禽蛋奶消费量持续增长，拉动饲料用粮不断增加。另一方面，2017 年工业用粮比上年增加 164 亿斤，增幅 6.8%，尤其是玉米收储制度改革后，价格回归市场，产业链条逐步理顺，企业效益显著改善，市场活力持续释放，扩大生物燃料乙醇生产的政策又进一步增强了市场预期，刺激企业扩大产能。

（二）粮食产需缺口扩大

2004 年以来，我国粮食生产连续丰收，粮食供需总量总体平衡，但品种结构性矛盾日渐突出。谷物自给率（产量/消费量）多年保持在 100% 以上，小麦、稻谷和玉米出现阶段性过剩，库存严重积压。为加快消化不合理库存，一方面主动调整优化种植结构，另一方面鼓励粮食加工转化，产消形势发生新的变化。2017 年我国粮食消费量超过产量 1 354 亿斤，相较于 2016 年的产消缺口 399 亿斤，缺口明显扩大，其中：玉米 2017 年的产消缺口 295 亿斤，需要挖库存弥补；小麦、稻谷两大口粮品种仍产大于消；大豆缺口持续扩大，自给率不到 20%。

（三）利用国际市场调剂的空间有限

从全球范围看，利用国际市场弥补国内粮食产需缺口不仅成本高、风险大，而且空间小。

(1) 国际市场粮源有限，我国既是粮食生产大国，又是粮食消费大国，国际市场的谷物贸易量约 4 000 亿斤，不到我国粮食消费量的一半，可供我国进口的粮食资源十分有限。

(2) 国际粮食市场波动加剧。2003—2007 年，由于生物质燃料发展拉动了粮食需求，世界谷物库存下降至 25 年的最低水平，加上国际游资炒作农产品期货，世界粮食价格上涨 40%，谷物库存降至最低水平，一些国家纷纷采取限制出口的措施。2008 年以来，受国际金融危机影响，原油价格大幅下滑，生物质燃料需求减少，粮食价格持续下降。但从中长期看,国际金融、能源市场对粮食市场的牵动作用逐渐加大,引发粮食市场波动的因素日益复杂,利用国际市场弥补国内产需缺口仍具有较大的不确定性。

(四)粮食增产制约因素增多

目前及今后一个阶段,我国粮食生产面临的制约因素与改革开放前有很大不同,突出表现在工业化、城镇化步伐加快,农业劳动力大量转移,从事粮食生产的劳动力素质下降,气候不确定性增加,生态环境恶化等,对粮食生产十分不利。

(1) 水土资源约束加大。我国水资源总量约28 000亿立方米,居世界第6位,常年人均水资源量约2 200立方米,为世界人均占有量的1/4;水资源时空分布不均,年内降水主要集中在6—9月,春耕和秋冬种期间用水矛盾突出;水土资源匹配不佳,淮河以北地区耕地面积约占全国的2/3,水资源量不足全国的1/5。人均耕地少是我国基本国情,从长远看,人增地减的矛盾仍十分突出。全国耕地面积从1996年的19.5亿亩降至2018年的19.2亿亩,年均减少136万亩,目前人均耕地面积1.38亩,仅为世界平均水平的40%。随着工业化和城镇化进程加快,耕地仍将继续减少。

(2) 种粮比较效益长期偏低。随着农资价格上涨、人工费用增加,今后粮食生产成本呈逐步上升的趋势,而粮食价格涨幅低于成本增幅,种粮比较效益长期偏低,不利于保护和调动农民种粮积极性,一些地区已出现粮食生产口粮化、兼业化势头,影响未来粮食增产潜力的发挥。

(3) 农业劳动力素质下降。农村青壮年劳动力大多外出务工,留守的劳动力接受新知识、新技术的能力相对偏弱,劳动技能提高难度大,影响粮食新品种和配套栽培技术的推广应用,制约粮食科技水平的提升。

(4) 气候不确定性增加。我国是水旱灾害频发的国家,受季风气候影响,降水年际变化大,加上近年来温室效应,气候变暖,导致极端性天气增加。据中国气象局预测,我国未来气候条件不容乐观,与2000年相比,2020年我国年平均气温将升高0.5~0.7℃,降水的不确定性较大,水资源的供需矛盾更加尖锐。同时,极端性天气引发气候事件增多，粮食生产将面临大旱、大涝、大冷、大暖的气候影响，旱涝灾害发生的概率较大，由此带来的农业病虫害影响也将加大。

（5）生态环境约束大。当前，北方部分地区地下水严重超采、农田掠夺性经营以及化肥、农膜等长期大量使用，导致耕地质量下降，土壤沙化退化，水土流失严重，面源污染加重，水环境恶化，城市周边、部分交通主干道以及江河沿岸耕地的重金属与有机污染物超标，严重影响了粮食质量和效益。

此外，我国农业基础设施依然薄弱，中低产田比重高，抗灾能力弱。在现有耕地中，中低产田约占 2/3，粮食单产不稳定，年际间波动大；农田有效灌溉面积所占比例不足 47%，灌排设施老化失修、工程不配套、水资源利用率不高，抵御自然灾害的能力差，未从根本上摆脱靠天吃饭的局面。

（五）未来粮食增产仍有潜力

尽管当前粮食生产面临一些不利因素，但从长远看，我国粮食增产仍有潜力。我国现有粮食单产水平与发达国家有不小的差距，稻谷、小麦、玉米平均单产约 850 斤、600 斤和 700 斤，分别是单产排在前 10 位国家平均水平的 71%、60% 和 67%。国内同一种植区内的同一作物，各省间单产差距也较大，有的相差 100 斤以上。从我国历年粮食单产情况看，1949—1978 年粮食单产年均增长 3.2%，1979—2018 年单产年均增长 2.5%。因此，通过加大投入，改善农业生产条件，增强科技支撑能力，实现粮食增产目标还是可能的。

（1）粮食生产政策环境不断优化。党中央和国务院坚持把确保国家粮食安全放在经济工作的重中之重，把发展粮食生产放在现代农业建设的首位，地方各级政府认真落实中央的各项强农惠农富农政策，不断加大对粮食生产的支持和保护力度。从 2006 年开始，国家取消了农业税，实行了"四补贴"以及产粮大县奖励政策，建立了粮食最低收购价、托市收储以及支持粮食生产的补贴制度等。随着我国综合国力的增强，国家将进一步保护和调动农民的种粮积极性。

（2）农业生产条件逐步改善。根据中国工程院对典型地区调查数据，有灌溉条件地区的小麦单产是旱地单产的 1.67~1.89 倍，有灌溉条件的玉米单产是旱地单产的 1.47～1.53 倍，而且产量相对稳定。按照 2020 年新增灌溉面积 0.8 亿亩，田间基础设施配套完善，可提高单产 20%以上计算，可增加粮食产量 110 亿斤。在灌排条件全面改善的情况下，改良土壤结构，提升土壤肥力，增强粮食生产抗灾能力，可增加单产水平 15%～20%。

（3）农业科技推广应用步伐加快。我国农业科技到位率仍然较低，常规作物自留种比例较高，高产品种没有得到普遍应用，主栽品种多乱杂，高产栽培技术推广不到位，现有品种潜力尚未得到充分挖掘。根据全国粮食高产创建活动经验，通过使用优良品种、组装配套集成农艺和农机技术，每亩可提高产量 100～150 斤。按此推算，全国可增加粮食产量 720 亿斤。

（4）粮食产前产后保障水平提高。目前我国耕种收综合机械化水平仍然偏低，粮食烘干、仓储、运输能力不匹配。通过提高农机质量，增加机型，推进社会化服务，提高粮食生产效率；通过进一步加强粮食烘干、仓储、运输等设施建设，提升粮食收储和调运能力，夯实粮食产前产后保障基础。

四、我国粮食支持补贴体系现状

粮食补贴的根本目的是保障农民基本利益，提高农民种粮积极性。由于粮食产业的弱质性、正外部性和公共物品属性，长期以来我国粮农在市场条件下处于弱势地位，粮食补贴就成为国家调控粮食市场的主要手段。如果将整个粮食产业链划分为生产、流通、加工、消费四个环节，目前我国的粮食补贴主要针对生产和流通两个环节。

（一）粮食生产领域补贴政策

我国粮食生产领域补贴政策主要包括农业支持保护补贴、农机购置补贴、农业保险保费补贴三大类。

1. 农业支持保护补贴

2016 年，财政部、农业部印发《关于全面推开农业"三项补贴"改革工作的通知》，在全国全面推开农业"三项补贴"改革，将农作物良种补贴、种粮农民直接补贴和农资综合补贴合并为农业支持保护补贴,政策目标调整为支持耕地地力保护和粮食适度规模经营。

（1）种粮农民粮食直补。种粮农民粮食直补简称粮食直补,是国家财政按一定的补贴标准和粮食实际种植面积,对农户直接给予的补贴。该方案自2000年下半年开始酝酿,并在2001年3月24日,由财政部向国务院报送了《关于完善粮改政策的建议》,提出了改革粮食补贴的方式、实行对农民直补的初步设想,建议"完善粮改政策""保护农民种粮积极性""建立一个简便的、农民看得见好处的,直接对农民的调控手段"。国务院28号文件同意进行粮食直补试点,2002年在安徽试行对种粮农民发放粮食直补,2004年扩大到吉林、湖南、湖北、河南、辽宁、内蒙古、河北、江西等9省（区）,2005年扩大到30个省份。粮食直接补贴按照谁种地补给谁的原则,有效地增加了农民收入,提高了农民种粮积极性,促进了粮食产量提高,取得了比较好的社会效益。

（2）农资综合直补政策。农资综合补贴是指政府对农民购买农业生产资料（包括化肥、柴油、种子、农机）实行的一种直接补贴制度。依据《中共中央国务院关于推进社会主义新农村建设的若干意见》（中发［2006］1号）,2006年中央针对农业生产资料价格上涨对种粮生产成本的影响,综合考虑影响农民种粮成本、收益等变化因素,决定对种粮农民实行农资增支综合直补（简称"综合直补"）。其资金来源于粮食风险基金,通过粮食风险基金专户下拨。该政策对保证农民种粮收益的相对稳定,促进国家粮食安全起到了重要作用。

（3）良种补贴。良种补贴是指对一地区优势区域内种植主要优质粮食作物的农户,根据品种给予一定的资金补贴。目的是支持农民积极使用优良作物种子,提高良种覆盖率,增加主要农产品特别是粮食的产量,改善产品品质,推进农业区域化布局。该政策2004年起在全国粮食主产区、优势产区推行,补贴对象为生产中使用农作物良种的农民（含农场职工）,范围为对水稻、小麦、玉米、棉花在全国31个省（区、市）实行良种补贴全覆盖;对大豆在辽宁、吉林、黑龙江、内蒙古等4个省（区）实行良种补贴全覆盖。

上述"三项补贴"实施以来,资金规模不断扩大,到2015年达到1 415亿元,在国家"三农"投入中占据了重要地位。按照政策设计，"三项补贴"要求对从事粮食生产的农民按照种粮面积给予补贴，但实际执行过程中，由于核定面积的行政成本高昂，三项补贴逐步演变为按承包地计税面积发放，不论是否种粮均可获得补贴，逐步演变成对农民的一种收入支持政策。为了解决"三项补贴"政策指向性和针对性的问题，提高补贴效能，更好适应WTO规则要求，从2014年起，国家逐步展开了对直接补贴制度的改革探索。一是实行"三补合一"改革。在先期试点的基础上，2016年起，中央决定全面推开"三补合一"改革，将种粮直补、农资综合补贴、良种补贴合并为"农业支持保护补贴"，政策目标调整为支持耕地地力保护和粮食适度规模经营。"三补合一"改革后，这部分补贴资金不再与农民实际种粮面积挂钩，实际上转变为对农民收入的一种支持。

2. 农机购置补贴

农机购置补贴，是指国家对农民个人、农场职工、农机专业户和直接从事农业生产的农机作业服务组织，购置和更新农业生产所需的农机具给予的补贴。目的是支持农民购买农机具，促进提高农业机械化水平和农业生产效率。

2004年11月1日颁布的《中华人民共和国农业机械化促进法》第二十七条规定："中央财政、省级财政应当分别安排专项资金，对农民和农业生产经营组织购买国家支持推广的先进适用的农业机械给予补贴。"按照国务院的部署，财政部、农业部于2004年共同启动实施了农机购置补贴政策，当年安排了补贴资金0.7亿元在66个县实施。此后，中央财政不断加大投入力度，补贴资金规模连年大幅度增长，实施范围扩大到全国所有农牧县和农场。农机购置补贴采取自主购机、县级结算、直补到卡（户）的补贴方式，补贴对象为直接从事农业生产的个人和农业生产经营组织。2017年，中央财政投入农机购置补贴资金186亿元，扶持159万农户购置机具187万台（套），全国28个省份已实现补贴范围内全部机具敞开补贴。

农机购置补贴政策实施以来，推动了全国农机总动力快速增长，耕种收综合机械化水平持续提高，为保障我国粮食安全和农民增收，巩固农业在国民经济中的基础地位发挥了重要作用。

2002—2008年中央财政农业生产"四补贴"情况见表2-9。

表 2-9　2002—2018 年中央财政农业生产"四补贴"情况

单位：亿元

年份	良种补贴	农民的粮食直补	农资综合补贴	农机购置补贴	总计
2002	1	0	0	0	1
2003	3	0	0	0	3
2004	28.53	116	0	1	145.53
2005	38.7	131	0	3	172.7
2006	41.53	142	120	6	309.53
2007	66.63	151	276	20	513.63
2008	123.4	151	716	40	1 030.4
2009	198.5	151	795	130	1 274.5
2010	204	151	835	155	1 345
2011	220	151	860	175	1 406
2012	224	151	1 078	200	1 653
2013	214.45	151	1 071	264.1	1 700.55
2014	215	151	1 078	237	1 681
2015	203.5	151	1 071	236.35	1 661.85
	农业支持保护补贴				
2016	1 404			228	1 632
2017	1 855			186	2 041
2018	2 200			174	2 374

注：①2016 年国家进行农业补贴政策改革，将良种补贴、农民粮食直补和农资综合补贴合并为农业支持保护补贴；

②农机购置补贴数据来源于《全国农机化统计年报》。

数据来源：农业部、财政部官网收集。

3. 农业保险保费补贴

中国是世界上较早开展农业保险的国家之一。20 世纪初，农业保险的思想便从西方传入中国，但我国农业保险发展壮大，以至成为中央政府的一项安农、强农、惠农政策是 1949 年中华人民共和国成立以后的事情，尤其自 2007 年我国实行农业保险财政补贴政策以来，我国农业保险进入了快速发展阶段：农业保险保费规模不断提升，2018 年达到 572.65 亿元，同比增长 19.54%；农险保额 3.46 万亿元，同比增长 24.23%；形成了综合型财险公司、专业性农业保险公司为主的多元化市场格局,各省呈现出充分竞争的局面;产品不断创新,出现了价格保险、指数保险等新型农业保险产品。我国农业保险保费补贴采取"四级财政补贴联动"机制,即农民缴足保费、市县财政补贴到位之后,中央和省级财政补贴才会随之配套落实。当前,我国农业保险保费收入的大幅增长得益于中央财政与地方各级财政补贴力度的逐年增大,2007—2018年,各级财政累计拨付补贴资金约2 540亿元,农业保险财政补贴资金在保费收入中的占比逐年递增,从2007年的41.5%上升到2018年的78.4%,凸显了农业保险保费补贴对保费收入的拉动作用,详见表2-10。

表2-10 2007—2018年农业保险保费收入及补贴情况

年份	农业保险保费收入(亿)	各级财政补贴资金(亿)	补贴资金占保费收入比(%)
2007	53.33	22.13	41.5
2008	110.68	78.47	70.9
2009	133.90	99.76	74.5
2010	135.90	101.65	74.8
2011	174.03	131.39	75.5
2012	240.60	183.10	76.1
2013	306.59	234.85	76.6
2014	325.78	250.85	77.0
2015	374.90	290.17	77.4
2016	417.71	324.56	77.7
2017	478.90	373.54	78.0
2018	572.65	448.95	78.4

数据来源:国家统计局、原中国保监会官网数据整理。

(二)粮食流通领域补贴政策

粮食流通领域的补贴政策包括粮食最低收购价政策、临时收储政策、目标价格补贴、生产者补贴和中央储备粮政策等。

1. 粮食最低收购价政策

粮食最低收购价政策是为保护种粮农民利益、保障粮食市场供应实施的粮食价格调控政策,是为解决"工农"问题,实施工业反哺农业而采取的重要手段。一般情况下,粮食收购价格受市场供求影响,国家在充分发挥市场机制作用的基础上实行宏观调控，必要时由国务院决定对小麦、稻谷等重点粮食品种，在粮食主产区实行最低收购价格，也即当市场粮价低于国家确定的最低收购价时，国家委托符合一定资质条件的粮食企业，按国家确定的最低收购价收购农民的粮食。

2003年是我国粮食产量的阶段性低点，为确保国家粮食安全，中央政府从2004年开始进一步加大了对粮食生产和流通的支持力度，并由国家发改委、财政部、国家粮食局等联合下发通知，从2005年开始，对重点地区、重点粮食品种实行最低收购价政策。2005—2018年的粮食最低收购价情况如表2-11所示。其中2007—2015年，小麦和稻谷最低收购价基本呈上升趋势，这一措施有效激发了我国农民的种粮积极性，提高了农民收入，稳定了粮食生产，确保了国家粮食安全，与这一时期国际粮价的剧烈波动形成鲜明对比；2016年后，由于国内外粮食价格差距过大，为促进国内粮食行业稳定发展，中央政府在总体稳定的基础上，逐步下调小麦和稻谷最低收购价格，收购呈现市场化为主、托市收购为辅的局面，农民售粮更趋均衡。

表2-11　2005—2018年最低收购价

单位：元/斤

年份	白麦	红麦、混合麦	早籼稻	中晚籼稻	粳稻
2005	—	—	0.7	0.72	0.75
2006	0.72	0.69	0.7	0.72	0.75
2007	0.72	0.69	0.7	0.72	0.75
2008	0.77	0.72	0.77	0.79	0.82
2009	0.87	0.83	0.9	0.92	0.95
2010	0.90	0.86	0.93	0.97	1.05
2011	0.95	0.93	1.02	1.07	1.28
2012	1.02	1.02	1.2	1.25	1.4
2013	1.12	1.12	1.32	1.35	1.5
2014	1.18	1.18	1.35	1.38	1.55
2015	1.18	1.18	1.35	1.38	1.55
2016	1.18	1.18	1.35	1.38	1.55
2017	1.18	1.18	1.3	1.36	1.5
2018	1.15	1.15	1.2	1.26	1.3

注：2013年及以后白麦、红麦以及混合麦实行统一最低收购价。
数据来源：国家粮食局、国家发展和改革委员会官网。

2. 临时收储政策

国家在确定粮食最低收购价品种时,并没有将玉米、大豆等品种列入最低收购价格政策体系。2008年全球金融危机后,国际大宗商品价格暴跌,为了切实保护农民利益,国家开始陆续对主产区玉米、大豆、油菜籽、棉花等大宗农产品实行临时收储政策,当主产区市场价格低于临时收储价格时,由国家指定企业直接入市收购,引导市场价格回升。该政策的实施有效地调动了农民种植积极性,保持了主要农产品生产基本稳定,农民收入实现平稳较快增长,为稳定物价总水平、保持国民经济持续较快发展起到了重要支撑作用。

临时收储政策将国家对农民的补贴包含在价格之中,是一种"价补合一"的价格支持政策。这种政策能够有效实施的前提条件是国内市场价格低于国际市场价格。但近年来,一方面,国际市场农产品价格大幅走低;另一方面,国内主要农产品价格在临时收储政策的支撑下高位运行,由以往低于国际市场转为高于进口成本。由于这些变化,特别是产业链长、受国际市场影响大的棉花、大豆等农产品供需矛盾更加突出。

2013年,我国棉花、大豆临时收储价格分别为20 400元/吨和4 600元/吨,而棉花、大豆进口完税成本分别约为每吨15 580元和4 060元,比国内临时收储价格分别低4 420元和540元。由于国内价格大幅高于进口成本,市场主体不愿入市收购,国家收储压力急剧增加,棉花收储量超过总产量的90%,上下游价格关系扭曲,市场活力减弱,不利于整个产业链的持续健康发展。2014年,大豆和棉花实行政策改革;2015年,取消油菜籽临时收储政策;2016年,取消玉米临时收储政策(表2-12)。

表2-12 2008—2016年玉米、大豆临时收储政策执行情况

年份	玉米临时收储成交价(元/斤)				大豆临时收储成交价(元/斤)	玉米临时收储成交量(万吨)	大豆临时收储成交量(万吨)
	内蒙古	辽宁	吉林	黑龙江			
2008	0.75	0.75	0.75	0.75	1.85	1 320	60
2009	0.815	0.815	0.815	0.815	1.87	2 748	479

(续)

年份	玉米临时收储成交价（元/斤）				大豆临时收储成交价（元/斤）	玉米临时收储成交量（万吨）	大豆临时收储成交量（万吨）
	内蒙古	辽宁	吉林	黑龙江			
2010	0.76	0.76	0.75	0.74	1.9	60	372
2011	1.00	1.00	0.99	0.98	2.0	64	291
2012	1.07	1.07	1.06	1.05	2.3	282	322
2013	1.13	1.13	1.12	1.11	—	—	—
2014	1.12	1.12	1.12	1.12	2.4	2 965	249
2015	1.00	1.00	1.00	1.00	2.4	587	—
2016	—	—	—	—	2.4	2 158	165

注：①2008年玉米价格为前三批收储均价；②"—"表示当年的临储规模或临储价格未知；③从2014年起国家改革大豆临时收储政策，对新疆（含兵团）棉花和辽宁、吉林、黑龙江和内蒙古的大豆实行目标价格改革试点，2017年在全国范围取消大豆临时收储政策；④2016年国家实行玉米收储制度改革，在东北三省和内蒙古地区将玉米临时收储政策调整为"市场化收购＋补贴"的新机制。

数据来源：中国粮食年鉴，国家粮食和物资储备局官网。

3. 目标价格补贴和生产者补贴

2014年1月19日，中共中央、国务院印发了《关于全面深化农村改革加快推进农业现代化的若干意见》，强调完善粮食等重要农产品价格形成机制，继续坚持市场定价原则。2014年，启动东北和内蒙古大豆、新疆棉花目标价格补贴试点。当市场价格低于目标价格时，国家根据目标价格与市场价格的差价和种植面积、产量或销售量等因素，对试点地区生产者给予补贴；当市场价格高于目标价格时，国家不发放补贴。具体补贴发放办法由试点地区制定并向社会公布。经国务院批准，2014—2016年棉花目标价格水平分别为每吨19 800元、191 00元、18 600元；大豆目标价格水平均为每吨4 800元。目标价格在播种前公布，较好地引导了棉花、大豆生产。

2016年，国家在内蒙古和东北三省按照"市场定价、价补分离"的原则，将以往的玉米临时收储政策调整为"市场化收购＋补贴"的新机制。玉米价格由市场形成，供求关系靠市场调节，生产者随行就市出售玉米，鼓励各类市场主体自主入市收购。同时，政府实施玉米生产者补贴,对玉米生产者给予一定的直接补贴,保障玉米种植者的基本收益。

试点后,农业部政策评估课题组展开专项调查研究,大豆目标价格补贴政策成效不显著。2017年3月23日,国家发改委发布消息,2017年国家在东北三省和内蒙古自治区调整大豆目标价格政策,实行"市场化收购+补贴"机制,大豆目标价格补贴正式退出。中央财政对大豆生产者给予补贴,鼓励增加大豆种植,合理调减非优势产区玉米生产。在优化种植结构、优化区域布局等多项政策引导支持下,鼓励增加大豆种植的效果也逐步显现。这些改革的目的是在保障农民利益的前提下,充分发挥市场在资源配置中的决定性作用,将价格形成交由市场决定,以促进产业上下游协调发展(表2-13)。

表2-13 目标价格补贴和生产者补贴价格情况

单位:元/斤

年份	大豆	玉米	棉花
2014	2.4	临时收储政策	9.9
2015	2.4	临时收储政策	9.55
2016	2.4	生产者补贴	9.3
2017	生产者补贴	生产者补贴	9.3
2018	生产者补贴	生产者补贴	9.3

注:大豆和玉米的目标价格补贴和生产者补贴范围是黑龙江、吉林、辽宁和内蒙古,棉花目标价格补贴的范围是新疆。

数据来源:财政部、国家粮食和物资储备局官网。

4. 中央储备粮补贴政策

2001年,《国务院关于进一步深化粮食流通体制改革的意见》(国发[2001]2号)文件提出:"健全中央储备粮垂直管理体系",并决定建立中储粮垂直管理体系。此项政策的背景是2000年以前各级地方国有企业分级管理储备粮,出现了一系列问题和乱象。中央建立垂直管理体系后,有效实现了确保中央储备粮数量真实、质量良好、调得动、用得上的改革初衷。

中央储备粮由中国储备粮管理集团有限公司负责经营管理,责权利高度统一,90%储存在全国的346个中储粮直属库,少部分代储于地方。2003年8月国务院出台《中央储备粮管理条例》，规定中储粮每年负责对20%~30%的中央储备粮进行轮换，完全按市场化操作，企业自主经营、自负盈亏。国家对中央储备粮的管理费用补贴（包括保管费用、贷款利息、轮换费用）实行定额包干，其中轮换费用主要包括轮换出入库费用、粮食新陈差价和粮食保管损耗等。同时按照《中央储备粮管理条例》规定，中央储备粮主要用于调节全国粮食供求总量、稳定粮食市场以及应对重大自然灾害或者其他突发事件等情况。可以看出，中央储备粮是市场供求的"调节器"、救灾应急的"蓄水池"、战略安全的"保护伞"。2014年上半年，中央和国家多个部门联合组织了调研，指出：多年实践证明，中央建立中储粮垂直管理体制的决策是正确的，利用市场手段、通过企业化运作保障中央储备粮常储常新的轮换机制是成功的，中储粮在国家粮食宏观调控体系中的主力军作用是不可替代的，通过表2-14也可以看出，近些年，相对于地方粮油物资储备支出，中央粮油物资储备支出占比呈不断扩大态势。

表2-14 中央和地方粮油物资储备支出

单位：亿元

年份	中央	地方	一般公共预算支出
2009	781.44	1 437.19	2 218.63
2010	495.12	676.84	1 171.96
2011	540.08	729.48	1 269.57
2012	645.20	731.09	1 376.29
2013	905.14	744.28	1 649.42
2014	1 160.94	778.39	1 939.33
2015	1 836.08	777.01	2 613.09
2016	1 451.98	738.03	2 190.01
2017	1 597.48	653.30	2 250.78

数据来源：中国统计年鉴。

三、现行粮食支持补贴政策成效

（一）保障国家粮食安全

新时代我国国家粮食安全内涵已经发生了深刻变化：①全产业。

从原先单纯注重粮食生产环节到全面关注粮食生产、流通、加工、消费等各产业环节。②多尺度。从基于国家层面提高粮食供给能力拓展到家庭-国家-全球综合尺度，既注重微观主体也注重宏观供需平衡。③精准化。从注重总量安全过渡到粮食结构供需情况，粮食安全内涵更加精准明确。④多维度。从注重粮食数量安全的单一维度到综合考虑粮食安全、居民饮食营养安全、产业市场安全以及土地资源环境安全等多维度的安全系统。⑤多因素。除了从农业生产本身考虑粮食安全，还将城市化与工业化对于粮食安全造成的直接和间接影响纳入考虑因素。

目前我国已初步构建了应对这些变量的粮食补贴政策体系。首先，粮食支持保护补贴等收入补贴政策，可以增加种粮农民的收益，从而有效地调动农民的种粮积极性，促进粮食生产的稳定增长，保障国家粮食总量安全；其次，通过农机具购置补贴等要素补贴形式有助于推广新型农业耕种机械，推进农业机械化耕种，提高农业生产效率；第三，国家通过调整粮食最低收购价、生产者补贴等政策中粮食补贴种类等形式，引导农民合理调整种植结构，保证国家粮食种植结构处于安全合理的水平；第四，国家通过中央储备粮和地方储备粮收储补贴等政策，可以调节粮食市场供求，稳定市场价格，有效应对国家对于粮食的应急需求。

（二）稳定市场价格体系

粮食是社会生产的重要原材料，粮食价格的波动会直接传递到上下游加工企业，进而影响相关联企业产品价格，所以粮食价格的稳定对于稳定整个市场价格体系具有重要意义。目前，我国的粮食补贴体系很好地稳定了粮食的市场价格，进而稳定了整个社会的市场价格体系。一方面，农业支持保护补贴政策有助于提高农民种粮积极性，有助于提高粮食产量，增加粮食供给，面对现代社会对于粮食需求的快速增长，这一举措防止了粮食价格过快增长，有效地降低了居民恩格尔系数；另一方面，托市收购、粮食最低收购价以及生产者补贴等政策有助于防止粮食供给过多造成价格大幅度下降，从而损伤农民种粮积极性，也有助于稳定市场价格预期，防止价格大幅度波动；与此同时，国家可以通过逆周期调节的方式，尽可能熨平粮食价格波动，稳定粮食市场价格,即通过实行中央和地方储备粮收储补贴政策,在粮食价格过低时入市收购部分粮食,稳定市场价格,在粮食价格过高时抛售部分粮食,通过增加市场供给的方法有序降低市场价格。可以看出,在稳定粮食市场价格方面,目前的粮食补贴政策体系初步构建了粮食价格"设上限、定下限、相机调控"的价格调控体系,如图2-5所示,自从粮食补贴政策实施后,多年来我国三大主粮价格指数均在一定区间内微幅波动,粮食价格保持了基本稳定,这也为稳定宏观市场价格体系做出了贡献。

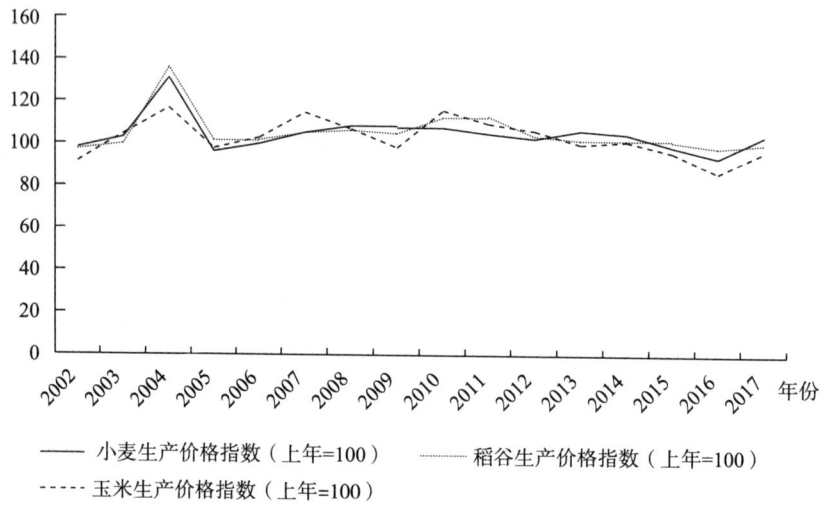

图2-5 国内三大主粮价格指数

数据来源:国家统计局。

(三)增加农民收入

从政策设计的角度看,增加农民收入是粮食补贴政策重要目标之一。目前,我国的粮食政策补贴主要通过两种路径影响农民收入,一是通过农业支持保护补贴、农机具购置补贴等收入补贴形式直接将补贴资金兑现到农民手中,在直接增加农户财政转移支付收入的同时,引导农户科学调整农业生产要素投入,提高农业生产效率,促进农产品质量提升、单位面积粮食产量提高,从而间接增加农户收入;二是通过最低收购价、生产者补贴等间接的价格支持政策,保证粮食收购价格,将国家对于粮食流通领域的补贴间接传递到农户手中,促进农户收入水平不减低。当前,尽管粮食补贴收入占农民总收入的比重较低,但不可否认粮食补贴的确增加了农民收入,以2017年为例,我国农业支持保护补贴和农机具购置补贴总计2 041亿元,按国家统计局公布的2017年我国乡村人口数57 661万人计算,即使不包括粮食流通领域间接补贴,仅通过粮食直接收入补贴,我国农村居民年人均可增收354元,占农村居民人均纯收入的2.64%(图2-6)。

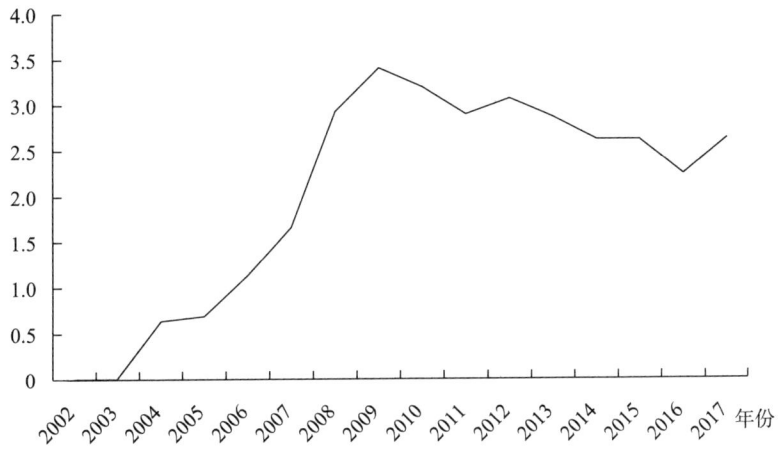

图2-6 农业直接收入补贴占农村居民人均纯收入比重(%)

数据来源:国家统计局。

(四)提升农业现代化水平

农业现代化是一个综合性的概念,它涉及农业生产理念、农业生产组织形式、农业生产要素科学化水平等因素。在我国现行的粮食补贴政策体系中,农业支持保护补贴将资金支付到农民手中,直接增加农民收入,而最低收购价和生产者补贴则有助于防范粮食价格风险,稳定农民收入预期,上述政策有助于提高农民种粮积极性,扩大种植面积,促进农业规模化、产业化,培育新型农业经营主体,2016年,我国家庭农场、农民专业合作社、农业产业化龙头企业等新型农业经营主体超过280万个,其中家庭农场87.7万家、农民合作社179.4万家、农业产业化组织38万个,在粮食补贴政策的支持下,新型农业经营主体日渐成为乡村振兴的主力军;农机具购置补贴则有助于推广现代农业耕种机械,提升农业生产效率,促进农业由传统耕种形式进入现代机械化、信息化耕种形式。自农机具购买补贴实行以来，我国农业机械总动力一直呈快速增长态势（图2-7），截止到2017年，我国的农业机械总动力已达到98 783.35万千瓦。

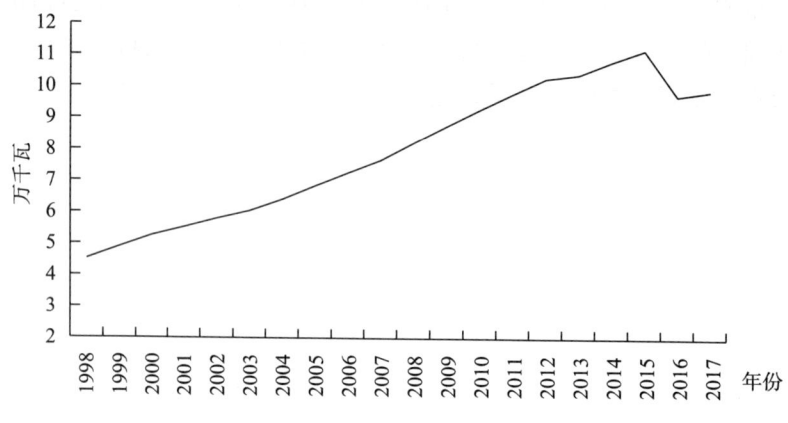

图2-7　1998—2017年农业机械总动力变化

数据来源：国家统计局。

截至2018年末，全国农作物耕种收综合机械化率超过67%，其中主要粮食作物耕种收综合机械化率超过80%，机耕、机播、机收、机械植保和机电灌溉作业面积合计超过63亿亩。从具体种类来看，小麦机耕的农户比例超过了90%，机播比例达到了80%，机收比例已经达到93%；水稻机耕的农户比例超过90%，机播比例接近40%，机收比例达到83%；玉米机耕的农户比例接近70%，机播比例达到80%，机收比例为56%。可以看出，我国农业生产已从主要依靠人力畜力转向主要依靠机械动力的阶段。总体而言，我国实行的粮食补贴政策，有利于农业产业化，有利于农业机械化、信息化，有利于农业可持续发展。粮食补贴政策的实施，已经有力地提升了农民科学种田的水平和农业现代化水平，有效促进了我国农业由资源粗放型增长向科技集约型增长转变。

四、现行粮食补贴体系存在的问题

（一）补贴效率偏低，补贴与产量脱节

我国的粮食补贴体系包括粮食生产领域补贴和粮食流通领域补

贴，其中粮食生产领域补贴主要以收入补贴形式发放，粮食流通领域补贴主要通过价格支持形式开展。综合来看，我国粮食补贴效率偏低、补贴与产量脱节，其原因是多方面的。首先，我国的粮食补贴结构不合理，根据已公布的相关补贴数据推算，我国中央财政对粮食生产领域和粮食流通领域补贴金额大致相当，但是价格补贴政策效果明显小于收入补贴政策。据经合组织测算，发达国家价格补贴政策的效率约为25%，即政府通过价格支持措施每拿出1元钱，农民所能获得的收益是0.25元左右，因为价格补贴属于间接补贴，间接补贴中间流转程序较多，不可避免存在效率偏低问题。其次，我国粮食补贴政策体系对应多重目标，补贴政策设计缺乏整体设计和长远考虑，如出于结构调整目的，使大豆生产者补贴标准高于玉米，再加上"米改豆试点补贴"，导致大豆产量短时间内迅速增长而价格下跌；取消大豆、玉米等旱地作物的托市收储政策而保留水稻的收储政策，也导致一些地方盲目推动"旱改水"，产生较大副作用；另外在粮食生产领域补贴部分，目前我国的农业支持保护补贴是按照农户的农业税计税面积核算和发放的，这种补贴方式与粮食生产行为脱钩，成为具有"普惠制"特征的农田补贴，不管是种粮食作物还是经济作物，粮食产量是高还是低，是种单季还是双季，也不管耕地是否已经流转给他人，或者种不种粮食，补贴金额都不会减少。相关调查显示，目前我国农户中，21%的农户已经把自己部分或全部土地流转出去，而其中80%流转出去的土地种植经济类作物，由此可以看到，随着土地流转进程的加快，土地非粮化压力很大，而现行的粮食补贴政策却对此无能为力，这有违粮食补贴政策的设计初衷，也很难达到原定目标。

（二）补贴种类繁多，落实成本较高

我国粮食补贴种类繁多，生产领域补贴包括农业支持保护补贴、农机具购置补贴、农业保险费补贴等；流通领域补贴则包括最低收购价、目标价格和生产者补贴、中央储备粮补贴等。首先，如此多的粮食补贴其计算依据与标准不尽相同，在执行的时间上也不统一，各分项补贴的设计存在诸多不科学、不简便的地方，如农业支持保护补贴是按照农业税计税面积核算的，但是现实情况中随着土地流转、土地

开垦等情况出现，粮食补贴面积与实际面积并不相符，这些情况使得很多数据失真，再比如一项补贴政策的落实必须要经过面积核定、面积公示、上报补贴面积、公示补贴标准和补贴金额等，补贴程序繁杂冗余，操作起来很不简便，加之我国农户数量众多，农户之间的情况千差万别，相应的对其补贴面积的统计、补贴数据的核算等需要大量的人力物力，也必然需要较高的操作成本；其次，粮食补贴政策往往涉及不同部门，如农业部门负责主抓农业生产、粮食部门统筹粮食安全和储备、发改部门制定和审批农业补贴政策、财政部门核定补贴金额并发放补贴、商务部门负责农产品国际贸易和反补贴、财政部门负责农产品生产和加工的税收，几大国有粮食公司和银行担负着农产品流通、融资、销售等任务。各部门各管一段，相互之间沟通和协调成本比较高，如果任何一个环节出现问题都会影响整个政策的顺利执行。正是因为我国粮食补贴种类多、牵涉部门广，所以在落实政策时需要付出较高的行政成本。

（三）加重财政负担，挂账难以持续

持续稳步走高的粮食价格背后是国家在粮食流通领域的大规模投入。通过农发行发放托市收购贷款、中储粮等机构敞开收储而形成的托市政策导致粮食价格的"棘轮效应"，表面上粮食产量持续丰收、农民收入维持稳定，但国家财政的潜在亏损在日益扩大。而这样的情况，从改革开放至今，已经发生了四次：自1978年改革开放至2004年，我国共认定了三次粮食政策性财务挂账。而从2004年开始到现在，正在形成第四次、规模远超前三次挂账规模之和的价差亏损挂账。需要进一步指出的是，上述挂账仅仅是粮食流通环节的价差亏损挂账，还未计算粮食挤占挪用以及亏库、陈化导致的损失。如此庞大的财政投入，在收获粮食产量的同时，也"收获"了居高不下的粮食价格和日渐庞大的价差亏损挂账。粮食补贴造成财政负担的原因是多方面的，一是我国的农户数量众多，与发达国家相比，我国的粮食补贴属于少数人对多数人的补贴，而发达国家由于城市化率较高，农民占总人口比重较低，所以发达国家的粮食补贴属于多数人对少数人的补贴，相应的与发达国家相比，我国的粮食补贴财政负担较重，补贴层次较低；二是我国的粮食补贴结构不够合理，粮食宏观调控的关键

环节选择在粮食流通领域,并投入大量间接性补贴,补贴效率偏低,结构不尽合理,而发达国家的粮食补贴主要集中于粮食生产领域的直接收入补贴和消费领域的消费券补贴,与粮食流通领域补贴相比,直接收入补贴效率更高。

(四) 引发市场扭曲,影响健康发展

历史地看我国粮食宏观调控政策体系演变,可以发现,以粮食流通领域为着力点的调控方式虽然名义上降低了财政负担,但实际上不仅干扰了市场价格体系,产生了有规律的四次大规模挂账,更对我国形成现代化的农业生产和加工体系进行了系统性扰动:在粮食价格上升阶段,导致加工环节的生产企业原材料成本急剧上升,以致加工企业大规模退出市场;在粮食价格下降阶段,导致生产环节的现代化种植企业收益暴跌,并产生劣币驱逐良币的逆淘汰问题。而从我国目前粮食补贴体系的政策走向来看,若由目标价格补贴政策替代最低收购价政策,也存在实际效率不高的问题。目标价格补贴政策在操作上是:中央政府在作物播种前宣布一个目标价格,当市场价格低于目标价格时就按市场价与目标价的差额给予农户补贴。由于核实产量的主体是各级政府,操作上往往根据耕地面积来推算产量并确定补贴,这将诱发补贴体系逐步与产量脱钩,导致新的"大锅饭"——即使农户疏于管理导致减产甚至撂荒也能拿到足额补贴。而且,发放补贴,不仅核实监督成本很高,补贴资金本身也容易遭到各级政府的截留。进一步地,在目前主要作物产量相对过剩且财政补贴空间和力度有限的背景下,作为粮食最低收购价政策的替代性安排,目标价补贴改革会导致从事规模化农业生产的经营者陷入困境,不利于农业未来的发展。以2016年东北四省区玉米种植情况为例,按平均亩产800斤测算,不考虑租地成本,玉米种植成本平均为0.62元/斤,与2015年基本持平。而2016年玉米市场价格为0.8元/斤,这意味着玉米市场价格的突然放开,将率先导致大规模流转土地的种粮大户、合作社、集约化种植者亏损;且种植面积越大、亏损越大;现代化程度越高、亏损越大。因此,尽管价格放开将在未来2~3年内有效减少玉米种植面积和产量,但付出的代价是:现代高效率的农业种植体系将面临比较严重的冲击!这也将对我国农业现代化和粮食减产过后的下一轮

增产产生较大的负面作用!

(五)触及"黄箱"规则,增长空间有限

加入 WTO 以来,我国在粮食生产领域,来自中央财政的补贴持续增长,补贴规模已由 2004 年的 145.53 亿元增长到 2013 年的 1 700.55 亿元,10 年间增长了 10 倍多,到 2017 年更是达到 2 041 亿元。根据 WTO 规则,我国稻谷、小麦的最低收购价政策和玉米、大豆的"市场定价+生产者补贴"政策(涉及特定产品)均属于"黄箱"政策。"黄箱"政策对生产与贸易具有扭曲作用,超出规定标准需要承担削减义务。《农业协定》规定用综合支持量(AMS)来衡量"黄箱"政策的大小,其中免于承担削减义务的规定标准为微量许可,即 AMS 不能超过该产品相关年度国内生产总值的比例。发达国家成员为 5%,发展中国家成员为 10%,中国入世时争取到的比例为 8.5%。对于超过微量许可的部分,自 1995 年起,发达国家成员应在 6 年内削减 20%,发展中国家成员应在 10 年内削减 13%。但是,近年来,我国部分农产品的补贴数量较大,2016 年美国在 WTO 就我国小麦、稻谷最低收购价和玉米临时收储等补贴政策提起诉讼,指称我国补贴已经超出了入世承诺,留给我们主动调整完善政策的时间已经十分紧迫。

第三章

农业保险：
农业暨粮食补贴的一种方式

第一节 农业保险：农业直接补贴的最优安排之一

一、农业保险界定

(一) 农业保险的定义

农业保险是一个不断发展的概念。由于农业保险以农业产业为对象，而农业产业的内涵与外延是随着人类社会的发展而不断变化的，因此不同时期、不同国家农业保险的内涵与外延也不尽相同，农业保险的概念也在不断地发展变化。

农业保险按其经营范围划分有狭义和广义之分。狭义的农业保险是指在种植或养殖过程中，以动物、植物和微生物为保险标的的保险；广义农业保险的范围则宽泛得多，它不仅包括种植业，而且包括与农产品的贮存、加工、运输等整个生产过程，以及对这一过程中使用生产资料的相关保险，甚至包括对农业劳动力的保险。但农业保险不同于农村保险。农村保险是一个地域性的概念，是指在农村经济活动中，对于生产经营者、劳动者的人身福利及其所有的财产和所从事的生产经营活动，如农业、牧业、林业、渔业、工商业、建筑业、服务业等，所提供的各种保险的总和。因此，农村保险不仅包括农业保险，还包括农民的家庭财产保险和人身保险，以及乡镇企业的财产保险等。

对农业保险，联合国贸易与发展委员会作了以下界定："总的说来，它（指农业保险）涉及农业的整个过程，包括农作物收割后储藏、加工以及将农作物运输到最终市场。进一步讲，首先，它并不局限于耕种农作物，园艺、种植园、森林等都是。其次，农业生产过程中所使用的财产包括房屋、机器、设备和工具、加工厂等都需要得到保护。再次，从事这些活动的人的保险，也是完备意义上的农业保险的必备内容。第四，对农户来说，各种手工业和家庭产品通常是一种重要的收入来源。上述所有内容都应属于农业保险的范畴。"

具体到中国国内的研究，黄达、刘鸿儒、张肖主编的《中国金融百科全书》（1990 年）将农业保险定义为：对种植业、养殖业、饲养业、捕捞业在生产、哺育、成长过程中因自然灾害或意外事故所致的经济损失提供经济保障的一种保险。王兰等编著的《农业金融名词词语汇释》（1991 年）将农业保险定义为：在农村地区实行以参加保险者交付的保险费建立的保险基金，用以补偿参加者因自然灾害、意外事故或个人丧失劳动力及死亡所造成的经济损失的一种经济补偿。黄如金在其博士全书中将农业保险定义为：农业保险是不同于普通财产保险的政策性保险，农业保险特有的政策性规定，使其较之一般保险具有更强的制度性特征，农业保险是基于特定风险所造成经济损失补偿的需要，集合尽可能多的具有同类风险的农业生产经营者，以投保者内部合理计算分担金和国家财政补贴的复合形式，实现对少数成员在农业生产经营中因风险事故所致损失予以经济补偿的一种方式和制度。龙文军在其博士全书中则将农业保险定义为：在农业生产经营过程中，为有生命的动植物因自然灾害或意外事故所造成的经济利益损失提供经济保障的一种保险。

由于对农业保险的定义观点各异，还引申出我国农业保险是大农险还是小农险的争议。主张大农险者认为农业保险应涉及农业的整个过程。这样既有利于充分利用保险资源，又有利于保险机构实现规模经营。但本研究认为农业保险应仅限于种植业和养殖业，如果放宽农业保险的范围，以其他险种的盈利来弥补农业种植、养殖业险种的损失则会造成不利影响，因为农业保险能够享受国家优惠政策，如果再与商业保险品种争夺盈利显然有失公平，并会进一步妨碍商业保险的健康发展。

本研究关于农业保险的界定限于狭义农业保险范畴。因此，本书中的农业保险指保险人为农业生产者在从事种植业及其初加工[①]以及

[①] 农产品种植业的初加工主要是指农作物在成熟收割及其之后脱粒、碾打、晾晒、烘烤过程。之所以将农产品种植业的初加工纳入农业保险，主要是因为农作物在上述时期还不能归于普通财产范畴，只有农产品在临时加工场地进行初步加工完毕入仓后，才属于财产保险范围。

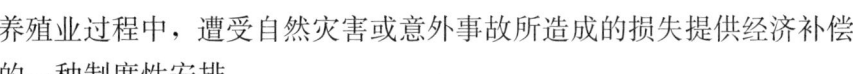

养殖业过程中，遭受自然灾害或意外事故所造成的损失提供经济补偿的一种制度性安排。

(二) 农业保险的分类

1. 按农业生产的对象分类

(1) 粮食作物保险。其中按照农业分类的方法，粮食作物包括禾谷类（稻谷、小麦、玉米、高粱、谷子及其他杂粮）、豆类（大豆、豌豆、绿豆、蚕豆、扁豆）和根茎类（红薯、马铃薯、山药、芋头）。

(2) 经济作物保险。其中经济作物是指主要为农民换取货币的、作为工业原料的作物。

(3) 其他作物保险。其中其他作物是指除粮食作物和经济作物以外的蔬菜作物、园林作物、饲料作物和特种作物。

(4) 养殖业保险。其中养殖业是指牲畜、家禽、水产养殖等产业。

2. 按保障程度分类

(1) 成本保险。即以生产投入作为确定保障程度的基础，根据生产成本确定保险金额的保险。农业生产成本是随生长期而渐进投入的，因此成本保险一般采用变动保额、按生育期定额保险的方式进行。

(2) 产量保险或产值保险。即以生产产出作为确定保障程度的基础，根据产品产出量确定保险金额的保险；以实物计量，称为产量保险；以价值计量，称为产值保险。由于农产品产量是生产过程结束时最终形成的，因此产量或产值保险一般采用定额保险的方式进行，即按正常产量的一定成数承保，其目的主要是控制农户的道德风险。

3. 按保险责任范围分类

(1) 单一风险保险。只承保一种责任的保险，如小麦雹灾保险等。

(2) 多风险保险。承保一种以上可列明责任的保险，如小麦保险可以承保雹灾、旱灾、水灾等等。

(3) 一切险保险。即除了不保的风险以外，其他风险都予以承保的保险。例如美国、日本等国开办的农作物一切险保险，就承保了几乎农作物所有灾害事故损失责任，但中国截至目前尚未开办此类险种。

(三) 农业保险的特点

农业保险的基本特点主要表现在以下几个方面：

(1) 地域性。由于各地区的气候、土壤等自然条件和社会生产技术及经济条件的不同，农业生产具有明显的地域性差别，而这也就决定了农业保险必须根据各地的实际情况，具体确定承保的条件和方式。

(2) 季节性。农业生产容易受自然因素的影响，表现出明显的季节性特征。农业的这种特点决定了农业保险必须详细掌握各保险标的状况，考虑农业生产的季节性和时效性，以便在展业、承保、防灾和理赔的过程中，能够及时准确地对有关问题进行处理。

(3) 分散性。农业生产点多面广，经营比较分散，加之农村交通不便，给农业保险的展业和承保控制带来了较大的困难，增加了经营费用支出，而且在出险时勘查定损也不太容易做到及时准确。

(4) 连续性。农业生产的对象是有生命的动植物有机体，通常要经历一个连续的成长过程，这就要求农业保险必须树立长期的、动态的经营意识，加强风险的防范与控制，以确保业务的稳定发展。

(5) 高风险性。由于农业风险较大，赔付率较高，因此经营农业保险的盈利水平要普遍低于商业性保险。

(四) 农业保险的职能

(1) 增强农业防范风险的能力，提高农业经济的稳定性。通过农业保险，可以聚集、建立起农业风险基金，及时、有效地补偿农业灾害损失，迅速恢复农业生产，最大限度地消除农业风险对农业生产产生的不良影响，稳定国内农产品供给和价格，保障农业持续、稳定、健康发展。

(2) 转移和分散自然风险，合理利用资源。在农业保险活动中，从被保险人方面来看，是将自己所面临的无力承担的由自然灾害带来的农业风险损失，通过农业保险的方式转移给保险人，从而免除或减轻农业风险损失的不确定性，以取得农业生产经营的顺利进行和农民生活上的安定。而对于保险人来说，保费支出属于农业经营中必要成本费用的一部分，通过将农业保险保费计入生产成本并由社会分担，能够依靠全社会的力量逐步建立起一种可靠的农业风险保障、农业灾害补偿的经济制度，从而稳定农业生产经营者的生产和生活，促进农业发展，减小农民收入波动。

（3）加速农业技术进步，提高农产品国际竞争力。在农业生产中采用新技术、新工艺是提高农业劳动生产率、促进农业经济发展、提高农产品国际竞争力的一个重要因素。但农业新技术、新工艺的普及过程一般都伴随着新的风险。通过农业保险则可以起到鼓励农业科技普及的作用，为开辟新的农业生产领域，应用农业新技术、新工艺提供必要的支持保障。

（4）弥补财政救灾资金不足，减轻政府灾后筹措救灾资金的负担。农业保险在很大程度上体现着农户之间的互助合作关系，这样就能有效地聚集社会资金应付农业风险，从而能在一定程度上缓解特大自然灾害对财政救灾资金的压力。

二、农业保险对社会财富的分配相对具有最小的扭曲作用

（一）对国民收入再分配及农民收入变动具有最小的扭曲作用

农产品价格支持与种植者直接补贴安排作为农业补贴政策的两种方式，具有不同的经济收益及成本，而且其各自的融资渠道和政策操作性也有所不同。所有这些都包含着重要的政策含义。

在短期内，一国政府采用农产品价格支持政策能够在不加大政府财政负担的同时，提高农户的收入，但其代价是对本国消费者造成的福利损失要远远大于农产品生产者从政府那里获得的收入补贴。农产品种植者直接补贴的社会成本支出或许仅占农产品价格支持政策全部社会成本的一半。但是，上述两种可替代的农业补贴政策并非万能，当且仅当是需求的暂时减少而非供给的非正常增加导致农产品价格持续下降时，农产品价格支持政策或者种植者直接补贴安排才能够发挥最大的作用，并增加农产品种植者的收入。

在长期内，一国政府采用农产品价格支持政策将无法取得短期内的财政资金"杠杆"效果，并将大大增加政府的财政支出，由此进一步导致农产品过剩以及资源的错误配置。价格支持政策的长期效果要远差于对种植者直接进行补贴，至少直接补贴政策不会引起消费者福利的损失以及经济资源的错误配置。但在长期内，直接补贴政策的执

行效果也要进一步细分为两种情况：一是政府直接补贴与农产品产量无关，则农产品种植者直接补贴安排的长期效果对于经济效率以及农产品市场价格没有任何影响，其政策效果仅仅相当于一笔"奖金"；二是政府直接补贴以农产品产量为基础，则推行直接补贴安排的长期效果相当于减少农户的成本投入，并将导致供给曲线的右移，其结果是一方面造成农产品市场价格下降，另一方面也不断增加了政府的财政负担。最终以农产品产量为基础的政府直接补贴长期安排将导致农户依然获得农产品种植的平均利润，而政府财政补贴的实际利益则由全体消费者来分配。

因此，从减小消费者福利损失和社会资源配置扭曲程度的角度来讲，与农产品产量无关的政府直接补贴无疑最为可取。但废除将农业补贴与农产品产量挂钩的做法又容易导致土地撂荒、稀缺土地资源利用效率低下、社会资源分配不公等问题。

而农业保险的引入则一方面能够有效发挥与农产品产量脱钩的政府直接补贴的优势，最大限度地减少资源配置扭曲；另一方面，还能够有效避免稀缺土地资源的利用效率低下等问题。农业保险对社会财富的分配相对具有最小的扭曲作用，这种效果具体体现为：

首先，如果政府对农业保险的保费及经营成本进行补贴，以保护本国弱势农业产业的发展，则受到补贴的农业保险将具有政府直接补贴农户的特性，并表现为政府财政与参保农户共同分担未来不确定的农业自然灾害风险，以确保农户未来收入稳定等方面。因此，通过一系列经过设计的补贴安排，农业保险可以转变为变相的农户直接补贴安排，在对农户进行风险补偿的同时，尽量减少对社会资源配置的扭曲效应。

其次，农业保险对农户的补贴方式为事后的风险分担，而非事前的无偿赠予。这种制度安排能够有效避免与农产品产量脱钩的政府直接补贴的种种弊端，并通过事前的契约安排激励参保农户增加农业生产要素投入。因此，受到适当补贴的农业保险安排能够在对农户进行转移支付的同时，进一步提高而非降低本国农业的生产效率。

（二）能够有效提高社会整体福利

Nelson（1987）认为减少分配不公是政府的目标，不确定性也是福利损失的一个主要原因,而农业保险降低了农户收入的不确定性,政府通过农业保险对农户进行直接补贴进一步平滑了国民收入再分配,提高了社会福利。Yang(1997)以美国北达科他州为例,对农业保险财政补贴的乘数效应进行了实证研究,研究表明,农业保险赔款能对商业销售额、个人收入、就业和州总产值的增长产生一定的间接效应,进而带来整个社会福利的增加,其中商业销售额效应乘数为2.3,即每增加1美元的农业保险赔款会使商业销售额平均增加2.3美元;个人收入效应系数为1.03,即每增加1美元的农业保险赔款会使农户个人收入平均增长1.03美元;每百万美元就业效应系数为51.6,说明农业保险赔款每增加100万美元,将为该州增加就业岗位51.6个;总产值效应系数为1.14,说明每增加1美元的农业保险赔款会使州总产值增加1.14美元。Goodwin(2001)依据庇古的福利标准分析认为,通过农业保险对农户进行直接补贴无论是受灾地区和未受灾地区农户之间的再分配,还是农业部门和整个国民经济之间的再分配,都可以使整个社会的经济福利得到提高。Innes(2003)分析了农业保险财政补贴的政治经济效应,作为一种农业扶持政策,政府通过对农业保险进行补贴的事前行为,可以刺激农业生产和发展,并提高整个社会的政治和经济福利水平。国内方面,施红(2009)认为政府介入有助于推动农业保险的有效运作,将农业保险在市场条件下无法实现的"潜在收入"显性化,从而实现社会福利的提升。胡炳志等(2009)探讨了农业保险最优补贴边界的决定标准,认为福利变动状况取决于补贴的适度程度,补贴率过高或过低均会减少社会整体福利。

(三)对农业生产及农产品供给具有显著的影响效应

通过农业保险对农户进行直接补贴在鼓励农民扩大生产、增加农产品供给方面具有显著影响。Mishra(1996)对印度等发展中国家农业保险的实证研究表明,农业保险的开展促进了农场主的专业化生产,使农产品产量显著增加。通过农业保险对农户进行直接补贴积极的供给效应表现为,不管哪种农作物保险得到补贴,都能增加这种作物的供给。Glauber(1999)对美国北达科他州小麦保险情况的统计结果显示,通过农业保险对小麦种植进行直接补贴激励了农户投保小麦保险，由于得到了保险保障，与没有提供保险的年份相比，小麦种植面积增加了约20万英亩。Orden（2001）对1998—2000年美国农作物保险对农产品产量影响的研究中发现，农业保险使农作物产量提高了0.28%~4.1%。Donoqhue（2009）研究了美国农作物保险对农场主生产的影响，结果表明，补贴的增加促进了农场主的专业化生产，提高了农业综合生产能力，也提高了农业生产效率。国内方面，谢家智等（2009）认为政策性农业保险通过生产效应从三个方面增加农产品供给：一是农业保险加速了新技术推广，从而提高农业产量；二是农业保险减轻了农民对风险的厌恶，改善了农民的生产预期，部分农民会在原来的基础上扩大生产；三是保险公司基于改善经营状况的目的，会采取各种灾害预防措施，减少灾害损失，提高单产水平。罗向明等（2011）研究发现，通过农业保险对农户进行直接补贴将有效降低农业经营风险、提高农业经营收益，进而改变农民的生产决策，鼓励农民扩大播种面积，促进粮食增产增收；较高的保障水平和补贴比例会诱使农民将原先因风险过大而弃耕的土地重新耕种，使农业有效播种面积增加，进而增加粮食产出。宗国富等（2014）实证研究了农业保险与农户生产行为的关系，结果表明，当前的农业保险收入补偿水平满足了大多数农户的收入风险分散预期，从而对农户的生产行为产生固化作用。周稳海等（2015）基于河北省面板数据的实证研究表明，农业保险对农业生产具有显著的促进作用，并且其对农业生产的促进作用依赖于各地区的农业风险水平，其影响力度会随着农业风险水平的增加而增大。

三、在WTO框架的约束下，农业保险依然是合理的农业补贴政策

（一）WTO《农业协议》对国内支持的限制

WTO有关农业的规则限制主要体现在1994年4月结束的乌拉圭回合谈判所达成的《农业协议》中。就农业风险管理来说，WTO规则对政府介入行为的制约主要体现在《农业协议》对国内支持的限制上，也就是通常所讲的"绿箱"政策、"黄箱"政策和"蓝箱"政策。

1. "绿箱"政策

"绿箱"政策是指那些对生产和贸易没有影响或者影响非常微弱的政策,其评价标准是,政府在对农业提供支持时,费用由纳税人承担而不是来自消费者的转移,不具有或产生与价格支持相同的效果。WTO《农业协议》既不要求消减这些政策,也不限制将来扩大和强化使用这些政策。在WTO《农业协议》附件2中对"绿箱"政策的一般要求和具体范围作了详细的规定。

概括起来,"绿箱"政策主要包含以下12方面的内容:

第一,政府一般服务。包括政府通过一些机构向农业或农村社区提供有关服务所付出的财政支出,如一般研究、病虫害防治、培训服务、推广和咨询服务、检验服务、销售和促销服务、基础设施服务(限于公共服务范围)等。

第二,粮食安全储备。包括政府为了粮食安全的目的进行粮食储备的支出(或者税收减免),以及为此目的向私人储备提供的政府资助。但同时WTO《农业协议》对此做出如下限制:①享受补贴的库存数量应当与粮食安全数量相符;②库存的采购和释放过程应当在财务上公开透明;③政府应当按照当时的市场价格进行采购和销售,但对发展中国家给予例外,允许政府不按照市场价格收购,政府价格高于市场价格的部分要纳入消减计算。

第三,国内粮食援助。包括政府为了提供国内粮食援助所花费的支出或者减少的税收。限定条件为:①接受援助的对象应符合与营养标准有关的明确标准;②政府提供援助的方式可以是直接免费提供粮食或者采取别的方法使受援对象能够按照市场价格或补贴价格购买粮食;③政府提供援助的方式应当透明,粮食采购应按照市场价格进行。

第四,对生产者的直接支付。包括以实物方式或者以税收减免方式向生产者提供的直接支付。条件是必须满足"绿箱"政策的评价标准,即费用不能来自消费者的转移,不能变相起到价格支持的作用。

第五,不挂钩的收入支持。此类政府补贴与价格、产量等脱钩,一旦按照基期标准确定后,就不得再与实际生产的产品类型或数量、实际价格水平、实际使用生产要素等相关,也不得要求接受补贴的生产者进行生产。实际上这种补贴就是建立在基期基础上的直接收入补贴。

第六，收入保险和收入安全网计划中的政府资金参与。限定条件如下：①收入损失程度超过前3年（或者前5年中的收入居中的3年）的平均总收入的30%以上，才有资格获得此类支付；②补贴支付的数量不能超过当年收入损失额的70%；③补贴支付的数量仅与收入有关，不得与产量、价格和生产要素有关；④如果同一生产者在同一年内还接受自然灾害救济，则接受补贴的总额不得超过总损失的100%。

第七，自然灾害救济支付（包括政府直接补贴或者通过作物保险补贴）。限定条件为：①接受此类支付资格为灾害造成的收入损失程度超过前3年（或者前5年中的收入居中的3年）的平均值的30%以上；②仅适用于补偿自然灾害造成的收入、牲畜（包括与兽医治疗有关的费用）、土地或者其他生产要素的损失；③支付补偿幅度不得超过恢复此类损失所需的总成本，且不得规定将来的生产类型或产量；④灾害期间提供的支付不得超过防止或减轻第二项所定义的灾害进一步损失所需要的水平；⑤如果同一生产者在同一年还接受收入保险补偿，则接受的补贴金额不得超过总损失的100%。

第八，通过生产者退休计划提供的结构调整援助。即对提前退休的农业生产者进行补贴，鼓励其退休或者转入非农业生产活动。限定条件为，接受此项资助的农业生产者必须完全并且永久性地退出商品农产品的生产。

第九，通过资源停用计划提供的结构调整援助。主要指休耕补贴和减少牲畜数量补贴。限制条件为：①补贴对象为退出商品农产品生产的土地和牲畜等其他资源；②土地休耕至少应当在3年以上，对于牲畜而言，则以其被屠宰或最终永久处理为条件；③对于停用的土地或者其他资源不得要求进行其他商品农产品生产；④此类补贴不得与未停用的土地或者其他资源的生产数量或者产品价格有关。

第十，对结构调整提供的投资补贴。限定条件为：①补贴支付的数量不得与生产者在基期后任何一年的生产种类或产量、价格有关；②补贴只能在进行投资所必需的时间内给予；③可以要求生产者不得生产某种产品,但不得要求生产者必须生产某种产品;第四,补贴支付应限制在为补偿结构调整缺陷所必需的数额之内。

第十一,环境保护计划下的补贴。该补贴属于政府环境保护计划的一部分,包括对为保护环境采取特定的生产方法或者控制特定生产要素的使用而支付的补贴。补贴的强度应限于为遵守政府环境保护计划而额外支出的费用或由此给生产者造成的损失。

第十二,地区援助计划下的补贴支付。即对贫困地区的扶助,限定条件为:①补贴对象是按照客观标准界定的贫困地区的所有生产者;②补贴不得与生产的类型、产量、价格有关;③如果补贴与生产要素投入有关,那么在生产要素投入超过一定的临界水平后,补贴幅度应当随生产要素投入的增加而递减;④补贴数额应当限于在该地区从事农业生产所造成的额外费用或者收入损失。

2. "黄箱"政策

"黄箱"政策是指那些对生产和贸易有直接扭曲作用的政策,需要限制和逐步消减。WTO《农业协议》中需要减让承诺的"黄箱"政策包括下述范围:第一,价格支持;第二,营销贷款;第三,面积补贴;第四,牲畜数量补贴;第五,种子、肥料、灌溉等投入补贴;第六,某些有补贴的贷款计划。

WTO《农业协议》对"黄箱"政策的限制,采用综合支持量(AMS)来衡量。综合支持量即给基本农产品生产者某项特定农产品提供的、或者全体农产品生产者生产非特定农产品提供的年度支持措施的货币价值。WTO《农业协议》要求各成员国以减让基期的AMS为尺度,做出如下减让承诺:

第一,AMS总量以1986—1988年的平均水平为基数,从1995年开始,发达国家在6年内逐步消减20%的AMS,发展中国家在10年内逐步消减13%的AMS。

第二,对具体农产品(或所有农产品)的支持,只要其AMS总量不超过该产品生产总值(或农业生产总值)的5%(发展中国家为10%),就无须消减,此为微量允许标准。

第三,若一国自1986年以来已经减少了对某些特定农产品的支持,则该国可对这些农产品免予减让承诺。

第四，发展中国家的农业投资补贴、对低收入或缺乏财力的生产者提供的农业投入品补贴以及为鼓励生产者放弃生产违禁作物而提供的支持，可以免予减让承诺。

第五，各成员每年的AMS总量不能超过已经消减的上年的AMS水平。

3. "蓝箱"政策

"蓝箱"政策是指那些虽然对生产和贸易有扭曲作用，但是以限制生产面积和产量为条件的国内支持政策，是"黄箱"政策的特例，不列入需要消减的国内支持范畴。但"蓝箱"政策必须符合下列条件之一：第一，按固定面积或产量提供的补贴；第二，根据基期生产水平的85%以下所提供的补贴；第三，按牲畜的固定头数所提供的补贴。

4. WTO《农业协议》对各项政策的限制规定

世界贸易组织把农产品无扭曲贸易作为国际农产品贸易的目标，因此要求各个国家必须承诺农业支持减让，要求各国对"黄箱"政策做出削减和约束承诺。同时，WTO《农业协议》对"黄箱"政策也作了一些例外的规定，使下述"黄箱"政策补贴免于削减和约束：①发展中国家特殊差别待遇，简称S&D，是指对发展中国家为促进农业和农村发展所采取的某些支持和补贴措施可免予削减承诺，主要包括农业投资补贴、对低收入或资源贫乏地区生产者提供的农业投入品补贴和为鼓励生产者不生产违禁麻醉作物而提供的支持；②农业补贴的"微量允许"，即发达国家"黄箱"政策补贴（AMS），不超过农业总产值的5%，则无需进行削减，发展中国家"黄箱"政策补贴不超过农业总产值的10%，也无需进行削减；③"蓝箱"政策，即一些与农产品限产计划有关的"黄箱"政策（如休耕补贴等），可免予削减承诺，不受《农业协议》的约束和限制，这些政策措施目前主要用于发达国家。

按照《农业协议》的规则，并非所有的农业补贴都受世界贸易组织的限制。因此，可以积极利用"黄箱"政策中的例外规定和"绿箱"政策，加大对农业的支持力度，促进本国农业发展和提高农民收入。

5. 我国加入世界贸易组织的承诺及对农业补贴方式的影响

一方面，我国承诺取消农产品的出口补贴，包括价格补贴，实物补贴，以及发展中国家可以享有的对出口产品加工、仓储、运输的补贴。在"黄箱"政策方面，我国承诺把《农业协议》6.2款的投资补贴和投入品补贴计算到6.4款的"微量允许"中，确定我国特定产品和非特定产品都只享有农产品总产值8.5%的免于削减空间。

另一方面，发达国家坚持维护高额农业补贴，扭曲农产品贸易体制，使我国农产品生产、流通、加工全产业链都面临着国外高额补贴的巨大压力。世贸组织统计表明，自WTO成立以来，日、美、欧洲的英、法等发达国家对农业的支持有增无减。其中美国、欧洲的国家及亚洲的日本对本国农业的补贴占世界总额的80%左右。2017年美国、欧盟和日本对农业的支持资金分别占农业总产值的50%、60%和76.7%，这些补贴直接提高了该国农产品的国际竞争力和农民收入。由于全世界90%的农业补贴集中在美、欧、日等发达国家和地区，造成这些国家农产品供给过剩，于是这些国家一方面极力施压让发展中国家开放市场，以使其农产品低价进入发展中国家市场，同时又千方百计以各种理由建立各种技术性贸易壁垒，限制发展中国家的农产品向自己国家出口，并坚决不放弃对本国农产品的生产和出口给予高额补贴，从而恶化了国际农产品贸易条件，给我国农业可持续发展造成巨大的压力。

当前，完善我国农业补贴体系日益紧迫。美、欧、日由于从维护本国、本地区农业产业利益出发，实施了高额补贴。就美国而言，由于对农业实行集约化、社会化和专业化经营，其农业劳动生产率、科学技术推广率、农业投资收益率都很高，在这种情况下，美国政府仍然高度重视农业生产，针对农业的具体特点制定行之有效的补贴政策。相比之下农业对我国的重要性有过之而无不及，且我国农业的现代化进程与美国相比有比较大的差距，因此，农业补贴在我国更具有特殊性和迫切性。从长远看，为了保证国家粮食安全，提供适应需求的粮食品种，提高粮食质量，农业不仅离不开保护，反而需要通过适当方式进一步加大支持力度。

（二）在 WTO 框架的约束下，农业保险依然是合理的农业补贴政策

自然风险的突发性、农业的弱质性以及农业收益的外部性等产业特性决定了政府必然要介入到农业风险的管理中。而农业保险是 WTO《农业协议》规定的"绿箱"政策，不需要做削减承诺，目前已成为 WTO 各成员国政府进一步扩大农业投资规模、调整投入结构、增强农业竞争力、推动农业可持续发展的有效政策工具。

受到政府补贴的农业保险具有正外部性的经济属性和准公共物品特性，并由此决定了接收政府直接补贴的农业保险必然定位于政策性保险。上述在对 WTO《农业协议》"绿箱"政策的介绍中，也已对政府介入农业保险的政策标准和条件作了相关规定，即"收入保险和收入安全网计划中的政府资金参与"和"政府自然灾害救济支付"等条款。

在尝试农业保险安排的各个国家中，财政补贴是其运行的基本特征，补贴形式主要有货币补贴、定价补贴、固定价格补贴等，同时，各国政府还通过立法对涉及农业保险运行的货币政策、价格政策、利率政策、贷款贴息等都做出了明确规定，以确保本国农业保险的正常运行。

归纳起来，各国对农业保险的直接补贴具有以下几方面的特点：

（1）补贴力度较大。试办中的农业保险主要依靠大量财政补贴来维持其业务的正常开展，并且由政府负担农业保险经营主体和再保险公司经营农业保险的全部费用开支。在日常经营中，政府每年都在财政开支中做出预算，对农业保险进行法定补贴。

（2）补贴内容以保费补贴和经营费用补贴为主。尝试开办农业保险一切险的各个国家对农业保险的补贴一般都以国家立法的方式予以明确，补贴方式主要是对保险费率的补贴、再保险经营亏损和经营费用的补贴等，此外，一旦发生重大自然灾害，农业保险准备金积累不足以支付赔款时，政府也会对农业再保险环节进行大量的补贴，以维持农业保险的正常运转。

（3）补贴方式以政府直接补贴为主。财政补贴型农业保险的特点是政府采取直接方式，即直接用财政、金融、税收、价格等政策组合，以直接补贴保险费率的方式补贴投保农户，同时还对农作物一切

险经营实行免税政策。

（4）促进农业发展的政策效果明显。一方面，政府财政与参保农户共同分担未来不确定的农业自然灾害风险，可以使投保农户直接受益；另一方面，政府财政对农业保险经营主体的直接补贴，可以改善其经营效益，保持其农业保险经营的持续性。

第二节　农业保险：国际粮食补贴体系的主流趋势

农业保险是市场化的自然风险管理工具，也是世界贸易组织（WTO）允许的各国扶持农业的一项"绿箱"政策工具。当前，在我国政府对农产品进行市场价格支持和支持补贴触及 WTO 规则允许的"天花板"时，我国农产品价格保险、农产品收入保险等市场化风险管理工具也在不断发展。从美国、欧盟、日本等发达国家的经验来看，农产品收入保险是农业保险发展的主要方向。

实际上，最初的农业保险是以商业保险的经营方式进行的。1791年德国农民建立了世界上最早的雹灾保险合作社。德国最早建立农业保险制度，有其自然和经济方面的原因。德国的农业生产条件不错，但特殊的地理和气候因素，使冰雹成为德国农田的"常客"。这也是德国在世界上成为最早开办雹灾保险国家的自然方面原因。但是，雹灾保险在德国大面积推行，是与 19 世纪前半叶开始的农业改革和农业现代化相联系的。德国 19 世纪进行了产业革命，随着都市产业的发展，对农产品的需求增加了，导致农产品价格上升。对农业经营利润的追求，促使农场主提高集约化水平，增加人力和物化劳动的投入。而气象灾害给集约化经营带来的影响比粗放经营大得多，尤其是雹灾给农作物造成的损失对某些农场来说比较客观。德国 1884—1903 年的 20 年间，平均每年降雹次数最少的省（锡格马林根）32 次，最多的省（兰登斯贝格）550 次。如此高的冰雹发生频率对农民来说，确实威胁很大，所以各种承保雹灾的保险相互会社、保险合作社、股份有限公司先后应运而生，公共保险机构也陆续参与进来。据1972 年统计，联邦德国各种出售雹灾保险单的企业有 24 家，其中保险公司 5 家，相互会社、合作社 12 家，公共保险机构 7 家，自愿参加雹灾保险的农场占当年总农场数的40%，承保的作物面积占总耕地面积的44%。

类似德国这类单风险农作物保险后来在其他国家也有试验。北美的商业保险公司一开始的农业保险尝试，主要是针对农作物的所谓"一揽子"风险，而不是雹灾保险，他们开办的险种是直接针对产量损失的"一切风险"或"多重风险"农作物保险。不过文献表明，美国、加拿大在19世纪末和20世纪初，由商业性保险公司所做的这类试验无一例外都失败了。日本在19世纪末也试验过农业保险，并于1929年和1938年先后颁布过《家畜保险法》和《农业保险法》。这些法律在世界农业保险的发展历史上也是比较早的。中国农业保险的试验最早是在1935年，有保险公司在重庆做过农业保险的试验。当然，从商业保险的视角来考察，除了农作物雹灾保险和火灾保险在一些国家成功和被长期坚持，其他方面成功案例不多。

作为国家农业政策工具的现代农业保险，始于1938年。这一年美国颁布了《联邦农作物保险法》，作为其著名的1938年《农业调整法》的组成部分，以政府成立联邦农作物保险公司，承保农作物的"一切风险"或"多重风险"，并由政府补贴农业保险费和免除一切税负为主要标志，开启了政策性农业保险的新纪元，完成了使农业保险作为一种风险补偿的普通保险产品，向作为一种重要的农业政策工具的转变。美国在试验性经营41年之后的1980年，通过第12次修法，决定在全国所有州和所有农作物中推行这种政策性农业保险，此时，美国只有不到10%的农作物面积投保。

随后，日本在1938年《农业保险法》基础上，于1947年颁布了《农业灾害补偿法》，在吸收美国实行的那些农业保险政策的基础上，增加了对超过一定耕种面积的主要农作物实行强制投保的法律规定。而日本这种政策性农业保险的经营，则是由具有日本特色的农业保险合作社而不是国有的专门公司或商业性保险公司实施的。1959年，加拿大通过了《联邦农作物保险法》，学习美国做法，设计了类似于美国的政策性农业保险制度，并由各省成立政府所有的农作物保险公司分别进行经营。除了加拿大，以色列、瑞典和南非等国也在20世纪70—80年代引进了农业保险制度，其他一些西欧国家虽然没有建立这种农业保险制度,但设立了"国家灾害基金",用以保护农民免受农业灾害的损失。

除了欧洲,一些亚洲、非洲和南美洲国家的政府,在20世纪70年代之后,也陆续开始加入政策性农业保险的试验行列,例如巴西、塞浦路斯、印度、巴基斯坦、菲律宾、斯里兰卡、肯尼亚、智利、墨西哥等国。农业保险作为全球寻求粮食安全的农业政策工具,越来越受到世界各国的关注和广泛研究。为此,本章选取了在农业保险领域具有代表性的美国、欧盟、日本和巴西,重点介绍其运营模式和相关特点。

一、美国趋势及经验借鉴

在20世纪30年代,面对资本主义经济大危机和全球贸易保护主义的盛行,美国对国民经济运行进行了一系列卓有成效的干预,即所谓的"罗斯福新政",其中包括对农业实施了强有力的政府支持,农业补贴政策开始逐步形成。不过,此时美国农业补贴政策的主要目的在于,通过增加农业生产补贴和出口补贴,提升农业生产力,拓展国际市场,保证粮食安全,实施主体是联邦政府。美国农业补贴政策的雏形主要体现在1933年的《农业调整法》中。到了1950年前后,全球农产品市场供过于求,农产品价格大幅度下跌。此时,美国政府开始全面增加农业补贴。到了1970年前后,美国开始实施"目标价格—价差补贴系统",并在1977年通过《粮食与农业法案》予以全面实施。此后,美国的农业补贴政策每隔5年便根据国内外形势进行修订、补充和完善。[①]《2014年农业法案》是美国的第16个农业法案,于2014年2月7日由奥巴马正式签署生效。2014年法案构建了2014—2018年美国农业政策的基本框架,有效期至2018年作物年度。2018年12月20日,特朗普签署2018年农业法案,即《2018年农业提升法案》,有效期至2023年。与以前的农业法案相比,2014年法案在预算总额和补贴结构上均做了重大调整,2018年农业法案延续了2014年法案,其调整将对世界农业领域产生重要影响。

---

① 冯继康. 美国农业补贴政策:历史演变与发展走势 [J]. 中国农村经济,2007(3).

（一）美国2014年和2018年农业法案的主要改革

在经济表现欠佳、预算支出受限、WTO规则制约以及农业发展目标等多重因素的共同作用下，美国2014年和2018年法案调整主要体现在以下四个方面。

1. 农业法案预算总额显著下降

美国正在经历债务危机，其债务总额达到171 000亿美元，已经超过了国会在2011年定下的164 000亿美元的债务上限。根据2011年8月通过的"预算控制法"，国会将启动预算冻结机制，自动减少预算支出，这将对美国经济增速造成影响。基于此，2014年法案对农业政策开支进行了大幅削减。根据CBO预估，2014年法案在2014—2023年的总预算是9 564亿美元，较2008年法案10年预算的水平下降近400亿美元[①]，较CBO 2013年5月预算基线下降165亿美元。这与2002年法案和2008年法案预算大幅增资形成鲜明对比（表3-1）。

表3-1 美国《2014年农业法案》预算及赤字削减情况

单位：百万美元、%

新法案章节	CBO基线	占比	2014年法案预算	占比	赤字增减情况
商品计划	58 765	6.04	44 458	4.65	−14 307
环境保护	61 567	6.33	57 600	6.02	−3 967
贸易	3 435	0.35	3 574	0.37	139
营养	764 432	78.57	756 433	79.09	−7 999
信贷	−2 240	−0.23	−2 240	−0.23	0
农村发展	13	0.00	241	0.03	228
研究推广	111	0.01	1 256	0.13	1 145
林业	3	0.00	13	0.00	10
能源	243	0.02	1 122	0.12	879
园艺	1 061	0.11	1 755	0.18	694
作物保险	84 105	8.64	89 827	9.39	5 722
其他	1 410	0.14	2 363	0.25	953
合计	972 905	100.00	956 401	100.00	−16 504

注：该结果为基于CBO 2013年5月的基线预测。其中，CBO基线为按照2008年法案的标准计算的2014—2023财年预算总和。

资料来源：Congressional Budget Office（CBO）。

---

① 数据来源：美国国会研究局和美国国会预算办公室估算（段志煌，2012）。

2. 补贴结构形式上更为符合 WTO 规则

在 2014 年法案的十二项内容中，预算下降的有三项，分别是商品计划将在未来 10 年削减 143 亿美元，营养计划削减 80 亿美元，环境保护计划削减近 40 亿美元（表 3-1）。作为世界上对农业实施高补贴的国家之一，美国在 2014 年法案中取消或降低了目标价格和目标收入补贴、贸易支持、农场保护等政策支持，这些均属于需要减让的"黄箱"政策[①]。同时，美国将财政支持重点转向收入和作物保险、农业科研、技术推广、农村发展等项目，这些均属于"绿箱"政策。从各项预算占预算总额的比例看，商品计划和环境保护计划的支出占比分别为 4.65% 和 6.02%，较 2008 年法案的支出水平下降；收入和作物保险、研究推广、农村发展的支出占比均较 2008 年法案有不同程度提高；能源和园艺项目的预算增加额主要用于新能源、节能、特殊作物等项目的研发推广，属于"绿箱"支出，其占比也有较大幅度提高。与 2008 年法案的补贴结构相比，2014 年法案更加"绿色"，更符合 WTO《农业协定》的规定。在 2018 年农业法案中，财政支出增幅最大的一项是环境保护计划，增幅将达到 5.55 亿，在总费用中占比提高到 7%；在农业法案中占比最大的营养计划，在雇主和培训项目方面增加了资金支持，但是其财政支出占比已经下降为 76%。

3. 取消商品计划中直接支付等项目

商品计划是历年美国农业法案的重心。自 1996 年以来，营销贷款、直接补贴、反周期补贴和平均作物收入选择计划一起构建了美国农民的收入安全网。其中，直接补贴是商品计划中单项补贴额度最大的支持政策。由于国内债台高筑，美国对这项每年预算为 40.8 亿美元的计划已力不从心。另外，由于美元加速贬值、生物燃料和畜产品需求驱动，2007 年以来农产品价格迅速上涨，虽然 2013 年以来价格有所走低，但依然维持在较高水平，这使农场主对直接补贴的依赖减少。反周期补贴和平均作物收入选择计划也因市场价格高于目标价格

[①] WTO 农业协定规定国内农业支持措施主要分为两类，一类是不引起贸易扭曲的政策，即"绿箱"政策，可免予减让承诺；另一类是对贸易有扭曲作用的政策，即"黄箱"政策，要求各成员国必须逐步予以削减。

而很少被触发。因此，2014年法案对商品计划进行了较大调整，取消了直接补贴、反周期补贴和平均作物收入选择计划，未来10年预算支出将减少约470亿美元。商品计划在2018年法案中支出略有增加，支出占比达到7%。

4. 加大保险项目的支持力度

农业保险是一种帮助农民管理生产风险的市场化手段，属于WTO鼓励的"绿箱"支出，越来越受到各国政府的重视。目前，美国是全球最大的农业保险市场，其农业保险保费收入占世界的一半以上。考虑到自然灾害频繁发生和市场价格大幅波动，2014年法案加大了保险项目的支持力度，是营养计划之外预算支出最大的项目，在整个农业法案预算中占比为8%，高于商品计划的5%。该法案中，保险项目增加了补充保障选择计划（SCO）和对陆地棉生产者的叠加收入保护计划（STAX），扩大了作物保险的品种和险种的范围，提高了新进入农民的保费补贴比例，未来10年预算支出将增加57.2亿美元，是12项内容中预算增加最多的一项（表3-1）。另外，商品计划中增加了价格损失保障计划（PLC）和农业风险保障计划（ARC），这两项计划不同于作物保险，但在受益人群等方面与作物保险参与情况挂钩，未来10年预算增加272亿美元。在2018年农业法案出台前的讨论阶段，受美国联邦政府赤字压力的影响，美国国内呼吁降低农业保险补贴和支持力度的呼声一直不绝于耳，农业保险计划曾一度面临预算削减的压力。但是，由于近年来世界农产品价格处于低位，在美国农场主的强烈要求和相关利益集团的积极争取下，2018年农业法案的总预算额度没有减少，农业保险在新法案中的地位也没有下降，预计未来5年（2019—2023年）农业保险仍然是仅次于营养项目的第二大支出，约占支出总经费的9%，较2014年农业法案上升1个百分点。

（二）美国农业保险发展及现行体系概况

1. 农业保险发展概况

早在1922年，美国政府就对农业保险及其作为政策工具的可行性进行大量研究，同年财政部还专门成立了农业灾害保险部。在这些研究的基础上，20世纪30年代初的经济危机和严重旱灾推动美国于1938

年颁布了《联邦农作物保险法》,由此开启了联邦政府实施农业保险的历史。后来,这部法律分别于 1980 年、1994 年和 2000 年接受了 3 次重要的修订和改革。其间,美国国会每隔 5 年左右还会在《联邦农作物保险法》的框架下对农业法案中有关农业保险的内容进行修订。

在保险法的历次修订中,1994 年修订并出台的《克林顿农作物保险改革法》对农业保险的经营管理方式和与之相关的灾害救助政策做出重大调整,建立了农作物巨灾保险计划,提高农业保险保费补贴水平,建立多层次保险产品体系[①],完善农业保险操作办法,大大调动了农场主的投保积极性,奠定了现今美国农业保险政策体系的基本框架。此后的保险法、农业法案及它们的修正案对农业保险的产品设置、操作办法、补贴水平等进行多次调整,但 1994 年的基本政策框架延续至今。

2. 现行保险体系概况

当前,美国农业保险的管理体制和实施机制可以概括为"政府主导、商业运营、服务配套"的"三位一体"模式(图 3-1)。

一是政府主导。美国农业保险是由政府主导的,其管理机构是风险管理局(RMA)和联邦农作物保险公司(FCIC)。FCIC 成立于 1938 年,当时的职责是管理和经营全国农作物保险,目前负责向商业保险公司提供再保险保障。RMA 成立于 1996 年,FCIC 的大部分职责转由 RMA 负责,如制定农业保险政策、对经营农业保险的商业保险公司进行补偿、对投保农户进行补贴、研发和初步审核农业保险险种、资助风险管理研究和推广项目等。RMA 下设 10 个办事处,每个办事处分管 3~14 个州。

二是商业运营。美国农业保险的直接业务全部由 19 家实力强、信誉好的商业保险公司经营。这些公司都是经过 RMA 审核批准的,主要经营政府推行并给予补贴的农作物保险业务,同时开发保险新产品并将其上报 RMA 以期经批准后获得补贴。

---

① 多层次保险产品体系指保户可在巨灾保险计划的保障水平(50%)的基础上,可再购买多重风险农作物保险,提高保险金额,还可以选择参加地区风险计划(GRP);同时,建立了针对不可保作物的"非保险作物救助计划"(NAP)。

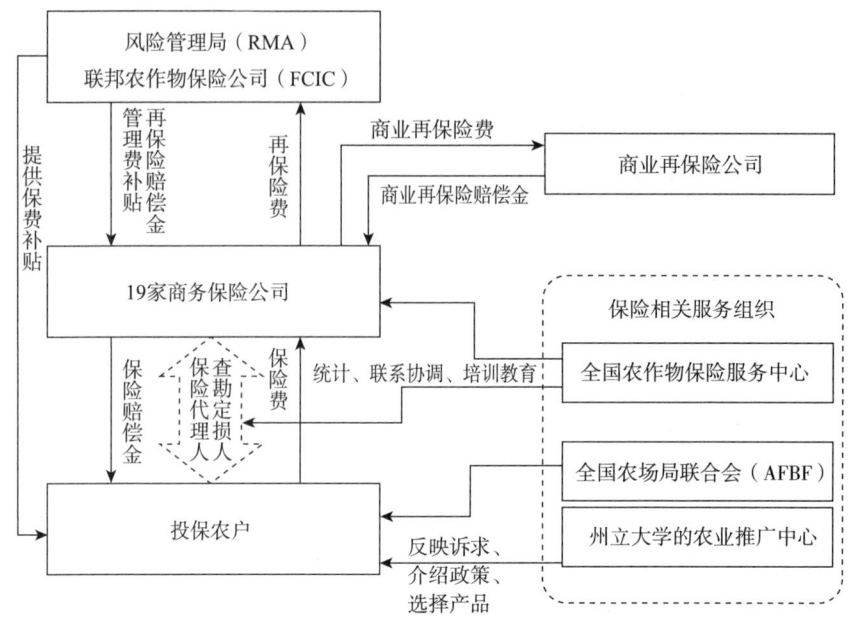

图 3-1　美国现行农业保险管理与实施体系

对于商业保险公司的风险分担，美国建立了以政府再保险为主体、私营再保险公司为补充的保障体系。再保险业务通常由商业保险公司自主确定自留保险责任，并与 FCIC 签订《标准再保险协议》进行再保险。同时，商业保险公司可将自留责任向商业再保险人寻求支持。

三是服务配套。在美国，有一些机构与农作物保险密切关联，对农作物保险制度的建立或农作物保险运作发挥积极作用。一类是为保险公司或从事保险工作的个人提供服务的组织，如全国农作物保险服务中心，担负着统计、培训教育以及与 RMA 的联系协调等工作。另一类是代表投保农户利益的，反映他们的诉求、介绍农业保险政策，帮助其选择适当的保险产品等，如全国农场局联合会（AFBF）、州立大学的农业推广中心等。

3. 美国农业保险的特点与趋势

一是农业保险在农业政策框架中的重要性更加凸显。1938 年颁布的《联邦农作物保险法》实际是美国当时的农业法案《农业调整法》的第五部分，对开展农业保险的目的、性质、开展办法、经办机构等作了明确规定,为政府开展农业保险业务提供了法律依据。此后,农业保险成为农业法案最重要的组成部分和保障农户收益的主要手段,几乎在每一个农业法案中都会独立成章。尤其是 2014 年农业法案取消直接支付、反周期支付等财政补贴计划,农业保险在国内农业支持政策中的重要性更加凸显。在 2014 年农业法案中,农业保险的预算支出将在未来 10 年增加 57.2 亿美元,是 2014 年法案 12 项内容中预算增加最多的一项。从总量看,美国政府未来 10 年用于农业保险的预算额为 898.3 亿美元,仅次于第一大支出项目"营养计划"(表 3-2)。

表 3-2 《2014 年农业法案》中农业保险预算及赤字削减情况

单位:百万美元

法案章节	CBO 基线	占比	2014 年法案预算	占比	赤字增减情况
商品计划	58 765	6.04%	44 458	4.65%	−14 307
环境保护	61 567	6.33%	57 600	6.02%	−3 967
营养	764 432	78.6%	756 433	79.1%	−7 999
农业保险	84 105	8.64%	89 827	9.39%	5 722
* 补充保障选择计划(SCO)					1 716
* 叠加收入保护计划(STAX)					3 288
* 作物收益保障					40
* 巨灾保险保费条款					−426
* 新进入农民和牧场主条款					261
* 花生收入保险					119
* 有机作物保险					8
* 天气指数保险					50
* 实际历史产量调整					357
* 研究与发展					36
* 实施与执行					70
* 其他					203
总计	972 905	100.0	956 401	100.0	−16 504

注:①该结果为基于 CBO 2013 年 5 月的基线预测。其中,CBO 基线为按照 2008 年法案的标准计算的 2014—2023 财年预算总和。②商品计划、环境保护、营养和农业保险是 2014 年法案中预算最多的 4 个项目。

数据来源:Congressional Budget Office(CBO)。

在2018年的农业法案中，农业保险约占支出总额的9%，较2014年农业法案上升1个百分点，地位相对提升。从具体内容看，2018年农业法案中的内容只是在2014年基础上修改和完善。主要包括：①将柑橘、牧草等品种纳入保险保障范围，要求研究开发针对热带气旋和飓风风险的保险、质量损失保险、柑橘保险、温室保险和适用于高风险高生产率河滩地区的保险政策；②提高巨灾保险CAT保险的保额标准，从每个保单的300美元提高到655美元，以此提高农业保险高保障选项对农场主的吸引力。[①]

二是收入保险在美国农业保险中占据主导地位。美国的农业保险种类繁多，目前可供选择的险种有20余个，覆盖124种农作物和牲畜。在此基础上，2014年农业法案又增加了补充保障选择计划（SCO）和针对陆地棉的叠加收入保护计划（STAX）。这些险种大致可以分为以产量为基础的险种和以收入或收益为基础的险种。由于风险保障的覆盖范围从自然风险扩展到市场风险，以收入或收益为基础的保险产品受到普遍认可，近年来在农业保险业务中的比重逐步提高。2018年，美国以收入或收益为基础的保险产品保费收入87.3亿美元，是产量保险的7.5倍；收入或收益保险的保障水平974.4亿美元，是产量保险的7.7倍。

三是政府大幅提高保费补贴规模。美国国会在1980年对《联邦农作物保险法》所做的修订中首次对农作物保险进行保费补贴[②]，为参与FCIC农作物保险和再保险的商业保险公司提供管理费和保费补贴。此后，美国多次提高补贴比例，投保农户可获得的保费补贴比例依险种不同从38%至100%不等，目前平均补贴比例保持在60%左右（图3-2），商业保险公司获得的补贴比例为其所收保费的18.5%。2014年农业法案对新增的SCO和STAX两个险种分别给予了65%和80%的补贴比例，均高于当前平均补贴水平。同时，为了吸引更多人从事农业生产，政府将给创业期农牧场主增加10%的保费补贴。在SCO和STAX等条款的影响下，美国未来农业保险补贴比例呈上升

---

① 王克. 美国2018年农业法案中农业保险计划的动向和启示[N]. 中国保险报，2019-01-09.

② 冯文丽. 美国农业保险法的修正历程与启示[J]. 农村金融研究，2010（9）.

趋势，未来10年农业保险实际支出将有较大幅度的增长，甚至会超过89.8亿美元的预算额。2018年农业法案中，美国保险品种进一步增加，总体保障水平继续保持在较高水平。

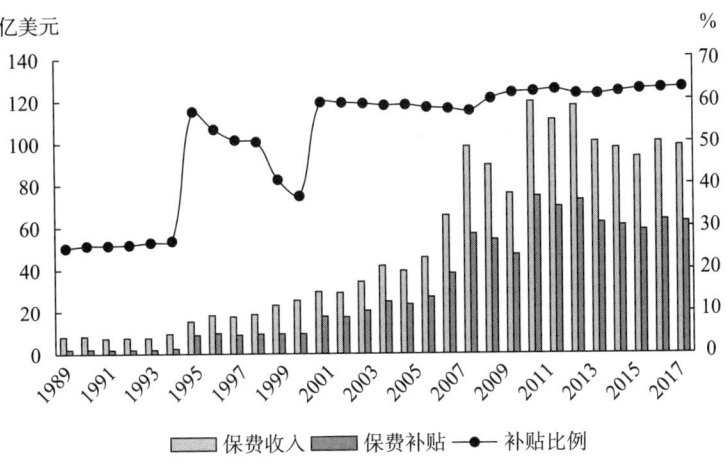

图3-2　1989—2018年美国农业保险收入及补贴情况
数据来源：美国联邦风险管理局RMA。

四是农业保险与其他政策配合更紧密。在2014年法案中，农业保险与其他支持政策之间配合得更为紧密，主要体现在：①《2014年农业法案》规定在农业保险中有资格购买补充保障选择险（SCO）的人才能参加商品计划（Commodity）中的价格损失保障计划（PLC）；②商品计划没有给予棉花、花生的生产者足够支持，农业保险则分别为棉花和花生种植者制定了叠加收入保护计划（STAX）和花生收入保险政策；③购买农业保险的农户必须遵守湿地和高度腐蚀土地的环境保护条款，否则就得不到保费补贴。在2018年农业法案中，RMA被赋予了更大的权限，明确了其他相关司局需要配合支持的内容。如规定NASS要共享农业保险工作所需的数据，不管这些数据是否为涉密数据，当然RMA要对非公开数据进行保密；新法案规定农场服务局（FSA）要向RMA共享未参加农业保险项目但享受国家灾害救济农场主的生产信息，也规定了国家自然资源局要提供RMA认为开发农业保险产品所需要的信息资源；此外，还要求农业部通过国家食物和农业研究所（NIFA，根据2008年农业法案成立的一个专门推广培训机构）对农民提供风险管理和保险教育培训，经费高达 500 万美元/年。

（三）美国农业再保险发展及现行体系概况

美国农业保险是美国农业安全网的三大支柱之一，而农业再保险是美国农业保险体系的核心内容，也是美国农业保险风险分散机制的主要内容。

1. 美国农业再保险体系概述

（1）美国农业再保险体系主要构成。美国农业再保险体系是一种政府通过美国联邦农作物保险公司（FCIC）参与农业再保险经营管理的政府主导型再保险模式，参与主体主要由农户、直保公司、联邦农作物保险公司（FCIC）、商业再保险机构以及联邦政府等组成。农户自愿购买农业保险，但如果想获得政府对农业的相关补贴及灾害救济，就必须购买农业保险。目前美国农户投保农业保险的比例在 65% 左右。直保公司经营政策性农业保险业务须获得政府审批，而且只有与 FCIC 签署《标准再保险协议》后才能获得政策性农业保险业务的经营资格以及保费等相关补贴。目前美国共有 16 家保险公司有资格经营政策支持型农作物保险，13 家保险公司有资格经营政策支持型养殖业保险。联邦农作物保险公司（FCIC）是美国政府全资成立的政策性农业再保险公司，与美国农业部风险管理局（RMA）是同一机构，负责管理政府开办的农业保险项目，包括制定保险计划、厘定费率、开发产品、补贴直保公司的保费和运营成本、提供再保险保障等，是美国政府参与农业保险、再保险管理的重要抓手。商业再保险机构主要包括再保险经纪公司和商业再保险公司，是对 FCIC 再保险体系的补充。对于政策性农业保险业务，商业保险机构把大部分风险分给 FCIC，并经 FCIC 批准后，可将自留风险的一定比例分给商业再保险公司。

（2）再保险是美国农业大灾风险分散体系的基石。美国农业保险风险分散体系由市场化的直保公司、国家主导的农业再保险体系、农业保险专项基金（或称专项预算）和紧急预案四部分组成。在风险分散顺序上，直保公司承担低层可控风险，通过再保险安排将大部分风险转移到 FCIC。FCIC 与直保公司通过利润分享与损失分摊的再保机制，承担农业保险的主要风险并提供封顶赔付，其在盈余年份滚存的基金是大灾风险的重要缓冲，遇到大灾事故时FCIC还可启动应急借款机制，向商品信贷公司借款或发行巨灾债券，而财政部会通过借款和注资弥补FCIC长期的赤字，这就构成了从低层到高层的完整风险分散链条。

2. 美国农业再保险制度的历史沿革

（1）法律是农业再保险发展的根本保障。法律保障是美国农业再保险体系建立健全和有效运行的必要条件和根本保障。美国农业再保险方面的法律主要为不断调整和完善的《农业法案》和《联邦农作物保险法》，并以此为基础初步建立了美国农业保险制度。之后，涉及FCIC、农业保险与再保险的法律包括：《1980年联邦农作物保险法》及后续修订的《1994年联邦农作物保险改革法》《1996年联邦农业提高和改革法案》《1998年农业研究、深化与教育改革法案》《1999年农业、农村发展、食品和药品管理法案》《2000年农业风险管理法案》《2008年食物和能源保护法案》《2014农业法案》。

《联邦农作物保险法》确立了美国农业再保险基本制度：一是总体原则。FCIC必须对获批经营农业保险的直保公司提供再保险，并遵循通行的再保险原则。二是风险分摊。通过风险分摊的再保险机制使分出公司承担一定的业务风险，鼓励和引导分出公司销售保单和提供服务，承担风险的大小需考虑到分出公司的财务状况和商业再保险的可获得程度。三是《标准再保险协议》（SRA）的修订机制。SRA每五年修订一次，修订的内容须与联邦各项法案协调，修订时须通知议会和农业部，且需控制SRA给直保公司带来的预计收益，如2017—2026年，SRA给直保公司带来的预计收益率每年不能超过8.9%。除此之外，《联邦农作物保险法》还规定了补贴直保公司经营管理费用以及利润分摊的原则等内容。

2014年《农业法案》对《联邦农作物保险法》有重要的引导作用，如2014年《农业法案》要求《联邦农作物保险法》在"标准再保险协议修订"这一部分中添加对预算的要求、坚持预算中立原则、较预算节约下的开支可用作支付赔款或经营管理费用补贴等。在2014年修订的SRA中，这一条款就被加入其中。

(2) 美国联邦农作物保险公司（FCIC）的发展沿革。

一是专营农业保险阶段（1938—1980年）。根据1938年《联邦农作物保险法》，美国联邦农作物保险公司（FCIC）于1938年成立。1939—1980年，联邦农作物保险计划完全由FCIC专营，FCIC主要通过自己的雇员、美国农业部的雇员和数量很有限的独立机构来销售保单和提供服务。在此阶段，FCIC的工作有以下三个目标：第一，保护农民因农作物的损失和价格下跌而造成的收入损失；第二，保护消费者应对食物供给短缺与极端的价格波动；第三，通过提供平稳的农产品供给与建立稳定的农产品消费能力来支持农户经营与就业。

二是同时经营农业保险和农业再保险阶段（1981—2000年）。1980年，修订后的《联邦农作物保险法》降低了农业保险的准入门槛，明确规定商业保险公司也可以经营农作物保险业务，同时FCIC建立了农业再保险职能，美国农业保险经营模式由FCIC唯一经营的政府运作模式转变成FCIC与商业保险公司共同经营的双轨制模式，同时鼓励更多的商业保险公司在全国范围内经营农业保险。为此，FCIC制定了《代理人销售和服务合约》（Agency Sales and Service Agreement）和《标准再保险协议》。《代理人销售和服务合约》中的代理人主要指市场销售机构（Master Marketing Agency），其代表FCIC收取保费，并得到FCIC的手续费补偿。《标准再保险协议》制定了商业保险公司和FCIC的利润共享和损失共担机制，并每年调整分担比例以吸引更多保险公司加入，在保险公司和代理机构都没有覆盖的地区，农业部中的农业稳定和保护服务机构会通过其在各县下设的办事处销售农险保单。1981年，有17家商业保险公司经营农险业务，但这些公司的农险保费总额只有1280万美元，仅相当于FCIC保费收入的3.4%。到了1982年，经营农险的商业保险公司数量增加到35家，总保费收入增长到7570万美元，相当于FCIC保费收入的23%。1996年美国农业部成立风险管理机构（RMA），与FCIC为同一班人马，负责管理联邦农作物保险项目和其他与保险相关的风险管理和教育项目。随后，FCIC逐渐将主要精力从经营直接保险业务转向为商业保险公司提供再保险和相应服务。

三是专营农业再保险阶段（2001年至今）。2001年开始，FCIC

完全退出农作物直接保险业务,职能主要是经营农业再保险,此外还包括负责制订和管理农作物保险计划、为农作物保险业务的开展提供财政补贴。从此,美国形成了"商业公司直接承保,联邦公司提供再保险"的农业保险运行模式。同时,美国国会通过立法增强商业保险公司的作用,允许商业保险公司参与农险产品的开发,如果开发的产品得到批准,除了获得保费补贴和再保险之外,还可以获得研究、开发和运营的成本补贴。

3. 美国农业再保险体系的运行模式

美国政府依托联邦农作物保险公司(FCIC)行使国家农业再保险公司职能,通过《标准再保险协议》建立了以利润共享和损失共担机制为核心的政府主导型农业再保险运行模式。

(1)美国标准再保险协议的主要内容。《标准再保险协议》在美国农业再保险体系中占据了最重要的位置,根据《标准再保险协议》,直保公司将绝大部分风险转移给了FCIC。根据美国《联邦农作物保险法》的有关规定,联邦农作物保险公司(FCIC)代表国家向经营农业保险的直保公司提供再保险保障,直保公司获得政策性农险业务经营资格的前提之一,就是应与FCIC签订《标准再保险协议》,并按照协议中的约定进行再保险分保的操作。

《标准再保险协议》主要明确了农作物再保险的分保规则、收益与损失分摊机制,以及相关的补贴、支出、费用和付款等内容,既是美国农业再保险的制度规则,也是FCIC与直保公司直接签署的再保险合约。

首先是再保险规则。美国《标准再保险协议》确定的农业再保险规则主要包括几点:一是各直保公司各州的农险业务在强制型基金(Assigned Risk Fund)与商业型基金(Commercial Funds)中的分配方式;二是直保公司在两个基金中业务的自留比例份额;三是两个基金中业务自留部分的风险根据赔付率、收益率不同以及各州风险的不同建立差异化的损失共担与利润共享机制;四是一揽子分保和利润返还机制;五是应急基金和预算;六是商业再保险和FCIC提供的额外再保险规定。美国《标准再保险协议》还明确,在FCIC规定的保险计划中,在直保公司按照规定完成向FCIC的分保后,符合美国保联合会（NAIC）制定的一系列信用标准要求的商业再保险人可在直保公司向 FCIC 背书同意的前提下承保直保公司的自留风险，同时商业再保险人可承保 FCIC 保险计划之外的农险业务的再保险业务。

其次是经营管理费用补贴安排。《标准再保险协议》明确了 FCIC 对直保公司有关农险业务的经营费用的补贴形式，不同类型业务和保险产品的经营费用补贴水平也大不相同：巨灾险经营费用补贴为 0，但有 6% 的巨灾理赔费用补贴；区域型高保障保险费用补贴为 12.0%，部分开展较少业务费用补贴为 20.1%；高保障收入保险业务费用补贴为 18.5%，其他业务费用补贴为 21.9%。当年度全部直保公司高保障收入保险及其他类保险业务的经营费用总补贴金额超过一定金额时，FCIC 将会对总体补贴金额进行控制。此外，当某一州农险业务整体赔付率超过 120% 时，FCIC 将补偿总保费的 1.15% 作为额外的经营费用补贴。《标准再保险协议》还明确了对农业保险相关协办或服务人员的管理规定。一是明确了直保公司在任何一个州支付的销售服务报酬总额，原则上不得超过其获得的经营费用补贴总额的 80%，以确保直保公司自身业务经营和风险控制职能的良性运转；二是规定直保公司收到的农险出单费用应全部上缴至 FCIC，对于法律中规定的资源有限类农户可免除出单费用。

（2）风险共担和利润共享机制。风险共担和利润共享机制是美国农业再保险体系的核心和精髓，历经四个主要阶段，最后形成较为成熟的标准再保险协议。

①风险共担和利润共享机制的历史沿革。FCIC 早在 1947 年就颁布了再保险协议，但一直很少实施，直到 1980 年《联邦农作物保险法》强制规定后才广泛推行，在 1981 年初步搭建了利润共享和损失共担机制，并经过了四个主要阶段的变化。

第一阶段是 1981—1985 年，初步搭建了利润共享和损失共担机制的框架。该阶段明确 FCIC 是联邦农作物保险计划的主要再保险人，并可以为有需要的保险公司提供额外的农险再保保障。每个业务年度结束后，FCIC 和直保公司会根据标准再保险协议规定的利润共享和损失共担的比例，共同承担年度业务经营结果。如果直保公司承保的农险业务超过了一定规模，经申请可由 FCIC 承担超出部分 90%

的风险,并收取相应的保费。1982年35家农险经营公司中有17家与FCIC签订了超额再保协议,1983年37家公司中有14家与FCIC签订了超额再保协议。由于农险业务该阶段持续盈利,为鼓励更多的农险保险公司加入超额再保安排,FCIC通过调整标准再保险协议,不断提高直保公司的风险共担比例以提高直保公司的盈利水平,如1981年直保公司分享利润的最高比例为5%,1983年后上升到11.3%。

第二阶段是1986—1996年,FCIC在利润共享和损失共担机制之前引入了成数分保安排。1986年《标准再保险协议》进行了较大调整,直保公司不再有业务选择权,必须承保区域内所有符合条件的农险业务,导致直保公司业务风险激增,再保险安排相应调整。第一,在利润共享与损失共担机制之前增加了三种分保形式:一是对指定保单的成数分保,直保公司可指定一些保单向FCIC分出不高于95%的风险责任,但这类业务在直保公司的保费占比不能超过10%;二是一揽子的分出,直保公司必须将全部业务的5%分出给FCIC;三是补充分出安排,在上面两项分出之后,直保公司对各州的业务分作物、分区域或各州作为整体指定一个规模上限,超出这个规模的业务可按80%的比例分给FCIC,但是直保公司以上三种分保业务总计不能超过业务总量的57%。第二,直保公司在某些区域上比较集中的业务可以与FCIC的业务交换,如某公司50%以上的业务集中于一个州,则只能自留该州25%的业务,该公司在该州的剩余业务可向FCIC交换成其他地区业务,交换后的业务也可向FCIC分出。第三,利润共享与损失共担机制有了新变化。在共担损失方面,FCIC提供了以州为基础和以全国为基础的两种分担安排,如果直保公司在每个州的业务赔付率达100%~565%区间时,FCIC提供大比例的赔付责任分摊;如果直保公司全国总体业务赔付率在100%以内则提供一定比例的损失分摊。在利润共享方面,通过调整共担机制增加了直保公司自身承担风险和享受利润的比例,由1983年的11.3%增加至1986年的15.375%。

第三阶段是1997—2010年,形成较为成熟的利润共享和损失分担机制。从1998年《标准再保险协议》开始,FCIC提供农业再保险的方式明确为比例再保和非比例再保,同时设立强制型基金(Assigned Risk Fund)、发展型基金(Developmental Funds)和商业型基金(Commercial Funds),所有符合要求的业务都要放入这三类基金中,《标准再保险协议》还规定了各州能放入强制型基金的业务最高占比。每类基金设置不同的成数分出比例与不同的利润共享和损失共担比例,发展型基金和商业型基金又分别细分为巨灾业务板块、收入保险业务板块以及其他业务板块,通过加强业务条线管理来有效控制风险。在分保比例上,一方面,《标准再保险协议》规定了各类基金中业务分出的比例范围,如强制型基金中的业务必须自留20%,发展型基金中业务必须自留35%以上,商业型基金中业务必须自留50%以上;另一方面,《标准再保险协议》对直保公司农险业务自留比例规定必须自留不低于35%的风险,若分出比例过大,FCIC将按照相应规则调整。在非比例分保上,《标准再保险协议》制定了详细的利润共享和损失共担机制,赔付率在500%以上时由FCIC全额承担,赔付率在100%~500%时,分担比例由高到低分别是强制型基金、发展型基金和商业型基金。同时,FCIC会对直保公司的年度经营结果进行平衡和调整,如直保公司当年利润率超过17.5%,则高于该利润率的利润部分有60%需放入由FCIC管理的该公司的再保险基金中,若当年利润率低于17.5%,则可取回再保险基金中的余额,使利润率达到17.5%。2005年《标准再保险协议》引入净额成数分保安排(Net Book Quota Share),直保公司农险业务自留部分净损失或净利润的5%分摊给FCIC,目的在于进一步平滑各保险公司及全行业当年的农险经营结果。

第四阶段是2011年至今,基本形成了成熟的标准再保险协议框架。2011年《标准再保险协议》保留了"成数+超赔+利益共享损失共担+净额成数分保安排"的再保险模式,近年来仅作了细微调整。主要为:一是将原来的三类基金调整为两类,取消发展型基金,同时取消商业型基金中的板块划分;二是根据风险高低将美国各州划分为三组,高风险组享受更高的分出比例和更高利润共享损失共担比例;三是在"比例分保+非比例分保及净额成数分保安排"之后设立利润返还机制,当各直保公司给FCIC的一揽子分保总体上是盈利时，FCIC会将盈利额的1.5%返还给直保公司。

②2018年《标准再保险协议》的主要内容。根据2018年《标准再保险协议》，首先，直保公司根据其上报至FCIC的经营计划，须将其承保的业务分州分险种放入以州为单位的强制型基金（Assigned Risk Fund，又称分配型基金）和商业基金（Commercial Fund，又称自由型基金）中进行分保。直保公司原则上应在每笔业务集中投保期结束后的一个月内，明确该笔业务的基金归属。对于无固定投保期的业务，需在投保人确认投保后的一个月内明确放入的基金归属，到期未放入强制型基金的业务，将自动放入商业基金中。由于强制型基金规定了固定且较高比例的分出，通常直保公司将根据自身风险偏好把认定的高风险业务放入其中；商业基金分出比例相对较低且浮动范围较为灵活，因此直保公司往往将风险相对可控、盈利预期较好的业务放入商业基金之中。根据《标准再保险协议》的规定，放入强制型基金的业务，直保公司自留20%，分保比例为80%。放入商业基金的业务，直保公司可在35%～100%的比例范围内，以5%为一档以州为单位选择自留比例；即分保比例为0～65%。对于某一个州而言，最终放入强制型基金业务的总保费不得高于该公司在这一州内农险业务总量的75%。

其次，在前述直保公司与FCIC以成数分保方式分散风险的基础上，双方还对直保公司自留部分业务建立了利润分享与损失分摊机制，这是《标准再保险协议》最为核心与巧妙的内容。对于直保公司放入基金后自留部分的业务，根据业务最终的赔付率水平，以州为单位、以累进制方式与FCIC分享利润和分摊损失。如某一州的业务产生承保利润（赔付率<100%），则由直保公司向FCIC分享自留业务的一部分利润。赔付率越低，直保公司分享至FCIC的分成利润比例越高。如出现承保损失（赔付率>100%），则由FCIC承担直保公司自留业务的一部分损失，与商业再保险中的损失分担（Loss Participation，又称损失参与）较为类似，且赔付率越高，FCIC承担相应分成损失的比例越高；若业务赔付率达500%以上，则500%以上对应的损失由FCIC全额承担。机制通过差异化设置利润损失分配比例，鼓励直保公司积极开展农险业务。详见表3-3。

表3-3 不同州组、赔付率情形下FCIC的利润或损失的分摊比例

单位:%

赔付率	商业型基金			强制型基金
	州组1	州组2	州组3	全部州
0~50%	95	95	95	97
50%~65%	60	60	60	86.5
65%~100%	25	25	25	77.5
100%~160%	35	57.5	57.5	92.5
160%~220%	55	80	80	94
220%~500%	90	95	95	97
500%以上	100	100	100	100

注：州组2、州组3均为业务风险较高、农业保险发展情况不佳的地区。

最后，《标准再保险协议》要求，直保公司对其自留业务应安排净额成数分保（Net Book Quota Share），用于进一步平滑各保险公司及全行业当年的农险经营结果。根据规定，直保公司须将其在各个州经营农险业务合计的净损失（利润）的65%，连同对应的业务保费和赔付分保至FCIC。其中，承保利润为以年为单位在年度结算时由直保公司支付给FCIC，承保损失则在出现损失的月份按月结付。此外，若某一年份全国农业保险业务出现整体盈利，即前述净额成数分保汇总值呈现为净利润，则FCIC会将总利润的一定比例返还给直保公司。返还总金额为各公司农险业务承保利润（损失）汇总值的1.5%。详见图3-3。

FCIC的再保险体系对于风险的平滑更为有效。一方面避免了直保公司在非常好的年景下从保费中赚取"暴利"，另一方面在极差的年景下，直保公司可以用比较低廉的价格得到再保险保障。

总之，风险分担与利润共享机制是美国农业再保险体系的核心思想，机制设计精巧而全面，具有如下特点：一是实现了风险从低层到高层的完整分散链条。风险分散顺序上，直保承担低层可控风险，FCIC通过再保险共担大部分风险并提供兜底赔付。遇到大灾事故时FCIC可启动应急借款机制，而财政部会通过借款和注资弥补FCIC长期的赤字，这就构成了从低层到高层的完整风险分散链条。二是

第三章 农业保险：农业暨粮食补贴的一种方式

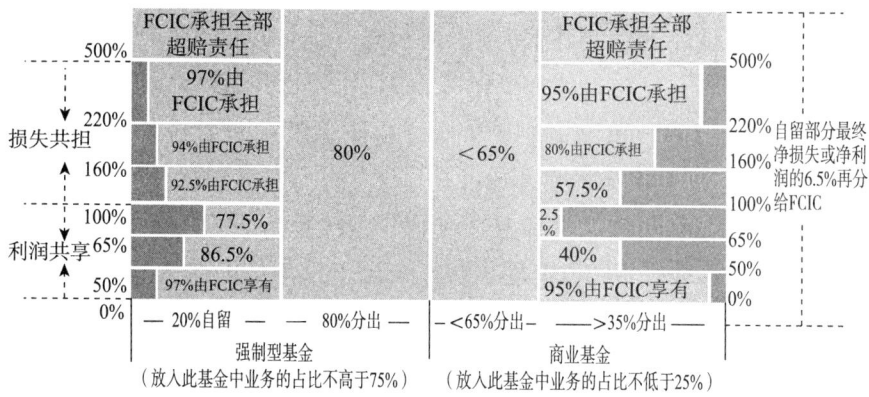

图 3-3 《2018 年标准再保险协议》的风险分散安排

注：图中纵轴为赔付率，蓝色部分代表 FCIC 分享利润和分担损失的比例，红色部分代表农业保险公司自留损失及自享利润的占比。对商业型基金，在伊利诺伊、印第安纳等 5 个州，农业保险公司自留损失和自享利润的比例较其他州更高一些，图中比例是按照州组 1 的规定绘制。

FCIC 建立了定期评估与调整机制。从规则来看，再保险协议将美国各州按风险高低划分为三组，设立放入不同风险业务的基金，并设置"成数＋超赔＋损益共担"的多结构再保形式，形成较完备的业务分保机制。从效果来看，再保端承担了主要风险，为直保人让渡了一定利润，在大灾年份更是起到了重要保护作用，同时，直保公司也承担了一定风险，倒逼直保公司关注经营结果、提升服务水平，有效降低了政策性业务商业化运作的道德风险和逆选择风险。三是再保险之上的大灾风险分散机制十分完备。FCIC 平时储备的应急基金是应对大灾风险的第一道屏障，之上还有向商品信贷公司的借贷机制以及财政部的应急借款与赤字补充机制。

（3）应急融资及大灾风险分散方式。在 FCIC 与直保公司的风险共担机制之上，FCIC 也拥有一套完整的应急融资及大灾风险分散方式。

首先是应急基金（Contingency Fund），根据《标准再保险协议》（SRA），若直保公司未及时提交材料或未达到审核标准造成再保险合约提前结束，FCIC 会要求其返还部分经营管理费用补贴和巨灾管理费用补贴,这些金额将计入应急基金中。此外,直保公司若因保费规模超过一定标准而向 FCIC 寻求超额保障,超额保障的保费也将计入应急基金。当直保公司处于偿付能力不足、运转不良或 FCIC 确定的其他类似情形时,FCIC 将接管公司业务。该应急基金则用于补偿 FCIC 在接管期间产生的费用。

其次是农业保险专项基金(或称专项预算),财政部设立农业保险专项基金,委托 FCIC 管理,资金来源于每年的财政预算,主要用于补偿大灾发生时超过再保险体系赔付能力部分的损失以及补贴 FCIC 的经营成本。具体流程为:年初由 FCIC 根据联邦农业保险计划向财政申请预算,年末如果基金扣除支付赔款及经营成本后仍有结余,则将结余返还财政部;如基金累积规模无法满足赔付时,启动紧急预案募集资金。

最后是紧急预案。依据《联邦农作物保险法》的规定,当 FCIC 的专项基金发生赔付能力不足时,启动紧急预案募集资金,由 FCIC 向商品信贷公司(Commodity Credit Corporation)申请贷款,或发行财政部允许的专门票据、债券等及时获得应急资金,缓解农业巨灾产生的赔付压力。例如,自 1980 年《联邦农作物保险法》颁布到 1990 年前后,FCIC 每年的赔付都大于保费收入,这段时间的累计赤字高达 26 亿美元,于是 FCIC 向商品信贷公司借款 23 亿美元以渡过难关。

(四)经验与启示

美国在农业保险—再保险领域多年来的探索和经验,对我国完善农业保险—再保险体系、建立"险补结合"的粮食补贴机制和农业保险大灾风险分散机制具有重要的借鉴意义。

1. 依法在国家层面加强顶层设计

完善的法律法规制度是农业保险—再保险体系有效运行的基础条件。美国政府通过立法保障,制定《农业法案》、《联邦农作物保险法案》、《标准再保险协议》等法规制度,将联邦农业保险计划确定为美国农业安全网的核心内容,将农业保险和再保险的政策目标、参与主体、操作方式、运作机制、职能边界等进行明确,以法律的形式明确和固定下来,使其上升为国家意志。特别是对政策性农业保险业务给予强制性或准强制性的再保险制度安排,有效规避了政策性业务道德风险和逆向选择的问题，避免商业再保险市场短期性、逐利性和波动性对农业保险长期性、政策性和稳定性造成的不利影响。这对我国进一步修订完善《农业保险条例》，探索建立"险补结合"的农业保险—再保险制度，明确"险补结合"农业保险体系的政策目标、职能定位、运行模式等，都具有很好的借鉴意义。

2. 政府在农业风险管理中发挥主导作用

美国政府高度重视并深度介入农业风险管理，在农业保险大灾风险分散机制中发挥主导作用。一是政府通过设立国家农业再保险公司FCIC直接参与农业再保险经营管理，通过政策导向和约束机制引导保险公司向FCIC分保，确保农业保险政策的惠农效果；二是政府通过FCIC为保险公司提供稳定持续的再保险保障和专业化的风险管理服务，并建立了数据高度完备且公开透明的农业保险信息中心，提升行业风险管理水平；三是政府为农户提供保费补贴，为保险公司提供运营管理费补贴，并通过再保险和大灾基金为农业大灾风险兜底，有效保障了农业保险体系的持续稳定运行。这对探索建立我国"险补结合"的农业保险—再保险体系，发挥政府在我国农业保险大灾风险分散机制中的主导作用，逐步实现财政对我国农业大灾风险的兜底具有较强的借鉴性。

3. 建立了平衡商业利益与政策目标的运行机制

美国通过《标准再保险协议》建立了利益共享和风险分担机制，体现责任与能力、风险与收益相匹配的原则，有效平衡了政策性业务市场化运行过程中的三个主要关系。首先，平衡了政府与市场的关系。政府鼓励保险公司提供农业保险服务，并提供风险兜底和必要调控，保险公司自留一部分风险，确保其以合理谨慎的方式销售保单和提供服务，有效调动了商业保险公司的积极性。其次，平衡了直保与再保的关系。再保端拥有直保和再保的定价权，直保端拥有保单的销售以及分配保单进入再保基金的自主权，通过再保机制调节，直保端的盈利和亏损都被控制在一定区间内，确保整个行业保本微利和稳健发展。再次，平衡了效率与公平的关系。再保条件相对固定，稳定了市场预期，降低了谈判成本，提升了运行效率，同时考虑不同州、不同险种、不同公司之间的风险差异，通过分摊比例、净额分保、返回利润等方式调剂经营结果,做到了兼顾公平。

4. 建立分层结构的风险分散机制

对于超出市场主体和再保险体系承受能力的农业大灾风险,需要政府来承担农业保险经营风险的最终责任,提供财政支持下的后端风险分散渠道。美国建立了直接保险、再保险、大灾基金(包括应急基金和专项预算)以及紧急预案四层结构的农业风险分散机制,有效保障了农业生产体系的持续稳定运行。直接保险主要承担常规风险,销售农险产品,为农户提供承保、理赔、防灾减损等服务;再保险主要承担中高层风险,提供稳定的再保险支持和风险管理服务,并与大灾基金实现有效对接;大灾基金主要提供再保险体系之上的高层风险保障;紧急预案主要是对极端情况所做的应急准备。不同风险保障层级各司其职、相互衔接、相互补充,实现了风险从低到高的逐级分散。

5. 通过动态调整使制度逐步完善

美国农业保险—再保险体系和农业保险大灾风险分散机制建设历时数十年,经过数次运行模式调整和机构转型,美国《标准再保险协议》也是每五年就要进行一次修订,以使其发挥出最大化的政策效率和最优化的市场效果。实践表明,一方面,农业保险—再保险体系和农业保险大灾分散机制建设并不是一蹴而就的,需要结合实际情况和形势变化,因地制宜、因时制宜,不断整合国家支农惠农政策资源,使制度逐步完善起来;另一方面,要结合政策调整和制度完善来加强市场调控,比如,美国政府通过动态调整基金分摊比例和净额合约成数,来规避分保逆向选择、平衡地区间承保结果、支持创新业务发展等,从而提升了财政资金的惠农效率。

二、欧盟趋势及经验借鉴

欧盟作为共同经济体,迄今为止共有 28 个成员国,是世界上经济发展水平较高的地区,但是由于粮食生产成本较高,其对粮食和其他农产品的保护程度和支持价格都远超美国。欧盟粮食政策目标主要围绕粮食增产和稳定粮价,由于各成员国地理环境、气候条件不尽相同,粮食政策微有差异,但总体上趋于一致,建立了以共同农业政策(Common Agricultural Policy,简称 CAP)为基石的粮食补贴政策体系。

(一) 欧盟粮食补贴政策的历史演变——从价格支持的间接补贴向收入补贴为主的粮食直补

欧盟自 1962 年确立共同农业发展政策以来，根据欧盟农业发展需要和国际贸易规则，其粮食补贴政策也进行了适时的调整，呈现出阶段性特征，按历史发展阶段与粮食补贴政策的差异性我们将其划分为三个阶段[①]。

1. 1962—1992 年，以粮食价格支持政策为主的间接补贴阶段

从 1962 年欧盟共同农业政策形成到 20 世纪 90 年代初期，粮食价格支持政策在欧共体占主导地位。为了刺激欧共体内的农业生产，稳定农产品价格和抵御外来农产品竞争，在此阶段欧盟粮食补贴政策集中表现为两个方面：一是欧盟内部成员国实行统一的粮食价格支持政策；二是对外实行统一的农产品进口关税壁垒、对欧盟农产品出口进行补贴。

具体而言，在此阶段欧盟的粮食价格支持体系涉及三种不同的控制价格，即目标价格、干预价格和门槛价格。其中，欧盟对内建立统一的农产品价格支持体系，通过目标价格（Target Price）和干预价格（Intervention Price）等措施对共同体市场价格实行统一管理，维护市场平衡，保护生产者利益。目标价格也称指导价格，是依据一种农产品在欧共体内供不应求地区的市场价格而定，其中包括了贮藏费和运输费。它是 CAP 规定的市场农产品的最高价格。干预价格也称收购价格，是由欧盟根据各国粮食生产、库存、需求状况，以及国际粮食生产形势和价格走势，为保护农民收入不受过多影响而制定的，相当于我国的粮食最低收购价格。一般而言，干预价格比目标价格低 10%～15%，是农产品市场价格变动的下限。当农产品市场价格高于目标价格这一上限时，各国的干预中心（干预委员会派出机构）就有义务抛售农产品以平抑农产品价格。当农产品市场价格低于目标价格的 10%～15%（即低于干预价格）时，各国的干预中心就有义务以干

---

① 黄玉屏，黄毅. 国际粮食补贴政策与措施比较 [J]. 湖南工程学院学报（社会科学版），2018（3）.

预价格收购,稳定市场价格,干预价格是欧共体农产品的最低限价,以切实保障农民得到稳定的农产品种植收益。

对外方面,欧盟则通过征收进口可变关税,用门槛价格(Threshold Price)将国外廉价农产品拒之门外,以最大限度地消除来自欧共体外部的农业竞争对区内农业的消极影响。门槛价格主要是针对谷物、食糖、奶制品以及橄榄油等而设立,是第三国上述几类农产品进入欧共体港口的最低价格,门槛价格必须高于干预价格,如果第三国农产品的到岸价(CIF)低于门槛价格,就征收这两种价格之间的进口差价税,然后再加上储藏费和运费。

由此看出,欧盟在此阶段的最终粮食价格补贴根据目标价格、干预价格、门槛价格的相互关系所决定。该政策有效促进了农民种粮的积极性,对粮食增产、农民增收起到了一定效果,对于欧盟成为世界上第二大农产品出口地区做出了重要贡献。

2. 1992—2002 年,以收入补贴为主的粮食直接补贴阶段

从 1992—2002 年,在价格支持政策发挥作用的同时,欧盟建立了对生产者直接补贴的制度。20 世纪 90 年代之后,欧共体改名为欧盟,随着其成员国不断增多,粮食巨额价格补贴使欧盟财政预算不堪重负。加之欧盟的共同农业政策受到扭曲世界市场价格的批判,与贸易伙伴的冲突不断,欧盟于 1992 年对共同农业政策进行了较大调整和改革。

1999 年 5 月欧盟《2000 年议程》的出台,标志着欧盟粮食补贴政策由过去以价格支持为基础的机制过渡到以价格和直接补贴为主的机制,降低价格支持水平,控制粮食生产规模和财政预算开支的过度增长,进行国土整治和环境保护,促进农村发展。其具体措施包括:一是降低粮食等农产品的支持价格水平和控制农产品生产规模[①]。其中,谷物类支持价格降低 29%,冻结 15% 的谷物耕种面积;二是生产者的收入支持。对冻结了 15% 耕种面积的农业生产者,以不同地区的平均单位面积产量为基础,根据种植面积给予休耕补贴,补贴标

---

① 韩喜平、李罡. 从价格支持到农村发展——欧盟共同农业政策的演变与启示[J]. 理论探讨,2007(2).

准为54欧元/吨；三是调整农业结构，强调可持续发展，建立基金支持环境保护，对55岁以上农业生产者实行提前退休制度，安置青年就业，扶持山区和条件差的地区发展农业等。

欧盟在此阶段对粮食补贴体系的改革运用多种措施稳定粮食价格、部分取代价格支持措施，极大地降低了通过价格支持对农民的间接补贴水平，增加了对粮食生产者收入补贴的力度。值得关注的是，在此阶段欧盟实施的粮食收入补贴制度是与单产挂钩的，即农民根据所在地区的平均单位面积产量为基准享受收入补贴。

3. 2003年之后进入完善粮食收入补贴的脱钩补贴阶段

由于欧盟地区在经济发展程度上属于发达水平，其粮食补贴的水平明显高于其他发展中国家，同时，欧盟内部财政预算分担不均衡，这就要求其对农业补贴进行深度改革。2003年6月欧盟通过共同农业政策的改革新法案，其中包括对粮食补贴方式和方法的改革。

该时期的改革有两个明显的特征：一是将之前的与单产挂钩的收入补贴方式，代之以"单一的农场补贴支付机制"（SFP），即实行与产量、种植面积无关的脱钩补贴；二是从"蓝箱"支持转变为"绿箱"支持，一改之前的支持粮食生产变为支持农民、农村发展，增加农村发展基金，用于支持农村发展项目，同时制定交叉遵守和环境保护计划，增加对利于环境、食品安全和动物福利的农业项目补贴金额。通过此次改革，欧盟区的粮食生产更加可持续发展，同时更加符合WTO的规则，为其他国家完善粮食补贴制度提供了很好的借鉴。

（二）欧盟粮食补贴的经验借鉴

综观欧盟粮食补贴政策的发展变迁可以看出，欧洲各国在各个阶段针对不同经济形势而制定的粮食支持政策是比较成功的。共同农业政策在稳定欧盟粮食生产和价格、保障粮食安全、促进农民增收方面发挥了积极的作用，极大地促进了欧洲农业的发展和欧洲经济的复兴，从中可以总结出我国完善粮食支持体系和农产品贸易政策可以借鉴的成功经验。

1. 构建包含粮食价格补贴、收入补贴、农村发展的综合支持体系

欧盟对粮食的调控在很长时期内，主要是通过休耕计划和粮食价格支持两大手段实现的，意在控制粮食产量防止粮食过剩、保障农民收入和提高农产品竞争力。但是,由于粮食价格支持政策的效率低,财政负担重,并且与WTO的"黄箱"规则相违背。所以,自2000年开始,欧盟实行对农民的直接收入补贴政策,但是,针对农民的直接收入补贴只是粮食补贴的一种方式,它不能替代其他补贴独立存在,欧盟自始至终没有放弃价格补贴①,依然保留对粮食市场价格的干预政策。目前,欧盟已经建立了包含粮食价格支持、收入补贴、农村发展等方面的综合补贴体系,支持手段也从过去的以价格支持为核心转向价格支持、直接补贴(包括与产量挂钩和脱钩的直接补贴)、"交叉达标"农村发展等多手段相互协同的综合支持体系。我国应借鉴欧盟经验,加快构建适合我国国情的粮食综合支持保护政策体系。

2. 充分利用WTO规则,使粮食补贴"绿箱"化,合理有效增强对粮食的保护和支持

1992年以前,欧盟主要采取粮食价格支持政策,但价格干预扭曲市场价格,属WTO《农业协议》规定应予削减的"黄箱"政策。欧盟从1992年开始逐步削减价格支持政策力度,转向与产量挂钩的直接补贴,属于与限产计划相关的可免于减让的"蓝箱"政策。2003年之后,欧盟加大对农业技术开发、农村环境保护、食品安全以及农民职业培训的补贴力度,充分利用"绿箱"支持政策。欧盟共同农业政策的成功之处就在于它针对不同阶段农业发展目标制定不同政策措施,而且能够充分合理地利用WTO规则,有效支持和保护本国农业。因此,我国应该借鉴欧盟共同农业政策的经验,建立一套适应WTO组织规则和我国国情的农业支持和保护体系,尽快调整当前以"黄箱补贴"为主、以"绿箱补贴"为辅的粮食补贴方式,促进我国农业,尤其是粮食产业的持续健康发展。

三、巴西趋势及经验借鉴

巴西位于南美洲东南部,国土面积851万平方千米,居世界第五位,2018年国内生产总值1.82万亿美元,居南美洲首位,世界第七

---

① 李成贵.粮食直接补贴不能代替价格支持——欧盟、美国的经验及中国的选择[J].中国农村经济,2004(8).

位。自20世纪80年代开始,巴西放弃了"进口替代"战略和"以农养工"政策,逐步确立了"优先发展农业和粮食"的经济发展战略。此后,巴西不断加大对农业的支持力度,重视金融体系对农业发展的促进作用,逐步建起了一套农业支持政策体系,并在其中嵌入多种金融衍生品等市场化工具,有效促进了巴西农业生产的稳步增长、农民收入的提高和贫困的下降,维护了社会公平与稳定。

(一)巴西农业支持政策体系概况

20世纪90年代后期,巴西结束了农业的"负保护"状态,同时不断完善政策体系,农业支持水平呈现快速增长。目前,巴西的农业支持政策主要包括农业信贷、最低价格支持政策、农业保险及其他相关政策(图3-4)。

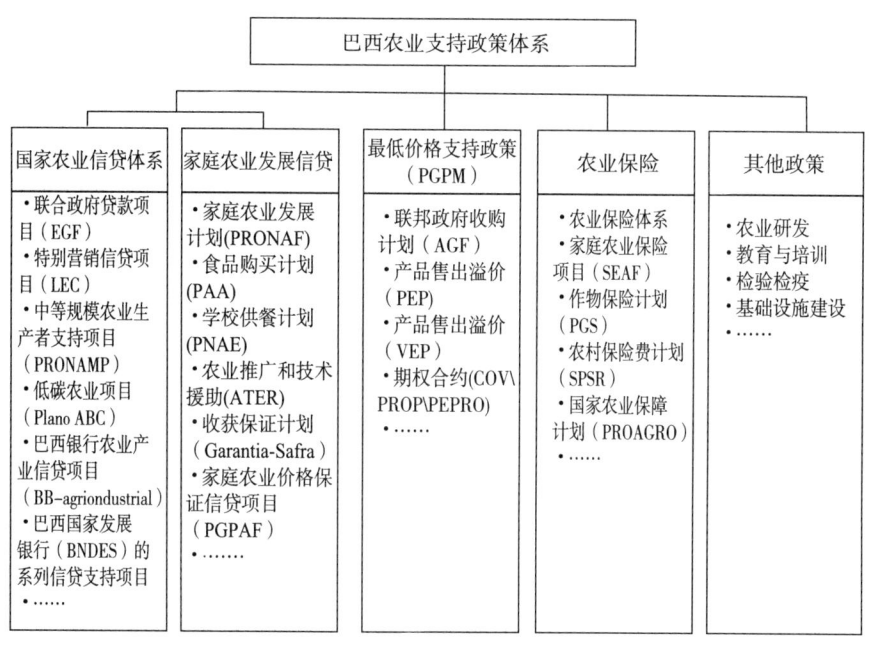

图3-4 巴西农业支持政策体系

资料来源:世界贸易组织(WTO)、经济合作与发展组织(OECD)。

1. 农业信贷

农业信贷是巴西最主要的农业支持措施,主要包括两个层次。第一层是"国家农业信贷体系"(SNCR),这是1965年第4829号法令确立的制度框架，由中央银行负责管理。

2. 最低价格支持政策

最低价格支持政策（PGPM）是巴西于 1966 年开始实施的主要农业政策，由国家食品供应公司（CONAB）①负责实施。CONAB 在每年农民播种前，根据国内需求、库存情况以及国际市场形势提出"最低保护价"方案，报农业部（MAPA）和国家货币委员会（CMN）审议，经总统批准后，在播种前两个月以政令形式颁布实施。CONAB 将在收获后以多种方式从农民手中购买农产品，如 AGF 项目是按照最低保护价从农户和合作社手中收购农产品，再如 COV、PEPRO、PROP 等项目是通过期权合约方式收购农产品。

3. 农业保险

巴西农业保险始于 1939 年国家再保险公司（IRB）的建立。目前，巴西政府建立了较为完善的农业保险体系和国家农业保障计划（PROAGRO），其中农业保险体系是直接建立在财政支持基础之上，给予保费 50% 的补贴，主要由 IRB 和圣保罗州立国有农业保险公司 COSESP 经营；PROAGRO 由农业部、财政部、中央银行、巴西银行等组成的管理委员会监督实施，为参加计划的农民提供贷款，为给农民贷款的银行提供相同保障金额的保险，参加该计划的农户需缴纳保险金。截至 2018 年，巴西农业保险体系覆盖范围包括农业、畜牧、水产、森林等领域。

（二）金融工具在巴西农业支持政策中的应用

金融衍生品是市场化的风险管理工具，既可以减轻国家财政负担，又符合 WTO 规则。1995 年以后，巴西先后推出了三种期权类最低价格支持政策，包括公共期权合约、私人部门期权风险溢价和农产品私人销售期权溢价。其实，期权类产品相当于保险。巴西期权类最低价格支持政策包含三种期权工具，具体如下：

---

① 20 世纪 70 年代，巴西政府成立了巴西食品供应公司、巴西仓储公司、巴西农业生产金融公司三大国营企业对粮食等大宗农产品实行垄断经营。20 世纪 80 年代初，巴西政府因粮食增产和财政困难而逐步退出粮食流通市场，并将三大公司合并为巴西国家食品供应公司（CONAB），其主要职能包括：一是参与制定实施粮食最低价格政策，并负责国家的粮食储备；二是实行帮助贫民的"食物篮子"等特殊计划。

第三章 农业保险：农业暨粮食补贴的一种方式

1. 公共期权合约（COV）

COV 于 1996 年推出，是政府通过公开拍卖为生产者和合作社提供的在未来某一时间以"执行价格"向政府出售产品的权利。其中，执行价格由"最低收购价"加仓储和金融成本确定。CONAB 公布将要提供的期权合同，包括农产品种类和合约数量，并通过交易所对外竞价出售。当期权购买者决定行权时，CONAB 将在合约到期前通过两种方式执行合约，一种方式是由政府把市场价格与期权价格之间的差额直接补给农民，但产品仍由农民自己销售；另一种方式是由第三方，如学校、慈善组织等会承担 CONAB 的职能以期权执行价格购买相应的农产品。自实施以来，COV 的签约率和执行率都有提高，目前已经覆盖玉米、小麦、水稻、高粱、棉花和咖啡等作物。

2. 私人部门期权风险溢价（PROP）

2004—2005 年度，巴西又推出了一种期权类政策工具——私人期权风险溢价（PROP）。PROP 的运作流程与 COV 相似，但合约规定的农产品购买者是私人部门，政府的角色是组织贸易流通和为私人部门提供风险溢价。PROP 通过拍卖方式为私人部门购买农产品提供最高售价和执行价格之间的差价，愿意接受最小差价者中标。其中，出售农产品的最高售价由政府制定。从实施情况看，PROP 能覆盖大部分农产品，但巴西政府对该工具启动较少。

3. 农产品私人销售期权溢价（PEPRO）

在 PROP 推出后一年，巴西政府又推出了"农产品私人销售期权溢价"（PEPRO）。该工具是通过拍卖方式为生产者和合作社出售农产品提供执行价格和市场价格之间的差价，并在行权时直接付给生产者或合作社。

巴西在农业政策中不仅善于运用金融工具，还非常注重让多种金融工具相互协调配合来发挥合力。例如 EGF-COV，就是信贷与期权的结合，即巴西联合政府信贷项目（EGF）为农业生产者提供短期优惠信贷，并将其农产品或畜产品作为抵押；根据合同规定，借款人可以选择以约定价格放弃抵押品来还贷，即 EGF 附带以农产品销售为目的的公共期权合约（COV）。

(三) 巴西农业政策实施效果分析

巴西政府实施的一系列农业支持政策取得了良好效果，不仅促进了粮食产量、出口量和农民收入的提高，也维护了社会稳定。

1. 粮食产量和出口量不断增加

据FAO数据，近年来，巴西农业生产能力明显增强，种植面积从1990年的3 040万公顷增加到2018年的3 753万公顷，年均增幅近1%；粮食产量[①]从0.54亿吨增长到1.85亿吨，年均增幅5.5%，尤其是2000年以后年均增速提高至6.7%，不仅能满足本国粮食需求，还能大量出口创汇，农产品出口额从1990年的87.6亿美元增长到2018年的1 016.9亿美元，增长了11.6倍。

2. 有效提高收入、减少贫困、促进社会公平

自20世纪80年代末以来，巴西一系列农业支持政策的实施使得社会公平指标明显改善。1990—2017年，巴西国家贫困线以下人口占总人口的比重从41.9%下降到8.9%，最低20%人口收入占总收入的份额从2.2%上升至3.4%。

另外，从巴西农业支持政策实施结果看，最低价格支持政策、食品采购计划等措施直接从家庭农业生产主体购买食物，CONAB发布的最低价格也积极影响所有自治城市市场上的食物价格，进而对改善收入、稳定家庭农业生产组织以及从数量和质量上提高受助家庭的食物和营养状况方面起到了积极作用。其中，期权类政策工具的实施在保证农民收益和公共储备的同时，又在一定程度上减少了相应的财政支出负担。

(四) 对我国完善农业支持政策的启示与借鉴

近年来，我国粮食领域呈现高产量、高库存、高价格、高进口的"四高"叠加特征，严重依赖财政的粮食支持政策面临巨大挑战。巴西在农业政策中灵活运用市场化工具的做法为我国完善农业支持政策体系、理顺农业产业链条提供重要思路和政策借鉴。

1. 继续加大农业支持力度并完善操作方法

根据入世承诺和WTO规则，我国不能使用巴西所用的"发展

---

① 粮食产量为FAO口径统计数据"谷物"和"粗粮"的合计值。

箱"政策支持农业发展,而仅能使用"绿箱"政策。今后我国应进一步加大"绿箱"政策的实施力度,调整"黄箱"政策补贴结构和补贴方式。首先,不断增加"绿箱"政策支持投入并以法定形式确定下来,进一步加大对粮食生产环节的直接支付、资源储备、区域发展、结构调整补贴等新领域的支持力度,并适当调低粮食流通的价格支持补贴支出,同时确保全部投入真正用于农业部门。其次,我国今后应完善现行农业补贴政策的操作方式和实施细则,理顺农业、财政、统计、国土、司法等相关部门之间的关系,增强农业补贴的精准性和指向性,提高政策执行效率。

2. 加大市场化农业政策工具创新力度并有效推广

根据巴西经验,金融工具不仅可以丰富农业支持政策,还可以让市场在农业资源配置中发挥更大作用。因此,我国应加快推出农产品期货期权、农产品指数等交易工具,推动农产品场外期权健康发展,研发农产品价格保险、指数保险等产品,与当前的农业支持政策相互衔接,比如研究探索利用农产品期权、"险补结合"型农业保险开展农业补贴的可行性,这些既属于WTO"绿箱"政策,又可全面保障农业发展。同时,加强与相关监管部门的沟通协调,消除新型政策工具发展的障碍,比如风险管理子公司开展场外期权的税收问题、统一结算问题、新产品开发所需信息的共享机制等。

3. 探索信贷、保险、金融衍生品等工具协调发展

借鉴巴西经验,我国应积极探索信贷服务、保险服务与金融衍生品抵押和套期保值业务相结合的有效途径,构筑保障农民基本收益的金融安全网机制;继续推动"订单+场外期权/保险+期货市场+信贷"等订单农业模式创新。

四、日本趋势及经验借鉴

日本是世界上经济最为发达的国家之一,由于其国土面积较小,粮食自给率较低,政府对于粮食补贴的力度大于其他发达经济体,长期以来在粮食生产、流通、消费等领域实施干预政策,以保障粮食安全和稳定粮食价格。

纵观日本的粮食补贴政策发展历程,日本在不同时期根据粮食发展需要和国际贸易规则，适时调整粮食补贴目标和实施方式。总体而言，以1995年日本加入WTO为分水岭，日本在此前后分别实施了以价格支持为主的补贴体系和以收入补贴为主的粮食支持体系。

（一）1995年前，日本建立了完善的粮食价格支持体系和多项投入支持制度

第二次世界大战之后，日本的农业现代化进入到迅猛发展的阶段，粮食生产政策性补贴随之进入高潮。日本以《农业基本法》为纲建立了完善的价格支持体系和多项投入支持制度，在提升粮食自给率、稳定粮食价格方面发挥了重要作用。

1961年日本制定的《农业基本法》中涉及多种粮食补贴政策，建立了完善的粮食价格支持和生产性补贴制度。一是价格支持包括成本与收益补偿制度、最低收购价格制度、价格差额支付制度等。具体而言，政府确定粮食收购价格时，采用生产成本公式，使普通生产者的收益相当于城市的工资标准[1]。大米由政府统一收购、统一出售，并且收购价格高于销售价格，其差额由政府财政补贴。二是按补贴方式进行归类，可分为生产性直接补贴政策与生产性间接补贴政策。其中，生产性直接补贴政策主要包括支持水利与生产基本设施建设的基础设施补贴政策、耕地建设补贴、机械设备补贴政策。生产性间接补贴政策则是在"制度性贷款"范畴内，政府采取利息补贴及利息支付的方式对农户生产性贷款给予利息补贴。一般而言，制度性贷款是政府能对金融市场进行干预的长期低息贷款，利率水平低于正常市场利率的33%~66%[2]。贷款补贴范围包括农田水利建设、垦荒、粮食品种改良、生产基础设施、购置机械和其他生产资料等方面。

1978年日本国会对《农业基本法》进行了修改，进一步完善了粮食价格支持计划，主要措施有：价格支持政策（最低价格支持、价格稳定、差额补贴等）、农业贷款利息补贴、农业现代化设施补助、农田基础设施补助等。

---

[1] 厉为民. 美国、欧共体和日本对粮食生产的补贴与扶持政策 [J]. 世界农业, 1993(8).

[2] 尹义坤, 刘国斌. 日本粮食生产补贴政策演进对我国的借鉴 [J]. 现代日本经济, 2010（3）.

这一时期，日本粮食政策措施在提高农民种粮积极性、稳定粮食市场价格、增加农民收入方面确实起到较大作用，为日本近30年的高速发展奠定了坚实的基础。但即使如此，由于人口增加过快、可耕作土地面积狭小，粮食自给率较低等问题，加之粮食价格补贴和投入支持水平较高，日本的农业支持政策体系导致了财政不堪重负。

（二）1995 年入世之后，日本的粮食支持体系以农户收入补贴为主

1995 年日本加入 WTO，其粮食生产补贴政策因受到 WTO 规则的约束而发生了变化，补贴政策归入"黄箱"和"绿箱"政策体系之内，补贴性质由价格支持补贴转变为农户收入补贴和支持农户增收的生产保障性补贴。尤其是 1999 年日本国会通过了《食物、农业、农村基本法》（亦称日本《新农业法》），该法案试图以种粮农户收入补贴为手段，以诱导技术应用为核心，引导农业走上质量型的发展路径[①]。《新农业法》确定四项宗旨：一是确保稳定的粮食供应；二是发挥农业的多功能作用；三是保持农业可持续发展；四是促进农村各地区的平衡协调。2007 年 4 月 1 日，日本实施了"新的农业经营稳定政策"，将补贴对象由全体农户转向了具备一定经营条件的骨干农户，不分品种地对目标农户整体经营进行收入补贴。补贴对象的转变意味着日本把保障粮食安全的重任放在了骨干农户身上，通过补贴政策刺激骨干农户的生产积极性。

通过"新基本法"的实施，近年来日本的粮食自给率逐步提升，农民收入增加，农业经营效率和农业竞争力稳步提高，生态环境与社会效益有效改善。

（三）日本粮食补贴体系的经验借鉴

日本作为一个人多地少的国家，在短短几十年内不断提升粮食自给率，且能保持粮食价格稳定，主要得益于日本完善的粮食补贴制度，其成功经验值得借鉴。

1. 粮食补贴政策法制化，保障政策稳定性和持续性

日本粮食补贴政策的一个突出特征是：政策法制化使政策具有连

---

① 侯明利. 日本粮食补贴政策经验及其启示［J］. 商业研究，2013（2）.

续性和持久性。事实上，早在1942年，日本就制定了《粮食管理法》①，1995年出台了《新粮食法》，后又通过《粮食法修改案》，还有专门的《农业基本法》《食物、农业、农村基本法》，特别注重用法律手段对粮食安全进行制度安排。日本将粮食安全作为一个系统看待，除主要法律外，还制定了与之相关的配套法律。日本粮食生产补贴政策经历持久的发展过程，而这种持久演化过程是在政策法制化为前提取得的，保障了粮食补贴政策的持续性和稳定性。

2. 适时调整粮食补贴对象，提升粮食补贴效率和规模化经营

2007年，日本实施新的农业经营稳定政策，调整过去对全体农户统一支持的做法，重点支持骨干农户，其中的"跨品种经营稳定政策"是针对特定骨干农户、不分品种地对农户整体经营进行收入补贴。日本适时调整补贴对象，意在把保障粮食安全的重任放在骨干农户身上，通过补贴政策刺激骨干农户的生产积极性，推进农业规模化经营。

五、国际粮食补贴趋势与经验总结

1986年以前，世界农产品贸易一直游离于多边贸易体制之外，发达国家农业保护盛行，农业贸易冲突不断。为了维护农业贸易秩序，1986年关税与贸易总协定（GATT，WTO前身）②乌拉圭回合谈判将农业贸易问题纳入中心议题。由于欧美等主要成员分歧过大，谈判历时8年，各方最终于1993年12月15日签署了WTO乌拉圭回合《农业协定》（简称"WTO《农业协定》"），并于1995年1月1日起生效。WTO《农业协定》主要涉及市场准入（Market Entry）、国内支持（Domestic Support）和出口补贴（Export Subsidy）三大领域的规则。其中，"国内支持"是指所有有利于农业生产者的国内农业支持政策，根据对生产和贸易扭曲程度的不同，可以分为"黄箱""绿箱""蓝箱"政策，详见本章第一节有关内容。

目前，在农业支持水平量化测算方面，除了WTO，经济合作与

---

① 王玉帅，田恬. WTO下美韩日"绿箱"措施对发展我国现代农业的启示［J］. 东北师大学报（哲学社会科学版），2013（5）．

② 关税与贸易总协定（GATT）生效于1948年1月1日。1990年12月在关贸总协定乌拉圭回合的布鲁塞尔部长级会议上，各国正式决定建立世界贸易组织（WTO）。

发展组织（OECD）的研究也很具影响力。两者相比，测算内容上有较大交叉，但OECD测定的农业政策支持水平要比WTO更为全面。这里将基于OECD的农业支持分析框架，结合WTO的"绿箱""黄箱""蓝箱"的补贴措施分类，并综合欧美农业法案最新修订结果[①]，阐述世界农业补贴政策的发展趋势。现在OECD对农业支持的措施分为三个主要类别，分别是生产者支持等值（PSE）、消费者支持等值（CSE）和对农业部门的一般服务等值（GSSE），农业支持总量（TSE）为上述三者之和。由于PSE和GSSE和农业生产者直接相关，本节将此作为分析重点。OECD的PSE范围较为广泛，涵盖了WTO的黄、绿、蓝三种政策箱，而GSSE则属于WTO的"绿箱"支出。当前，世界农业补贴的"绿箱化"特征显著，不挂钩补贴、收入支持成为演进趋势，农业科技产学研一体化结合得越来越紧密，农业保险也日益成为政府关注的重点。

由于WTO成员对国内农业支持和保护能力悬殊，自1998年以来，WTO 160个成员中仅有63个国家向WTO通报了国内农业支持政策情况，其中33个成员使用了"黄箱"、"绿箱"和"蓝箱"政策，另外30个成员仅使用了"绿箱"和发展箱政策[②]。通过运用经济合作与发展组织（OECD）数据[③]对上述国家国内农业支持政策总体情况进行分析，并根据WTO数据重点介绍美国、欧盟、日本和巴西4个主要国家和地区的情况。

（一）农业支持总量稳步增长

据OECD统计，1998—2011年，世界农业支持总水平从3 338亿美元增长到4 067亿美元，14年间年均增长1.42%（图3-5）。鉴于全球经济增长速度高于农业支持水平的增长，国内农业支持总量占国内

---

① 美国《2014年农业法案》于2014年2月4日通过，形成了2014—2018年美国农业政策的基本框架。现行的欧盟共同农业政策（CAP）于2013年年底到期，2013年10月初欧盟已就《2014—2020年共同农业政策》以及2014年的过渡措施达成政治协议。

② 成员个数截至2014年6月26日。

③ 鉴于OECD比WTO测算的农业支持水平更为全面，这里使用OECD数据对总量进行分析。OECD对农业支持的措施分为三个主要类别，分别是生产者支持等值（PSE）、消费者支持等值（CSE）和对农业部门的一般服务等值（GSSE），农业支持总量（TSE）为上述三者之和。

生产总值的比值（TSE/GDP）在过去14年间呈下降趋势，但基本维持在1%左右的水平。从4个重点国家和地区的数据看，1998—2011年美国和巴西的国内支持总量呈较快增长，年均增幅分别为5.6%和4.9%；欧盟年均下降0.8%；日本因国内财政赤字年均下降2.2%。

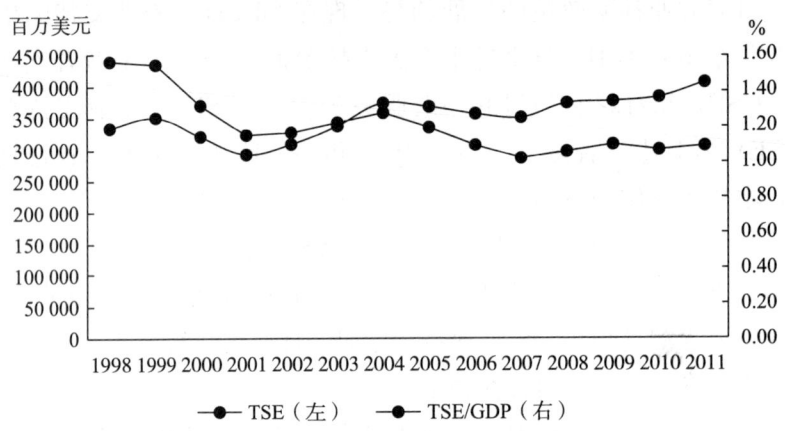

图3-5 国内农业支持总量及占比变化情况

数据来源：OECD Agriculture statistics (database)。

（二）免于削减的政策箱支持增幅较大

为了适应WTO规则，多国增加使用"绿箱"、"蓝箱"等免于削减承诺的支持政策。据OECD统计，自1998年以来，世界各国为农业提供一般服务的转移支付和与生产不挂钩的补贴从696亿美元增加到2011年的1 755亿美元，年均增长6.8%。从具体政策箱看，1998—2011年，美国、欧盟和巴西重点使用"绿箱"政策，14年间其增幅分别为6.8%、9.5%和8.3%；日本增加了其"蓝箱"政策的使用规模，年均增长8.3%；巴西也开始大量使用发展箱政策，年均增长14.5%；4个国家和地区免于削减承诺的支持量占国内支持总量的比重，除日本为80%外，其余全在92%以上。

欧美农业法案最新修订结果显示，美国2014年农业法案取消或降低了目标价格和目标收入补贴、贸易支持、农场保护等政策，这些政策与生产挂钩，属于需要减让的"黄箱"政策。同时，2014年法案将财政资金支持的重点转向收入和作物保险、农业科研、技术推广、农村发展等"绿箱"政策。自20世纪90年代后期以来，欧盟共同农业政策（CAP）逐步通过"绿色"的不挂钩直接支付政策替代原有的价格支持对农民实施补贴。在 2014 年的欧盟共同农业政策中，这种直接支付政策仍是主要发展方向，支持水平已经达到农业支持总量的 30%。

（三）"黄箱"政策支持趋于下降，主要集中在本国敏感重点农产品上

对于需要削减的"黄箱"政策开支，主要国家都没有违反其承诺，"黄箱"政策支持水平趋于下降，并控制在其承诺水平以下。1998—2011 年，美国、欧盟、日本和巴西的"黄箱"政策支持年均降幅分别为 5.6%、13.1%、2.2% 和 30.5%（图 3-6）。但我们注意到，多个成员"黄箱"政策使用的集中程度很高，基本都集中在几种本国敏感重点农产品上（表 3-4）。如欧盟在 40 个特定产品（Product-Specific）① 中重点支持了 5 种产品，分别是黄油、普通小麦、脱脂奶粉、牛奶和葡萄酒，2011 年这 5 种产品的支持量占"黄箱"政策支持量的 91.6%。

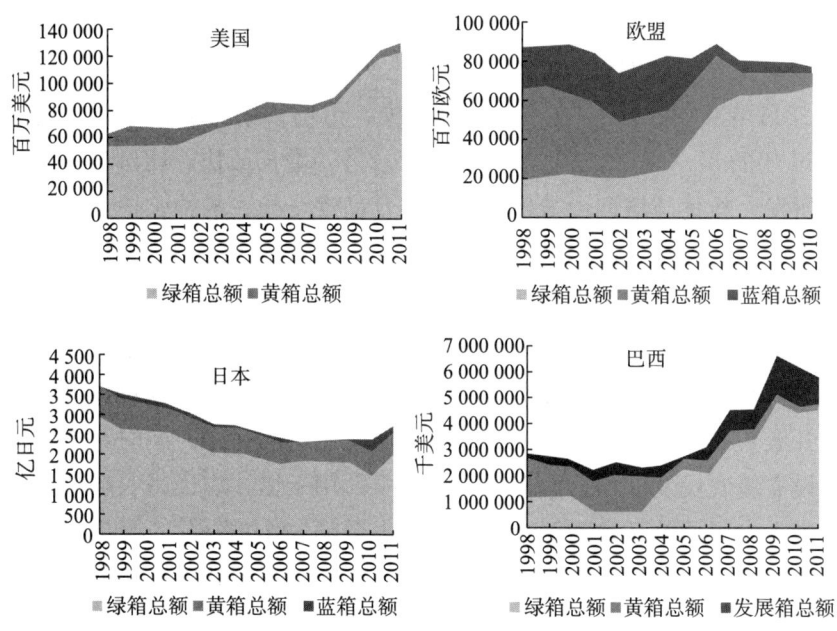

图 3-6　欧美日巴四国和地区政策箱执行情况
数据来源：WTO-Document Online。

---

① 特定产品（Product-Specific）指受到"黄箱"政策支持的具体农产品。

表 3-4 欧美日巴四国和地区"黄箱"政策重点支持品种

国家和地区	特定产品数目	重点支持品种	"黄箱"政策主要措施
欧盟	40 种	黄油、普通小麦、脱脂奶粉、牛奶、葡萄酒	市场价格支持、补偿支付、生产援助等
美国	22 种	乳品、糖、牲畜、棉花、小麦	市场价格支持、平均作物收入选择支付、商品贷款利息补贴等
日本	20 种	猪肉、牛肉、小麦	市场价格支持、与产量和价格挂钩的支付等
巴西	7 种	小麦	市场价格支持等

资料来源:根据 WTO 文件整理。

(四) 一般服务支持日渐增强

OECD 的一般服务支持等值 (GSSE) 是为农业提供一般服务的转移支付,属于 WTO 的"绿箱"政策。自 1986 年以来,GSSE 快速增长,总量上从 337 亿美元增加到 2011 年的 1 115 亿美元,年均增长 5.0%;GSSE 在农业支持总量中的比例也快速上升,从 12.2% 增长到 2011 年的 27.4%。在 GSSE 结构中,市场营销与促销项目占比从 1986 年的 37.4% 增长到 2011 年的 65.2%,增长最快,比例最大;农业研发、教育与培训、与质量控制和食品安全相关的检验检疫服务发展稳定,三者合计占 GSSE 的 15% 左右;而基础设施和公共储备费,尤其是公共储备费则出现显著下降。

美国非常注重对农业的一般服务支持投入,其 2014 年法案加强了农村基础设施建设;支持农村食品加工业发展;增加预算以继续鼓励开展关键性、前沿性研究和非营利研究机构的设立。同时,美国还将设立新农民发展项目,提供 850 亿美元用于退休农民将农场转让给新进入农民的补贴;为新农民提供较大数额农作物保险,降低了新农民的保险费,允许保险管理机构在计算损失时考虑新农民以前的农业经验,对新农民提供更多技术指导;设立新农民发展项目,为新农民提供教育、培训、指导服务,从而保证农民代际的平稳过渡。欧盟也非常注重对农业的一般服务支持投入,尤其在 2014 年的 CAP 中,将直接支付与环境措施挂钩,要求成员国努力保持作物多样化、保持永久性草地和创建"生态重点地区"等。同时,为了吸引更多的年轻人

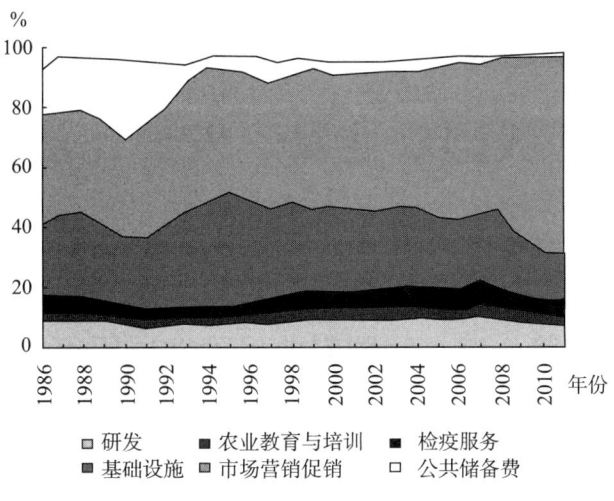

图 3-7　农业一般服务支持及结构

数据来源：OECD Agriculture statistics (database)。

从事农业，欧盟将 2% 的直接支付专门用于支持 41 岁以下青年农民从事农业，实行青年农民创业援助计划。

（五）农业保险作用越发突显

农业保险是一种帮助农民管理生产和市场风险的经济手段，大多数国家都会对保费给予政策性补贴以促进农业保险的发展。这种补贴是一种不挂钩的收入支持政策，属于 OECD 的生产者支持范畴和 WTO 鼓励的"绿箱"支出，越来越受到各国政府的重视。世界上大约一半的国家和地区开展了农业保险，农业保险业务在全球保险市场中的份额不断提高。目前，美国是全球最大的农业保险市场，其农业保险保费收入占世界的一半以上，美国 2014 年法案作物保险的预算支出增加了 57 亿美元，增加额居各项预算计划之首。未来 10 年，美国将保险作物覆盖范围从传统的粮食作物扩展到花生、棉花、有机作物等品种，并适度提高了农产品的赔偿标准。同时，美国 2014 年法案中设立对陆地棉生产者的叠加收入保险计划、针对其他作物的补充保险选择计划以及基于指数的天气保险计划等，并给予创业期农牧场主保险费 10% 的折扣。对于欧盟，从 2010 年开始，各成员国政府对农业保险保费补贴的比例上限由原来的 50% 提高到 65%，其中由成员国政府支付 1/4、欧盟委员会支付 3/4。

第四章

我国农业保险发展评述

第一节 我国农业保险发展历程

我国是世界上较早开展农业保险的国家之一，20世纪初期，农业保险的思想就从西方传入中国，中国农业保险的试办起始于1934年。如由南京金陵大学农学院在安徽和县乌江镇，以互助合作方式开办的乌江耕牛保险会，还有重庆北碚家畜保险社开展的农畜保险实验。因缺乏必要的政府支持，加之缺乏实际操作经验，其规模也不足以抵御保险自身的赔付风险，持续的时间不长而停办，但它却成为我国农业保险的先河，其经验和教训弥足珍贵。中国农业保险的发展壮大，以至成为中央政府的一项安农、强农、惠农政策是中华人民共和国成立以后的事情，其间经历了由兴到衰再到盛的过程，值得回顾和总结。梳理1949年至今农业保险的发展历程，大致可以分为以下几个阶段。

一、1949—1981年的农业保险起步阶段

（一）新体制下的农业保险兴起阶段

1949年10月20日，中国人民保险公司诞生，并相继在各地成立了分支机构。由于中国是一个农业大国，农业经济在国民经济中历来占有举足轻重的地位，中国人民保险公司建立伊始就开始尝试开办农业保险业务，并于1950年在北京郊区、山东商河和重庆北碚试办牲畜保险，在北京郊区、江苏南通、陕西咸阳地区试办棉花保险。

到1952年，中国各省、直辖市、自治区（除西藏外）都开展了牲畜保险业务，不少地区还开展了棉花等农作物保险和生猪保险。1952年人保总公司在"普遍办理牲畜保险的方针"和承保全国牲畜

总头数25%计划要求下,全面开展了牲畜保险。为了赶任务,突击完成承保指标,大部分地区分公司出现了强迫命令和业务混乱的现象。当时中国农民虽然人数众多,但土改完成以后农户的经济力量还很薄弱,因此,全面开展牲畜保险没有取得预期的效果。年底人保总公司召开了农村保险汇报会议,提出"大力整顿,在巩固的基础上稳步发展"的方针。1953年中共中央指示在农村实行机构精简,集中力量搞好农业生产,给农民以休养生息的机会。遵照中共中央指示,人保公司决定停办当时并非迫切需要的农业保险业务。但在东北地区众多群众的要求下,保留了90个县在整顿后继续重点办理牲畜保险。停办时,中国实际有效保险牲畜达1 480多万头。

中国农业保险在这段时期内取得了一定的成绩。在短短几年内,不仅在全国大部分地区开办了大牲畜保险,不少地区试办了棉花保险和养猪保险,个别地区还试办了小麦、水稻、油菜、甘蔗和葡萄等保险业务,使得上百万受灾农户得到了及时的经济补偿,企业生产及时得以恢复。

(二)农业保险滑坡与停滞阶段

从1954年起,为了配合农业合作化,中国人民保险公司决定恢复办理农业保险业务。1956年2月29日—3月17日召开的全国第五次保险工作会议,着重研究了农业保险工作,并对农业保险的制度框架和具体工作方式进行了修正,如育龄限制、承保成数、责任范围、赔偿原则等,都在总结过去经验的基础上作了修订。因此,农业保险事业再次得以发展。当时,为了配合国家大力发展养猪事业,人保公司在发展大牲畜保险的同时,试办了养猪保险,最后发展为养猪"三包",即包平时防疫、包病时治疗、包死亡赔偿,因此广受广大农民的欢迎。但由于体制的制约和1958年各地相继刮起的"共产风""人民公社化"等运动的影响,1958年10月,在西安召开的财贸工作会议认为,人民公社化以后,保险工作的作用已经消失,并决定停办国内保险业务,随之农业保险业务一直停办至1981年。

二、1982—2003年的农业保险复苏阶段

从1982年中国恢复开办农业保险以来到2003年的20年里,中

国农业保险的发展经历了 1982—1992 年的发展阶段和 1993 年以后的滑坡阶段。在这 20 年期间，中国农业保险市场上仅由中国人民财产保险公司（以下简称"人保"）和新疆兵团保险公司两家公司经营少量的农险业务。

（一）改革开放后农业保险恢复与发展阶段（1982—1992 年）

国家为农业保险恢复和发展做出了一系列重大决定。1982 年，国务院决定恢复农业保险业务，并给予农业保险业务免征营业税的优惠政策。在这种背景下，中国人民保险公司从当时的实际出发，采取了"积极试办、稳步发展"的方针，以"组织补偿、稳定经济、发展生产"为经营目的，按照"恢复平衡、略有结余、以备大灾之年"的经营原则，首先试办农村牲畜保险，探索经验，后来保险范围扩展到农作物保险。1986 年我国第二家具有独立法人资格的国有保险公司——新疆兵团农牧业保险公司成立，主要经营新疆生产建设兵团范围内的农牧业保险业务。

这 10 年间农业保险业务取得很大的发展，开办地区也遍及全国 29 个省（市、区）的农村乡镇。种植业涉及粮食作物（小麦、稻谷、玉米）、经济作物（棉花、油料、糖类、烟叶、水果）、森林、农作物火灾和其他作物等 5 大项 16 个种类。全国农险保费收入从 1982 年的 23 万元增长到 1992 年的 8.17 亿元，年平均增速为 126.5%。1992 年，我国农业保险的发展达到一个阶段性高峰，全国农业保险承保面达到可保面的 5%，其中承保粮食作物占粮食作物播种面积的 11%。同时，这段时期农业保险业务在规模快速发展的同时，一个重要特征是总体处于亏损状态，1982—1992 年间，除 1984 年外，其他各年的简单赔付率[①]都超过了 80%，有 5 个年份超过 100%。

从总体上看，这段时期农业保险主要是由中国人民保险公司和新疆兵团农牧业保险公司两家国有保险公司直接经营，但是随着国家对经济体制改革的不断探索，对国有企业实行了放权让利的政策，与此相适应，我国农业保险经营模式开始了从政府主导型经营模式向政府支持型经营模式的过渡。一方面，中国人民保险公司改制为专业公

---

① 简单赔付率＝已决赔款/保费收入。

司，实行独立核算，保险公司的经营自主权在逐步扩大；另一方面，国家出台了对种养两业的农业保险业务免征营业税政策，农业保险亏损由其他商业保险险种的盈利弥补，国家财政实际上对农业保险提供隐性间接补贴（表4-1）。

表4-1 1982—1992年我国农业保险经营状况表

单位：万元

年份	保费收入	赔款支出	净赔付率（%）	管理费用（以毛保费的20%计）	总赔付率（%）
1982	23	22	95.65	4.6	115.65
1983	173	233	134.68	34.6	154.68
1984	1 007	725	72.00	201.4	92.00
1985	4 332	5 266	121.56	866.4	141.56
1986	7 803	10 637	136.32	1560.6	156.32
1987	10 028	12 604	125.69	2 005.6	145.69
1988	11 534	9 546	82.76	2 306.8	102.76
1989	12 931	10 721	82.91	2 586.2	102.91
1990	19 248	16 723	86.88	3 849.6	106.88
1991	45 504	54 194	119.10	9 100.8	139.10
1992	81 690	81 462	99.72	16 338	119.72

资料来源：庹国柱，李军．农业保险［M］．北京：中国人民大学出版社，2005：121-122.

（二）农业保险萎缩和徘徊阶段（1993—2003年）

1992年10月，党的十四大明确提出建立社会主义市场经济体制的目标，在此背景下，农业和农村经济制度向着市场经济方向变迁的速度加快。1994年，财政部要求中国人民保险公司开始由计划经济体制下的国有保险公司向市场经济体制下的商业保险公司并轨，实行以上缴利税为主要目标的新财务体制，一切与经济效益挂钩。为此，中国人民保险公司不得不从商业保险公司的角度重新审视农业保险业务，开始调整保险业务结构，对亏损程度较高的农业保险业务大幅度收缩。1993年开始，我国农业保险业务呈现出逐步萎缩的趋势，当年农业保险保费收入5.61亿元，同比下降31.3%。从1993—2003年农业保险业务发展来看，农业保险处于萎缩和徘徊状态，其中2003

年农业保险保费收入最低，仅为 2.36 亿元。与此同时，这段时间农业保险业务经营效益明显好转，赔付率大幅下降，除 1993、1994、2003 年外，其余各年农业保险业务简单赔付率都在 80% 以下，详见表 4-2。

表 4-2 1993—2003 年我国农业保险经营状况表

单位：万元

年份	保费收入	赔款支出	净赔付率（%）	管理费用（以毛保费的20%计）	总赔付率（%）
1993	56 130	64 691	115.30	11 226	136.70
1994	50 404	53 858	106.85	10 081	126.85
1995	49 620	36 450	73.46	9 924	93.46
1996	57 436	39 481	68.74	11 487	88.74
1997	71 250	48 167	67.60	14 250	87.60
1998	61 721	47 681	77.25	12 344	97.25
1999	50 820	35 232	69.33	10 164	89.33
2000	45 200	30 700	67.92	9 040	87.92
2001	39 800	28 500	71.61	7 960	91.61
2002	34 064	25 041	73.51	6 813	93.51
2003	23 585	20 840	88.36	4 717	108.36

数据来源：历年《中国统计年鉴》和《中国保险年鉴》。

这段时期保险公司仅经营少量盈利状况较好的农业保险业务，导致我国农业保险业务萎缩十分严重，这既不能满足农村和广大农民对农业保险的需求，又与国家农业政策调整、解决"三农"问题的大背景不相适应，与我国作为农业大国的国情也极不相称。

三、2004 年—今的农业保险加快发展阶段

（一）新一轮农业保险创新试点时期（2004—2006 年）

农业保险的徘徊甚至萎缩引起中央政府的高度关注，决定探索建立政策性农业保险制度。继 2002 年 12 月全国人民代表大会通过新修订的《中华人民共和国农业法》第四十六条提出"国家逐步建立和完善政策性农业保险制度"之后，2003 年 10 月，党的十六届三中全会

通过的《中共中央关于完善社会主义市场经济体制若干问题的决定》明确提出"探索建立政策性农业保险制度",标志着我国农业保险新一轮试验的开始。

在此背景下,2003年末,中国保监会牵头,邀请有关部门、保险公司和专家学者就发展农业保险问题进行了深入的专题调研,形成了《建立农业保险制度的初步方案》。该方案主要内容包括:第一,现阶段中国开展农业保险不能完全套用国外任何一种现成模式,不能完全依靠国家财政补贴,不能走单一主体经营的道路。应先在具备条件的地区和市场开展试点,总结推广,逐步建立多层次体系、多渠道支持、多主体经营的符合中国国情的农业保险制度。第二,农业保险总的经营原则应是政策扶持、商业运作。第三,现阶段应调剂整合政府、社会、企业、农民多方资源,共同支持农业保险发展。

2004年中央1号文件《中共中央国务院关于促进农民增加收入若干政策的意见》出台,开始扭转前期农业保险停滞甚至倒退的发展状况。该文件提出:"要加快建立政策性农业保险制度,选择部分产品和部分地区率先试点,有条件的地方可对参加种养业保险的农户给予一定的保费补贴。"这表明在我国总体上进入"以工补农、以城带乡"的新阶段后,农业保险纳入了国家战略考虑。随后,中国保监会先后批设了安信农业保险公司、安华农业保险公司和阳光农业相互保险公司三家不同经营模式的专业性农业保险公司,并引进法国安盟保险公司在四川成都设立分支机构经营农业保险,为市场注入新的活力;同时,依靠地方政府支持,在江苏、四川、辽宁、新疆等地开展了保险公司与政府联办、为政府代办以及保险公司自营等多种形式的农业保险试点工作。2005年,中国保监会继续加大对农业保险试点工作的支持力度,在宁夏、内蒙古、湖北、云南、北京等地相继开展和深化了试点工作,探索我国农业保险发展的不同模式,并联合有关部门出台相关政策,鼓励商业性保险公司参与农业保险事业。2006年,《国务院关于保险业改革发展的若干意见》明确提出政府要积极支持政策性农业保险的试验,并具体提出政策性农业保险"三个补贴",即保险费补贴、管理费补贴和再保险补贴。

2004—2006年我国农业保险的新探索,取得了较好的成绩和效果（表4-3）。2005年我国农业保险保费收入达7.29亿元，同比增长93.4%，农业保险保费收入出现了"拐点"：首次改变了自1993年以来逐年萎缩的局面，出现了增长趋势。2006年全国农业保险保费收入达8.46亿元，同比增长16%，为参保农户提供的风险保障达733亿元，农业保险在保障农村居民生产生活稳定、促进农业和农村经济发展方面发挥着越来越重要的作用。

表4-3 2004—2006年我国农业保险开展情况

单位：亿元

年份	财产保险保费收入	农业保险保费收入	农业保险占财产保险比重（%）	农业保险赔付金额	农业保险简单赔付率（%）
2004	1 089.89	3.77	0.34	2.81	75.34
2005	1 229.86	7.29	0.56	5.67	81.00
2006	1 509.43	8.46	0.56	5.91	69.53

数据来源：根据2005—2007年《中国统计年鉴》《中国保险年鉴》整理。

（二）政策性农业保险加快发展的新阶段（2007年至今）

1. 支持政策

2007年，我国开始启动补贴农业保险试点，财政部制定了《中央财政农业保险保费补贴试点管理办法》，2008年进一步修订下发了《中央财政种植业保险保费补贴管理办法》和《中央财政养殖业保险保费补贴管理办法》。2012年财政部下发《关于进一步加大支持力度做好农业保险保费补贴工作的通知》，进一步加大对农业保险的支持力度，增加保费补贴品种、扩大保费补贴区域、提高风险保障水平，将现有中央财政农业保险保费补贴险种的补贴区域扩大至全国，支持提高农业保险保障水平至覆盖农业生产直接物化成本，对农业保险补贴支持力度之大前所未有。

2012年11月12日，国务院颁布了《农业保险条例》，并于2013年3月1日起正式实施，这是我国农业保险发展史上的里程碑，标志着我国农业保险进入了有法可依的新阶段。《农业保险条例》明确了农业保险的性质、经营主体、建立协调机制以及支持政策等。一是明确国家支持发展多种形式的农业保险，健全"政策性农业保险制度"，对中央财政补贴性质的农业保险业务以立法形式进行明确；二是明确农业保险实行"政府引导、市场运作、自主自愿、协同推进"的原则,同时明确农业保险经营的主体是保险公司以及依法设立的农业互助保险等保险组织;三是明确国家支持发展农业保险的保费补贴、税收优惠、大灾风险分散机制支持政策;四是明确保险监督管理机构进行业务管理,同时财政、农业、林业、发展改革、税务、民政等有关部门按照各自职责协同推进的管理机制。

2018年8月20日,财政部、农业农村部、银保监会以财金〔2018〕93号文下发了《关于开展三大粮食作物完全成本保险和收入保险试点工作的通知》,正式开启了我国三大主粮品种补贴方式调整的序幕,标志着我国日益重视粮食流通领域存在的低效率间接暗补问题,并着手将其调整为粮食生产领域高效率的直接明补。《通知》在目前农业保险保障水平涵盖直接物化成本和地租成本的基础上,拟通过探索开展完全成本保险和收入保险,进一步增强农业保险产品吸引力,促进农民增收,推进农村现代化,助力乡村振兴。《通知》主要内容可以归纳为四个方面。一是明确了试点区域和品种。从2018年开始,用3年时间,在内蒙古、辽宁、安徽、湖北、山东、河南等6个省份,每个省份选择4个产粮大县,开展玉米、水稻、小麦三大主粮作物完全成本保险和收入保险试点工作。二是建立了试点指导小组。中央层面建立财政部、农业农村部、银保监会共同组成的试点指导小组。试点地区省级财政部门应会同相关部门,将试点方案报财政部、农业农村部、银保监会备案后组织实施。三是明确了保险方案。试点经办机构由试点地区在具备农业保险经营资质的保险机构中选择确定,原则上,保险金额不得高于当年相应品种种植收入的85%,农户自缴保费比例不得低于全部保费的30%,试点险种应将不低于20%的风险成数分保给中国农业保险再保险共同体。四是明确了补贴标准。在农户自缴比例不低于30%的基础上,中央财政对中西部地区和东北地区补贴40%、对东部其他地区补贴35%,取消县级财政保费补贴。同时,支持有条件的地区对建档立卡贫困户自缴部分保费给予减免。

2. 运行成效

(1)农业保险业务收入呈现跨越式发展势头。如果说,2004年之后成立了多家专业农业保险公司,加之各地政府发展农业保险的积极性高涨,我国农业保险开始有了转机。那么,2007年中央财政将"农业保险保费补贴"列入预算科目并有史以来第一次列出10亿元财政支出,就成为我国农业保险发展历史上的里程碑。从此以后,中央财政补贴的预算资金逐年增多,到2018年达到近200亿元,使现今的农业保险具有完全不同于此前商业保险的性质和特点:中央财政、地方财政都对农业保险业务提供财政补贴,财政部出台了种养两业农业保险业务保费补贴管理办法,并要求省及省以下财政进行相应配套补贴,对农业保险的财政补贴逐步制度化,总体而言,目前各级财政补贴比例占到保费收入的80%左右,农民只需承担保费支出的20%。在这11年的时间里,农业保险的规模若以保费收入度量,从2007年的51.8亿元到2018年的572.7亿元,增长11倍,详见表4-4。

表4-4 2007—2018年农业保险开展情况

单位:亿元

年份	财产保险保费收入	农业保险保费收入	各级政府给农业保险的保费补贴	农业保险费占财产保险费比重(%)	农业保险赔付金额	农业保险简单赔付率(%)
2007	1 997.74	51.8	—	2.6	32.8	63.3
2008	2 336.71	110.7	78.44	4.7	70.0	63.2
2009	2 875.83	133.9	99.70	4.7	101.9	76.1
2010	3 895.64	135.7	101.50	3.5	100.6	74.1
2011	4 617.82	173.8	131.30	3.8	89.0	51.2
2012	5 330.92	240.13	182.72	4.50	142.2	61.7
2013	6 481.16	306.7	234.95	4.60	208.6	68.0
2014	7 203.38	325.7	250.7	4.52	214.6	65.8
2015	7 994.97	374.9	290.17	4.69	260.1	69.4
2016	8 724.17	417.7	324.56	4.79	299.24	71.6
2017	9 834.57	478.9	373.54	4.87	333.4	69.6
2018	10 770	572.7	448.95	5.32	—	—

数据来源:根据中国保监会网站等资料整理。

(2)农业保险制度建设加快。这段时间在农业保险业务快速发展的同时,相关制度建设也逐步加快。尤其是在2013年《农业保险条例》正式施行后,财政部、保监会出台一系列文件,对农业保险大灾准备金计提、承保理赔业务操作等方面进一步规范。

（3）市场竞争不规范的现象开始显现。由于农业保险模式仍不完善，相关制度仍不健全，随着农业保险经办机构主体的日趋增多，农业保险市场的无序竞争在部分区域表现较为突出，既有市场主体本身资质条件不具备便直接介入农业保险业务经营的现象，也有部分基层政府机构在选择农业保险经办机构时发生寻租的现象，等等。

第二节 我国农业保险发展现状及主要经营模式

一、我国农业保险业务发展现状

自2007年以来，我国农险保费收入始终保持了快速发展势头，农业保险保费收入从2007年的55.33亿元增长到2017年的478.9亿元。以下从险种构成、经营主体构成和区域构成三个角度对农险业务发展情况进行分析。

（一）分险种构成

从2017年具体险种来看，种植业保险保费收入（含森林保险业务）385.5亿元，占比为80.5%；养殖业保险保费收入93.4亿元，占比为19.5%。详见表4-5。

表4-5 2017年按险种农险保费收入及构成

单位：亿元

年份	农险保费收入合计	种植业保费收入	种植业保费占比（%）	养殖业保费收入	养殖业保费占比（%）
2017	478.9	385.5	80.5%	93.4	19.5%

数据来源：中国保险业协会。

（二）分经营主体构成

分经营主体看，2017年中国保险市场上共有34家财产保险公司经办农业保险业务，其中，人保财产、中华联合、阳光农业、国元农险、安华农业、太保财险、国寿财险、安盟农险、平安农险、安信农业10家公司农业保险保费收入合计达到396.77亿元，合计占比为82.9%。详见表4-6。

表4-6 2017年各市场主体农业保险保费收入及市场份额

公司	保费收入（亿元）	市场份额（%）
人保财险	193.61	40.4
中华联合	69.37	14.5
阳光农业	26.79	5.6
国元农业	23.60	4.9
安华农业	21.57	4.5
太保财险	18.70	3.9
国寿财险	16.30	3.4
安盟农险	12.30	2.6
平安产险	8.01	1.7
安信农业	6.52	1.4
其他公司	82.13	17.1
合计	478.9	100

数据来源：中国保险业协会。

（三）分地区构成

近几年来，各地区农险保费收入都是保持增长态势，截至2015年底，全国36个省、自治区、直辖市、计划单列市中，除西藏自治区和深圳、厦门、青岛3个计划单列市外，其他32个区域农业保险保费收入均突破1亿元；河北、内蒙古、辽宁、吉林、黑龙江、江苏、安徽、山东、河南、湖南、四川、云南和新疆13个省（自治区）的农险保费超过10亿元，内蒙古、新疆农险保费超过30亿元。详见表4-7。

表4-7 2011—2015年各地区农业保险保费收入

单位：亿元

省份	2011年	2012年	2013年	2014年	2015年
全国	174.03	240.13	306.70	325.7	374.9
北京	4.31	5.13	5.58	4.51	5.1
天津	0.57	0.93	1.65	1.97	1.24
河北	7.60	12.89	16.83	17.90	22.02
山西	2.59	3.91	4.73	5.74	5.66
内蒙古	17.00	19.21	27.84	30.03	31.35

(续)

省份	2011年	2012年	2013年	2014年	2015年
辽宁	5.46	6.92	9.80	9.98	14.08
大连	0.25	0.51	0.91	1.46	2.17
吉林	8.01	8.83	9.27	9.21	11.08
黑龙江	16.41	22.16	28.33	26.06	28.95
上海	2.79	3.65	4.42	4.49	8.07
江苏	8.90	11.89	15.71	16.13	16.52
浙江	2.34	4.15	4.62	6.13	7.10
宁波	0.61	0.85	1.29	1.50	1.49
安徽	13.83	17.57	18.66	18.75	19.52
福建	2.41	3.06	3.56	4.14	4.44
厦门	0.02	0.02	0.02	0.03	0.027
江西	4.91	6.23	6.62	7.38	7.73
山东	2.83	8.07	9.34	8.79	16.53
青岛	0.36	0.50	0.68	0.84	1.21
河南	4.28	11.79	15.48	11.40	17.41
湖北	5.36	6.47	6.92	6.66	6.46
湖南	13.60	15.93	17.47	20.16	23.69
广东	1.90	4.39	6.18	8.46	9.07
深圳	0.01	0.08	0.06	0.17	0.04
广西	0.83	1.30	2.76	5.01	6.34
海南	0.97	1.67	2.94	3.22	3.60
重庆	1.54	1.92	27.35	2.29	3.04
四川	17.16	22.67	2.65	27.70	29.49
贵州	0.21	0.69	1.62	4.38	5.19
云南	6.06	7.17	10.31	10.80	11.95
西藏	0.95	0.86	0.94	0.92	1.73
陕西	1.60	3.09	5.39	5.68	5.40
甘肃	1.66	3.78	5.73	6.76	7.69
青海	0.69	0.89	1.25	1.41	2.08
宁夏	0.67	1.55	2.46	3.09	3.29
新疆	15.24	19.23	26.30	31.82	35.05

数据来源：中国保险业协会。

二、我国农业保险财政补贴现状

自2007年中央财政开展农业保险保费补贴试点以来，农业保险财政补贴的品种、比例、地区、规模都呈不断扩大的趋势。

（一）财政补贴品种、比例和地区不断扩大

2007年，中央财政第一次安排10亿元在吉林等6个省、自治区、直辖市开展农业保险保费补贴试点，补贴农作物主要包括玉米、水稻、大豆、小麦和棉花；同年安排11.5亿元开办能繁母猪保险业务，对中西部地区能繁母猪保险提供50%的保费补贴。2008年，将种植业中央财政保费补贴的区域范围扩大至全国主要粮食产区，补贴省区增至16个；补贴品种方面，在种植业方面增加了油菜和花生两种油料作物的保费补贴，养殖业则将奶牛保险也纳入了补贴范畴；中央财政对种植业保费补贴比例从25%提高到35%，对中部地区10省和西部地区12省养殖业险种提供一定比例保费补贴。2009年，在江西、湖南、福建3省启动森林保险保费补贴试点。2010年，新增马铃薯、青稞2个种植业保险保费补贴品种和牦牛、藏系羊2个养殖业保险保费补贴品种，开始对海南省天然橡胶保险提供保费补贴；对玉米、水稻等补贴地区在现有17个省区的基础上，增加云南等6个省区，扩大到23个；对森林保险保费补贴地区，增加浙江、辽宁和云南3省，对公益林保险保费中央财政补贴比例提高至50%。2011年，对玉米等保险品种，补贴地区增加陕西、广西；马铃薯的补贴地区增加河北、陕西和宁夏；能繁母猪补贴地区增加了福建革命老区和中央苏区；中央财政对奶牛保险的补贴比例从30%提高到50%；森林保险保费补贴地区增加了广东、四川和广西3省区；增加广东农垦区为天然橡胶保险保费补贴地区。2012年，增加糖料作物纳入中央财政农业保险保费补贴范围。2013年，将中央财政育肥猪保险保费补贴比例从10%提高到50%（中西部）和40%（东部）。2018年，在农户自缴比例不低于30%的基础上，中央财政对中西部地区和东北地区补贴40%、对东部其他地区补贴35%，取消县级财政保费补贴，同时，支持有条件的地区对建档立卡贫困户自缴部分保费给予减免。详见表4-8。

表 4-8 截至 2017 年农业保险财政补贴品种、比例、地区

类别	补贴品种	补贴比例 中央	补贴比例 地方
种植业	玉米 水稻 小麦 大豆 花生 油菜 棉花 马铃薯 两种糖料作物（甘蔗、甜菜）	中央财政对中西部地区的补贴比例为40%，对东部地区的补贴比例为35%，对新疆生产建设兵团及中央直属垦区等单位补贴比例为65%	25%（省级）
	青稞	中央财政补贴比例为40%，对中国农业发展集团有限责任公司补贴比例为65%	25%（省级）
	天然橡胶	中央财政补贴比例为40%，对广东农垦补贴比例为65%	25%（省级）
森林	商品林	中央财政补贴比例为30%，对大兴安岭林业集团公司补贴比例为55%	25%（省级）
	公益林	中央财政补贴比例为50%，对大兴安岭林业集团补贴比例为90%	40%
养殖业	能繁母猪	中央财政对中西部地区补贴比例为50%，对东部地区补贴比例为40%，对中央有关单位补贴比例为65%	30%
	奶牛		30%
	育肥猪		30%
	牦牛	中央财政补贴比例为40%，对中国农业发展集团有限责任公司补贴比例为65%	25%（省级）
	藏系羊		25%（省级）

（二）财政补贴规模不断扩大

自 2007 年以来，各级财政对农业保险补贴的规模不断扩大，尤

其是在经历了2009年和2010年的小幅增长后，2011年中央财政补贴规模大幅增加，比2010年增长28%。按照2012年中央财政新的补贴政策，中央财政保费补贴规模有了更大幅度的增长，2012年和2013年增速分别达到40%和32%。2014年和2016年，受农业保险业务增速下滑影响，中央财政保费补贴增长7%。2015年和2017年中央财政持续加大对农业保险的支持力度，增速分别达到14%和13%。详见表4-9。

表4-9　2007—2018年农业保险财政补贴规模情况

单位：亿元

年份	财政补贴总规模	中央财政保费补贴	增速（%）
2007	—	21.5	—
2008	88	40	86
2009	100	47	17.5
2010	101	50.7	1.4
2011	138	65	28.2
2012	182.72	90.97	39.95
2013	234.95	120.38	32.33
2014	250.70	128.95	7.12
2015	290.17	147.30	14.23
2016	324.56	158.30	7.47
2017	373.54	179.04	13.10
2018	448.95	—	—

三、我国农业保险主要经营模式

一般来说，农业保险经营模式是根据农业保险经营主体与政府的关系、发挥作用的不同，以及多经营主体参与的情况下经营主体之间的利益分配关系等角度来划分。本书为了更加准确清晰地对不同经营主体经营农业保险业务产生的影响、效果进行分析，对同在政府支持下不同性质经营主体经营的情况也归为一种"模式"。按照这种分类，当前我国农业保险经营模式主要包括：综合性商业保险公司经营模式、专业性农业保险公司经营模式、相互保险公司经营模式、共保经营模式和商业保险公司代办模式。

（一）综合性商业保险公司经营模式

该模式的主要特征是政府提供保费补贴、税收优惠等政策支持，综合性商业保险公司经营农业保险直接业务，保险业务经营区域涉及多个省区。目前国内经营农业保险业务最大的两家综合性商业保险公司是中国人民财产保险股份有限公司和中华联合财产保险公司。

1. 中国人民财产保险股份有限公司（以下简称"人保财险"）

人保财险是中国人民保险集团公司发起设立的财产保险公司，其前身是新中国成立后不久成立的中国人民保险公司。从1982年起，中国人民保险公司开始恢复经营农业保险业务，多年来积累了丰富的农业保险经营经验。2003年公司实施股份制改革后，人保财险农业保险业务大幅萎缩。2007年中央财政启动农业保险补贴试点改革以来，人保财险投入大量的资源，采取一系列举措，全力推进农业保险快速发展。一是加强农险产品研发，不断提升专业化经营水平。人保财险以客户需求为导向，结合农业农村实际，大力研发保障适度，保费低廉、保单通俗的保险产品，目前开办的农业保险品种约130个，产品数量超过1 300多个，涵盖了农林牧渔各个方面。二是建立健全农村基层服务网络，充分依托基层政府力量，多方合作，借力推动。通过在农村地区广泛建立机构网点，将农业保险服务前移至乡村第一线，全面打通保险服务农民"最后一千米"。在总公司、省、市、县四级机构成立农险事业部，在乡镇设立营销服务部和保险服务站，在村组设立保险服务点，建立驻村协保员队伍。三是制定实施规范化的业务流程和操作标准，确保将强农惠农富农政策落实到位。在宣传发动环节，将农业保险宣传资料和"投保须知"发放到每家每户，告知投保和理赔要点；在承保环节，深入采集保险标的和农户信息，建立信息档案，对收取农户保费进行信息公示；在理赔环节，灾害发生后，第一时间开展现场查勘和灾情核查工作，确定损失并将结果公示后，及时将保险赔款打到农民账户上；在监督约束环节，建立农业保险客户回访机制，通过总公司、省两级机构的电话回访和市级机构的实地回访，监督基层机构的承保理赔行为。四是引进先进科技手段，大力提升农业保险服务效率。为种植业保险保费规模较大的县支公司配备无人机，探索利用卫星遥感、无人机航拍等技术，打造农业保险精确承保与快速理赔综合服务平台；深入推进种植业保险风险区划研究，开展农业气象指数保险试点。这些新技术手段和管理思维的应用，解决了农业保险承保难、理赔难、服务难等传统问题，显著提高了保险服务效率。

2. 中华联合财产保险公司（以下简称"中华联合"）

中华联合的前身是1986年成立的新疆生产建设兵团农牧业保险公司。该公司的业务特点：一是在承保方面，要求承保到户，做到统一政策、统一核算、统一条款费率、统一实务操作，要求各分公司严格执行经监管部门审批或备案的条款、费率和总公司下发的核保政策。二是在理赔方面，要求及时查勘定损，赔款明细到户，严格理赔流程，建立专门的影像资料服务器，并要求分公司将超过权限的理赔案卷资料扫描上传总公司审核，要求做到立案有据，定损合理，计赔准确，兑现公正，单证齐全，手续完备；现场查勘要求完整详实，准确及时填写灾情报告事项，科学合理核定损失；赔款要求明细到农户和地块，并及时张榜公示理赔兑现情况。三是在业务系统方面，要求录入要素信息齐全，执行"双人录单"制度，种植业险的地块信息和农户信息要明细到每个地块和每位农户，且一一对应。四是建立农业生产灾害防御体系。

该模式的主要优点：一是综合性商业保险公司一般具有较为雄厚的实力，资本金充裕，资产规模较大，偿付能力比较充足，应对农业保险自然灾害损失的能力比规模较小的专业保险公司强。二是综合性商业保险公司经营历史较长，具有技术和人才优势，能够迅速拓展农业保险业务，扩大覆盖面，节省成本，提高效率。三是综合性商业保险公司具备较为健全的网络优势，能够在更广泛的地区开展农业保险业务，有利于实现农业保险巨灾风险在更广范围分散。四是综合性商业保险公司多年来与基层政府相关部门保持着良好的沟通合作，有利于发挥保险公司和基层政府的优势，实现农业保险承保理赔到户，充分发挥农业保险保障的功能作用。

该模式的主要缺点：一是农业保险的经营成本高、风险大，与商业保险公司利润最大化的经营目标相矛盾；二是较难解决逆向选择和道德风险问题，商业保险公司与农户是不同的经济实体，经济利益不一致，会出现投保人集体欺骗保险人的情况，监督成本较高。

（二）专业性农业保险公司经营模式

自2004年开始，在地方政府推动下，经保监会批准，我国陆续成立专门经营农险业务的保险公司，主要是上海安信农业保险公司、吉林安华农业保险公司和安徽国元农业保险公司。

1. 安信农业保险股份有限公司

2004年9月，在原中国人保上海分公司农险业务班底的基础上，上海市各区（县）财政或农委所属的11家国有资产经营公司，出资2.2亿元募集发起筹建了我国第一家专业性农业保险公司——上海安信农业保险公司，实行"政府财政补贴推动、商业化运作"模式，实行一级法人制度，按照市场化运作模式，实行独立核算、自负盈亏。主要特点：一是"以险养险"。除经营传统的种养两业农险业务外，还经营涉农财产保险和责任保险、农村居民短期人身意外伤害险和健康险等商业保险业务，通过商业险种的盈余来弥补种养两业险的亏损，实现"以险养险"，形成了相对成熟的基于产品体系的风险对冲运作机制，如以农村拆建房险与传统种养两业险为代表的"以险养险"运作体系，以传统种养两业险产品和小额信用贷款保证保险产品等为代表的产品风险对冲体系。二是实行"区域统保"或"适度强制"。对于部分基础农作物保险产品，上海市要求一个区县范围内所有符合条件的农户全部购买保险。三是财政支持力度较大。主要体现在对涉及国家粮食安全和人民生活密切相关的农业品种实行普惠制基本保险政策，即由市区两级政府按照社会拥有量对水稻、油菜、奶牛、生猪和家禽5个品种统一购买基本保险，农民不需要缴纳保费；农业生产经营个体根据自己的需要在此基础上再向保险公司购买补充保险服务。

上海市农业保险覆盖率在全国省级行政区位列首位，农业保险业务开办较为成功。其主要原因：一是上海经济发达，财力相对雄厚，属于典型的"小农业、大财政"经济模式，农业占GDP的比重很小，农业产值占该市地区产值比重一直低于4%，而且随着经济的发展其比重还在持续下降，政府凭借强大的财力推动农业保险业务发展；二是上海市的农业基础较好,农业的产业化、市场化程度较高,农民的风险意识和保险意识相对较强;三是上海市农业大都是家庭农场模式经营,降低了农业保险的交易成本。

2. 安华农业保险股份有限公司

2004年12月,由吉林粮食集团等7家企业发起设立的安华农业保险股份有限公司在吉林省长春市成立。安华农业保险公司除主要在吉林省经营农业保险业务外,还将业务范围拓展到内蒙古、辽宁和山东等省。主要特点:一是组织形式。针对农民组织化程度低的实际情况,安华农业保险公司尝试了三种方式:产业化龙头企业带动型,依托农业产业化龙头企业开展基地农户的种植业、养殖业保险;合作组织发动型,通过与农村合作组织协作,对集约化的种植业和养殖业农户开展保险;政府组织推动型,在政府支持下推动开展大宗粮食作物的统保。二是充分依托基层涉农机构,协助开展农险业务。安华农险公司加强政府政策公关,申请批准了基层农经部门的保险兼业代理资格,从而充分依托农经部门机构健全、熟悉"三农"工作实际的优势开展工作,通过委托代理的形式,由基层农经部门代收农民自交保费,协助保险公司开展现场查勘定损,协调乡、村干部组织受灾农户填写报损清单等。

3. 国元农业保险股份有限公司

国元农业保险股份有限公司是由安徽国元控股有限公司等12家大型国有企发起设立的农业保险公司,2008年1月成立。国元农险按照"保障适度、保费低廉、保单通俗"的原则,实行农业保险业务和财产保险业务并存发展。主要特点:一是经营业务范围较广。国元农险公司经营范围不仅包括种植业保险、养殖业保险、森林火灾保险等农业保险业务,还包括农房保险、农民工意外伤害保险、财产损失保险、责任保险、信用保险业务等。二是建立完善的组织体系。为确保做好农业保险服务,国元农险公司把建设健全的农业保险服务网络作为关键工作,在地市设立中心支公司,在县区设立支公司或农业保险服务部,在乡镇设立农业保险服务站,构建市、县、乡三级服务网络。同时,为把农业保险服务进一步延伸至村,还建立了一支活跃在田间地头的农村协保员队伍。三是建立农业灾害监测预警体系。国元公司提供多渠道、多方式的防灾减灾服务，如利用先进科技手段建立的农业灾害预警体系，提高农业抵御风险的能力，降低农业灾害损失。

专业性保险公司与综合性保险公司，从本质上看都是商业保险公司，具有很多共同的属性，但我国专业性保险公司又具有自身的特殊性。一是经营区域受到局限。专业农业保险公司大都具有地方政府背景，经营区域一般也局限在某个省（自治区、直辖市）范围内，业务规模一般不大，因此经营风险难以有效分散，加上资本金规模小，经营时间短，保险资本金积累不足，容易造成经营结果的大幅波动。二是由于专业农业保险公司业务性质相对单一，有利于加大专业化建设力度，在经营策略上进行较多的创新。三是和综合性商业保险公司相比，专业农业保险公司资本金、技术力量以及综合实力较低。四是从深层次看，很多专业农业保险公司都是省级政府为了设立属于自身管辖的"保险机构"，借助于服务农业发展的突破口而设立的，目前部分专业农业保险公司依托地方政府的"背景"进行业务公关，忽略了业务的规范运作和服务农户，无论在业务发展还是经营管理方面，都没有摆脱"地方政府干预色彩"。

（三）相互保险公司经营模式

自20世纪90年代开始，黑龙江垦区建立农业保险互助机制，由参与者缴纳互助金，用于灾害损失的有限补偿。2005年1月，经保监会批准，在黑龙江原农垦总局风险互助体系的基础上筹建成立我国第一家具有互助制性质的阳光农业相互保险公司。尽管相互制保险公司是《公司法》《保险法》尚无明确定位的公司组织形式，但鉴于黑龙江垦区具备了农业风险互助的基础，国家特批成立该公司。阳光农业相互保险公司按照"互助共济，风险共担"的原则和宗旨，在黑龙江垦区范围内经营种植业保险、养殖业保险、温室大棚保险、农业机械保险等险种，主要特点：

一是建立相互制约营运机制。阳光相互保险公司实行公司统一经营为主导、保险社互助经营为基础的双层经营管理体制。组织框架为：总公司下设分公司，分公司下设中心支公司，中心支公司管理保险社或下设支公司，保险社下设保险分社，支公司下设营销服务部。

保险社是由参加农业保险的投保人组成的基础保险组织,实行会员制。凡与公司签订保险合同者,自动成为公司法定会员。会员根据合同约定缴纳保险费,公司提供保险服务。当有盈余时,再对会员分配盈余、赠送保险或降低保费。

二是业务办理以农经站为依托,保费三方负担。阳光公司与各级农经站密切合作开展种植业保险,阳光相互保险公司与省农经总站签署合作协议,各县农经站设立信息处,乡经管站设立代办点,农经站协助阳光公司宣传和组织农户参加保险,以村为单位,由互助会统一投保,统一收费;阳光公司则从每亩保费收入中提出0.9元给农经站作为代办费。保费由"三方"承担,即中央财政、黑龙江农垦总局和农户。

三是业务办理实现"三到户、三公开"。即承保到户、定损到户、理赔到户和承保内容公开、损失测定公开、赔款兑现公开。实行"四方"核灾定损制度,即核灾定损人员、保险分社、保险社与保险公司共同核灾定损,确保损失确定准确,有力地调动了会员参与公司管理的积极性,形成了会员之间自我监督、会员与公司相互监督、纵横交错的监督机制。

四是建立防灾减灾体系。阳光农业保险公司将灾后补偿延伸至灾前预防,建成了"防、保、救、赔"体系,有效防范风险,建立以人工增雨防雹为主要内容的防灾减灾服务体系,利用高炮、火箭增雨防雹,达到有效防御和减轻灾害、提高农业生产抗灾的目的。

与公司制保险公司相比,相互制农业保险公司具有经营灵活、成本低的特点,主要优点:一是主体成员既是保险人又是投保人,不需支付股东利息,中间环节少,省去了销售成本,具有较强的竞争力。二是有利于解决农业保险经营管理方面的难题,从根本上堵塞理赔工作的漏洞,保证定损理赔工作的准确、合理和及时。三是相互制公司不以盈利为目的,追求会员利益的最大化,目标一致使各利益主体从自身的利益出发,更加注重防灾工作,把保险与防灾、减灾、农业科技推广等有机地结合在一起。四是会员兼具保险人和被保险人双重身份,可以减轻两者之间的道德风险和逆向选择。

相互制农业保险公司模式的缺点:一是规模受到限制,相互制农业保险公司规模一般不会太大，风险比较集中，难以使风险在较大的空间上分散。二是一般缺乏优秀的经营管理人员，难以吸引农业保险专业人才。三是资金筹集难，经营农险业务的相互保险公司本身很难获利，又不可能通过发行股票等方式融资，要收回初始资金的难度较大。

（四）保险公司共保体经营模式（浙江等）

浙江地处东部沿海区域，属于自然灾害频发地区，农业作为弱质产业，其灾害损失具有巨大性、非均衡性和不可预见性的特征。浙江作为全国较早由地方政府进行财政支持开展农业保险探索的省市之一，采取的是政策性农业保险"共保体"模式。其模式的主要特点：一是按照"政府推动＋市场运作＋农民自愿"的原则，由人保财险浙江分公司作为"首席承保人"，11家财产保险公司共同组建"政策性农业保险共保体"；实行"单独建账、独立核算、赢利共享、风险共担"。二是在保险标准上，坚持低保障起步，一般将保险金额设置为物化成本的50%左右；在保险对象上，坚持以保种养大户为主，优先帮助龙头企业灾后迅速恢复生产。在保险责任上，坚持以对农业生产影响比较大的灾害为主，种植业主要包括台风、洪涝、暴雨、冰冻和常见病虫害，养殖业主要包括重大疫病和自然灾害等。三是各试点县（市、区）成立由分管农业的领导担任组长的农业保险协调小组，加强统筹协调和指导，各乡镇设立农险服务站，村设立代办员，县建立农险定损专家组，共保体将网络延伸到乡镇农险服务站。四是赔付流程上，灾情发生后，先由农户报案，村镇代理人员进行查勘估损，共保体审核定损，有争议时，由专家组审议裁定。五是在风险控制上，实行5倍封顶方案，保险赔款超过规定的5倍时，则按比例赔付。当年农业保险累计赔付在保费收入2倍以内的，由共保体全额承担；在2倍以上部分，由政府与共保体按一定比例分担。赔款在当年保费2～3倍（含3倍）部分，共保体和政府按照1：1比例进行分担，赔款在当年农业保险保费3～5倍（含5倍）部分，共保体和政府按照1：2比例进行分担。

保险公司共保体经营模式的主要优点：一是可以降低独家公司承保的风险，提高化解巨灾风险的承受能力。二是在运行机制上，形成了多家保险公司的市场化运作,确保了经营水平和服务质量,多家公司经营可以起到相互监督和制约的效果,不会形成垄断局面。

该模式的缺点:一是共保体在省级层面是多家公司承保经营,在县级主要由"首席承保人"负责具体业务操作,在管理与监督手段尚不完善的情况下,可能会出现省与县在目标取向上的不一致。二是共保试点区域有限,要在空间上分散风险,必须在较大范围内从事保险经营,目前浙江共保体经营模式缺乏巨灾风险分散机制,体制设计尚不完善。

(五)政府与保险公司联办共保模式(江苏等)

2004年11月,江苏淮安市在无现成经验借鉴和没有上级政府财政政策支持的情况下,率先在全国开展农业保险试点,探索创新出"政府和保险公司联办共保"模式。2007年,江苏省被中央列为全国首批6个农业保险试点省份之一,在全省13个市全面开展农业保险试点,全面推行"联办共保"模式。主要做法:一是政府和保险公司组成责任共同体,双方按照一定比例(目前是各承担50%)承担风险责任,共同办理农业保险业务。在保费收入的管理方面,按照比例分别计入政府农业保险基金和经办保险公司的保费收入,政府农险基金实行专户管理,并在扣除赔款及各项费用等成本后逐年滚动,保险公司保费收入由保险公司根据商业保险规则管理。保险责任和赔款支出也按照5:5的比例分摊,即政府承担50%,保险公司承担50%。双方根据各自优势共同分担相关工作,其中政府负责组织推动、收缴保费和沟通协调,保险公司负责核保、精算和理赔。二是明确经营管理费用的计提比例。从农业保险的保费收入中提取15%作为经营管理费,仍然按照政府与保险公司5:5的比例分账管理,即50%的管理费留在保险机构,由保险公司自主支配使用,50%的管理费留在地方财政部门专用账户上。三是在省、市、县三级成立农业保险领导小组,由分管省长担任组长,办公室设在省金融办,成员单位包括财政、农业、林业和保险监管等部门,财政部门负责政策性农险保费的测算、拨付与使用状况的监督管理,农林部门负责为农业生产防灾减灾及核灾定损提供技术服务,保险监管部门负责对农险试点产品的报备以及对农险试点业务的规范运行进行监督管理。四是在全省乡镇一级设立"三农保险服务站",站长由乡镇农经部门派出一名人员兼职担任,专职农业保险协保员由保险公司委派,协助乡镇"三农保险服务站"站长工作。服务站的基本职能包括协助做好承保与保费的收取、管理工作,配合农险查勘定损与理赔工作,开展农村保险宣传和咨询工作,配合做好气象灾害和动物疫病的防控工作。五是建立商业再保险和政府巨灾准备金相结合的大灾风险防范机制,政府和保险公司各自按照比例承担最终超赔风险,对保险公司承担的50%部分,建立了大灾风险基金,由本级财政预算、部分保费收入、省级财政补助等资金渠道筹集,地市政府按照保费收入的10%提供大灾风险基金补贴。

政府与保险公司联办共保模式的主要优点是:政府和保险公司按照一定比例承担风险责任,一定程度上降低了保险公司的经营风险,尤其是建立了巨灾保险准备金制度,对政府承担的超赔风险部分建立了大灾风险基金,政府支持的力度较大。但因与政府关系过于密切,该模式的缺点也比较明显,主要是政府容易对保险公司经营产生过多干预,且保险公司过于依赖政府,防灾减损、强化服务的积极性不足。

第三节 我国农业保险发展取得的成就与存在的问题

一、我国农业保险发展取得的成就

(一)发挥农业保险风险管理和经济补偿功能,促进了农业生产稳定发展

我国农业保险保费规模实现跨越式增长,农业保险覆盖面不断扩大。我国农业保险保费收入从2006年的8.5亿元增加到2018年的572.7亿元。在承保品种上,中央财政补贴的品种覆盖了农、林、牧、副、渔业的各个方面;在开办区域上,农业保险已经覆盖全国所有省区市,2017年承保主要农作物14.5亿亩,承保覆盖率接近60%,主要口粮作物承保覆盖率超过65%,承保农作物品种近200个。在参保农户方面,仅2015—2017年3年间,我国农业保险累计为约6.5亿户次农户提供风险保障6.9万亿元,向近1.3亿户次农户

支付赔款 893 亿元。其中 2017 年，农业保险提供风险保障 2.79 万亿元，同比增长 29.24%，约占农业 GDP 的 25.52%；赔款支出 333.4 亿元，约占农作物直接经济损失的 11.04%。自 2008 年起，我国农业保险规模仅次于美国，居世界第二，成为全球最重要的农业保险市场之一。农业保险在补偿受灾农户损失，帮助农民恢复生产、保障农民稳定收入等方面起到了"稳定器"的作用。农业保险赔款成为农民灾后恢复生产和灾区重建的重要资金来源。

(二) 实现了财政补贴资金的放大效应，创新了财政支农方式

财政支持是政策性农业保险的基本特征之一，也是农业保险得以快速发展的基本动力。自 2007 年我国实行农业保险财政补贴政策以来，我国农业保险进入了快速发展阶段：农业保险保费规模不断提升，2018 年达到 572.65 亿元，同比增长 19.54%；农险保额 3.46 万亿元，同比增长 24.23%；形成了综合型财险公司、专业性农业保险公司为主的多元化市场格局，各省呈现出充分竞争的局面；产品不断创新，出现了价格保险、指数保险等新型农业保险产品。我国农业保险保费补贴采取"四级财政补贴联动"机制，即农民缴足保费、市县财政补贴到位之后，中央和省级财政补贴才会随之配套落实。当前，我国农业保险保费收入的大幅增长得益于中央财政与地方各级财政补贴力度的逐年增大，2007—2018 年，各级财政累计拨付补贴资金约 2 540 亿元，农业保险财政补贴资金在保费收入中的占比逐年递增，从 2007 年的 41.5% 上升到 2018 年的 78.4%，凸显了农业保险保费补贴对保费收入的拉动作用。

实际上，保险区别于救济的一个重要方面就是它具有独特的保险再分配作用。政府对农业灾后的救济在很大程度上取决于政府财力，无论过去和现在，这种救济不仅带有平均分配的意义，而且这种政府财政预算安排是无法和实际灾害损失相匹配的。灾害救济虽然对受灾农户有一定帮助，但无法较好解决农业再生产和农户特别是主要靠农业生产收入生活的农户实际需要。广泛和普遍建立的政策性农业保险制度在很大程度上，借助保险的独特再分配功能，不仅放大了政府支持农业保险资金的补偿力度和效果，而且使受灾农户的再生产得以及时恢复。虽然就目前的保障水平设定，对因灾受损的农户是根据保险

合同约定的额度,也就是简单再生产的需要所进行的补偿,这种保险补偿还不是很充分,但它所起到的生产和生活保障作用也比其他任何财政和金融手段都更加及时和有效。就资金筹集意义上说,以 2017 年为例,虽然在 479 亿元的保险费中,中央政府补贴了 179 亿元,地方政府也配套补贴了 194 亿元,但是也还从农民那里筹集了 106 亿元的资金,这种独特的再分配功能使农业保险补偿基金得到放大。从风险保障总规模意义上说,农业保险为 2.13 亿户次农户提供 2.79 万亿元的风险保障,中央财政所支出的这笔预算,最终获得的放大效应是 156 倍,从农民的角度,他们每支付 1 元钱的保险费可以得到 264 元的风险保障,这是任何其他财政和金融手段都无法比拟的。

可以说,政府引导和财政补贴等政策支持,通过农业保险这种市场化的机制,创新了财政支农方式,提升了政府社会管理效能,使农业保险成为财政资金强农惠农富农的重要创新方式。商业保险公司具体发展和经办农业保险,充分发挥保险公司在服务网络、风险精算、风险控制和资金管理等方面的优势,将政府临时性的救灾行为转化为制度化、规范化的救灾应对机制,有力促进了政府职能转变,提高了社会管理效率。农业保险作为市场化的风险转移机制、社会互助机制和社会管理机制,在辅助社会管理、保障和改善民生方面具有独到优势,在提高公共服务供给能力、提升公共服务资源配置效能和社会管理效率上发挥着重要的作用,是推进社会管理创新、完善社会管理体系可资利用的有效金融工具,以商业保险机制实现公共服务供给,构建阳光操作机制,实现公共服务决策、运行、监督的分离,提高公共资源的配置效能。

(三)服务现代农业生产经营体系,推进农业现代化

现代农业生产经营的主要特征是集约化、标准化、科技化和机械化。农业生产经营的规模化程度越高,农业生产的技术含量和资本投入就更高更大,农业生产的效率和附加值也越高,但同时由此带来的风险也更高、更集中。着力构建的现代农业生产经营主体包括种养大户、家庭农场、农民合作社和农业产业化龙头企业等,这些生产主体的风险管理和保险需求十分强烈。以家庭农场为例,目前普通农户农业生产经营性收入只占家庭收入的 30% 左右,对农业保险的内在有

效需求不高，但家庭农场以经营农业为家庭收入的主要来源，农业生产经营性收入占比一般达80%甚至更高，一旦遇到自然灾害，对其生产生活必将造成极大影响。

"十三五"期间，部分保险机构在开展传统农业保险业务的同时，针对种养大户、家庭农场等新型农业经营主体，积极开发、量身设计专门的农业保险产品，并探索农业保险与家庭财产保险、意外伤害保险等涉农综合保险业务，为农业生产经营主体提供全面风险保障。2015年针对新型农业经营主体发展面临的金融瓶颈，农业部、财政部、人民银行、银监会、保监会等部委和其他10家金融保险机构，联合发布了《金融支持新型农业经营主体共同行动计划》，要求切实加大对新型农业经营主体的金融支持，其中对农业保险支持新型农业经营主体发展提出明确要求。财政部印发了《关于支持多种形式适度规模经营促进转变农业发展方式的意见》，加大了对农业适度规模经营的政策倾斜力度，实施差异化的农业补贴、农机扶持等政策，推动财政支农项目与新型经营主体有效对接，扶持家庭农场和种养大户发展，引导鼓励龙头企业与农民或农民合作社以"订单农业"等方式实现规模经营。

（四）创新探索了保险与信贷等金融工具的融合创新，深化农村金融改革

农村金融有效供给不足一直是我国金融改革的难题。改革开放以来，我国对农村金融体制机制的改革从未停止，农村金融的发展经历了起起伏伏，但"三农"发展对农村金融的需求始终没有得到很好地满足，农村经济融资难、融资贵的问题一直待解。事实上，破解农村金融难题的根源在于需要金融机制的改革创新、多种金融工具的融合。近年来，我国各地在发展农业保险的同时，也积极促进农业保险与信贷、担保等工具的联动创新，为深化农村金融体制改革、更好满足"三农"发展的需求积累了很好的经验：一是开展农业保险与银行信贷的联动。以开展农业保险为切入点，银行等机构对于参加农业保险的农户优先给予贷款支持，政府提供农业保险保费补贴和部分贷款贴息等政策支持。二是发挥农村综合保险增信功能，开展农村综合保险与银行信贷工具的联动。在农户参与农业保险、家庭财产保险、意外伤害保险等综合保险的前提下，农村信用社为符合贷款条件的农户提供贷款，政府财政投入的基金提供担保，保险公司对贷款本金提供保证保险。三是开展农业保险与期货期权等机制的联动创新。2014年保监会、证监会等部委联合启动了农业保险与期货市场对接课题研究，积极探索开发农产品期货价格保险。主要做法是保险公司依托期货市场价格设计保险产品，并将其作为赔付与否的参照标准，并在期货市场上进行风险对冲操作，从而构建与农产品现货市场价格波动进行盈亏冲抵的风险控制机制。

（五）完善农村保险服务体系建设，促进农村和谐社会建设构建

（1）完善农村保险基层服务体系建设。面对分散性、非集约化农业生产方式下如何将农业保险的服务真正落地、惠及千家万户的问题，各农险经办主体积极完善农业保险基层服务体系建设，打通支农惠农"最后一千米"通道。一是在中心乡镇建立"三农营销服务部"，在一般乡镇建立"三农保险服务站"，在行政村建立"三农保险服务点"，全面打造覆盖乡村、深入"三农"的服务网点。二是以基层服务网点为基础和依托，全面推行承保理赔到户工程，通过刷墙体标语、送服务手册等多种手段开展农业保险立体宣传，切实提升农业保险服务"三农"能力，将"三农"保险基层服务体系打造成发展"三农"保险的有力抓手、地方政府"三农"工作的重要助手和广大农民的生产生活帮手。

（2）积极构建农村保险综合立体保障网络，促进农村和谐社会构建。当前我国农村社会保障体系还不完善，保障水平还比较低，难以满足具有更高生活需求的富裕地区农民的养老、医疗等保障需求。保险公司以农业保险为依托，积极发展"三农"综合保险、被征地农民和农民工系列保险等农村保险，成为我国农村社会保障体系的有益补充，满足了农民多样化的保障需求，促进了农村社会和谐稳定。

（六）初步建立了充分竞争的农业保险供给体制

我国农业保险从一开始就是由商业保险公司在运营，2004年之后，为了增加对农业保险的供给，中国保监会连续批设了上海安信保险公司、吉林安华保险公司、黑龙江阳光农业相互保险公司、安徽国元农业保险公司、中原农业保险公司五家专业农业保险公司，又引进了法国安盟保险集团在成都设立专门经营农业和农村保险的分支机构（后重组为中航安盟财产保险公司）。加上中国人保财产和中华联合财产两家综合财产保险公司，近年来，又有平安财险、太平洋财险、华农财险、中国人寿财险等十多家财产保险公司加入农业保险供给行列，形成了充分竞争的供给体制。这也是我国农业保险实践发展合乎中国国情的一个自然成果。

（七）农业保险成为各级政府"三农"工作的重要抓手

从20世纪90年代起，我国经济正式进入工业反哺农业的发展阶段，在整个经济和社会发展战略中，政府出台的强农惠农富农政策日益增多，继取消农业税、增加种粮补贴、农机补贴、柴油补贴等重要财政支持政策之后，推行和发展农业保险实际上已经成为最新、最重要的强农惠农富农政策之一，各级政府将其作为保障和改善民生、加强社会保障制度建设的重要措施来实施，不少省份已经将农业保险的发展水平列入省、地、县政府的"民生工程"，并作为政绩考核指标。当前，农业保险产品的开发和农业保险的发展，在很多领域和一定程度上，解决了政府通过行政手段难以解决的问题。上海通过开发和推出政策性蔬菜价格保险，努力解决多年来难以解决的"菜贱伤农，菜贵伤民"难题，得到上海市政府的高度认可。新疆在喀什疏附县，探索为农牧民提供农牧业生产、家庭财产、人身意外等综合性保险保障计划，更加全面地发挥了保障和服务农业生产和农民家庭生活的功能，对少数民族地区的农村发展和社会稳定发挥了积极作用。

二、我国农业保险发展存在的问题

农业保险是一项保险业务，同时也是国家扶持农业发展的重要政策工具。相较于其他补偿救助，从理论上讲，农业保险机制发挥作用有其独特之处。如放大财政资金效果，发挥"四两拨千斤"的杠杆作用；专业的查勘、评估、计算和赔付，使受损农民得到的补偿更有效率、更精准；农业保险具有防灾防损作用，不仅关注农业的损失，同时也会关注损失的预防和减灾，不但亡羊补牢，还能未雨绸缪。因而，与其他救助系统相比，农业保险机制的这些特点使其在预防灾害和补偿灾害损失两个方面的功能发挥更有效率。但这种效率体现的前提，是业务质量能够得以保证，否则，农业保险的政策效率就会大打折扣。通过进一步梳理，我国农业保险发展存在的问题可以归纳为以下几个方面：

（一）思想认识不到位

自2007年以来，虽然政策性农业保险已经推行12年，但无论是一些政府部门还是农民，甚至保险公司，对这种保险的性质、意义、特点、政策等，在思想认识上还缺乏明确的理解和认识。

一是作为本身具有特殊性和复杂性的农业保险，被等同于一般的财产保险来对待。在业务操作流程上、技术运用上简单套用一般财产险的内容，忽视"三农"及农业保险事故的特殊性、复杂性、规律性，从而造成农业保险相关业务流程和要求脱离实际。如有的地方出于社会稳定等目的考量，尤其是在大灾发生后，提出的灾后马上赔付到户，甚至会量化出赔付额度，完全不考虑农业生产过程可能多次受灾、农作物受灾后的自身修复等情况，也不考虑保险合同的规则和契约精神。

二是作为一项政策工具的农业保险，被当做一种福利制度来使用。一些农民甚至包括基层干部对农业保险的认识至今仍存在偏差，把农业保险单纯地视为一项农业补贴政策，而忽视其保险的本质，所以无论灾害发生轻重，只要参加保险就要得到赔偿，无灾害发生也要求返本。同时，对于成本型农业保险主要保障简单再生产能力认识不清，导致实际理赔结果无法满足受灾农民的期望值。农业保险在宣传引导方面还有很多工作需要去做。

三是作为现代农业建设的组成部分，农业保险并未得到应有的重视。在一些地区和一些领导干部的思想意识里，农业保险对"三农"发展的作用是可有可无的，农业保险之所以还在开展，主要是因为农业保险是国家的一项制度和政策安排，不得不做。所以，在实际工作中，有些地方推动农业保险工作的决心、毅力和力度都不足，特别是对农业保险发展中遇到的问题，没有给予充分的重视并研究解决办法，没有在政策、制度、机制等方面对农业保险的长期发展给予支持；有的地方甚至在省一级，在农业保险试点初期，每年都要专题研究农业保险工作，完善政策，出台方案，现在每年只是象征性地发个文件而已。同时，在财政补贴预算安排上，一些地方农业保险的补贴预算是被弱化的需求，财政安排都是先满足其他项目，剩下才是补贴农业保险。在协同推动上，更没有统一的思想合力，参与各方各站己位，监管的只管查问题、求稳定，甚至逼着保险主体采取极端方式化解矛盾，在一定程度上助推了投保农户离谱而又没有底限的利益诉求；农业部门提出所谓保护农民利益，一味地要求降费率、提标准、扩责任，不考虑农业保险经营的精算平衡原则和经办主体的合理利益诉求，以及农业保险能不能可持续发展；保险经办机构没有统一的发展目标，只强调收保费和给受灾农户赔付，不投入、不创新，个别主体为了短期发展，为了抢业务甚至违规违纪，而整个农险市场并没有建立起优胜劣汰和有效的违规惩戒机制。

（二）制度建设不完善

一是从整体看，农业保险制度尚未有效建立，更谈不上完善。由于我国农业保险起步晚、农业发展情况特殊，农业保险制度体系是在试点过程中逐步摸索建立和形成的，主要制度框架只是"一个条例＋若干部门文件"组成。从这套制度体系的基础作用看，主要起到了国家建立农业保险制度的法律保障作用和财政补贴政策的依据作用。从实际运作看，很多制度和规定已经无法满足农业保险的发展要求，特别是2012年颁布的《农业保险条例》，确定了"政府引导，市场运作，自主自愿，协同推进"的基本原则和各方面的操作规则，主要对农业保险合同、经营规则进行了简单规范，对未来农业保险的发展难以起到有效的引导和规范作用；从制度的规范内容看，有很多方面需要纳入条例规范之中，如收入保险等新型农业保险产品的创新发展问题、新型农业经营主体的农业保险提升问题等；从规范要求落实看，既存在不落实问题也存在落实不到位问题。实际上，截至目前，绝大部分省（自治区、直辖市）农业保险的经营模式都还在探索完善中，各相关政府部门如何"协同"也不明确。由于各地开办农业保险的制度差异很大，我国农业保险陆续产生了"政府引导＋市场经营"的北京模式，"政府支持＋专业保险公司经营"的上海、吉林、安徽模式，"政府支持＋多家保险公司联合共保"的浙江模式，"政府与保险公司联合共保"的江苏模式，"财政支持＋相互制保险经营"的黑龙江模式等等。这些丰富多彩的制度设计，虽然有自己的特点，也不乏创造性，但是都有一些不完善的地方：有的省开办的农业保险，对政府、保险经营者和投保农户三方各自的责任和义务，以及三方关系处理方面的规定不明确，使保险关系的存在处于扭曲状态；有的省农业保险制度在准备金不足支付赔款时的赔款责任承担方面，缺乏必要和合理的安排，以致在发生大灾时"不得不"以损害投保农户的利益作为最终处理结果；有的省利用农业保险财政补贴制度赋予政府特别是基层政府在保险承保、定损和理赔中较大的权利，导致了多种弊端，在很多情况下影响了保险基本原则的贯彻，也正在损害这种保险的可持续性。

二是农业保险大灾风险分散机制尚未建立。虽然财政部门出台了相关文件，但只是针对公司级别的大灾风险分散机制，对农业保险发展最重要的省一级和中央一级的大灾风险分散机制建设，还没有到位。如果仅仅是停留在公司级别的大灾分散机制，大灾风险准备金还是在保费中统筹，一旦当年赔款过高，就无法为下一年积累一定的准备金；同时，这种提取方法与条例中"农业保险自主经营、自负盈亏"的要求也是不符的，在保费中提取准备金后，会影响保险经办机构的经营核算。

三是农业再保险问题依然困扰农业保险的发展。虽然成立了"农共体"，从再保险安排方面有了一定改进，但这种纯商业化的再保也使部分农险经办机构的再保险费率大幅提升，甚至远超农业保险的产品定价，这很难让直保经办机构认可、接受和承受。再如某些农业保险项目的银保协作问题，在农业保险实际工作中很难执行。经过十几年的发展，我国农业保险制度体系已经无法满足农业保险发展的需要，必须在总结多年实践经验教训的基础上，进行系统的梳理、补充和完善。

（三）机制设计不衔接

一是执行机制。由于基础支撑不足，农业保险业务在执行环节的质量很难保障。首先是数据不准。由于农业基础数据积累不足、不准确，以及相应的承保技术不先进，会导致承保数据不准确，不足额投保、虚保、冒保等问题就难以避免；由于查勘定损技术不过关，会导致理赔数据不准确、不真实。其次是效率不高。由于我国农户生产规模小、标的分散,加之农业保险人力不足、技术原始,致使农业保险工作成本高、效率低,特别是查勘定损工作,遇到大面积灾害往往难以及时有效地完成精确的查勘工作。第三是结果不真。当前,农业保险"保不过来、查不过来"的问题十分突出,为了完成承保和理赔任务,不得不采用抽样调查的方法,"承保到户、查勘到户、定损到户"只能停留在文件要求上;有的保险机构还存在不查勘、不进现场,直接在办公室"做数"的问题。这些都难以保证农业保险承保、理赔的真实性。

二是研究创新机制。我国新一轮农业保险的发展虽然已历经十余年,但仍处于完善提升阶段,从理论到实践都需要更深入地研究、探索、创新。但目前却缺少鼓励和促进农业保险研究、创新的制度安排或政策措施。尽管一些保险公司、社会企业、科研单位等对农业保险相关领域进行着研究和探索,但主要集中于农业保险的某个领域、某个流程、某个环节等,研究和创新的系统性、配套性不足;还有一些机构和单位,为对政府、对社会提升品牌价值,制造创新噱头,在办公室内研究些创新项目,实则不能落地应用,也产生不了新价值。同时,由于农业保险研究和创新成本较高、结果难以预料,在缺少政策和资金支持的情况下,也容易半途而废。

三是协调合作机制。农业保险制度建立和业务运行,既涉及政策的落实,又涉及保险业务的具体运行,在农业保险发展尚未成熟阶段,很多工作需要相关部门、单位共同来协调、合作完成。虽然《农业保险条例》把协同推进作为农业保险的一条开办原则,但实际工作中的协调合作机制仍有待建立和强化,如农业保险风险研究、产品定价等问题,就离不开农业、气象等科研部门或单位的配合,农业土地数据等信息离不开国土资源、农业等部门的支持,等等。而这些合作或协调,在农业保险现实工作中是很难做到的。

四是绩效考核机制。农业保险作为一种特定的政策工具,应该对工具的作用发挥情况予以定期评价与考核,这对于纠正农业保险在开办过程中出现的问题、完善市场竞争机制、制定相关政策都是至关重要的。从实际工作看,目前虽然也有部分地区建立了农业保险考核评价制度，但由于缺乏顶层的制度安排，各地考核方式方法和内容都有很大差别，有些地方的考核甚至变了味，走形式、走过场，把考核变成一种人为划分市场的方式。

（四）财政补贴效率不高

财政补贴农业保险是中国农业保险得以广泛和迅速发展的最主要的政策和动力。2007年以来，接受中央财政补贴的各省份中，中央和地、市、县各级财政的保费补贴在农业保险保费全部收入中一直占80%左右的份额。其他没有纳入中央补贴的省（自治区、直辖市）的农业保险，保费补贴的份额也在60%～80%。作为一种激励机制，财政的保险费补贴起到了鼓励农户投保的目的。农业保险作为一种社会互助机制，即使农民缴纳的保险费只有20%的份额，财政补贴的激励效应和社会效应也非常明显。从财政和农民那里筹集的保费形成的保险基金，在补偿农民灾害损失方面，发挥了其他公共措施（如救济）所起不到的作用，但是，财政补贴也有负面作用。

一是补贴机制有待进一步完善。全国各省级都希望得到中央财政补贴，中央财力不可能给所有省份补贴，而且也不可能平均补贴各省份。

二是补贴水平有待进一步提高。中央的补贴政策相对保守，只愿意为保障水平极低的所谓"成本保险"补贴35%～39%的保险费，而农户对如此低的保险保障不感兴趣。地方政府和保险经营者如果想要适应农户，特别是种田大户的需求，提高保险保障水平，所需增加的保险费补贴要由地方政府自己承担。

三是补贴效率有待进一步提升。补贴也引发了特殊的"道德风险"，地方政府和保险机构有通过不当方式甚至违规违法手段套取中央财政补贴的一定动机和行动，造成财政资金的"漏损"，从而削弱了财政资金支持农业保险的力度和效果。实际上，道德风险和逆向选择在保险经营中一直都是备受重视的问题，但在目前的农业保险中有愈发严重的趋势。首先是道德风险问题。假承保、降费承保、骗赔案件频发，不规范的理赔，"协议赔付"，在一些地方普遍存在。道德风险问题在一般财产保险中主要存在于投保人一方，而农业保险由于存在特殊的政府、商业保险公司、农户三方主体关系，道德风险不仅在投保农户中存在，保险经营人员中存在，甚至在基层政府参与农业保险组织和协助工作的人员中也同样存在。这不仅使投保的"业绩"存在虚假，更使理赔的准确性、真实性无法保证。其次是逆向选择问题。当前，我国农业保险的展业过程中，大多数省份不对农业保险进行风险区划和费率分区，一个险种实行一省（直辖市、自治区）一个费率，造成高风险地区的农户投保积极，低风险地区的农户不愿参保，导致低风险地区的承保面积相当少。

四是补贴效果有待进一步检验。有的地方追求补贴力度，存在"补贴比例越高越好"的误区，在某些地区保费补贴已经达到90%，甚至更高，这实际上并不利于培养农户的风险和保险意识。

五是补贴方式有待进一步精准。财政支持政策对于不同规模农户没有区别，对小规模经营的"散户"和较大规模经营的家庭农场、种田大户等新型经营主体，都是一样的补贴政策、相同的补贴比例，不利于农业现代化的加速推进，也不利于国家粮食安全战略的实施。

（五）技术体系支撑不足

农业保险是在广阔的土地上、水域里和分散的畜禽养殖场所进行的，它需要一些完全不同于一般财产保险的技术，技术基础的提高和加强，特别是新技术的应用将会大大提升农业保险的效率。但就我国农业保险目前的发展情况而言，主要缺乏以下技术支持。

一是风险管理技术。主要表现为对风险的认识和研究不足，农业风险的数据和资料积累不足，甚至不真实，因此对风险管理缺乏有针对性的措施和途径，风险区划在农业保险工作中无法得到真正落实。

二是精算定价技术。由于缺少足够的灾害数据和农业损失数据，当前农业保险定价精算模型尚未有效建立，农业保险产品定价仍然停留在经验定价、估算定价阶段，准确性、科学性不高，农业保险业务经营存在赌博心理。

三是承保风险识别技术。目前开展的农业保险，没有一个保险项目能做到科学精准识别保险标的、标的位置、标的条件和标的风险，基本是在某种框架条件下达成共同承保意愿。现在业内推行的卫星遥感等技术还远不成熟，距离我们需要的"精准"还存在非常大的距离。所以承保工作本身就是模糊不清的，风险由此进入，这也易引发理赔风险。

四是损失鉴定技术。农业保险查勘、定损、理赔等主要工作，缺少先进技术支持，主要依靠人工完成，特别是查勘定损，基本采用"人海战术"，靠人的经验和原始的农业测产等方法来定损，定损的准确性、及时性和覆盖率很难保证。所以，不突破农业保险的技术障碍，农业保险的运行质量就难有保证。

（六）配套环境建设不完善

农业保险也需要良好的运作和发展环境，包括信用环境、数据基础环境、财政支持环境和人才队伍等，而这些方面的基础和条件都不是很好。

一是信用环境。诚信建设是我们全社会面临的一个重要问题，这在我国广大农村地区也同样适用。农业保险工作本身就复杂繁重，而大量缺乏诚信的客户报案、索赔无疑会进一步增加这种繁重性。

二是数据环境。农业数据信息管理粗放、分散，没有系统的管理、没有严格的登记、没有明确的逻辑划分、没有定位准确的管理部门和人员，这就导致农业保险的数据环境较差，农业保险开办缺少基础的必要的数据信息保障。农业生产数据、灾害数据等不真实、不准确、不共享的问题十分突出，严重制约了农业保险科学有效地开展。比如农村耕地数据，由于历史原因，产生了诸如二轮承包土地、直补土地、实际播种土地等，这些性质的耕地权属不清、数据不符、登记不全，导致一些地方承保标的无法准确确定。

三是人才队伍。我国农业保险发展历史短、规模小、专业复合性高，从历史和当前看，农业保险与其他保险业务相比，都具有"小众"性质。因此，专门从事农业保险业务的人员少、培育不足，造成当前人才紧缺。由于人才培养具有一定的周期性，因此在未来一个时期内，人才问题依然是制约农业保险发展的一个瓶颈问题。

由于农业保险基础建设不强，导致农业保险业务在开办过程中，不断出现违规违纪问题，进一步降低了农业保险的发展质量。以违规的方法开办农业保险，势必会把问题遮盖、掩饰起来，形成农业保险繁荣发展的表象，无法反映农业保险的真实发展状况，无法有效积累真实可靠的数据信息，无法检验农业保险经营管理模式是否可行。这样既无法达到农业保险制度建立的初衷,也会导致农业保险决策失真失误,长期下去,就会扭曲、变形农业保险,且容易产生系统性经营管理风险,一旦爆发就会影响农业保险整体发展,甚至动摇农业保险的制度基础。由于存在诸如思想、制度、机制、补贴、技术、环境等关键问题,导致2007年以来农业保险各参与主体身心疲劳,不胜其苦。一些政府的感受是农业保险添了很多乱、找了很多麻烦,但并没有解决什么实质问题;财政部门的感受是,本来财政压力就大,实在让做就做点,没钱少做,做多少都行,没什么关系;农业部门的感受是自己出了很多力,没啥收获,费力不讨好,还可能出问题,钱都让保险公司赚了;监管部门的感受是领导部门职责不清,自己也找不准定位,而农险业务操作不规范,投入精力大,占比只有5%的业务要拿出70%以上的精力来管理,弄不好自己还得承担监管责任;农民的感受总是不满足,总是拿赔付水平和收益预期比,总认为重灾的没有多赔,无灾的不赔;保险公司的感受很复杂,一方面为了生存发展必须抢占市场,其中难免会忽略一些规范性;另一方面又觉得非常委屈,处于整个链条的最底端,决策的事都不由自己定,包括模式、合同、标准等,但一切责任和罚处都得自己买单,等等。可见,农险开办多年,感受具有普遍性和长期性,需要做些思考和调整。

第四节 我国农业保险发展评述

随着现代农业的发展,以及农村规模化经营程度的提升,以传统小规模经营农户为主要保障对象、以农业生产领域风险为主要保障内容、以成本保险为主要业务的广覆盖、低保障农业保险体系,已不能满足新形势下农业和农村发展的需要,特别是乡村振兴战略的实施,农业保险创新升级势在必行。那么下一步农业保险创新的方向在哪里呢?我们认为"以险代补、险补结合"是未来农业保险发展的方向。关于"以险代补、险补结合"新型农业保险的详细论述会在接下来的第六、第七、第八章展开。本节我们要思考并且论述的主要问题是:为什么"以险代补、险补结合"是未来农业保险发展的方向?

第四章 我国农业保险发展评述

一、当前农业保险需进一步研究与思考的几个问题

(一) 如何发展我国农业保险制度

2012年出台的《农业保险条例》对我国农业保险制度做了初步的设计和规范。应该说这是在吸收了前期农业保险实践和研究成果的基础上做出的最优选择。但是，经过最近7年的实践，一些核心问题需要进一步明确。

一是如何理解"政府引导"？一般理解是政府通过财政税收政策，特别是通过保险费补贴来鼓励农民投保。但在中国农村高度分散的土地承包权分布和城市化加速发展的背景下，农业保险展业、查勘、定损、理赔都成了问题。这就需要研究政府应当如何正确引导农业保险的健康快速发展？我们需要调整哪些思路，需要调整哪些政策，需要进一步制定哪些规则，才能让农业保险持续保持快速发展？

二是如何理解"市场运作"？最初的理解就是由商业保险公司为主来开展农业保险，按照市场的规则，进行自由竞争的经营。保险机构自己在获得补贴之后承担有限风险责任，让市场发挥配置资源的决定性作用。但是实践没有按照设计思路运行，随着市场主体越来越多，农业保险市场集中度快速降低的同时，市场乱象反而越来越多，效率越来越差。

三是如何理解"自主自愿"？最初的理解是农户愿不愿意参加保险自主选择，是否开展农业保险经营，各家商业保险公司或者合作组织自主决定。为此，监管部门甚至取消了经营农业保险的审批规定，让保险机构充分自主。但这对于占农户总数80%左右的小规模生产农户来讲，由于种粮收益不高，他们没有投保积极性；对种粮大户或者其他新型农业经营主体来讲，农业保险保障水平太低也使他们的投保积极性大打折扣。中央要实行市场化改革的要求和为农业生产提供成本保障的希望，与农业保险当前的政策目标显然是不相符的。因此，是否需要重新审视农业保险经营主体的准入？如何更好地吸引广大小规模农户积极参加农业保险？也是需要认真研究的问题。

四是如何理解"协同推进"？意思是各相关政府部门都要在自己业务范围内协助推进农业保险。目前至少有13个政府部门与农业保

险有关系，但因为缺乏具体的政策规定，有关部门的职责边界并不清晰，工作缺位与越位现象时有发生。到底需不需要这么多部门"协同推进"？如果需要，各部门具体应当担负或者执行什么职责，其行为如何得到规范？

所以，这16个字的农业保险"原则"，也就是农业保险的制度框架，需要在细致论证和研究的基础上，加以调整和完善。

（二）如何提高我国农业保险补贴效率

农业保险涉及的政策很多，特别是财政补贴政策，需要好好研究如何提高补贴效率问题。我国目前中央财政支持的农业保险标的种类，选择了十几种农作物，以及猪、牛等家畜品种。其他大部分农林牧渔产品的农业保险补贴由地方财政支持，例如，蔬菜、水果、水产养殖、渔船、农房等。如此多的支持品种导致的直接结果是农业保险风险保障水平都比较低，以保障物化成本为主，那么，政府补贴的农业保险险种到底应该在什么保障水平下才是合理的？是按照"增品、提标、扩面"的方针继续在低保障的前提下拓展农业保险的覆盖范围？还是调整农业保险的思路，按照"险补结合"的思路，重点保障小麦、稻谷、玉米等主要粮食作物的种植收益，确保国家粮食安全？这也是需要认真思考的问题之一。

（三）如何理解我国农业保险的发展趋势

我国现在的主要农险产品是成本保险，虽然相应的财政补贴负担要小一些，保险公司的风险控制要容易一些，但农户不满意，特别是规模化种植农户不满意。当前，在我国土地流转加快、经营规模不断扩大、农业现代化加速的客观环境下，成本保险越来越难以真正符合农业保险的政策目标。因此，我们需要考察这种低保障的农业保险产品有什么局限，产量保险、价格保险、收入保险，甚至"险补结合"的新型农业保险会不会是我们下一步的发展方向？如果是，其发展条件和路径是怎样的，需要哪些政策支持以及多大的支持等等，都需要我们认真研究。

（四）如何学习、借鉴国际农业保险发展的经验

如前文所述，美国、欧盟、日本等国家和地区都有悠久的农业保险发展历史和成熟的实践经验，无论是在制度构建、政策设计方面，

还是在市场组织、精算技术等方面,都有很多值得我国学习、借鉴的内容。如何结合中国的实际来借鉴国际先进经验,改进我们农业保险的制度、政策、监管和经营管理?依然需要我们认真研究。

实际上,解决我国农业保险发展到目前阶段所产生的上述这一系列问题,迫切需要建立和发挥"以险代补、险补结合"新型农业保险的关键作用。一方面规范农险市场,分散农业风险,对商业保险公司的定损、理赔进行监督制约;另一方面切实提高补贴的效率和深度,真正发挥农业保险补贴在稳定农业生产、提高农民收入、鼓励保险机构经营和创新方面的作用。

二、我国农业保险发展评述

(一)完善体制和机制是农业保险发展的坚实基础

一是健全完善法律法规和制度体系。认真总结农业保险多年的发展经验和教训,进一步健全和完善农业保险法律法规及相关配套制度,对农业保险开办制度、开办机制、政策体系等予以明确规定,突出顶层设计和引导,确保在未来一个时期内,农业保险的创新发展和转型升级能够有充足的法律和制度依据,以及有效的机制保障。

二是建立相关单位合作推进农业保险发展机制。由于农业在我国的特殊地位,农业保险的发展离不开相关单位的协调推进,因此在未来农业保险的发展中,必须加强合作机制建设,深化各部门、各有关单位的推进职责及保障职责履行的措施。合作方面,重点应强化以下几个方面:①数据信息共享合作。保险机构对农业、气象、土地等各类数据信息积累严重不足,极大地制约了保险机构的产品研发和定价;同时,也会影响承保和理赔的真实性和准确性。因此,在确保相关数据安全性的基础上,应强化数据的共享或低成本供应。②研究创新合作。努力加强保险机构与相关科研部门或单位的农业保险研究合作,以解决当前农业保险创新存在的保险机构缺乏研究人才、科研单位研究脱离保险实际的问题,通过合理的成本投入,促进研究和创新接地气、有效果。③合作建设信息平台。如建立灾害预警平台、农业保险数据信息平台等,为农业保险工作提供信息支持。④强化对农业保险的集中统一领导。多年来,农业保险的管理、推进职能和权力分散在农业、财政等多个部门，表面看协同推进农险工作，但从工作实践看，由于职能分散、目标分化、合作不力、协作性差，导致效能很低。农业保险存在的系列问题，以及问题的解决没有得到应有的重视，根源还是协调推进的合力不够，对农业保险发展的组织管理不到位。因此，应该探索建立对农业保险进行集中统一领导的工作机构或工作机制，保证对农业保险的管理、规范、评价和监督都能及时到位，保证农业保险事业的发展有持续动力。

三是建立支持农业保险研究和创新的政策支持体系。农业保险的发展，创新是根本动力。目前，农业保险领域的创新，主要以经营农业保险业务的保险机构来开展。从创新的成效看，缺乏系统性、开创性和根本性的创新，创新成果对农业保险的改变和促进没有决定性的作用。主要的创新成果集中在产品、流程上，农业保险真正需要的技术创新、模式创新、制度创新、管理创新不多，且效果不好。同时，近年来随着农业保险业务的发展，高校和保险等机构也加强了对农业保险的研究工作，但高校的研究无法转化成真正推动农业保险发展的动力，保险机构的研究又达不到较高的理论层次。因此，有必要建立更有推动力的农业保险创新和研究政策支持体系，如建立农业保险创新组织架构，培养一支高技能创新人才队伍，让创新组织架构因势施策，让领衔科技专家有职有权，保证创新组织高效运行，快速提高农险创新能力；建立农业保险研究和创新基金，鼓励社会加强农业保险研究和创新工作，对重大创新和研究成果予以资金支持；建立创新和研究成果保护机制，对于各单位的农业保险重要创新和研究成果，在一定期限内给予保护，不允许他人模仿、使用等。

（二）提高保障能力是农业保险发展的必要条件

自2007年中央政府开始补贴农业保险保费以来，出于对财政补贴总量的控制和对道德风险的防范，我国农林牧渔各类农业保险产品都局限在"保成本"，即只保"物化劳动成本"。实际上，除少数地区外，政府补贴的农业保险保费大多低于"直接物化成本"，而且有些"固化"。这与其实际生产成本的背离越来越远，对农户的吸引力也越来越小。为此，2018年8月，财政部、农业农村部、银保监会下发了《关于开展三大粮食作物完全成本保险和收入保险试点工作的通知》，在目前农业保险保障水平涵盖直接物化成本和地租成本的基础上，拟通过探索开展完全成本保险和收入保险，进一步增强农业保险产品吸引力，促进农民增收，推进农村现代化，助力乡村振兴，并明确从2018年开始，用3年时间，在内蒙古、辽宁、安徽、湖北、山东、河南等6个省份，每个省份选择4个产粮大县，开展玉米、水稻、小麦三大主粮作物完全成本保险和收入保险试点工作。对我国的农业保险而言，探索保障水平逐步涵盖地租成本和劳动力成本，是一个大的跨越。未来，我国的农业保险不仅要保成本，更要实现保收入的功能，切实提高对农户，特别是规模化种植农户的保障程度。

（三）完善风险分散机制是农业保险可持续发展的重要保证

完善风险防范机制是每一个农业保险服务机构持续经营的基本内容。从整体来讲，农险风险防范机制的建设分两个层次：第一层次是保险机构自身的风险管控，包括提取足够的责任准备金和大灾风险准备金，同时科学合理安排再保险，以应对公司可能面对的超过赔偿基金积累的风险责任。进而，充分发挥再保险在农业保险大灾风险管理、数据分析、产品定价等方面的优势，进一步支持产品创新、扩大保险覆盖面和提高保险保障水平。第二层次是建立健全多层分散、多方参与、风险共担的大灾风险分散机制。当前，我国农业保险大灾风险分散的主要渠道之一是2014年11月成立的中国农业保险再保险共同体，由中国财产再保险公司与23家具有农业保险经营资质的保险公司成立的松散型农业保险大灾风险分散体系。2017年，农共体可为农业保险提供了2 078亿元的再保险保障，能够初步满足我国农业保险风险分散的部分需要。但如果把保险契约和再保险契约合并起来考虑的话，则会发现农业保险所面临问题的实质并没有发生改变。这也就是说，虽然再保险安排为风险的二次分配引入了更多的流动性资金，但这种契约性的制度安排并没有从根本上解决农业自然灾害风险损失与保费收入间的不匹配问题。当缺乏流动性资本的问题出现在整个保险业面前时，所有的问题都又回到了没有再保险契约的情况下。同样，如果整个市场的费率或者利润下降，追求盈利最大化的再保险人也会像保险人一样，逐步退出农业保险领域。因此，适时引入新的农业风险分散机制是我国农业保险可持续发展的重要保证。

（四）加大政策扶持力度是农业保险保持活力的关键措施

一是进一步加大财政支持力度。财政补贴政策是农业保险支持体系的核心政策。当前及未来一段时期，由于大规模减税以及人口结构导致的人口红利快速下降等原因，我国财政收支情况将持续紧张，财政赤字也将稳步攀升，在这种大的宏观背景下，向中央财政申请农业保险的增量补贴可能性不大，可行的方案是按"险补结合"的思路以再保险引导创设"新型农业保险"，将粮食流通领域部分财政补贴通过"新型农业保险"的方式转化为对粮食生产领域的风险补偿，并逐步使之成为种粮农民收入补贴的核心支柱，从而为深化农业补贴体系改革、促进粮食价格回归市场调节创造条件。

二是强化农业保险新技术研究与运用。当前农业保险运行质量低、创新速度慢，很重要的原因是技术能力和水平低，农业保险业务开办所需要的关键技术没有突破，行业有创新转型的目标但没有达到目标的技术路径和措施。因此，必须加大新技术、新工具的研发力度。如强化移动承保技术研发、卫星遥感查勘技术研发、无人机查勘技术应用、农业保险灾害数据模型建设等，全面提升农业保险经营管理的技术水平，大力提高农业保险专业化发展能力。

三是不断拓宽农业保险服务领域。主要是不断提高农业保险的广度和深度，将农业保险与其他农业产业政策、区域发展战略和农村金融服务手段更加密切地结合起来，向农业产业链的上游和下游延伸，不仅提供农业生产的风险管理，更要提供农业产业化的风险管理。充分发挥农业保险在促进农业产业转型升级、转变政府职能、提高特殊群体抵御风险能力、完善农村社会公共服务中的作用，推进农业保险与涉农信贷、扶贫信贷、抵押担保、农产品期货等农村金融工具的结合和创新。

（五）加强监督管理是农业保险规范发展的必要前提

从目前农业保险发展看，保险经办机构承担着农业保险发展的各种后果，无论是什么样的业务和法律后果，保险机构都是各监管部门的监管对象。特别是从违规监督成效看，虽然近年来农业保险机构和相关从业人员不断受到处罚和惩戒，但并没能彻底改变农业保险业务经营中的违规现实。因此，不能只是盯着保险机构来监管，应该进一步完善和健全农业保险监管机制，让参与各方都能够真正尽职尽责、守法守规。未来，按"以险代补、险补结合"思路建立我国新型农业保险体系的核心在于形成"再保险机构—保险公司—种粮农户"的三级监督体系，解决"补贴者"激励问题，改进补贴效率：在再保险机构的规制下，保险公司将依据保险合同对种粮农户的生产状况进行"监督"和"核实"，并以"定损理赔"形式保障实际种粮农户收入。这种以市场主体之间的履约机制来实施补贴的做法，不仅可以有效防止普遍存在的农户土地撂荒或管理不善却领取足额补贴的现象，而且省去了经由各级政府划拨补贴的繁杂程序，杜绝了各种截留和挤占。同时，再保险的引入具有双重意义：一方面，可以有效纠正过去商业保险公司在从事农业保险时存在的多层级大面积套取国家保险补贴现象；另一方面，与过去的农业保险停留在对风险的初级补偿不同，"险补结合"的新型农业保险重在保障收入，帮助农户抵御价格波动风险，有助于真正保护种粮农户尤其是规模化的种粮大户权益。

第五章
农业再保险：
"险补结合"的主要载体

"险补结合"新型农业保险体系的核心要义是：在保留当前粮食生产环节直接补贴的前提下，通过组建中国农业再保险公司，以再保险公司保障、规范、引导各类农业保险，将粮食流通领域的间接价格补贴通过新型农业保险的方式转化为粮食生产领域的风险收入补偿，并逐步使之成为种粮农民收入补贴的核心支柱，从而为健全现有粮食补贴体系、促进粮食价格回归市场调节创造条件。因此，在正式引入"险补结合"新型农业保险体系基本原理之前，我们有必要先了解"险补结合"的主要载体——农业再保险。

第一节 再保险概述

一、再保险的概念

（一）再保险的基本概念

再保险也称分保，是指保险人在原保险合同的基础上，通过签订合同，将其承担的风险责任一部分或全部向其他保险人投保的行为。《保险法》第二十九条规定："保险人将其承担的保险业务，以分保形式，部分转移给其他保险人的，为再保险。"简单地说，再保险就是对保险人的保险。

在再保险业务中，将自己承担的保险责任转让出去的叫原保险人或分出人；与此对应，接受转让责任的保险人叫再保险人、分入人或分保接受人。如果再保险人又将所接受的业务再分给其他保险人，这种做法叫转分保，双方当事人分别称为转分保分出人和转分保接受人。

在再保险关系中，分出人要向分入人转嫁风险和责任，因此需要相应地支付部分保费给分入人,这种保费叫做分保保费;分出人承保业务需要费用,因此,他也要向分入人收取一定的费用,这种费用称为分保佣金或分保手续费。

(二)再保险与原保险的关系

再保险是一类独立的保险业务,再保险关系的建立是以原保险业务为基础,通过原保险人与再保险人签订再保险合同来实现的。在再保险合同中,原保险人的权利是在特定条件下,向再保险人分摊赔款,其义务是向再保险人缴纳分保保费;再保险人的权利是收取分保保费,义务是在发生保单所规定的保险事故时承担分保责任。

1. 再保险与原保险的联系

(1)原保险是再保险的基础。再保险的产生和发展,是基于原保险人分散风险的需要。保险是投保人以缴付保险费为代价将风险责任转嫁给保险人,实质是在全体被保险人之间分散风险;再保险是以原保险人承保的风险责任为保险标的,是原保险人以缴付分保费为代价将风险责任转嫁给再保险人,是原保险人与再保险人之间进一步分散风险。所以,其保险责任、保险金额、保险期限等都必须以原保险合同为基础,没有原保险,就没有再保险。

(2)再保险支持和促进原保险的发展。再保险是对原保险的保险,保险人将自己所承保的一部分风险责任向再保险人分保,从而也将一部分风险责任转移给再保险人。当原保险人承保的保险标的发生损失时,再保险人必须按再保险合同的规定分担相应的赔款。原保险人从再保险人那里摊回分保部分的赔款,有利于保障原保险人经营的安全和稳健。可见,再保险作为原保险的保险,是对原保险人所承担的风险责任的进一步分散,原保险人通过再保险可以降低自己的保险责任,扩大承保能力,从而支持和促进原保险的发展。

2. 再保险与原保险的区别

再保险虽然以原保险为基础,但再保险又是脱离原保险合同而独立存在的合同,并非原保险合同的从合同,二者之间有着明显的区别。

(1)合同的当事人不同。原保险关系的当事人是保险人与投保人,原保险体现的是保险人与投保人或被保险人之间的经济关系;而再保险关系的当事人是原保险人与再保险人，再保险体现的是保险人之间的经济关系。

（2）保险标的不同。原保险的保险标的包括财产、人身、责任、信用以及有关的利益，既有财产保险、人身保险，也有责任保险和信用保险；而再保险的保险标的则是原保险承担的风险责任，是一种具有责任保险性质的保险。

（3）合同性质不同。原保险人履行赔付责任时，对财产保险是损失补偿性质，对人身保险给付性的，所以原保险合同包括补偿性合同和给付性合同两种；而再保险人对原保险合同的分摊，无论是财产再保险还是人身再保险，都是原保险人承担的风险损失的补偿，所以再保险合同均为补偿性合同。

（三）再保险的作用

保险是社会的稳定器，再保险则是保险经营的稳定器。由于保险费率、业务量以及巨灾风险的发生，保险业务的经营会出现不稳定的局面。再保险产生和发展充分表明，通过再保险，可以分散风险、控制保险人的风险责任、扩大承保能力，保证保险业务的稳健发展。

1. 分散风险

根据理想的可保风险条件的要求，保险人在其经营过程中，应该尽可能做到保险标的在数量上足够多且具有同质性。但在实际经营过程中，保险标的在形态上千差万别，在价值量上也大小不等。既有价值量小而风险单位较多的家庭财产，也有价值量大而风险单位较少的投保标的。如果完全遵循理想的可保风险条件的要求，保险人会失去许多业务，也有许多单位无法获得保险保障。但如果承保了不符合理想可保条件的标的，保险人又面临经营的财务风险。再保险正是解决这矛盾的工具，并弱化了可保风险的理想条件。通过再保险，使得无法在投保人之间分散的风险，分散给多家保险人，由多家保险人来共同承担。

2. 限制责任

由于承保风险的偶然性和损失发生的不确定性，使得保险公司各年的损失率必然呈现一定的波动性。若发生重大保险事故，将会严重影响保险公司的财务稳定，发生亏损甚至破产。通过再保险，保险公司和再保险公司都可以根据自己的承保能力，科学地确定自留额和责任额来控制自己的风险责任。

（1）限制每一风险单位的责任。保险人在制订分保计划时，首先应当确定每个风险单位自留额，以规定自己对该风险单位所承担的最高责任限额。超出部分通过再保险的方式分散出去。

（2）限制一次巨灾事故的责任积累。巨灾风险如地震、飓风、洪水等可能同时对多个风险单位造成损失，会产生自留额的责任积累问题。如果某一保险人规定自己对每一风险单位的自留额是10万元，但一次飓风事故造成10个风险单位同时受损，保险人的责任在一次事故中就达到100万元，就可能导致财务危机。这种情况下，保险人可以根据自身的偿付能力控制一次巨灾事故的责任，将超出部分通过再保险的方式转移出去。如规定一次飓风事故的责任控制在70万元，超出70万元以上的30万元由再保险人承担。

（3）限制全年的责任积累。上述的险位限制和事故限制无法限制年内的赔款。保险人若将一年内发生的赔款控制在一定的限度内，还必须安排超额损失再保险，以限制全年的责任积累。

3. 扩大承保能力

由于保险公司的自有资金额是有限的，因而其自身的承保能力也就是一定的。资本薄弱的保险公司，不能承保超过自身财力的大额业务。即使资本雄厚的保险公司，也不会轻易承保大额业务，这势必会影响保险公司的业务来源及业务量。但是有了再保险的支持，保险公司就可以承担超出自身财力的大额业务，从而扩大了业务量，提高了承保经营能力。由于保险公司业务量的计算不包括再保险费，因此，通过再保险就可以达到在不增加资本的情况下增加业务量的目的。

4. 促进保险业竞争

再保险的存在和发展使得小型保险公司得以生存，由此促进保险业的竞争，增强保险市场的竞争活力。保险行业与其他许多行业不同的一点在于，小型保险公司与大型保险公司提供的产品具有高度同质性，如果没有再保险机制的存在，小型保险公司很难与大型保险公司抗衡并在市场上生存下去。而如果没有竞争，由大型保险公司完全垄断和操纵市场，最终受害的则是消费者。

5. 形成巨额联合保险基金

目前，随着科学技术的发展和广泛应用，社会财富日益增加，巨额保险标的显著增多，风险也相应集中。如果没有再保险，任何一个保险人，无论其资金如何雄厚，都无法承受远超自身承受能力的巨额风险损失。通过再保险的分出、分入业务，超过单个保险人自身承受能力的风险责任相互转移和分散，各自独立经营保险业务的保险人的资金联合起来，形成一笔巨大的联合保险基金。因此，通过再保险可以将各保险集团集合成更大的风险分散网络，在更大范围内将分散的保险基金积聚成同业性或国际性的联合保险基金，增强保险的整体经营能力和抵御巨灾风险的能力。

二、再保险的业务形式

再保险是原保险人把已承保的业务责任控制在一定范围内，把超出的部分转让出去。限制和转让责任可以以保险金额为基础，也可以以赔款为基础。据此可以将再保险分为比例再保险和非比例再保险。

（一）比例再保险

比例再保险（Proportional Reinsurance）是以保险金额为基础来确定分出公司自留额和接受公司责任额的再保险方式，故有金额再保险之称。在比例再保险中，分出公司的自留额和接受公司的责任额都表示为保额的一定比例，该比例也是双方分配保费和分摊赔款时的依据。也就是说，分出公司和接受公司对于保费和赔款的分配，按照其分配保额的同比例进行，这就充分显示了保险人和再保险人利益的一致性。所以，比例再保险最能显示再保险当事人双方共命运的原则，因而其应用范围十分广泛。比例再保险可以具体分为成数再保险、溢额再保险和成数溢额混合再保险三种。

1. 成数再保险

成数再保险是指保险人将每一危险单位的保险金额，按约定的比率向再保险人分保的再保险方式。按照成数再保险方式，不论分出公司承保的每一危险单位的保额大小，只要是在合同规定的限额之内，都按照双方约定的比率来分担责任，每一风险单位的保险费和发生的赔款，也按双方约定的固定比率进行分配和分摊。总之，比例再保险方式的最大特征是"按比率"分保，堪称比例再保险的代表方式，同时也是最简便的再保险方式。

由于成数再保险对每一危险单位都按一定的比率分配责任，故在遇有巨额风险责任时，原保险人和再保险人承担的责任仍然很大。因此，为了使承担的责任有一定范围，每一份成数再保险合同都按每一危险单位或每张保单规定一个最高责任限额，分出公司和接受公司在这个最高责任限额中各自承担一定的份额。

2. 溢额再保险

溢额再保险是由保险人与再保险人签订协议，对每个危险单位确定一个由原保险人承担的自留额，保险金额超过自留额的部分称为溢额，分给再保险人承担。

溢额再保险与成数再保险相比较，其最大的区别在于：如果某一业务的保险金额在自留额之内时，就无需办理分保，只有在保险金额超过自留额时，才将超过部分分给溢额再保险人。也就是说，溢额再保险的自留额，是一个确定的自留额，不随保险金额的大小变动，而成数再保险的自留额表现为保险金额的固定百分比，随保险金额的大小而变动。

3. 成数溢额混合再保险

成数溢额混合再保险，是将成数再保险和溢额再保险组织在一个合同里，以成数再保险的限额，作为溢额再保险的起点，再确定溢额再保险的限额。

成数溢额混合分保合同并无一定的形式，可视分出公司的需要和业务品质而定。如果某种业务若组织成数再保险合同则要支付较多的分保费，而组织溢额再保险合同保费和责任又欠平衡，这种情况下，就可以采用这种混合再保险方式，来协调各方的矛盾。

（二）非比例再保险

非比例再保险以损失为基础来确定再保险当事双方的责任，故又称损失再保险，一般称为超额损失再保险（Execss of Loss Reinsurance），但英文"Execss of Loss"的意思，又可理解为超额赔款。因此，"Execss of Loss Reinsurance"有时是非比例再保险的总称，有时又是指其中的一个分类——超额赔款再保险，究其原因，是因为超额赔款再保险是非比例再保险的典型代表。由于超额损失再保险是对原保险人赔款超过一定额度或标准时，再保险人对超过部分责任负责，故又称第二危险再保险，以表示责任的先后。

1. 险位超赔再保险

险位超赔再保险是以每一危险单位所发生的赔款来计算自负责任额和再保险责任额。假若总赔款金额不超过自负责任额，全部损失由分出公司赔付；假若总赔款金额超过自负责任额，超过部分由接受公司赔付，但再保险责任额在合同中的规定，也是有一定限度的。

关于险位超赔再保险在一次事故中的赔款计算，有两种计算方式：一是按危险单位分别计算，没有限制；二是有事故限额，即对每次事故总的赔款有限制，一般为险位限额的2～3倍，即每次事故接受公司只赔付2～3个危险单位的损失。

2. 事故超赔再保险

事故超赔再保险是以一次巨灾事故所发生的赔款总和来计算自负责任额和再保险责任额。当一次巨灾事故的赔款总额超过分出公司自赔额时，超过部分由接受公司负责一定的额度或全部。这种再保险方式对一次事故中受损风险单位数量没有限制，是以一次事故、群体风险单位受损所导致的总赔款为基础，其目的是保障一次事故造成的责任累计，常用于巨额和巨灾风险的再保险，故又称异常灾害再保险。

事故超赔再保险的责任计算，关键在于一次事故的划分。有的巨灾事故如台风、洪水和地震，有时间条款来规定多长时间作为一次事故。例如有的规定台风、飓风、暴风连续48小时内为一次事故，地震、洪水连续72小时内为一次事故，有的巨灾事故还有地区上的规定。

3. 赔付率超赔再保险

赔付率超赔再保险是按赔款与保费的比例来确定自负责任和再保险责任的一种再保险方式，即在约定的某年度内，对于赔付率超过一定标准时，由再保险人就超过部分负责至某一赔付率或金额。赔付率超赔再保险的赔付按年度进行，有赔付率的限制，并有一定金额的责任限制。由于这种再保险可以将分出公司某一年度的赔付率控制于一定的标准之内，所以对于分出公司而言，又有停止损失再保险或损失中止再保险之称。

赔付率超赔再保险合同中,分出公司的自留责任和接受公司的再保险责任,都是由双方协议的赔付率标准限制的。因此,正确、恰当地规定这两个标准,是该再保险的关键。议定的标准既要能够在分出公司由于赔款较多,遭受过重损失时给予保障,又不能使分出公司借此从中牟利,损害再保险人的利益。

第二节 再保险市场

再保险市场是指从事各种再保险业务的再保险交换关系的总和。它可以有许多的买方和卖方自由进出,在商品的价格、条件和可用性上自由讨价还价。再保险市场的形成必须具备一些基本条件,包括发达的原保险市场,完善的现代化通讯工具和信息网络,知识和经验丰富的律师、会计师和精算师等专业人员,灵活的汇率制度等。由于再保险商品是一种特殊的商品,因此,再保险市场也是一种具有特殊因素的市场。

首先,再保险市场具有国际性。再保险业务通过国际保险市场趋向国际化。世界上不少国家特别是发展中国家,在保险技术、承保能力等方面,都需依赖国际保险市场。这种联系,大多数都是通过分保形式实现的。随着跨国再保险公司的发展,它们在许多国家的重要城市设立分支机构或代理机构,吸收当地保险人的再保险业务,逐渐形成了国际再保险中心和国际再保险市场。

其次,再保险市场是由再保险买方和卖方以及再保险经纪人组成的。保险人将自己承保的业务分给再保险人,是再保险的卖方。再保险人向保险人承担一部分风险,是再保险的买方。作为国际再保险市场上的中间人,再保险经纪人一方面为分出人安排业务,另一方面向再保险分入人介绍业务。在有些市场,由保险人和再保险人直接进行交易;在另一些市场,则通过经纪人安排国际再保险业务,尤其是伦敦市场,再保险绝大部分由经纪人代理。合作社经营再保险,全部由经纪人安排。

最后,再保险市场对分散巨灾风险有充分的保障。由于广泛经营各类再保险业务，再保险市场积聚大量保险资金，对分散巨灾风险有充分的保障。同时，也集结各方面的技术力量，对促进原保险人改进经营管理、在保险技术方面进行协助，都起到积极的作用。

一、伦敦再保险市场

英国保险市场是世界上独一无二的双轨市场，它由两个市场构成：一个是以劳合社为代表的以个人承保商组成的保险市场，另一个是由保险公司组成的保险市场称为公司市场。英国的承保技术在国际上具有权威性，许多保险条款被世界各国所仿效，许多新的险种都起源于英国。因此，伦敦再保险市场是随着伦敦作为国际保险中心发展起来的。另外，伦敦作为国际金融中心的地位也促进伦敦再保险市场的发展。在伦敦再保险市场上，再保险的卖方主要是劳合社和经营直接业务的公司，而不是专业再保险人。英国的再保险业务有50%都是由劳合社承保的。劳合社每年高额保费收入的一半来自再保险业务。同时，伦敦再保险市场也是为世界再保险市场提供巨灾风险保障的中心，已形成了伦敦超赔分保市场，专门为诸如地震、洪水等巨灾性损失提供全面、稳妥的保障，它还为意外险、责任险等承担分保责任。

二、美国再保险市场

美国保险市场相当发达，在当今世界保险市场中处于举足轻重的地位。美国为减少本国向国外流出保费，近年来，美国以其雄厚的经济实力，在国内建立保险交易所，组织吸收大量溢额再保险，减少分保费外流。与此同时，美国许多再保险人和经营直接业务的公司在世界其他再保险中心设立机构，凭借其强大的资金实力，向其他国家渗透，美国在国际保险市场上的活动和发展十分迅速。

三、欧洲大陆再保险市场

由于世界最大的专业再保险公司慕尼黑再保险公司和瑞士再保险公司等分属德国、瑞士等国，因此，欧洲大陆再保险市场在国际范围内影响很大。德国是欧洲大陆最大的再保险中心，其再保险市场在很大程度上是由专业再保险公司控制的，直接保险公司办理再保险的业务量很有限。慕尼黑再保险公司立足于强大的国内保险市场，再保险业务主要来源于德国境内的保险业务。近年来，它将经营范围扩展到国际上并成为重要的国际性再保险公司。欧洲大陆第二大再保险中心是瑞士。同德国再保险市场一样，瑞士再保险市场也是专业再保险公司占统治地位，但其设在苏黎世的总部和它在世界各地的分支机构，在全世界范围内开展业务，因此，在经营上一开始就具有国际性。

四、中国再保险市场

（一）中国再保险市场的发展历史

中国再保险市场开始于20世纪30年代。当时的再保险业务主要由外商操纵，华商保险公司因实力薄弱，主要通过联合经营，增强对巨额风险的承保能力。中华人民共和国成立初期，主要由中国人民保险公司和中国保险公司接受私营保险企业的分出任务。此外，私营保险公司组成上海民联分保交换处，经营参加该交换处的保险公司的互惠分保，并与在天津成立的华北"民联"订立分保合约，接受其预约分保。1953年，随着私营保险公司合并经营和外商保险公司的退出，再保险市场主体逐渐减少，分保业务逐步演变成由"人保"一家办理国际再保险业务的局面。1959年，我国国内保险业务停办以后，涉外保险业务和国际分保业务由中国人民银行国外业务管理局保险处统一负责。

改革开放以后，1979年我国恢复了国内保险业务，与此同时，再保险业务也重新由中国人民保险公司经营。随着我国保险体制的改革，1996年2月，中保再保险公司正式成立，从此结束了新中国成立以来无专业再保险公司的历史。1999年，中保再保险公司又改组成中国再保险公司，成为独立的一级法人，经营各类再保险业务。2003年，中国再保险公司实施股份制改革，并于2003年8月18日正式更名为中国再保险（集团）公司，由中再集团作为主要发起人并控股，吸收境内外战略投资者，共同发起并成立了中国财产再保险股份有限公司、中国人寿再保险股份有限公司。

随着我国加入WTO，外资保险公司进入我国保险市场的同时，也开始进入我国再保险市场。2003年经中国保监会批准设立分公司的慕尼黑再保险公司、瑞士再保险公司、通用科隆再保险公司等相继在中国开业。这3家公司在国际再保险市场上位列前三名的再保险巨头，对中国再保险市场觊觎已久，随着其分公司的开业，中国再保险市场由中国再保险（集团）公司垄断的局面彻底宣告结束。2007年劳合社再保险（中国）有限公司获准在中国开展业务。

（二）中国再保险市场发展存在的问题

随着我国保险业的平稳、快速发展，以及我国保险市场的全面对外开放，我国再保险市场获得了长足的发展，再保险经营主体不断增加，业务规模不断扩大，但仍存在一些亟待解决的问题。

1. 中国再保险市场供给主体发展缓慢

1996年在中国人民保险公司进行体制改革的背景下，诞生了我国第一家专业再保险公司，到2016年底，我国中资的再保险公司只有中国财产再保险、中国人寿再保险、太平再保险、人保再保险和中再的3家专业性的再保险子公司。外资再保险公司有8家。究其原因：

第一，《保险法》第七十三条规定："设立保险公司，其注册资本的最低限额为人民币2亿元。"根据保险公司管理规定和再保险管理规定"设立人寿再保险公司和非人寿再保险公司的实收货币资本不低于人民币2亿元或等值的可自由兑换货币；设立综合性的再保险公司最低实收货币资本不低于3亿元人民币或等值的可兑换货币。"由此可见，设立再保险公司与设立财产保险公司和人寿保险公司在资本金方面的要求差别不大。

从企业追逐利润的角度看，专业再保险公司与财产保险公司和人寿保险公司的区别在于，再保险公司的客户是数量较少的保险公司，不需要投入大量的人力和物力对各种保险产品进行宣传和必要的售后服务，更不需要大量的保险展业人员进行保险产品的推销。但目前，我国保险市场虽然发展速度比较快，但毕竟还属于初级发展阶段，尤其是中资的保险公司，通常盲目扩大机构的数量，风险管理意识薄弱，造成分保意识较弱，对再保险的需求未被挖掘并释放出来。与人身保险公司相比，再保险业务无法在短期内创造巨大的现金流，获利周期又远比财产保险公司长。对于中资投资者来说，我国再保险体制还不完善,再保险需求不足,成立专业再保险公司并不具备好的时机。对外资来说,除了上述原因外,对中国本土的文化、人文均有一个磨合和适应的过程。因此,现阶段,在我国筹建专业再保险公司对中外投资者的吸引力有限。

第二,我国保险法虽允许一些资本雄厚的原保险公司经营相关的再保险分入业务,但几乎没有哪一家保险公司把再保险业务作为主要业务来源。一方面,是因为原保险公司通常把再保险作为一种单纯的风险控制手段,安排法定分出业务和高风险的商业分出业务;另一方面,有一定规模的保险公司,其承保能力受资本金限制的同时,保险费规模已经超过了保险监管部门的相关规定,而一些保费收入未达偿付能力上限的小公司,又不具有开展再保险分入业务的能力,导致整个原保险公司的分入保费规模较小。因此,我国再保险市场主体发展缓慢的状况在一段时期内还将持续。

2. 中国再保险市场分保需求尚不充沛

保险公司再保险的分出率与承保的风险成正比,与保险公司的资本实力成反比。我国保险市场由于多种原因,对再保险的需求尚未释放出来。我国原保险人对再保险的有效需求还很低,对风险管理的意识不强,对分散风险存在一定程度的投机心理。究其原因,一是保险业仍处于规模扩张、抢占市场的热潮中,财务稳定和长期利润最大化还未成为保险公司的经营理念。保险公司"惜分"意识强烈,尤其是费率高、利润大的业务更不愿分出;二是实力强大的全国性保险公司自以为其业务风险已经在全国范围内分散,所以分保意义不大。

3. 中国再保险业务大量外流

2006年法定分保取消后,大量的再保险业务尤其是财产再保险业务流向国外。原因主要在于:

第一,根据《保险法》的规定,再保险中,原保险人就其分保业务负有告知义务;同时在相关业务洽谈中分出人要向接受人解释自身业务的整体状况和相关的经验技术。因此,在缺少专业再保险公司的情况下,国内保险公司愿意和与自己无利害冲突的外国公司做分保业务,以防止竞争对手获得自己的经营信息和业务技术。

第二,国内招揽业务成本与分保佣金不同步。我国原保险市场竞争日趋激烈，尤其是一些新成立的保险公司，往往通过降低费率、提高手续费和佣金展业，佣金甚至达到首期保险费的30%，市场秩序不规范。国内分保佣金仅为20%左右，使得分出公司在国内分保业务中处于亏损状态，而国际再保险市场上分保佣金32%左右，国内外分保利益差距如此之大，也是造成保险公司更愿意向国外分保的原因。

第三，再保险市场秩序不规范。再保险接受人接受业务和评估风险主要依靠分出人提供的情况，双方要本着最大诚信原则签订合同。但由于再保险市场秩序不规范和市场恶性竞争，一些公司利用假赔案支出增加再保险摊回，甚至利用特殊手段挖对方的业务，一定程度上削弱了再保险合作的基础，扰乱了市场秩序。

4. 中国再保险市场缺乏健全的监管制度

我国再保险监管制度落后于再保险市场的发展，存在一些缺陷和不足，主要表现在：

第一，再保险市场缺乏明确的市场准入和退出机制。我国保险法中没有对再保险公司的设立授权和组织形式等方面做出明确规定，再保险公司的设立并无明确的法律规范。实际上，除了现有的6家中资专业再保险公司，其他专业再保险公司的设立尚未提上日程。这就造成我国再保险市场垄断性过强，业务集中在中国再保险公司的纵向分保系统内，不利于原保险公司与再保险公司之间形成市场竞争机制。

第二，商业分保制度不健全。实施多年的法定分保已经取消，但在商业分保方面的法规还不十分健全。现有法规对保险公司分出业务只有自留额的限制、再保险的安排审核等几项粗略的规定，缺乏对分保准备金、资产和负债方面财务管理的要求。我国的再保险监管机构应充分认识到全球市场开放与融合的大趋势，尽早建立我国商业再保险的竞争规则和风险防范体系，而不仅仅局限在法定分保所形成的业务量和监管水平上。

第三，缺乏科学的选择和监管国际再保险人的机制。在发达国家，保险监管机构对国际再保险人的选择有严格的方案和标准，便于为原保险公司控制风险，以及有利于分出业务的顺利进行。但我国保险监管部门无论在技术上还是手段上，都无法与西方发达国家相比，对保险公司在商业分保的选择上敞开了大门,但无法给予相应的控制和指导,完全放权给保险公司,由他们独自承担选择的风险。而再保险市场的复杂性和国际市场的变幻莫测,决定了保险公司自身的先天不足,难免出现失误。我国保险公司由于所选择的国际分保接受人破产而导致自身失误的例子屡屡出现,监管部门作为总监控人的角色没有很好地发挥作用。

第四,缺乏对创新型再保险业务的监管规定。国际再保险产品创新不穷,再保险方式日趋多样化,巨灾风险证券化、财务再保险已经在发达国家普遍出现。再保险组织也出现多样化趋势,专属保险公司、集团保险、共同保险等也得到较快发展。对于创新型的再保险业务,我国在监管方面还是片空白。随着全球再保险服务的自由化和国际化,这些新型再保险业务在中国出现和发展也只是时间问题,对监管机构提出了更高的要求。

第三节 农业再保险:"险补结合"的主要载体

一、农业再保险运作机制及重要性

(一)农业再保险定义

根据再保险的一般定义,农业再保险是指农业保险人将其所承保的农业保险业务的一部分责任金额,按照农业再保险合同规定,转让给其他保险人承担,以减轻保险人自身直接农业保险业务风险的方式①。实质上,农业再保险同农业原保险的机理相同,都是投保一方将可能发生的农业损失转移给承保一方,是一种风险转嫁手段。当农业保险人承担的风险过大,威胁到自身的经营稳定时,农业保险人可以利用农业再保险机制,将风险在多个保险人间分散和转移。

农业再保险的大致流程是:农业保险公司与农业再保险公司签订再保险合同,将自身承保的一部分农业保险业务转出,农业再保险公司在获取分保费用后,按照再保险合同的规定对农业保险公司原来保单下的赔付承担相应的补偿责任(图5-1)。

---

① 胡炳志,陈之楚. 再保险 [M]. 北京:中国金融出版社,2006.

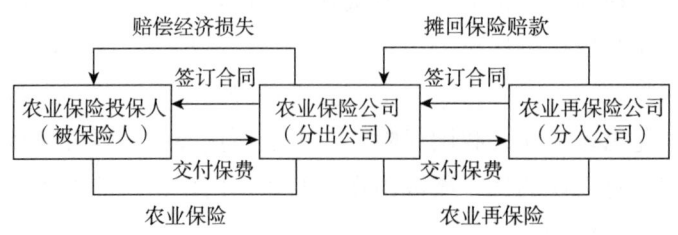

图 5-1 农业再保险流程图

按照责任限额计算基础不同，农业再保险又分为比例农业再保险和非比例农业再保险。其中，比例农业再保险以保险金额为计算基础来确定农业保险分出公司自留额和农业再保险分入公司责任额，并可进一步细分为成数再保险和溢额再保险；非比例农业再保险以赔款或损失为计算基础来确定农业再保险双方的责任，又细分为事故超赔再保险、险位超赔再保险、赔付率超赔再保险。国际市场上农业保险业务普遍以成数和超赔形式安排再保险。

（二）发展农业再保险的重要性

1. 发展农业再保险有利于促进农业保险的持续健康发展

作为"保险的保险"，农业再保险是一种有效的风险损失分散和分摊形式，对于提高农业保险公司的风险保障能力以及增强保险业的可持续发展水平起着重要的作用。农业再保险投资组合由大量的多样化风险敞口构成，包括差异化的产品类型以及广泛的区域分布，而农业保险业务往往呈现非多元化、地理位置单一的特征。因此，对于农业保险所面临的这些损失大、发生不频繁且空间相关的风险，再保险可以更有效地分散风险。农业再保险将风险转移出农业保险公司，有助于稳定农业保险公司的准备金和保险费率，提高股东价值，在某些情况下，再保险比持有资本成本更低[1]。农业保险的发展与可持续经营必须获得与之相匹配的农业再保险的支持，这样才能分散和转移由资本金、保险费率、业务量、巨灾而带来的相应风险，从而降低自留风险，使业务得以稳健经营。不仅如此，农业再保险业还能加强农业

---

[1] Scordis, Nicos A., and Petra Steinorth. Value from Hedging Risk with Reinsurance [J]. Journal of Insurance Issues, 2012, 35 (2): 210-231.

保险原保险人之间的联系和合作,乃至全球的业务联系,进而形成全社会风险分散网络,保障我国农业保险业务的稳健发展。

2. 发展农业再保险有利于建立适应市场经济的农业支持保护政策

当前,以最低收购价和临时收储为主的农产品价格支持政策,弊病越来越明显,其收储价格刚性影响了市场机制的发挥,导致粮食价格出现"棘轮效应",加剧了农业结构失衡风险,不仅导致财政潜在亏损日益扩大,而且产生补贴总额即将突破WTO承诺约束,亟须调整和改革[1]。农业保险作为市场化的风险管理工具,是WTO允许各国扶持农业发展的一项"绿箱"政策工具。以美国为代表的发达国家通过各种方式补贴农业保险,扩大承保责任范围和保障额,以此代替农产品价格支持政策,取得了很好的政策效果。然而,由于缺少了一个强有力的风险分散机制,自2007年开始在我国实行的农业保险仍然停留在低水平的"直接物化损失"保障上,不足以成为我国农业风险管理的核心政策。建立完善的农业再保险体系是改变我国农业保险困境,使农业保险走向良性循环的重要举措[2]。在粮食价格支持政策亟待调整和种粮利益保障机制尚未完善的背景下,通过设立全国性的政策性农业再保险机构,补贴保费与各类商业保险公司的农业保险业务,规范、引导农业保险发展,将粮食生产与流通领域低效率的直接与间接补贴调整为高效率的风险补偿,有助于我国推进解决农业补贴政策中的"黄转绿"问题乃至国内农业支持保护政策的整体制度转型和设计。

3. 发展农业再保险有利于提升现代农业生产经营水平

农业再保险是影响农业保险有效供给的重要因素。价格合理、方便快捷的农业再保险体系的建立,有助于农业保险费率的降低,进而提高农户参保率。而农户参与农业保险以后,生产投入转化为沉淀成本的可能性降低,农户的风险畏惧心理消除,开发农业生产技术的积极性大大提高,进而促进农业生产向规模化和现代化的方向发展。除

---

[1] 张天佐,郭永田,杨洁梅. 基于价格支持和补贴导向的农业支持保护制度改革回顾与展望[J]. 农业经济问题,2018(11).

[2] 李有祥,张国威. 论我国农业再保险体系框架的构建[J]. 金融研究,2004(7).

此以外，农业再保险公司的优势还体现在数据积累、模型开发、产品定价上[①]，可以通过参与农业保险产品开发的过程，为保险公司在保险业务、保险合同设计、费率厘定以及逆向选择和道德风险控制等方面提供更加精确的精算技术和模型支持，从而帮助保险公司根据不同区域内农业作物和农业经济发展状况，准确估计农户对农业保险的支付能力和购买意愿，结合自身经营情况与地区农村居民收入，设计差异化险种和费率，从而提高农民对于农业保险的购买意愿，增加农业保险覆盖率，坚持农业保险服务现代农业经济的根本目标。

4. 发展农业再保险有利于稳定农民的农业收入水平

农业生产经营风险具有突发性与群发性双重特征，意味着农业保险面临着比一般保险更难解决的系统性风险。尤其是对于农业巨灾而言，在缺失农业再保险保障和政府干预的情况下，农业巨灾保险市场的崩溃是必然结果。对于农业保险的需求方而言，农业巨灾带来的损失重大，往往超出农民自身的可承受范围，仅通过农业保险进行弥补，无法获得足够的补偿。农业再保险作为农业保险多元化风险分散机制的一个重要部分，对转移影响农业风险发挥着不可替代的作用，可以提高农业保险人的承保能力，使其在面临具有系统性大灾时，有更多的资金来保障保险赔付工作的完成，进而保障农民未来收益的稳定[②]。而稳定的农业收入是农民预订生产资料以及获得银行信贷的重要前提和关键因素，对于农民组织生产、提高生产积极性以及促进农村经济发展都至关重要。

二、我国农业再保险的发展历程与现状分析

（一）我国农业再保险的发展历程

1. 农业再保险法定分保期（20 世纪 90 年代中后期至 21 世纪初）

我国农业再保险行业发展较晚，发展不充分，专业再保险公司只有中国再保险（集团）公司（以下简称"中再公司"）一家，而且

---

① 安源. 农业再保险最优业务选择研究 [M]. 北京：中央财经大学出版社，2017.
② 赵晨. 以再保险为基础的农业保险巨灾风险分散机制研究 [M]. 成都：西南财经大学出版社，2012.

2003年以前主要是以法定分保的形式运作①。1997—2003年的业务数据表明，我国农业再保险赔付率在79%～89%之间，若加上30%～35%的手续费和管理费，则完全处于亏损状况。

2. 农业再保险对外开放与探索发展期（2003—2014年）

2002年我国加入WTO之后，开始允许外国保险公司在境内设立分公司、合资公司和独资公司开展寿险和非寿险的再保险业务，且没有地域或发放经营许可的数量限制。同年起，国内的法定分保比例开始逐年降低5%。2003年10月，世界最大的再保险公司慕尼黑再保险在北京设立分公司，成为首家在我国取得牌照的再保险公司。此后，瑞士再保险、德国通用再保险、英国劳合社、法国再保险、德国汉诺威再保险、RGA美国再保险等相继在我国开设分支机构。2006年，法定分保比例完全取消，再保险变为纯商业化运作行为。保监会数据显示，截至2014年末，在我国境内注册分公司的外资再保公司为8家，同时有超过200家境外再保公司通过离岸方式承接再保险业务。外资的大举进入激发了本土农业再保险企业加快发展的紧迫感。2005年12月，在中再公司的倡议下，国内的相关学者及农业保险经营机构在北京共同探讨农业再保险体系的构建问题。2006年6月，《国务院关于保险业改革发展的若干意见》中首次提出："探索建立中央、地方财政支持的农业再保险体系"。这一提法也被2007年中央1号文件再次明确。同年，中再公司与参与政策性农险保费补贴试点的首批3家保险公司——中国人保、中华保险和安华农险签订了《政策性农业再保险框架协议》，由此迈出了建立政策性农业再保险支持体系和巨灾风险转移分摊机制的第一步。2009年7月，北京市农委与瑞士再保险和中国再保险集团签署政策性农业再保险合作协议。北京市农委代表北京市政府作为投保人，将全市农险业务作为统一整体，

---

① 1988年国家出台《保险企业管理暂行条例》规定，保险公司必须将其经营的全部保险业务的30%向中国人民保险公司再保险部（中再集团前身）办理再保险，确保直接保险公司的经营稳定性，并且禁止国内保险公司向国外保险公司分出或者接受分入业务。1995年实施的《保险法》第101条将法定分保比例修订为20%，明确规定"除人寿保险业务外，保险公司应当将其承保的每一笔保险业务的20%按照国家有关规定办理再保险"。此项规定一直到2006年才取消。2003年中再公司改制成立集团公司以后，农业再保险转由旗下负责非寿险业务的中国财产再保险有限责任公司（简称"中再产险"）经营。

直接出资向再保险公司购买再保险。根据再保险合作协议,由保险公司承担当年农业保险赔付率160%以下的风险,赔付率超过160%的风险由政府承担。其中赔付率160%~300%的风险,由政府购买再保险的方式转移;保留农业巨灾风险准备金应对赔付率300%以上的风险。经办北京市农险业务的保险公司分别核算赔付率,任一保险公司赔付率超过160%后,可直接向再保险公司索赔。由此,北京率先探索建立了政府主导、市场运作的政策性农业再保险新模式。

3. 农业再保险体系初建期(2014年至今)

2014年末,在原中国保监会的指导下,中再财险与我国境内具有农业保险经营资质的23家非寿险公司共同发起成立了中国农业保险再保险共同体(简称"农共体"),初步建立了以农共体为主体的农业再保险体系,为建立国家财政支持的农业保险大灾风险分散机制奠定了基础。目前,农共体拥有34家成员公司,基本涵盖了我国经营农业保险的直保公司。

(二)我国农业再保险市场的运行现状

农共体成立之后,我国农业再保险发展进入了一个新阶段。农共体在化解区域性风险、确保农业保险制度顺利运行方面发挥了重要作用。

1. 农共体运行机制

2014年以来,中国农共体按照国家完善农业再保险体系的要求,不断完善运行机制,加强制度管理,初步搭建起比较完整的运行框架。

(1)基本原则。根据《中国农共体章程》规定,农共体坚持以下基本原则:一是市场运作、政策引导。农共体遵循市场化运作原则,保险监管部门和相关政府部门通过政策引导,为我国农业保险提供稳定的再保险保障,确保农业保险体系稳健运行。二是风险共担、合作共赢。充分整合国内保险业资源,调动各方面积极因素,形成全行业共同应对农业风险的合力,实现各参与主体的合作共赢。三是稳定运行、逐步完善。农共体在组织架构、运行机制等方面要建立长效机制,持续优化、逐步完善,确保体制机制设计科学合理、保障能力长期稳定。

（2）组织架构。农共体的最高权力机构是成员大会，由全体成员公司构成，设轮值主席一名，负责定期召集并主持成员大会，共同商讨中国农共体的重要事项、形成成员大会决议。成员大会下设管理机构，委托中再产险管理，负责农共体日常运行管理，执行成员大会相关决议，并完成银保监会和相关部委交办的有关任务。另外，农共体设有专家委员会和费用监督委员会，分别提供研究、咨询服务和负责费用审批、监督。

（3）业务规则。农共体的业务范围是成员公司的种植险、养殖险、森林险的再保险业务。成员公司既向农共体分出农险业务，又从农共体分入农险业务，并遵守相应的业务规则。

业务分出规则主要有：一是成员公司自行确定分出需求，通过再保险市场确定再保条件和定价；二是成员公司将其每一笔分出的业务按不低于50%的份额分给农共体；三是每一业务年度该公司的所有分出业务使用同一比例。

业务分入规则主要有：一是成员公司只能从农共体分入农业再保险业务，且不能回分自身业务；二是成员公司自行申报承保能力，且一个业务周期（三年）内不能下调，一个业务周期期满后，成员公司可重新申报承保能力；三是成员公司申报的承保能力调整幅度不超过上一年度的50%。

管理机构的业务管理职能：一是监督成员公司遵守业务规则；二是经成员公司授权代表成员公司做好承保、理赔、账务结算工作；三是审核承保能力，确定成员公司的接受份额。

2. 农共体发展情况

农共体起步稳健，发展迅速，在扩大再保险保障、稳定再保险渠道、支持行业发展创新、促进行业交流合作等方面，发挥了积极作用。

（1）稳步扩大承保能力，提供稳定的再保险保障。成立以来，农共体有效整合成员公司承保能力，持续扩大保障范围，提升保障程度，在我国农业再保险市场发挥了重要作用。一是提供充足稳定的承保能力供给。截至2018年末，农共体可为行业提供3 600亿元的再保险承保能力，较成立初提高了38%。2017年实际提供风险保障

2 078亿元，占市场份额的51%，农共体担任首席再保人的业务占市场份额的62%。二是保险保障水平有所提升。2015年以来，农共体按照原保监会、财政部、农业部联合开展"扩责任、提保障、简理赔"的农险产品条款改革要求，在全年风险暴露提高的情况下，坚持国内农险再保合约条件不变，为农险产品改革顺利完成提供了有力支撑。三是保障市场体系平稳运行。2015—2017年，农共体累计实现保费收入136亿元，市场份额52%，支付行业赔款146.6亿元，累计承担风险责任5 500多亿元，有效支持了前端农业保险市场，尤其是在化解区域性、流域性大灾风险中发挥了重要作用。2015年，农共体为东北干旱、"灿鸿"台风、"彩虹"台风等重大灾害支付赔款6亿元，占当地农险赔付40%以上；2016年为东北特大干旱、南方特大洪涝等极端天气灾害支付赔款近20亿元，占当地农险赔付的35%以上，有效发挥了农业保险市场的稳定器作用。四是完善农业风险分散机制。通过2014年以来的实践，农业保险市场已经初步形成了直保公司提供基础风险保障、农共体承担中高层风险保障的农业风险分层分散机制，为下一步配合国家完善农业再保险体系、探索建立财政支持的农业保险大灾风险分散机制奠定了基础。

（2）推动农业保险产品创新，服务行业创新发展。农共体认真落实财政部、银保监会"扩面、提标、增品"的要求，在粮食主产省农业大灾保险试点、服务新型农业经营主体、推进创新型保险产品试点、发展地方优势特色农业保险等国家鼓励发展的重点领域，为行业100多款创新型农险产品提供再保险支持和技术服务。一是在支持国家粮食主产省农业大灾保险试点方面，为河南、吉林、安徽、黑龙江等11个省88个试点县4 115万亩作物提供了再保险保障。二是在服务新型农业经营主体方面，通过创新开发专属农险产品，为黑龙江省11.3万户种粮大户3 255万亩主要农作物提供了再保险保障；为安徽、河南等地2 000多家新型经营主体提供涉农贷款保证保险，帮助解决融资难、融资贵问题。三是在推进创新型保险产品试点方面，为国内主要生猪产区的生猪价格、部分省份的绿叶菜、大蒜等主要蔬菜价格保险提供再保险支持和技术服务；为新疆棉花温度指数保险、北京温室蔬菜寡照指数保险等天气指数保险提供再保险支持；积极探索主要农作物"保险＋期货"模式，推出我国首款棉花和玉米的收入保险产品。四是在支持地方优势特色农产品保险创新方面，为云南普洱咖啡种植保险、山东威海海水养殖保险等累计30余款地方特色优势农产品保险提供再保险服务，有力地支持了地方经济发展。

（3）发挥行业风险管理平台作用，国内定价权有所提升。农共体积极发挥国内农险风险管理平台作用，努力提升国内再保险市场定价能力，农共体作为首席再保人定价的农业再保险业务始终保持主导地位，改变了以往过度依赖外资再保人的不利局面，避免出现大灾后国内市场再保险价格大幅上涨的现象。特别是近年来应对行业风险快速增长势头，农共体从长远大局出发，维持再保险承保条件稳定，按照风险责任调整后的农业再保险成本下降了10%～15%。尤其2017年业务续转，在主要外资再保公司部分撤出农险再保险市场的情况下，农共体继续为行业提供稳定的再保险供给，克服了国际市场波动性、短期性和逐利性对国内保险市场的不利影响，有效维护了市场良性竞争秩序。

（4）减少农业保险资金净流出，提升了支农效率。2014年农共体成立以前，2007—2014年通过农业再保险渠道，农业保险资金累计净流出（流出境外）13亿元；农共体成立后，通过改善定价条件和优化再保险合约，农业保险资金净流出明显减少，2015—2016年通过农业再保险渠道，农业保险资金净流入（流入境内）10.2亿元，有效提升了支农效率。

但是，随着我国农业保险的快速发展，农共体经营过程中积累的各种风险也逐渐暴露，各个保险公司的农保分出业务差异性较大，每年的分保业务波动性也较大，伴随着我国近几年一直出现的各种不利于农业生产的极端气象灾害，农共体基本处于亏损经营的状况，阻碍了农业再保险的长期稳定发展。根据农共体提供数据，2015—2017年，农共体累计实现保费收入136亿元，支付行业赔款146.6亿元，综合赔付率达到107.8%。

此外，我国农业再保险市场现处于发展起步阶段，无论是再保险的保险水平还是保障范围，与发达国家成熟的农业再保险体系差距较大。表5-1反映了自农共体成立以来，我国农业保险与再保险市场规模的一些基本情况。可以看出，农共体成立后，我国农业再保险市场规模增长速度较快，由2015年的2 664.15亿元，上升至2017年的4 386.46亿元，增长了64.6%，其中外资再保人的市场份额高达50%。但是，从农业保险的整体分保程度上看，2017年农业保险整体分保成数为15.57%，较2015年仅提高了1.4个百分点，与当前全球农业保险公司对下行风险中的80%进行再保险的比例相差甚远[①]。这意味着当前我国农业保险的风险仍主要集中于经营主体自身，使得农业保险公司的经营业绩与资本的逐利原则发生严重分歧，以至于很难找到实现农业保险良性发展的平衡点[②]。

表5-1 2015—2017年我国农业保险及再保险市场规模及相关情况

年份	2015	2016	2017
农业保险保费（亿元）	374.90	417.70	478.90
农业保险保额（亿元）	19 912.49	21 600.00	27 851.57
农业再保险保额（亿元）	2 664.15	3 526.32	4 386.46
农业保险整体分保成数（%）	13.38	16.33	15.75
农共体再保费保额（亿元）	1 412.00	2 010.00	2 078.00
农共体占再保险市场份额（%）	53.00	57.00	47.37

数据来源：《保险统计数据报告（2015—2017）》，中国保险监督管理委员会；《中国农业保险再保险共同体行业报告（2015—2017）》。

三、我国农业再保险发展的制约因素

目前我国农业再保险发展仍缺乏完善的顶层制度设计，缺少财政及相关配套政策的支持，导致农业保险大灾风险保障程度普遍偏低，制约了农业保险支农惠农政策的效果，主要表现在以下几个方面。

---

① Southgate R J, Roth C, Schneider J. Using Science for Disaster Risk Reduction：report of the ISDR scientific and technical advisory group [J]. UNISDR. Available online at：http：//www. unisdr. org/files/32609_stagreport2013assemble d. pdf（Accessed on 12 November 2016），2013.

② 李含，曹云峰. 中国农业政策性保险制度的发展取向[J]. 首都经济贸易大学学报，2014（16）.

（一）农业再保险发展所需制度环境缺失

1. 农业再保险缺乏专门立法

我国农业保险起步较晚，农业再保险的发展则更加滞后。尽管中央1号文件曾多次提出要建立和完善农业再保险体系[①]，但是有关农业再保险的专门法律法规始终没有出台。目前，针对农业再保险的规定仅限于《农业保险条例》第八条，即提倡建立财政支持的农业保险大灾分散机制，而对于这种机制的运行方式及具体内容条例中没有相关说明。立法的缺失给农业再保险的推进带来了诸多障碍。

2. 农业再保险缺乏财政扶持政策

自法定分保取消之后，我国政府就缺乏对农业再保险业发展的引导和扶持政策，农业再保险市场基本处于纯商业化运行状态。由于农业风险的特殊性，国际保险和再保险业不愿或不能对系统相关的风险提供便利的保险[②]，导致我国农业再保险安排不得不面对较大困难，市场总体承保能力表现不足，农业大灾风险保障水平较市场需求相比明显偏低，目前仍有部分地区、保险公司和险种面临巨大的农业大灾风险敞口，急需农业再保险等大灾风险分散安排。但是由于农业再保险缺乏财政支持以及国家层面的大灾风险分散机制缺失，导致我国农业再保险的覆盖面和保障程度仍然偏低，难以应对行业快速累积的大灾风险，严重制约了农业和农业保险健康、稳定和可持续发展。

3. 农业再保险监管体制不成熟

当前，不论是《保险法》还是《农业保险条例》，均没有对农业再保险的合同管理和业务经营规则进行规范。2015年修订后的《再保险业务管理规定》中虽然写明了由原保监会负责再保险业务的监管工作，但由于上位法的缺失，财政、审计和监察部门均有权参与农业再保险的监管工作，但是这些部门之间的统一协调机制并未建立，各

---

① 2007年中央1号文件提出要"探索建立中央、地方财政支持的农业再保险体系"；2009年中央1号文件提出要"加快建立农业再保险体系和财政支持的巨灾风险分散机制"；2010年中央1号文件提出要"健全农业再保险体系，建立财政支持的巨灾风险分散机制"；2012年中央1号文件提出要"健全农业再保险体系，逐步建立中央财政支持下的农业大灾风险转移分散机制"。

② Miranda M, Vedenov D V. Innovations in agricultural and natural disaster insurance [J]. American Journal of Agricultural Economics, 2001, 83 (3): 650-655.

执其法。其中,财政部门主要依据的是《会计法》和《财政违法行为处罚条例》,审计部门主要依据是《审计法》和《审计实施条例》,而监察部门主要依据是《行政监察法》。这种多头监管的状态不仅不利于推进农业再保险业务的发展,还起到相反的阻碍作用。

(二) 农业再保险运行机制有待继续完善

农共体成立之前,我国国内仅有一家中资专业农业再保险公司,即中再公司,加上早期法定分保的规定,形成了中再公司与外资公司双分天下的局面。农共体成立后,初步搭建了我国农业再保险的组织架构,丰富了农业再保险的经营主体类型,仅运行一年就使农业再保险的国内市场份额提升了10%[①]。但是,农共体毕竟区别于一般的农险承保实体,其运行机制有待进一步完善:一是农共体成员公司与中再公司参与农共体的目标和利益诉求并非完全一致,尤其在农共体成员大多为直接保险公司的情况下,他们之间往往存在着竞争关系,因此出于保护商业秘密的目的,在分保过程中,成员公司会对自身业务整体情况和有关技术经验有所保留,导致农共体无法获得其全部信息而诱发道德风险;二是在农共体的议事规则中,成员公司的话语权与其业务规模比例直接挂钩,容易导致出现大公司损害小公司利益的情形,有必要对现有的激励相容机制进行完善;三是在实际运行中,农共体作为我国农业再保险专项机制承担了包括再保险体系以上的所有农业大灾风险,在近年来大灾频发、再保险市场持续下滑的情形下,农业再保险体系亏损严重,其持续稳定运行面临巨大压力,2015—2016年,农共体综合成本率达111.3%,两年亏损10亿元以上,长此以往将难以为继。

(三) 全国性农业信息数据平台建设滞后

规范的农业保险统计制度和充足的历史数据是进行农业风险区划、测算再保险分摊比例、核算经营成本以及调整政府补贴比率的前提和基础。农业保险的准公共物品属性使其有别于其他类型的保险业务,一方面是中央与地方财政对农业保险保费进行大量的补贴;另一

[①] 何小伟,刘佳琪,肖宇澄. 我国农业再保险体系的完善研究[J]. 中国保险,2016 (10).

方面则是农业保险公司除了要提取法律规定的一般风险准备金外，还要计提应对农业大灾的保费准备金和利润准备金。以上差异决定了在测算农业保险相关数据时，需要依据不同的指标体系。但是2007年原中国保监会颁布的《农业保险统计制度》，其中对于农业保险业务的基本统计指标、统计口径、指标校验标准和定期上报数据等制度规定与其他财产保险、寿险等险种并无明显差别。而且，我国尚未建立专门的农业保险数据库，也缺乏定期发布农业保险数据的制度。与农业生产有关的数据信息往往横跨财政、国土、农业、水利、林业、渔业、气象、民政等许多领域，要么无法获得，要么使用成本极高，使得农业保险和再保险产品的研发举步维艰。

（四）多层次农业风险分散机制尚未建立

一般而言，农业风险分散机制包括直接保险、再保险、大灾准备金和紧急预案4个层级。农共体的成立弥补了我国农业再保险体系的空白，但是随着我国农业风险呈现大灾频发、损失规模不断扩大的发展趋势，我们需要在农共体之外发展多形式的风险分散制度，并配合形成传导机制，才能够有效应对农业巨灾风险。目前，虽然我国在保险公司层面建立了大灾风险准备金制度，但至今尚未建立全国统筹的大灾准备金制度，保险公司农业大灾风险准备金积累慢、规模小、抗灾能力有限，且无法应对跨区域大灾风险和实现风险在空间上的分散，大大降低了大灾准备金的使用效率和实际效果，如何有效衔接财政支持的大灾风险分散机制，是我国农业再保险发展的一大重要挑战。

（五）国内农业再保险行业专业实力不足

当前，国内农业再保险行业整体呈现出市场竞争意识不足、技术水平较低、产品结构单一的特点，与国际再保险巨头相比，专业实力差距较大。受制于农业再保险精算的技术水平，农共体分保农险中的比例分保合约占比很大，技术含量较高的超额分保合约比例较小，使其难以分享再保险市场的高利润。相比之下，国际再保巨头掌握各类风险模型、精算定价等专业、核心技术，建立了完备的风险转移机制，拥有着完整的产品组合，几乎涵盖主要的农业风险领域。面临来自国际再保险市场越来越激烈的竞争，我国的再保险业如何提高专业技术水平，以在产品设计、产品定价以及风险管理中提供更多附加价值，进而扩大市场占有率并提升在国际再保险市场的发言权，是值得深入研究的问题。就农业再保险公司而言，除了在传统的农业保险分保业务上做积极调整，还可以为保险公司在保险业务、保险合同设计、费率厘定以及逆向选择和道德风险控制等方面提供更加精确的精算技术和模型支持，这样一方面可以将分入业务的风险降至最低以提升分保业务的质量，另一方面可以发挥其在精算技术和模型研发方面的优势，开拓新的业务领域，促进公司长远发展。

第四节　我国农业再保险发展评述

一、农业再保险主要运行模式

2019年2月，人民银行、银保监会、证监会、财政部、农业农村部联合发布《关于金融服务乡村振兴的指导意见》，明确提出要落实农业保险大灾风险准备金制度，组建中国农业再保险公司，完善农业再保险体系。但关于中国农业再保险公司的运行模式，《指导意见》并未明确说明。从全球经验来看，农业再保险体系主要有三种运行模式，政府主导的政策性农业再保险模式、政府支持下的商业再保险模式和完全市场化的商业再保险模式。从中等收入水平以上的国家实践来看，政府主导或政府支持下的农业再保险模式，也即政策性农业再保险模式更为普遍，且运行效果更好。

（一）政府主导的政策性农业再保险模式

政府主导的政策性农业再保险模式主要是由政府直接参与农业再保险经营或通过组建国家再保险公司的方式参与农业再保险经营，国家再保险公司与政府是一致行动人。目前美国、加拿大、西班牙、日本等国家采用了这种模式。

政府主导的政策性农业再保险模式的主要特征：一是政府明确相关职能部门或专门组建国家再保险公司经营农业再保险，使国家成为最后再保险人；二是直保公司与国家再保险公司建立强制性分保关系，并作为政策性农业保险业务的准入门槛；三是国家农业再保险公司通过标准化农业再保险合约建立再保险与直接保险定价的联动机制，实现再保险与直接保险共同分担损益、分散风险；四是政府通过建立大灾准备金、紧急预案等方式为国家农业再保险公司的经营风险提供保障。

该模式的优点主要有：一是由于农业保险具有准公共物品属性，政府参与农业再保险可大大降低道德风险和逆向选择的程度，为行业提供持续稳定的再保险支持；二是政府作为最后再保险人，通过国家再保险机构便于统一经营管理和费率厘定等，有利于为各保险机构经营农业保险提供强有力的保障；三是有利于掌控全国农业保险的总体经营情况，平衡经营机构的年度损益，降低各地方政府补贴的程度和频率，确保经营持续稳定；四是发挥专业再保险公司在技术、人才、管理等方面的优势，提高服务效率，节省人力物力。

该模式的缺点主要有：国家需要重新组建一个新的职能机构或国家农业再保险公司，增加财政支出。

（二）政府支持下的商业再保险模式

政府支持下的商业再保险模式主要是政府提供政策支持、由商业再保险公司参与农业再保险经营管理的运行模式。目前巴西、法国、土耳其、印度和意大利等都属于该模式。

政府支持下的商业再保险模式的主要特征：一是直保公司在市场上优先向国内商业再保险公司购买再保险，其次再向外资再保险公司购买再保险；二是政府作为最后承保人可以对农业再保险给予相应的政策支持和财政补贴，引导直保公司向国内商业再保险机构办理分保；三是商业再保险公司与直保公司协商定价，按照市场化原则实现再保险与直接保险共同分担风险；四是政府对于外资再保险公司接受政策性农业保险业务的资质设立门槛，对其接受份额有一定约束，避免财政补贴资金过度外流；五是政府建立大灾准备金等方式对再保险体系之上的高层风险提供保障支持。

该模式的优点主要有：一是有利于发挥商业再保险机构在人才、技术、管理服务等方面的竞争优势，确保再保险服务效率水平；二是政府间接参与农业再保险有利于发挥政府监管职能，有利于提高农业再保险的服务效率；三是财政对农业再保险机构进行补贴，有利于调动商业再保险机构提供风险保障的积极性。

该模式的缺点主要有：一是由于农业保险具有准公共物品属性，商业再保险机构经营政策性农业保险存在业务选择问题，具有明显的逐利性，降低了农业保险政策工具效果；二是政府间接参与农业再保险，存在政策监管与市场运作信息不对称的情况，可能会难以实现如期政策目标。

（三）市场化的农业再保险模式

市场化的农业再保险模式主要是直保公司根据自身风险管理需求，自主向国内外的再保险经营机构购买再保险，不享受政府的任何补贴和优惠政策。

市场化的农业再保险模式的主要特征：一是直保公司根据自身风险管理需求，在市场上向国内外商业再保险机构购买再保险；二是再保险市场完全竞争，再保险市场波动性较大，再保险承保能力与定价均由市场决定。

该模式的优点主要有：一是农业再保险全部市场化运作，无需政府干预，政府财政负担少；二是再保险经营机构之间竞争激烈，短期内可能有利于分保的选择。

该模式的缺点主要有：一是在没有政府补贴的情况下，直保公司自主购买再保险，购买能力和购买意愿有限，导致农业大灾风险保障不足；二是商业再保险的短期性、逐利性加大了市场波动，不利于农业再保险供给的稳定；三是由于缺乏财政支持，商业再保险往往不愿承保风险较大的领域，如价格保险、收入保险、渔业保险等高风险领域；四是由于缺乏财政支持的后端风险兜底机制，商业再保险公司面临较大的经营风险，制约了再保险承保能力供给。如中国农共体成立前，我国农业再保险对国际市场依赖性较高，导致农业再保险保障存在较大的波动性。2007年东北特大旱灾后，首席再保人某外资再保险公司次年即退出该区域农业再保险业务。

二、我国农业再保险发展评述

农业难以分散的系统风险导致了农业保险市场失灵，完全商业化的再保险机构难以实现持续稳定的经营。农共体将有农业再保险需求的农险公司组织起来，通过建立再保险联保、分保平台，使农业风险在较大空间和较长时间上分散，充分利用了国内农业再保险的承保能力，在一定程度上降低了我国对于国际再保险力量的依赖，实现了规模经济。但是，农共体本质是一种互助型的分保联合体，而我国承办农业保险的机构分布区域和业务种类差异较大，使得农共体面临较高的协商成本，而且管理难度较大，只能作为我国构建农业再保险体系过程中的过渡模式。

要实现农业保险的快速发展和可持续经营，就必须获得与之相匹配的农业再保险的支持。由于我国实行的是政策性农业保险，因此由国家指定专门的再保险机构承担农业再保险，或直接成立国家政策性再保险机构，更有利于我国农业保险的稳健发展。2019年2月，人民银行、银保监会、证监会、财政部、农业农村部等五部委联合印发《关于金融服务乡村振兴的指导意见》，指出将组建中国农业再保险公司，完善农业再保险体系。成立政策性专营再保险公司的优势在于：第一，专营再保险公司可以依托自身的经营技术和法定地位，代表政府发挥农业风险分散功能，通过差额杠杆调动被保险人和保险人的参与积极性；第二，全国性的专营公司便于统一掌握全国农业保险的整体赔付情况，平衡农业保险机构年度损益，降低地方政府补贴的频率与额度，保证经营的长期稳定性；第三，政府可以授权给农业再保险专营公司对农作物保险的保费提供补贴，对从事农作物保险而又参加了农业再保险项目的原保险公司给予一定的管理和营业费用补贴，补贴数额根据原保险公司的保单种类和相关保费决定；第四，全国性的农业再保险公司作为多层次的农业风险分散机制的重要组成部分，是农业再保险体系稳健运行的有力支撑。农业再保险公司通过平滑年际间的农业风险，一方面可以避免农业保险公司在非常好的年景下从保费中赚取"暴利"，而另一方面可以保证农业保险公司在非常差的年景下，以较为低廉的价格得到再保险保障。在风险分散顺序上，农业保险公司承担低层可控风险，中国农业再保险公司通过再保险基金承担大部分风险并提供兜底赔付，遇到大灾事故时，中国农业再保险公司可以启动应急借款机制，财政部可以通过借款和注资弥补中国农业再保险公司的长期赤字，从而构成从低层到高层的完整的农业风险分散链条。

成立政策性的中国农业再保险公司后，我国农业再保险体系与大灾风险分散机制总体上就可以中国农业再保险公司为核心，形成直保公司、中国农业再保险公司、大灾准备金和财政紧急预案4个层级逐层分散风险的政策框架，实现对农业常规风险和大灾风险的全面保障。在常规风险方面，主要由经营农业保险的直保公司和中国农业再保险公司提供保障；在农业大灾风险方面，主要依靠中国农业再保险公司、大灾准备金和财政紧急预案。

一是直保公司承担低层常规风险。经中国农业再保险公司审查通过，具有农业保险经营资质的保险公司可经营有财政保费补贴的农业保险业务，主要承担低层常规风险。直保公司按照农业保险政策的要求，保障常规风险，同时为农户提供承保、查勘、理赔等服务。

二是中国农业再保险公司承担中层风险。中国农业再保险公司为农业保险提供持续、稳定的再保险保障，享受财政补贴的农业保险业务必须向中国农业再保险公司强制分保，初期可采取成数分保、赔付率超赔分保的方式。中国农业再保险公司与直保公司协商定价，并通过建立标准化的再保险合约实现再保险与直接保险的利益共享和风险分担，充分体现农业保险保本微利的经营原则。非财政支持型的农业保险业务可以在市场上购买商业再保险。

三是大灾准备金承担再保险体系之上的大灾风险。依托中国农业再保险公司，在国家层面建立统一的农业大灾准备金制度，在空间维度上实现全国统筹，保障范围上实现全国保障，在时间维度上实现逐年滚存，并通过财政资金、保费收入与部分盈余等多渠道筹集大灾准备金。

四是紧急预案作为最后补充机制在出现极端情况时应急备用。如发生极端情况导致全国统筹的大灾准备金赔付仍然不足，可以启动紧急预案。可通过中国农业再保险公司向国家农业政策性银行——中国农业发展银行申请政策性贷款等融资渠道来获取救助资金，应对农业大灾风险。紧急预案作为非常规手段，不可能经常使用，因此在制度设计上，农业保险大灾风险主要依靠再保险体系和大灾准备金作为常规机制。

更进一步地，政策性的中国农业再保险公司的组建和运作不仅有

第五章 农业再保险："险补结合"的主要载体

利于完善我国农业再保险体系与大灾风险分散机制，还可以对深化粮食补贴体系改革起到"四两拨千斤"的作用。事实上，由于财政负担重、世界贸易组织（WTO）规则限制以及因价格刚性扭曲上下游产业发展等原因，现行主要依靠价格支持的粮食补贴体系已难以为继。借鉴发达国家经验，以组建政策性的中国农业再保险公司为契机，按"险补结合"的思路以再保险引导创设"新型农业保险"，可以将粮食流通领域部分低效率的财政补贴通过"以险代补、险补结合"的方式转化为对粮食生产领域的风险补偿，并逐步使之成为种粮农民收入补贴的核心支柱，从而为深化粮食补贴体系改革、促进粮食价格回归市场调节创造条件。该方案可以有效解决种粮农民的收入保障机制、粮食价格自由浮动机制、农业保险履约机制和加大农业支持的融资机制，在提高补贴效率的同时减轻财政负担，促进农业持续健康发展。在本书接下来的几章内容中，我们将详细阐述"险补结合"新型农业保险体系的有关内容。

第六章 引入"险补结合"粮食补贴新体系的基本原理

第一节 构建新体系的指导思想

"险补结合"新体系是一种具有特殊针对性的农业补贴制度和农产品市场损失（包括价格损失和因灾损失）补偿制度的结合，主要目的是为了发挥市场机制在农业资源配置中的决定性作用和解决市场机制所不能解决的利益分配上的失灵问题以及与此相关的政府失灵问题。基本内容是在粮食市场流通适度放开的条件下，实行价补分离（粮食价格由市场主体决定，粮食补贴由政府统筹决定）和险补结合（粮食补贴与价格变化和粮食实际生产等挂钩）。补贴在价外运行，国家在有限政府框架内按照公开、公平和效率原则，帮助解决主产区农业生产者粮食价格损失和自然灾害损失问题，在制度设计上带有公共性、长期性和合约性。基本思路是放开市场，发挥市场机制在资源配置中的决定性作用，让农产品市场损失问题显性化，用制度解决问题，实行合约治理。主要方式是政府财政出资，让国家对农业生产者提供的政策性补贴通过"以险代补、险补结合"的方式合理化、"绿箱"化，建立激励约束机制，确保制度在实践中执行的实际结果与制度设计目标保持一致。

一、基本理念：基于有限政府，共同分担风险

引入"险补结合"粮食补贴新体系最基本的理念是国家在有限政府框架内帮助符合政策法规要求的农业生产者抵御粮食生产价格下降所带来的收入损失以及自然灾害造成的减产风险，平衡农业生产经营者和消费者之间的利益，保障农业基本经营收益，调动农业生产者的积极性，促进社会公平，建设社会安全网。

第六章 引入"险补结合"粮食补贴新体系的基本原理

（一）政府可用资源是稀缺的，补贴的性质是一种损失补助和风险补偿

"险补结合"粮食补贴新体系在形式上是农业再保险公司代表政府提供收入补贴和风险补偿，而政府可用于农业补贴的资源是稀缺的，这与粮食生产经营者的主观需求相比存在矛盾。从粮食生产经营者的需求看，这种补贴是越多越好。但是，在现代社会市场经济条件下，国家不是财富的直接生产者，不是全部社会收入和财富的所有者，而是一个有限能力政府和有限责任政府，政府可以直接支配的资源主要是公共财政，可用于这种补贴的资源是非常稀缺的。换言之，国家解决问题是有条件的，是在约束条件下办事，只能做力所能及的事、做有限的事和将有限的事做到位和做好。同时，政府做事的程序是比较复杂的，要讲求公开、公平和公正，讲究依法治理，在管理上要严格要求，在措施上要精准发力，防控机会主义，实行必要的强制、必要的保护和相应的转化衔接相结合。如果不对农业再保险公司以及开展农险业务的商业性保险公司在新体系中的角色、性质、职责、工作流程、技术支撑、违法责任追究，以及粮食生产经营者在新体系中的角色及其应该得到收入补贴和风险补偿的性质、资格条件、数量标准、管理流程和违约责任追究等进行严格规范的界定，"险补结合"粮食补贴新体系在实践中的执行将变得困难或者低效，有可能会吃力不讨好，甚至各方都不满意。

在制度设计上，"险补结合"粮食补贴新体系在性质上是一种具有特殊针对性的粮食补贴制度和粮食市场损失补偿制度的结合。明确这种定性在理论上非常重要，它意味着没有市场损失就没有补贴，而在有市场损失的情况下还要将这种损失在参加者和政府之间进行合理分担。参加者自己首先要承担一部分责任乃至主要责任，政府提供的补贴不是全部损失而是部分风险补偿，政策性的农业再保险公司代表国家在制度中的角色是一个中间人。这种风险补偿本质上是一种转移支付，参加者在制度内获得政府风险补偿是有严格的条件限制和客观的标准约束的，建立"险补结合"粮食补贴新体系的最终目标是发挥现代国家的作用，在有限政府框架内，帮助人们解决市场机制所不能解决的在利益分配上的失灵问题，促进人与人之间的合作，建立良好

稳定的社会秩序和社会结构。在这一制度中，粮食生产经营者获得的风险补偿也是一种基于其劳动贡献从社会消费者得到的补偿（国家放开粮食市场交易，农业生产经营者进行了大量的农业生产性劳动投入，向社会提供了多余的农产品，导致粮食生产价格过度下降，消费者得到了价格下降的好处，应当向生产者提供一定补偿或转移支付，解决农业基本经营收益不保乃至破产问题）。

（二）制度建设既复杂又简单，关键是合理引入条件，实行合约治理

"险补结合"粮食补贴新体系在内容上要对粮食市场损失或因灾损失进行界定并以此为依据提供风险补偿，如何进行这种界定是整个制度实施的关键。从农业生产经营者的微观角度，在界定时需要综合考虑土地性质、种植面积、作物单产、产品质量、销售时间、销售地点、营销方式、生产投入及成本、粮食生产价格、与一般正常生产年份的比较等多个方面，非常复杂。但是从公共管理的角度，在界定时可以对相关因素进行简化，基本方式是引入中间变量，考察粮食市场价格的实际变化及与这个中间变量的关系，结合有关因素综合确定。

从公共管理角度看，一个特定区域内的粮食市场损失可以用粮食产销量与单位产品市场价格损失来反映。国家对单位农产品的价格损失风险补偿相同，并按照社会平均价格进行计算。这样，对农业生产经营者而言，在微观上可以根据自己实际情况自由定价而并不影响其风险补偿数额，在宏观上可以有效控制财政支付负担总额，发挥市场机制的作用，从制度设计上减少乃至消除机会主义的影响。

在制度设计上，"险补结合"粮食补贴新体系是一种引入条件实行合约治理的限额交易合约。建立"险补结合"制度的目的是实行问题导向，从根本上解决市场失灵以及由此带来的政府失灵问题，在消费者获得好处的时候由国家代表消费者给生产者提供一定风险补偿，建立促进粮食生产稳定发展和保证市场稳定供应的长效机制。"险补结合"制度设计的对象是人的行为，人的行为具有复杂性。"险补结合"制度的基础是交易，在风险补偿上按照交易的方式组织实施。引入农业再保险公司代表国家作为中间人，一方面与全体消费者进行交易，筹集和提供政策性补贴资金（财政预算拨款），另一方面与符合

要求的农业生产者进行交易，按规定开展市场和自然灾害风险补偿，并为其分配和支付风险补偿资金。在补偿的对象和内容上要引入条件，约定责任和权利，要保证保险合约在法律上有效，产权受国家政策法规保护，同时要防控农业生产者的分配性努力，确保"险补结合"制度设计公平合理。

这样做的原因是，现实社会中的市场是复杂的，有多种多样的市场，好的市场和差的市场并存；同时，现实社会中的政府也是复杂的，有多种多样的政府，不好的政府和好的政府并存；只有好的市场和好的政府，对经济社会发展才是需要的。通过合理引入条件、实行合约治理，可以对市场机制和政府机制进行必要的限定和必要的保护相结合，在发挥两种机制有利作用的同时，又能有效控制其存在的问题。

二、基本思想：市场决定价格，政府决定补贴

引入"险补结合"粮食补贴新体系最基本的思想是适应我国经济社会发展阶段发生重要转变和农产品供求形势发生重要变化的需要，国家适度放开粮食市场交易，实行市场决定价格、政府决定补贴，让市场在资源配置中起决定性作用和政府在资源配置中更好地发挥作用。一方面，实行价补分开，提高市场价格作为一种供求信号的准确性、及时性和有效性，更好地反映市场供求关系及其变化，让市场机制在资源配置中起决定性作用；另一方面，实行"险补结合"，提高政府补贴作为一种利益补偿的针对性、条件性和合理性，解决市场价格变化和自然灾害损失给农业生产经营者带来的利益失衡问题，更好地反映政府的利益平衡作用，支持人们积极从事劳动比较艰苦、收益风险比较大、社会需求比较强的农业生产经营活动。

（一）国家放开市场交易，价格由市场主体决定

所谓市场决定价格，主要内容是国家要放开粮食市场交易、建立开放的市场购销及流通服务体系、促进粮食等大宗农产品自由交易和对粮食市场交易提供必要的公共管理服务，尊重个体差异性，提供开放性，建立包容性，粮食价格由参加市场交易的买卖双方自主协商确定，只要交易双方能在平等、自愿和互利的基础上达成交易，国家不

对粮食等大宗农产品价格的高低及其变化进行直接的干预，在价格运行上是上不封顶、下不保底、按质论价和各取所需。在社会现实中，粮食等大宗农产品价格由农产品的市场参加者、市场规则和市场状态（包括市场结构、仓储物流信息体系、交易双方的供求关系、前期价格、期望价格、国际价格、替代品价格、互补品价格等）确定。在市场上，供求双方根据自己的利益追求、交易产品或服务的品种、质量、等级、质量信息，以及交易人员竞争者的状况等自主确定交易价格。市场上的生产者、经营者和消费者根据交易价格及其变化来决定自己下一步的生产、经营、消费活动及稀缺资源分配等行为。

市场决定价格既是一个理论问题，也是一个实践问题。在理论上，主要是粮食价格问题太复杂，价格的确定关系重大，是需要具体到特定时间、特定地点、特定品种、特定质量、特定等级和特定交易的，不同群体的利益诉求不同，卖粮食的人员希望高价格，而买粮食的人希望低价格，一个交易就有一个价格，国家无论怎么定价都很难做到公平合理。合理的解决方案就是国家不管定价而只负责为市场交易提供必要的公共管理服务，具体的农产品价格由农产品市场交易的参加者双方自己协商确定。在实践上，市场决定价格是我国新一轮市场化改革的重要内容。党的十八届三中全会通过的《中共中央关于全面深化改革若干重大问题的决定》提出，要完善主要由市场决定价格的机制，指出凡是能由市场形成价格的都交给市场，政府不进行不当干预；推进水、石油、天然气、电力、交通、电信等领域价格改革，放开竞争性环节价格；政府定价范围主要限定在重要公用事业、公益性服务、网络型自然垄断环节，提高透明度，接受社会监督；完善农产品价格形成机制，注重发挥市场形成价格的作用。

市场决定价格既是一个改革问题，也是一个发展问题。由于粮食供应问题对于国计民生和社会稳定的特殊重要性，与其他产品相比，粮食市场价格形成机制具有一定的特殊性，一个国家实行市场决定价格是有隐含条件或前置条件的。这个条件就是一定时期内全国粮食的生产供给或通过库存及贸易调节后的粮食市场供给至少能够基本满足社会消费需求，以至于国家可以用经济手段进行调节，而不用其他非经济的手段，就能解决粮食市场供应保障问题。如果在一定时期内粮食供求缺口过大，单纯用经济的办法就无法很好地解决供求矛盾，采用行政管理、社会调节以及票证制度等非经济的办法就可能成为配置资源的重要手段。只有当粮食生产能力或市场供应保障能力基本满足社会消费需求的时候，才能主要采用经济手段配置资源。

（二）国家促进利益平衡，补贴由政府统筹决定

所谓政府决定补贴，主要内容是国家要针对市场机制所不能解决的在利益分配上的失灵问题采取重要措施，保护合理性收益（有投入就有所回报），促进生产性努力，抑制分配性努力，调节人的不努力，促进参加者利益平衡，由政府统筹决定补贴，补贴在价外运行，核心是政府更好地发挥作用。政府决定补贴的重要原则是考虑国家发展战略，贯彻落实劳动价值论，政府在财政可支付能力和行政可管控能力内做事，对参加"险补结合"粮食补贴新体系的农业生产者由于粮食市场价格大幅波动所带来市场损害，通过"险补结合"进行一定的限额补助，推动建立良好稳定的社会秩序和社会结构。

一是促进生产性努力。劳动是创造社会财富的源泉，对农业劳动者的努力要尊重和承认，保护其获得基本经营收益，激励农业生产发展，确保粮食市场供应。只有农业劳动者的利益得到保护，社会才有持续不断的发展动力。在市场经济条件下，个人的力量是有限的，有的风险是个人能控制的，有的风险是个人不能控制的。对于农业劳动者个人不能控制的市场风险，国家负有帮助解决问题的责任。在制度设计上，国家的责任是帮助符合政策法规要求的农业生产者抵御粮食生产价格下降所带来的收入损失以及自然灾害造成的减产风险。

二是抑制分配性努力。交换和分配是实现财富价值增长的重要环节。在市场经济条件下，由于存在信息不对称和人的不完全理性、不完全能力等，人的行为也是复杂的。劳动者是多样化的，劳动者的努力有生产性努力，也可能会有分配性努力。国家的可分配补贴资源是有限的，要引入科学高效管理系统，对农业劳动者在"险补结合"粮食补贴新体系中申请风险或收入补偿的行为进行甄别，提供激励约束，严格控制投机或寻租，防止国家稀缺资源配置使用浪费。

三是调节人的不努力。人的行为有努力和不努力之分，努力是一种财富，不努力也是一种财富（经济学上称之为"闲暇"）。不努力是

人的自由，不努力可能也会有收入（比如财产收入），但不努力有社会成本。不努力有个人的原因，也有社会的原因，要区别对待。从国家的角度看，在有限政府的框架内，要实行有效的调节，为种粮农户的行为提供自由选择的空间，并甄别出不努力种粮的农户，建立公平合理的补贴体系。

三、基本定义：一种风险补偿合约，参加条件严格

"险补结合"粮食补贴新体系的基本内容是一种具有针对性地对参加者有严格条件要求的粮食风险补偿制度。这种制度是一种引入前提条件的限额交易合约，有一套严密的实施办法。

（一）一种限额交易合约，引入前提条件

"险补结合"粮食补贴新体系是国家在有限政府框架内帮助符合要求的农业生产者分担粮食市场损失的政策性风险补偿制度，按照限额交易合约的方式进行设计，主要特点是通过合理引入条件，国家在财政可支配能力和行政可管控能力内，为符合条件的特定农业生产者提供风险补偿。

在"险补结合"制度中，这些参加者可以归并为市场损失者（申请损失补助）和损失补助者（参与、提供和兑付损失补助）两种主体。前者主要是符合要求和符合约定条件的农业生产者，以粮食市场损失（包括价格损失和因灾损失）为依据，按照合约规定获得风险补偿；后者主要是政府或农业再保险公司（代表国家），在有限政府框架内，代理普通消费者。这两者进行交易，但这种交易既不是自由的交易，也不是管理的交易，而是一种限额的交易。限额的内容是国家从公共管理服务的角度，综合考虑市场机制缺陷、国家发展战略需要和社会上不同群体的合理利益，在有限政府框架内对粮食市场损失进行合理界定并提供风险补偿。

在"险补结合"制度设计上，总的思路是将人作为制度安排的出发点和落脚点，将制度的参加者作为理性人或者现实社会中行为比较复杂、可能诚信也有可能投机的人，将国家作为一个公共管理服务者，将参加者在制度内的权利作为一种有条件的财产权利（相对产权），将促进个人的生产性努力并保护其获得报酬、协调个人之间的

矛盾和冲突、平衡个人之间的利益关系、调动人的生产积极性、形成良好稳定的社会秩序和社会结构作为制度的目标，将制度的内容设计为一种限额交易合约。一方面，"险补结合"制度的内容是公平开放的，平等对待社会上每一个人，放开参加者资格，凡是符合条件的个人（包括自然人和法人）都可以申请参加，实行自愿参加。另一方面，"险补结合"制度的内容是严谨合理的，参加制度者既有权利也有责任，合理引入条件，实行合约治理，谁参加、谁有责，谁投入、谁受益，每个参加者在制度内享有的权利都是有前提条件的，也是有保障的。这样，整个"险补结合"制度设计的内容就是科学合理的，实现公开、公平和公正，提高资源配置效率。

（二）一套严密实施办法，实行严格管理

"险补结合"粮食补贴新体系在理论上是农业再保险公司代表国家与农业生产者就提供粮食市场损失（包括价格损失和因灾损失）风险补偿进行限额交易的一个约定或合约，在实践中是对国家向农业生产者提供与粮食市场损失有关的风险补偿的一整套具体制度安排的结合。为了保证"险补结合"粮食补贴新体系在设计上科学合理和在运行上富有效率，核心是通过引入条件，建立一套严密的实施办法，并将这些办法作为整个制度本身非常重要的内容，实行严格管理，确保引入"险补结合"制度后的效果与制度设计想要达到的目标一致。在制度设计上，就是要转变过去的传统的政府直接参与补贴分配设计理念，引入新的市场契约基本框架。在这种新的市场契约中，政策的基本形式是保险契约，在具体内容上结合现实而又激励相容，不仅有一般政策主张、路线图和原则要求，而且有比较深入细致的关于风险补偿实施的人、财、物的资源分配的具体数字及其相互关系，还有比较详细的关于风险补偿中各种参加者的责、权、利，特别是违约违法责任及其追究机制等，确保"险补结合"粮食补贴新体系的实施能够达到设计效果。

在"险补结合"制度中，如果制度设计完善，需要结合现实社会所面临的多样性和复杂性，深入考虑多方面的影响因素并进行严格规范量化，对这些影响因素的规定就形成了参加者在制度内领取风险补偿的重要条件，也是决定参加者在"险补结合"制度内获取风险补偿

数量标准的重要变量。如果对这些重要因素考虑不周密以及不以明确显示的方式表示出来，就意味着决策者对这些因素的参考值设定隐含在制度规定中，当农业生产者遇到的实际情况与之不一致时，无法在政策上进行必要而及时的修正，将使"险补结合"制度实施的实际结果与设计目标不一致甚至南辕北辙，不仅可能导致政府出力不讨好，形成稀缺资源错配，引起参加者不满，还可能会引发社会矛盾。在实践中，一个设计比较完善的"险补结合"制度在内容上需要明确规定的主要条件变量及相关影响如下：

农产品市场损失（包括价格损失和因灾损失）：农户在农产品生产经营中，主要面临两种风险，即自然风险和价格风险，并导致农产品的因灾损失和价格损失，我们将上述两种损失统称为农产品市场损失。新型经营主体生产方式的变革，推动了农业商品化程度的提高，这也改变了现代农户对风险保障的需求。在传统农业背景下，因为农户生产的很大一部分产品是为了自给自足，需要出售的农产品只是一部分甚至是很少一部分，农业生产主要惧怕的是自然风险，以及由此造成的因灾损失，也就是灾害导致的减产和绝收。但是，农村经济结构的巨大变化，日益扩大的商品性农业生产，使得农业生产和经营者惧怕的风险损失不仅仅是成本或者产量，农业生产的周期性以及农产品价格波动风险对现代农业的影响越来越大。实际上，对农业生产来说，自然风险和价格风险在性质上是迥异的。农业的自然风险除了洪水、地震、台风等灾害，在极端情况下或者一定范围内具有某些系统性风险的属性，总体上属于纯粹风险，气象灾害或者病虫灾害基本上可以看作随机事件，其发生具有不确定性，从而在空间和时间两个维度上都可以分散，这类风险的可保性比较强。但价格风险就不一样了。随着市场经济深入发展和一体化市场的形成，价格具有快速的传导性，这使得农产品的价格风险具有近乎完全的系统性特征，具体表现在以下三个方面：一是不同区域农产品价格波动趋势和特征基本一致；二是农产品生产价格、批发价格和零售价格的波动趋势和特征基本一致；三是所有农产品生产者面临的价格变动趋势与特征是一致的。这就决定了农产品价格风险具有系统性风险的属性，且同时具有投机性风险的属性。这使得农产品价格风险的系统性波动虽然一定程度上可在时间上予以分散，但也受到很大的局限。因为农产品价格风险不是随机事件，农产品价格的下降或者上升是缓慢生成的，人们可以从各种信息中感知、了解和预测到，从而在保险购买上表现出强烈的逆向选择特点，市场价格上涨预期强烈的时候，农户投保意愿不强，而在价格进入下行通道时，则大多会积极投保。此外，价格风险在空间上难以分散，容易造成巨灾损失，让保险公司面临巨大的赔付风险。因此，我们说，自然风险和价格风险的异质性是"险补结合"新型农业保险体系面临的重要挑战。"险补结合"新型农业保险体系能否以及如何覆盖上述两种风险，是决定新型农业保险体系能否顺利运行的关键因素。

粮食生产品种：主要是"险补结合"制度实施的对象。基本内容是是否属于关系国计民生和社会安全的重要粮食品种、是否在国家提供风险补偿的农产品目录范围之内。这是一个定性变量，这个变量的设置关系国家发展战略。基本原因是，农业生产的品种非常多，在市场经济条件下，政府的财政能力和行政可管控能力都是有限的，不可能对所有农产品提供政策性补贴，由政府针对农民直接提供市场损失（包括价格损失和因灾损失）风险补偿的农产品范围具有非常强的特殊针对性，只有关系国计民生和社会安全的主粮品种才属于政策管控范围。随着经济社会发展阶段的变化，国家战略因素是变化的，实行"险补结合"制度的对象和补贴水平也会有所变化。

粮食生产区域：主要是政府提供市场损失（包括价格损失和因灾损失）风险补偿的指定区域。基本内容是获得风险补偿的粮食生产经营者所在的省份、市县、乡镇、村庄、地块，所从事农业生产经营的区域是否在禁止开荒的土地上、是否在未经批准开荒的土地上、是否在明确退耕的土地上、是否在限制农业生产的土地上、是否在属于政府鼓励生产发展的区域上，所从事粮食生产经营的区域的地理位置、分布及构成、四至边界等。这是一个定性变量，这个变量的设置关系国家发展战略，从宏观上影响国家稀缺资源配置和社会总福利水平。由于一个国家或地区具有较好农业生产条件的农地特别是耕地资源和水资源等自然资源是稀缺的，当国家为农民提供市场损失风险补偿时，表明粮食市场存在一定过剩或者这种产业发展的市场效益已经大幅降低，此时需要适当控制生产以及调整生产结构。如果不对农民的非合理生产行为进行调控而简单进行风险补偿，实际上是在浪费国家稀缺资源，也损害社会总福利。在制度设计上，明确引入粮食生产区域因素后，不仅可以引导粮食生产区域优势布局，还可以控制风险补偿的不合理分配，提高对需要鼓励生产发展的农户在发生市场损失后的平均风险补偿水平。

投保人身份：主要是"险补结合"粮食补贴新体系提供风险补偿的对象属性。基本内容是投保人是属于自然人（代表农民或特定个人，包括基本农户、种植大户等），还是法人（代表农业生产经营单位，包括农民专业合作社、地方国有农场、非农公司、兵团农场等）；是诚实守信的实体，还是有违约行为的实体。这是一个定性变量，这个变量的设置关系国家发展战略，关系社会公平，关系社会资源配置的效率。

粮食作物种植面积：主要是"险补结合"粮食补贴新体系提供风险补偿的粮食作物面积。这是一个数值变量，这个变量的设置关系粮食质量、产量和市场交易数据的真实性，关系粮食生产发展方式，关系稀缺资源配置的合理性。

粮食质量：主要是"险补结合"新体系提供风险补偿的粮食作物生产者在生产过程结束后上市的粮食品种类型、等级、质量标准等。这是一个数值变量，这个变量的设置关系粮食产量和市场交易数据的真实性，关系农业生产发展方式和农业发展的国际竞争力，关系稀缺资源配置的合理性。

粮食产量：主要是"险补结合"新体系提供风险补偿的粮食作物生产者在生产过程结束后获得的粮食产量；这是一个数值变量，这个变量的设置关系粮食市场交易数据的真实性，关系农产品供求平衡关系，关系稀缺资源配置的合理性。

粮食销量：主要是"险补结合"新体系提供风险补偿的粮食作物生产者在生产过程结束后，经过加工处理进入农产品市场实际销售的数量；这是一个数值变量，这个变量的设置关系粮食供求平衡关系，关系消费者福利，关系稀缺资源配置的准确性。

粮食销售价格：主要是"险补结合"新体系提供风险补偿的粮食

作物生产者在农产品市场实际销售的粮食的价格。这是一个数值变量，这个变量的设置关系农产品供求平衡关系，关系消费者福利，关系稀缺资源配置的准确性。

第二节 构建新体系的主要方法

在实践中，引入"险补结合"粮食补贴新体系是一个不断探索和不断完善的过程。为了减少建立制度过程中存在的隐含缺陷及其带来的不利影响，科学的方法在制度设计中至关重要。为此，需要将整个制度的设计、执行和保障统筹起来考虑，将人作为制度设计的出发点和落脚点，将参与者的权利和责任统一起来，围绕制度运行涉及的关键问题，提出比较科学合理的解决方案，建立激励约束机制和可持续发展机制，在解决问题的同时，预防和控制新问题的产生，使引入"险补结合"粮食补贴新体系的实际结果与制度设计的目标保持一致。

一、主要设计思路：统筹四方面因素

（一）以保障国家粮食安全为根本

作为一个人口大国和粮食消费大国，我国对粮食的需求十分旺盛并呈逐年增长的趋势，当前我国粮食安全形势刻不容缓。从粮食生产和供给角度看，粮食种植面积下降，粮食生产能力受到限制。改革开放以来，我国经济快速增长，工业化和城市化建设的快速发展导致农业生产资源不断流入非农业部门，特别是大量优质耕地的流失，耕地面积减少趋势难以逆转。加之，我国自然灾害频发，粮食生产波动比较大，粮食持续稳定增长潜力受限。从粮食需求角度看，随着人口的不断增加和生活水平的提高，饲料和工业用粮将明显增加，粮食需求呈刚性增长，产需缺口将继续加大，而国际市场调剂余缺的空间相当有限，我国粮食安全形势不容乐观。相较于一般商品，粮食是人类维持生存的必需品，属于"战略资源"。一旦我国粮食短缺依赖于粮食进口，将会受制于其他国家。这决定着我国粮食不能依靠进口，要靠自力更生增产粮食，以国内生产为主。实际上，国家始终把发展粮食和农业生产，解决人民的温饱问题放在最重要的位置。2018年中央1

号文件中提出要夯实农业生产能力基础，确保国家粮食安全；切实发挥农民在乡村振兴中的主体作用，调动亿万农民的积极性、主动性、创造性，促进农民持续增收，不断提升农民的获得感。这也要求粮食补贴新体系的构建坚持以保障国家粮食安全为根本，以增加粮食产量为最终目标。

（二）以加快农业供给侧结构性改革为主线

在新形势下，我国农业的主要矛盾已由总量不足转变为结构性矛盾。一方面，满足农产品有效需求的压力增大。目前，我国小麦、稻谷等口粮品种供求平衡，玉米出现阶段性供大于求，大豆供求缺口逐年扩大，棉花、油料、糖料等产品受资源约束和国际市场冲击，进口大幅增加，生产出现下滑。另一方面，我国农业发展面临较大的资源环境约束。我国作为一个农业大国，以占世界不到9％的耕地、6％的径流量，养活了占世界近22％的人口，反映出我国农业生产面临严重水土资源约束[①]。并且，有限的土地资源严重影响着我国农业生产。我国本身就人多地少，再加上城镇化及工业用地挤占耕地，以及水土流失、次生盐渍化等自然破坏和占优补劣等不合理耕地开发利用形式的普遍存在，使得我国本已十分有限的耕地资源在数量和质量上均呈现总体下降趋势。从农业发展所面临的环境来看，我国农业发展的主要矛盾突出表现为阶段性供过于求和供给不足并存，矛盾的主要方面在供给侧。中央1号文件也多次提出要深入推进农业供给侧结构性改革，加快转变农业发展方式，这也要求粮食补贴新体系以加快农业供给侧结构性改革为主线。一方面，新的粮食补贴体系要增加对农业生产环节的补贴，推动农业生产方式、经营方式的转变，加大对农业科技投入力度，提高农业科技进步贡献率和机械化水平，提高我国粮食亩产水平，降低粮食生产成本；另一方面，新的粮食补贴体系将根据各地农村发展形势变化，在坚持家庭联产承包责任制基础上鼓励发展不同农业经营主体和经营模式，推动土地流转，实现适度规模经营。

---

① 蔡海龙，林万龙. 供给侧结构性改革与农业补贴政策调整［J］. 甘肃社会科学，2017（4）.

(三) 以保护农民种粮积极性为重点

农民作为农业生产的经营主体，其持续稳定地参与粮食种植，是当前保障粮食生产可持续性的基本前提。但是，在种粮收益较低、城乡收入差距加大的趋势下，农民种粮积极性较低，纷纷放弃自己的土地而进城务工，导致出现农村劳动力"空心化"。这是由于受原有耕作方式和土地制度的影响，长期以来我国农业生产方式以小规模家庭经营为主，农业生产经济效益较低，且抵御市场风险、自然风险等多方面风险能力不足，迫使农村青壮年劳动力放弃家中农田选择进城务工，不少地区的农业生产已经由留守的中老年人来完成。此外，新生农民受传统意识的影响不愿意继续从事父辈的农业生产活动，纷纷奔赴大中城市谋生。据国家统计局公布的《2017年农民工监测调查报告》，2017年在农民工总量中，外出农民工17 185万人，比上年增加251万人，增长1.5%，增速较上年提高1.2个百分点。1980年及以后出生的新生代农民工逐渐成为农民工主体，占全国农民工总量的50.5%，比上年提高0.8个百分点；老一代农民工占全国农民工总量的49.5%。鉴于我国农村人口结构的这种客观情况，如果要吸引更多新生代农民留在土地上从事农业，关键在于提升农民的种粮收益，为农民粮食生产提供良好的收益保障。因此，"险补结合"粮食补贴新体系以增加农民种粮收益、提升农民种粮积极性为重点，一方面，加大对粮食生产环节的直接补贴，有效降低农民的种粮成本；另一方面，进一步完善农业保险机制，有效规避粮食种植的自然风险和价格风险等，确保农民种粮收益，稳定提高我国农业生产力水平。

(四) 以发挥市场机制的作用为前提

我国现行农业补贴政策对市场在资源配置中的决定性作用考虑不足，尤其是流通领域的政策在一定程度上扭曲了市场平衡机制，影响了粮食行业的健康发展，对粮食市场形成的系统性扰动也逐步增加。为了更好地引导农业，尤其是粮食市场的健康可持续发展，"险补结合"粮食补贴新体系的构建以遵循市场规律、发挥市场机制的决定性作用为前提，力争处理好政府与市场的关系，真正做到"有所为"和"有所不为"。一方面，在粮食流通领域"有所不为"，逐渐放开粮食流通和加工领域，发挥粮食市场形成价格的机制，建设统一开放、竞争有序的市场体系，通过价格信号有效调节市场供求；另一方面，在粮食生产领域"有所为"，由于粮食生产的弱质性以及我国保障粮食安全的必要性，在粮食生产环节进一步加大投入，通过"险补结合"的方式，增加对粮食生产者的补贴力度，调动农民种粮积极性，提高粮食补贴政策的效率和深度。

二、主要的影响因素：考虑三个方面

从方法上看，引入"险补结合"粮食补贴新体系是一连串的行动，需要将整个制度的设计、执行和保障统筹起来考虑，将人而不是物作为制度设计的出发点和落脚点，将这个制度作为粮食市场损失（包括价格损失和因灾损失）风险补偿的核心体系。

（一）制度设计考虑要全面

引入"险补结合"粮食补贴新体系是要解决社会现实问题。在现实社会中，由于个人之间的生产生活条件存在差异，个人之间的社会行为特点也有所不同。在微观上，每一个现实问题既有相同的一面，也有不同的一面，而政府在市场经济条件下的能力和理性是有限的，从公共管理服务的角度，政府要解决好问题也是复杂的。在制度设计上，最重要的就是从投入产出入手，全面系统考虑各种影响因素，深入界定问题，实行顶层思维，平等对待每一个人，尊重个人客观差异，将各种变量按照内在一致的逻辑联系起来，提出一套完整的基本框架，引入所有可能变量并在制度内充分显示出来，用于解决一般问题。

变量是对关联因素的一种规范化和数量化，将解决问题的所有影响因素在制度内用变量明确显示出来而不是隐含在制度中，尽管从形式上和从表面上看会使制度的内容和运行变得比较复杂，但这是科学的。基本原因：一是现代科技日新月异，在数据采集、传输、处理和储存等技术上越来越先进，合理增加变量并不必然会影响制度的运行效率。二是将隐含因素转变为显性变量，可以提高制度的适应性，高效处理由于这些变量在现实中的差异以及发生变化后对制度运行带来的影响，预防和控制参加者行为的不确定性，降低系统风险。如果这些因素在制度内不明确表示出来，并不是这些因素的影响不存在，而是意味着这些因素被隐含假设为固定不变,当这些因素发生变化时,就无法在制度内进行及时处理,严重的会危及整个制度运行的有效性。三是引入所有可能变量是一个不断完善的过程,可以促进知识的增长。现代社会分工越来越细,各种影响因素不断变化,充分考虑这些因素,在制度运行中会产生和积累大量数据,这些数据是科学管理的重要依据和宝贵资源,能为全面准确分析经济社会发展现状、人的行为和不断完善制度内容提供客观依据。

在"险补结合"粮食补贴新体系的设计中,要统一思想,提高认识,全面考虑,深入界定问题,坚持问题导向,统筹制度的制定、执行、监督、管理和修正工作。首先,"险补结合"粮食补贴新体系不是一个短期临时实行的制度安排,而是一个长期实行的制度安排,要着眼全局和长远,加强组织领导,系统部署实施,着力提高制度建设的有效性。其次,"险补结合"粮食补贴新体系不是一个简单考虑放弃最低收购价体系和生产者补贴的制度安排,而是一个统筹兼顾、总体布局、顶层设计的制度安排,要立足现实,特别是农户、市场和政府的复杂性,考虑人与人之间的客观差异性和利益平衡性,考虑制度执行的细节和执行不了的可能风险,考虑政府在市场经济中的有限性,着力提高制度建设的合理性。再次,"险补结合"粮食补贴新体系是一个自由交易合约,也是一个管理交易合约,要按市场经济规律和契约方式进行设计和运行,建立农户风险补偿支出与国家财政投入之间的内在关联,着力提高制度建设的科学性。

(二)制度执行要富有效率

在"险补结合"粮食补贴新体系的执行中,涉及多类和多个主体,参加者广泛,利益关系复杂,在工作中很容易产生冲突,制约制度实施的成效。第一类主体是政府及政府部门,包括中央政府和地方各级政府,政府各有关部门和各有关单位,不同地区的政府和政府部门等。第二类主体是农业生产者,包括自然人和法人单位,小农户、大农户和农业企业,不同区域、不同身份的生产者,高水平的生产者、中等水平的生产者和低水平的生产者,长期从事农业生产的生产者和短期临时从事农业生产的生产者,以前参加过制度的生产者和从来没有参加过制度的生产者等。第三类主体是政策性的农业再保险公司和竞争性开办农险业务的商业性保险公司等。

对这些参与者，在组织方式上，既要实行统一管理，将每个人的投入与回报结合起来，也要分类对待，围绕有限目标、界定产权、明确责任、优先组织、严格监管，建立激励约束机制，实行定性（重要主粮品种，市场损失补偿，详细核查）、定损（价格损失，灾害损失，市场损失）、理赔（合规理赔，险补结合）、定补（风险补偿，付款时间，支付次数）、定责（合约管理，有限责任，违约追究）相结合，实现激励相容。

（三）制度保障要可靠有力

"险补结合"粮食补贴新体系落地必须有多方面的保障。一是法治保障。要将制度组织实施的各种内容规范化、定量化和责任化，实行依法行政和合约治理。二是技术保障。推进管理信息化，统一技术标准，建设高效运行的信息网络和管理系统，大力提高效率。三是机构保障。组建政策性的中国农业再保险公司，实行企业化管理。四是资金保障。既要有补贴资金，也要有运营资金，还要规范资金预算、拨付、管理办法，有条件时应建立专门的农业再保险基金，平衡跨年度的资金筹集和资金支付。五是数据保障。加强基础数据建设的统一规划和管理建设，规范工作流程，形成全面准确和系统完整的粮食种植基础数据，作为我国粮食宏观调控最重要的决策依据。

三、涉及的关键问题：突破六大难题

在"险补结合"粮食补贴新体系建设中，需要处理一系列关键问题，解决了这些问题，就突破了建立制度的瓶颈。概括起来，这些关键问题涉及六个方面，包括产品的选择、钱的问题、人的问题、价的问题、量的问题和管理的问题。

（一）产品的选择：重要农产品如何定

农产品很多，并非所有农产品都能纳入"险补结合"制度解决问题。对农产品的选择，是建立"险补结合"制度需要突破的第一个难题。农产品的类型和属性不同，市场流通体系和价格形成机制不同，政府介入的必要性和重要性不同，在风险补偿上的有效性也不同。建立"险补结合"制度的工作复杂，投入很大，难度很高，国家在有限政府框架内,只能从公共管理的角度出发,从最重要和最必要的农产品入手,有选择地建立。判断重要性的基本依据有以下三点:一是从政治角度考虑,是否为关系国家战略的重要基础性产品。这些农产品对日常生活必不可少,社会关注度高,农业生产比较效益偏低。二是从问题角度考虑,农产品市场流通体系建设是否完善,其市场运行在利益分配上是否存在较大失灵以及政府在解决问题中存在较大失灵。三是从实践角度考虑,政府是否在农产品市场调节管理上有重要的政策实践和经验教训。对政府而言,目前通过最低收购价和临时收储政策支持的小麦、稻谷、玉米等主粮品种都应属于"险补结合"政策的覆盖范围。

(二)钱的问题:风险补偿资金从哪里来

通过"险补结合"的方式对农业生产者提供风险补偿需要资金支持,这些资金主要来源于公共财政(包括中央财政和地方财政),而政府的财政资源不仅是稀缺的,不仅需要财政开支的领域众多,可用于农业补贴的金额也非常有限;而且受预算管理的严格约束,需要在跨年度之间和跨产品之间进行平衡和调节。如何筹集资金并均衡使用,是建立"险补结合"粮食补贴新体系需要突破的第二个难题。制度设计中,解决问题的核心思路是将粮食流通领域低效率的间接暗补调整为生产领域高效率的风险补偿,并以此作为"以险代补、险补结合"农险体系的财政补贴资金来源。通过流通领域稳步推进的去库存策略,把当前对粮食流通领域低效率的高额补贴,通过"以险代补、险补结合"的方式,逐步调整至生产环节,在重点支持现代高效粮食生产体系发展的同时,放开粮食流通和加工环节,通过市场竞争方式培育我国具有国际竞争力的粮食流通和加工产业。关于"险补结合"粮食补贴新体系需要的公共财政支出规模,我们将在第八章进行测算。

(三)人的问题:风险补偿补给谁

对农业生产者遭受粮食市场损失(包括价格损失和因灾损失)进行的风险补偿带有补贴性,补贴资源是有限的,只能提供给那些遭受农产品市场损失并努力耕种的农户。但现实中的人是复杂多变的,风险补偿究竟给谁,是建立"险补结合"粮食补贴新体系需要突破的第三个难题。解决问题的基本思路：一是准确、详细、明确地规定农业保险风险补偿受益人为符合政策要求的粮食实际种植者，而不是土地承包权人。二是推进对不同类型的参加者及其资格条件实行分类管理并进行政策衔接，包括对不同经营规模的农业生产者进行分类管理（区分基本农户和农业生产经营单位，基本农户由乡村组织联合投保，专业大户、合作社、农业企业等农业生产经营单位要求专门资质认证并可进行单独投保）。三是成立专门负责的农业再保险公司，通过市场方式建设高效的农业保险—再保险分保体系，解决由谁来承担最终责任、谁来组织实施、谁来监督管理并承担法律责任等问题。

（四）价的问题：风险补偿的价格如何定

对农业生产者的市场损失是以价格为依据界定，而粮食价格问题本身是复杂的，不同品质的粮食交易就有不同的价格，同时粮食价格变化因受国内外多种因素影响很难预测，如何定价（粮食保障价格）、采价（粮食市场交易价格）和算价（社会平均粮食市场交易价格），是建立"险补结合"粮食补贴新体系需要突破的第四个难题。在实践中，就需要尽量避免以波动性价格为基础来明确粮食保障价格，要在年初就使种粮农户明确只要自身努力耕种，粮食收获后的收益有明确保障。解决问题的基本思路：一是以国家财政可支付能力为前提，以粮食等大宗农产品成本价格调查为基础，结合对粮食供求形势、市场交易量情况和农民耕种行为的预测估计，合理确定粮食保障价格的水平，明确粮食保障价格适用的条件，包括交易地区、时期、品种、等级、质量标准、交易对象、交易环节等交易信息和相关交易价格的折算汇总办法，明确这种价格仅仅是作为"险补结合"风险补偿的重要依据而非市场实际价格。二是加强粮食市场建设，提升粮食市场交易的活跃度，建立全面高效的粮食市场交易基础信息服务系统。明确规定粮食市场价格信息监测、统计、发布的内容和方式，包括采价责任部门及负责人，采价时期，采价地区、品种、等级、质量标准、交易对象、交易环节（收购、批发、零售）、交易数量，以及在采价期内不同价格的统计汇总计算办法等。三是在部分粮食深加工比较集中、市场竞争比较激烈、经济发展条件较好的地区，为了保证粮食市场价格信息采集工作公开、公平、公正和高效，可以由政府或农业再保险公司出资，委托专业机构或单位，实行定时、定点和定人采价并进行信息披露。四是在主产区明确一些特定品种、等级、质量标准、交易对象、交易环节等的粮食市场作为区域性基准粮食交易平台，并将其相应的价格作为基本参考价格，将其他粮食交易市场价格与之进行关联和折算，逐步形成社会平均粮食市场交易价格，统一规范社会平均粮食市场交易价格的计算方法，并与"险补结合"粮食补贴新体系价格计算标准（粮食保障价格）进行衔接和配套。

（五）量的问题：风险补偿的数量如何核

对农业生产者的风险补偿不仅与价格差额有关，而且与数量核定有关。由于风险补偿因素影响，人们在数量信息上可能投机，导致数量数据弹性很大并隐含巨大的财务可持续风险。如何准确选择和核定粮食产量，是建立"险补结合"粮食补贴新体系需要突破的第五个难题。在实践中，就需要引入现代化的信息管理系统和市场管理机制，定期对粮食作物的生长情况进行跟踪和分析，确保粮食产量等基础数据真实可信，并对年度风险补偿资金需求和实际筹资之间的差额进行协调。解决问题的基本思路：选择常年产量这一固定的统计指标作为农户是否努力耕种的判断分界值，而非粮食交售数量或实际产量作为风险补偿依据。在"险补结合"粮食补贴新体系制度设计中，只要农户努力耕种，收获后的粮食亩产量达到或者超过常年产量，则该农户就能以常年产量而非实际产量为基础，获得风险补偿。而常年产量是根据各地区的自然条件和当地的一般情况以及种植习惯而专门核定的在正常年景下单位面积所收获的农作物产量，以一个地区（省、市或县）近5年的粮食平均亩产量为基础进行测算，常年产量确定后，在一定时期内不予变更，作为农业收入保险的产量基础。这样设计风险补偿数量依据的最大好处是最大化地减少交易成本，尽可能使风险补偿基础数据显性化、明确化且方便核实。

（六）管理的问题：责权利平衡点在哪

对农业生产者的风险补偿是由"险补结合"粮食补贴新体系通过市场方式完成的。由于同时面对多种多样和利益不同的参与者，加之信息不对称，各种参与者之间存在博弈，使得组织管理过程比较复杂，制度落地过程存在一些制约因素。如何进行高效地组织管理，是建立"险补结合"粮食补贴新体系需要突破的第六个难题。在实践中，就需要将各方参与者的权利界定为一种契约权利，对各方参与者在制度内的权利及前提条件和相关责任的具体内容及边界进行明确的规范，并在这些权利、条件和责任之间进行有序衔接和相互匹配。解决问题的基本思路：一是将"险补结合"制度作为一个市场交易合约对待，合理界定和保护契约方的权利，平衡各方参与者的责、权、利，明确规定参与者的权利和义务，包括限定责任、限定标准和限定权利。实际上，现实社会中各方参与者的理性和责任都是有限的，这种权利以制度或合约为依据，是有前提条件和相应责任的，因而每个参与者的责任也是有限的。二是从加强激励兼容设计入手，建立激励约束机制，形成"再保险机构-保险公司-种粮农户"的三级监督体系，解决"补贴者"激励问题，改进补贴效率：在再保险机构的规制下，保险公司将依据保险合同对种粮农户的生产状况进行"监督"和"核实"，并以"定损理赔"形式保障实际种粮农户收入。这种以市场主体之间的履约机制来实施补贴的做法不仅可以有效防止普遍存在的农户土地撂荒或管理不善却领取足额补贴的现象，而且省去了经由各级政府划拨补贴的繁杂程序，杜绝了各种截留和挤占。

四、关键问题的解决：作为在增量上

由于政府在市场经济条件下的有限性和我国人口多、农业农村处于快速分化状态、粮食供求结构和农业生产经营主体具有特殊性，在建立"险补结合"粮食补贴新体系的过程中，需要解决一些关键难题，使引入制度所要解决的问题与需要解决的问题保持一致。解决这些问题的关键作为在增量上，基本思想：一是通过"险补结合"，为农业暨粮食宏观调控增加一个生产环节保护农民收入的调控工具，以便于相机抉择：即剥离粮食价格支持政策的农户收入补贴功能，交由粮食生产领域的农户收入保险来承担，与此同时，保留价格支持政策对粮食流通领域的价格调节功能，使得每一项政策工具仅承担一项粮食调控目标，并通过政策工具的组合应用，共同服务好我国粮食安全和宏观调控需要。二是保留当前粮食生产环节的所有直接补贴，将粮食流通领域低效率的间接暗补调整为粮食生产领域高效率的风险补偿，通过再保险公司将来自粮食流通领域的增量资金用于规范、引导各类经营农业保险的商业保险机构进入农村、服务农业、支持农民，使之成为种粮农民收入补贴的核心支柱，从而健全现有粮食补贴体系，促进粮食价格回归市场调节。

（一）风险补偿，利益平衡

引入"险补结合"粮食补贴新体系，首先要对这种制度的特定性质进行准确界定并在此基础上组织开展工作。比较准确的定义是，这种制度在形式上是一种以市场调节为基础的粮食风险补偿制度，在内容上是一种粮食市场损失（包括价格损失和因灾损失）风险补偿制度，在目标上是为了解决粮食市场机制所不能解决的在利益分配上的失灵问题，在性质上是一种市场交易合约。采取这种定义后，整个制度的核心是"险补结合"粮食风险补偿，出发点和落脚点是粮食生产者和粮食消费者之间的利益平衡。政府在制度中的角色是一个公共管理服务者，在有限政府框架内，做有限的事，并致力于将事做好。在制度设计上，准确的定性意味着制度功能和政府角色的合理定位。这些定性主要有以下三方面：

一是强调特殊针对性。"险补结合"粮食补贴新体系是在市场机制充分发挥作用的条件下施行的，不是一种价格支持政策，而是一种农业风险补偿政策，是专门针对市场机制在重要农产品利益分配上的失灵问题而建立的制度。

二是强调风险补偿。国家提供风险补偿的依据是农业生产者为社会做出的劳动贡献，而非土地承包权的多少，没有劳动贡献的土地承包权人没有领取风险补偿的资格。一方面由于市场价格的变化，粮食生产者的收益无法完全保障；另一方面，消费者得到粮食充分供应和价格下降的好处，也需要国家为粮食生产者提供风险补偿。但现实操作中，由于财政资源是稀缺的，所以不是粮食生产者需要多少就给多少，而是以需要为依据在财政可分配资源额度内提供。如果需要的风险补偿超过财政可分配资源，也只能按照财政可分配资源满足现实需求；如果风险补偿资金需要小于财政可分配资源，理论上不仅可以全部满足，富余的财政可分配资源还可以用于其他更有效率的民生领域。实际上，我们引入"险补结合"粮食补贴新体系的主要目的也是提高粮食补贴效率，充分发挥市场对资源的配置作用，用更少的资金投入确保国家粮食安全和农民持续增收。

三是强调利益平衡。国家从公共管理服务角度提供风险补偿，重视市场作用。国家既要考虑农业生产者的利益，帮助分担市场损失（包括价格损失和因灾损失），激励生产劳动，也要考虑政府公共财政资源的有限性，适当控制政府风险补偿支出规模，合理分配使用财政资源，发挥市场机制作用，提高全社会资源的宏观配置效率和社会总福利水平。

（二）引入条件，合约治理

引入"险补结合"粮食补贴新体系，在组织管理上比较复杂，需要政府深化改革创新并进行艰苦细致的努力。为了提高工作效率和保障工作效果，关键是要合理引入条件，实行合约治理，将整个制度的运行管理具体化为有条件的风险补偿支出，通过一步一步建立条件，将整个制度的内容分解为定性、定损、定量、定补和定责，建立以市场契约为基础的风险补偿体系，从关联因素多数隐含到关联因素充分显示，建立农户个人风险补偿支出与国家财政投入的内在关联。在制度设计上，这些条件主要有以下几点。

一是只有粮食的生产者才有获得风险补偿的资格。在"险补结合"粮食补贴新体系中，凡是农业保险的投保人，无论是否能得到风险补偿，都要按照契约条款承担相应的责任与义务。在"险补结合"风险保障体系中，通过事前的契约设计，以及事中和事后监督，要确保只有努力耕种的粮食生产者才能获得风险补偿，没有劳动贡献的土地承包权人，以及不努力耕种、粮食产量未达到常年产量的农户都无法领取风险补偿。

二是只有农业生产者付出劳动贡献并发生市场损失（包括价格损失和因灾损失）才能获得风险补偿。

三是只有属于市场损失（包括价格损失和因灾损失）部分，国家才负责提供风险补偿。通过事先明确"险补结合"保障价格水平，以及监测粮食市场价格的运行，当粮食市场价格低于保障价格时或农户确实因灾受损时才启动风险补偿的定损理赔流程。

四是对投保人发生的市场损失（包括价格损失和因灾损失）实行

分担。"险补结合"风险保障体系为农业生产者提供的风险保障程度，分为85%、80%、75%、70%、65%五个等级，在具体操作中，投保人可根据保险费率的承受能力自行选择合适的保障水平。这也就意味着个人要承担至少15%的市场损失。

（三）有劳而获，因损而获

"险补结合"粮食补贴新体系外在表现形式上是一种风险补偿制度，但并不是每个粮食种植者都能获得这种风险补偿，只有努力耕种、达到常年产量的粮食生产者才能获得风险补偿，没有劳动贡献的土地承包权人，以及不努力耕种、粮食产量未达到常年产量的农户都无法获得风险补偿。在实践中，如果不能对这种能否获得风险补偿及风险补偿的数量差异进行合理科学解释，并在前提条件和隐含假设上进行严格地规范，实践操作中就可能引发矛盾或冲突。解决问题的主要途径就是充分显示隐含假设条件，将隐含在这种制度设计中的基本思想、基本方法和客观依据完整地表现出来，从而建立个人之间的内在一致性和合理差异性，促进人与人之间在社会分工基础上的互相合作。

建立"险补结合"粮食补贴新体系，对农业生产者的风险补偿本质上是一种基于有劳而获和因损而获的劳动报酬。这种基于市场损失的风险补偿有价格损失补偿和因灾损失补偿两种不同的形式，但风险补偿的前提都需要粮食生产者的努力耕种，以及在粮食销售价格下降或低位运行的过程中遭受市场损失。风险补偿的性质实质上是必要劳动报酬，这种报酬是粮食生产者在市场机制下无法获得但又有必要获得的劳动收入。

第三节 构建新体系的主要原则

政策是政府进行公共管理服务的一种工具。"险补结合"粮食补贴新体系是与现代市场经济相适应的一种经济制度安排，是农业支持保护的重要政策工具，是一种农产品市场损失（包括价格损失和因灾损失）风险补偿制度。制度建立的基本思路是国家在有限政府框架内帮助种粮农户分担市场损失，解决市场机制所不能解决的在利益分配上的失灵问题以及相关的政府在解决问题过程中存在的失灵问题，促进农户的农业生产性努力并保护其获得基本报酬，平衡粮食生产者和粮食消费者之间的利益，建立良好稳定的社会秩序和社会结构。我国现阶段引入"险补结合"粮食补贴新体系，既是解决社会现实问题的需要，也是保障社会长远发展的需要；既要重视建立这种制度在解决问题方面的重要作用，也要重视建立这种制度在解决问题方面所必须具备的前提条件和所要求的隐含假设。要从理论上提高对"险补结合"粮食补贴新体系的认识，对现有粮食支持政策框架实行保留、取消与修改相结合，将建立制度与健全市场体系、完善市场服务结合起来，将推进财政改革与推进行政改革和社会改革结合起来，保留粮食最低收购价支持体系和临时收储机制，恢复其托市的本来职能，取消粮食目标价补贴和生产者补贴机制，整合现行农业保险体系，加强基础信息系统和大数据等配套措施建设，防止在建立制度解决问题的过程中又产生新的问题。

一、市场的归市场，政府的归政府

我国"险补结合"粮食补贴新体系建立的经济环境是现代市场经济。在这种经济环境中，粮食市场购销完全放开，粮食价格由参加市场交易的买卖双方自主协商确定，农业生产面临资源约束、环境约束、自然风险、技术约束和市场约束，粮食生产发展比较效益偏低。在粮食生产价格下降或低位运行的情况下，农业生产者难以承担基本收益的市场损失（包括价格损失和因灾损失），将影响粮食生产积极性；而粮食消费关系国计民生和社会安全，我国人口众多，国家在保障粮食和重要农产品供应安全方面压力很大。因此，政府具有促进粮食生产稳定发展和保障粮食市场稳定供应的重要责任，但政府在市场经济条件下的能力是有限的，政府所能提供的风险补偿资源是稀缺的，政府的行为具有复杂性，在组织管理效率上也是受到限制的。引入"险补结合"粮食补贴新体系的基本思路是将国家的角色还原为一个能力有限、理性有限、权力有限和责任有限的公共管理服务者，在有限政府框架内，按照限额交易合约方式，帮助种粮农民解决市场损失（包括价格损失和因灾损失）问题，发挥市场在资源配置中的决定作用，减少政府主观行为对粮食市场运行产生的不利影响，提高财政资源配置效率，促进粮食生产长期稳定发展和市场长期稳定供应。

市场机制是支撑现代经济增长的重要因素，发挥市场在资源配置中的决定性作用是我国深化农业支持保护政策改革的重要方向。市场是社会分工和商品生产的产物，也推动着社会分工和商品经济的进一步发展。市场起源于买卖双方进行交易的场所，发展到现在，并不仅仅指场所的大小，还包括了消费行为是否活跃等，广义上所有产权发生转移和交换的关系都可以称为市场。市场的重要原则是平等、自愿、公平和诚实守信，具有平衡供求矛盾、商品交换和价值实现、提供服务、传递信息和利益分配五大功能。市场机制是资源在市场上通过自由竞争与自由交换来实现配置的机制，实质和灵魂就是追求物美价廉。经过多年的改革开放，我国粮食市场流通体系建设取得重要成就，粮食购销已经全部放开，粮食价格由市场交易双方自主协商决定，粮食价格基本反映供求关系并对粮食生产发展产生重要影响。但同时也还存在很多突出问题，如粮食价格形成机制不完善、粮食价格主要反映国内供求关系而对国际市场供求关系变化反映不足、粮食市场流通基础设施建设赶不上形势发展变化需要、大宗农产品市场流通服务主体改革创新不足、市场自由竞争不充分、流通成本较高等，这些问题都制约着资源配置效率的进一步提升。

政府机制也是支撑现代经济增长的重要因素，更好地发挥政府作用也是我国深化农业支持保护政策改革的重要内容。政府是一种制定和实施公共决策、实现有序统治的机构，是国家权威性的表现形式。在社会主义市场经济条件下，我国政府主要有经济调节、公共服务、市场监管和社会管理四大经济职能。政府机制是指国家通过行政法令等手段对整个经济社会发展进行管理、调节的过程和方式，其重要特点是具有相对独立性、稳定性，以及双向互动性。经过多年的不断努力，我国政府在管理和调节粮食价格的方式上已经发生重大变化，主要通过法律手段和经济手段进行管理调节，多数调节是比较有效的，但同时也积累了很多问题。尤其是随着近年来粮食最低收购价政策和临时收储政策等农业支持保护政策的实施，所有主粮品种的收购价格已经逐步高于国际市场价格并且价格差距不断扩大，不仅造成粮食国家临时储备持续高位运行，占用巨额财政资源，而且高位运行的临时收储价格损害了下游产业链的发展和市场竞争力，带来大规模的粮食替代品进口，导致政策调控遭遇"天花板"和"地板"双重挤压。如果不改进支持保护方式，今后我国粮食产业的可持续发展将难以为继。

我国建立"险补结合"粮食补贴新体系过程的特殊性，决定了在政策目标上不仅要帮助农民解决好粮食市场损失（包括价格损失和因灾损失）的风险补偿问题，还要与健全粮食市场体系、完善粮食市场管理服务、改革粮食价格形成机制同时考虑，并进行政策衔接和相关配套。因此，引入"险补结合"粮食补贴新体系，就是既要为市场机制无能为力的利益分配上的市场失灵问题服务，也要为政府在解决与市场失灵有关的问题中存在的政府失灵问题服务。一是实行政府的归政府，积极发挥好政府机制在解决利益分配方面市场失灵问题的重要作用。促进农户的粮食生产性努力并保护其获得基本报酬，平衡农业生产者和粮食消费者之间的利益，建立良好稳定的社会秩序和社会结构。二是实行市场的归市场，充分发挥市场机制在资源配置中的决定作用。改进政府行为方式，将政府的角色控制在有限政府框架内，办有限的事和将有限的事办好，减少政府对粮食市场价格的直接干预，消除政府对粮食市场价格的不合理干预，在价格中不再含补贴因素或者补贴在价外运行，加大粮食市场建设力度，让价格更好地反映粮食供求关系及其变化。

（一）政府引导原则

这是我国"险补结合"型农业保险所确定的首要原则。确定政府引导，是因为"险补结合"型农业保险需要政府确定大政方针，以保证其在正确的轨道上运行。政府引导主要体现在计划引导、政策引导、宣传引导上。计划引导，主要是政府提出"险补结合"型农业保险发展的方向、目标、重点、范围。政策引导，主要是政府对参与"险补结合"型农业保险的农户、公司给予某种政策支持，使农民获得更多的利益，使保险公司有更好的市场环境，并减轻农民的成本负担。宣传引导，政府把推动"险补结合"型农业保险作为一项重要的职责，鼓励和倡导农户，参加"险补结合"农业保险，形成良好的舆论环境和社会环境。

（二）市场运作原则

保险的市场功能决定了"险补结合"型农险要遵循市场运作的原则。市场运作原则指农业保险是农户和保险公司依据保险合同设定的相关程序自主运作，保险的关系一经确立，按照市场的法则运行和处置。保险双方都作为市场的主体而存在，行使保险合同条款所规定的权利、义务，除违反法律法规和监管规定外，不受政府的包办，也不受其他主体的干涉。

（三）自主自愿原则

农户参不参加"险补结合"型农险，是由农户自主决定的，不受任何外力的强制干预；农户参加何种农业保险，是他的选择权利；农户与保险公司签订保险合同，对其保险条款有平等发表意见的权利。总之，农户参加农业保险是一种自主自愿的行为。当然，这不排斥政府和公司对"险补结合"型农险的引导和宣传，这也将使农民更多更好地了解"险补结合"型农险强农惠农富农政策的设计初衷，增强对"险补结合"型农险的信心，提高参与农业保险的热情，提升在农业保险中保护正当权益的能力。

（四）协同推进原则

"险补结合"型农险不是单体行为，需要协同形成合力。保险双方需要协同，以提高共同履行合同条款的主动性、积极性、自觉性，以保证合同的顺利履行。在运行的过程中，"险补结合"型农险需要政府的政策支持，需要政府监管部门的监督，需要政府的财政、农业、林业、发展改革、税务、民政、国土资源、气象等相关部门的支持，既形成推进和监管的合力，又建立起相关信息的共享机制，这是"险补结合"型农险作为一个市场与社会大系统中的子系统所不可或缺的。

（五）权利和义务对等原则

这是指"险补结合"型农险双方，无论是农户，还是保险公司，都是平等的市场主体，在"险补结合"型农险条款中所规定的权利和义务是对等的，投保人有交纳保费的义务，同时享有相应赔偿的权利；保险人有获得保费的权利，同时负有相应赔偿义务。这种权利和义务对等的原则不仅源自双方都是平等的市场主体，还有保险贯彻"收支衡等原则"，尤其是"险补结合"型农险，带有惠农的性质，不同于纯商业性保险以营利为目的，这就要求保险公司在"险补结合"型农险中把更好地保护农民的利益作为一种道德要求，使权利和义务对等原则贯彻得更为有力。

（六）协商一致原则

"险补结合"型农险贯彻自主自愿、权利和义务对等原则，基于尊重农民的主体地位，体现在保险条款的认可、保险双方权利义务的确定、保险灾损和赔付的认定等等，都要充分听取投保人的意见，遇到不理解的要给予解释，遇到有不同意见的要说明和讨论协商以取得认同，遇到投诉的要受理并据实予以回馈和处置，不得有任何的歧视、压制、强迫。这些对保险公司尤为重要，相对农户而言，保险机构自然处于强势地位，加之保险的技术性特征，都可能让农户处于不利的地位，更要求保险机构按照协商一致的原则，在解释、说明、讨论中实现"险补结合"型农险条款的认知、认同、认可。

（七）程序性原则

程序实则是一种次序，而作为一条原则，即有其规范性和系统性。如计算机程序，其编程是有一定次序的，否则一片乱码，达不到正确运算的目的。"险补结合"型农险的程序性原则，体现在某一农业保险项目的运行都是有先后次序的，并有其规范性要求，其中任何一个环节都不能省略，也不能颠倒，否则就会在其运行中产生障碍，难以运行。强调"险补结合"型农险的程序性原则，实则是强调农业保险要有必要的步骤，要遵循必要的规则。

（八）法律保护原则

"险补结合"型农险的法律保护作为一个原则主要体现在农业保险合同上。一份农业保险合同，就是一份法律文书，合同中规定的农户和保险机构的权利义务受到法律的保护，任何人不得干预和妨碍，否则，将受到法律的追究，合同的双方同样负有履行合同条款的义务和责任，违反的，要受到违约的处罚。这在《保险法》和《农业保险条例》中都有明确的规定。这就要求无论是农户还是保险机构，都要增强法制意识，用法制的思想来规制自己的保险行

第六章 引入"险补结合"粮食补贴新体系的基本原理

为,用法律的武器维护自身的正当权益,保证"险补结合"型农险的健康发展。

二、问题导向,总体设计,长期运作

建立"险补结合"粮食补贴新体系是深化我国农业支持保护制度改革的一次新尝试。我国是一个大国,推进农业支持保护政策改革关系重大,影响全局和长远。在建立"险补结合"粮食补贴新体系过程中,要联系过去、现在和未来,深入思考问题,实行问题导向,围绕保供稳价、长期发展和解决问题,对现有的政策框架实行保留、取消与修改相结合,合理引入条件,逐步建立粮食流通市场全面放开制度、粮食最低收购价及临时收储制度、"险补结合"农业保险-再保险制度"三位一体"的新型粮食宏观调控总体框架。一个政策各自分别解决一个问题,确保每个政策在解决问题的同时不产生新的问题,充分发挥市场机制在资源配置中的决定性作用,更好地发挥政府在促进资源合理配置和建设现代公平公正社会中的重要作用。

(一)提高认识,转变观念,构建合理发展框架

"险补结合"粮食补贴新体系与粮食收购市场全面放开制度,中央储备粮、粮食最低收购价和临时收储政策之间具有相关性,但在内容上也有很大不同(表6-1)。

表6-1　三种国家粮食支持保护制度的内容比较

	粮食流通市场放开制度	中央储备粮、粮食最低收购价及临时收储制度	"险补结合"粮食补贴新体系
基本描述	全面开放粮食购销,实行市场主体决定价格	当粮食价格过低或过高时,国家通过中央储备粮、最低收购价及临时收储粮食的吞吐政策,在粮食流通领域实行调控	"险补结合"粮食补贴新体系在性质上是一种具有特殊针对性的粮食补贴制度和粮食市场损失(包括价格损失和因灾损失)补偿制度的结合
关键机制	价格机制	价格机制	收入风险补偿机制

(续)

	粮食流通市场放开制度	中央储备粮、粮食最低收购价及临时收储制度	"险补结合"粮食补贴新体系
隐含假设	1. 粮食市场流通基础比较完善 2. 粮食交易社会化服务比较完善 3. 粮食价格背后的市场交易条件规范化、标准化、严密化	1. 由国家确定粮食收储企业参与并承办储备吞吐业务 2. 粮食最低收购价及临时收储价格要根据市场合理确定 3. 粮食收储企业经营管理规范而高效	1. 粮食市场交易和流通体系比较健全和完善 2. 粮食生产者付出劳动贡献却在市场机制下得不到合理性的基本回报 3. 政府有可用财政资金用于风险补偿,农民缴费参保并接受保险公司监管
制度功能	可以有效解决价格形成机制的合理性问题,引导社会稀缺资源优化配置	稳定市场价格,解决市场机制所不能解决的在粮食流通过程中的价格失灵问题	国家对粮食生产者提供的政策性补贴通过"以险代补、险补结合"的方式合理化、"绿箱"化,建立激励约束机制,确保制度在实践中执行的实际结果与制度设计目标保持一致
制度局限	有可能市场失灵,无法处理市场机制在利益分配方面的失灵问题	有可能政府失灵,很难处理市场机制在粮食利益分配上的失灵问题,特别是粮食最低收购价及临时收储价格高于国际市场带来的系统风险	由于财政资源是稀缺的,所以不是粮食生产者需要多少就给多少,而是以需要为依据在财政可分配资源额度内提供。如果需要的风险补偿超过财政可分配资源,也只能按照财政可分配资源满足现实需求
实践应用	合理引入条件,解决有限问题,在具备条件的地方实行	合理引入条件,解决有限问题,在具备条件的地方实行	由市场合约明确规定各方权利与义务,可在全国普遍性实行

实行"险补结合"粮食补贴新体系的前提是粮食流通市场全面放开,在此基础上解决相关的利益失衡问题。"险补结合"粮食补贴新体系与现行的中央储备粮、粮食最低收购价和临时收储政策相比有先进性,但不能在粮食流通领域替代中央储备粮和粮食最低收购价政策稳定流通领域市场价格的职能。目前我国对水稻和小麦两种粮食实行

最低收购价制度，这种制度在实践中具有"调控价格"和"保障收入"双重功能。作为一种改革方案，如果建立"险补结合"粮食补贴新体系，可以替代其中的"保障收入"功能，将隐含和难以控制的间接价格补贴转变为显性和可控的收入风险补偿，提高政府补贴资金使用的合理性与有效性，但无法替代其中所包含的"调控价格"功能。

在建立"险补结合"粮食补贴新体系的过程中，要从理论上提高认识，正确处理"险补结合"粮食补贴新体系与粮食收购市场全面放开制度、中央储备粮、粮食最低收购价及临时收储政策之间的关系，实行问题导向，按照既要解决现实问题，又要防控产生更多新问题的原则，对现行政策体系的内容实行保留、取消和修改相结合，对政策方案进行总体设计，建立和完善由粮食流通市场全面放开制度、粮食最低收购价及临时收储制度、"险补结合"农业保险-再保险制度"三位一体"的新型粮食宏观调控总体框架。改革的重要目标是要建立合理利益分配的长效机制，同时改进政府行为方式，弥补粮食市场价格体系和最低收购价及临时收储制度在设计上存在的收入保障隐含缺陷。核心是要将国家的职责放在有限政府框架内，建立专门的风险补偿制度，将政府为种粮农民提供的隐含和不确定的价格补贴转变为显性和确定的收入风险补偿，提高补贴的精准性和可控性，实现市场的归市场，政府的归政府。

（二）双轨并存，逐步替代，构建稳定发展预期

在建立"险补结合"粮食补贴新体系的过程中，要以重要性、必要性和条件性为依据，逐步建立制度，逐步完善制度。特别是现阶段，还只能在具备一定条件的品种和地区先试行，实行双轨并存，对粮食最低收购价和临时收储制度所承担的"收入保障"功能进行逐步替代，在粮食等大宗农产品中全面实施"险补结合"补贴政策还需要一个很漫长的过程。分区域看，对粮食市场化流通没有障碍且风险补偿能有效操作的地区可以优先实行，对粮食市场化流通体系落后且风险补偿操作困难的地区延后实行或不实行。分品种看，大体顺序是大豆、玉米、小麦和水稻。

在引入"险补结合"粮食补贴新体系后，在政策上既要明确价格水平，也要明确价格背后的市场交易条件及其内在相关性；对保障价

格水平的确定要从低起步，逐步提高；如果粮食市场价格持续下降或低位运行，还可以适当降低保障价格水平。对于那些暂时不宜建立"险补结合"制度的品种和地区，在国内市场价格明显高于国际市场价格、国内生产发展面临国际市场低价农产品冲击压力的情况下，可以通过增加对农民的粮食直接补贴、控制最低收购价或临时收储价涨幅乃至适当降低最低收购价的办法，解决市场机制所不能解决的利益分配问题以及政府在解决问题过程中存在的失灵问题，实现对农业生产者基本经营收益的保护问题。

（三）因省施策，建立差异化补贴体系

现行的粮食直接补贴体系类似于"普惠制"的补贴模式，尚未根据各省、市、自治区之间的粮食种植面积、粮食产量以及农户特征进行差异化的补贴安排，缺乏补贴激励机制，影响了补贴效率。目前，这种类似于"普惠制"的补贴模式，实际上是把对粮食的补贴扩大为对整个农业的补贴，对种粮农户的"特惠"政策，也越来接近于社会保障计划，有悖于粮食补贴政策的设计初衷。同时，现存的粮食补贴政策也没有考虑到农户的特征差异性。随着农村劳动力转移和土地流转的加快，农户粮食生产的预期目标也已经产生差异化，不再是满足家庭消费而是市场化的经营销售，其对补贴政策的反应存在明显的差异。因此，新的粮食补贴体系坚持差异化原则，因省施策，保障粮食补贴的激励效应。"险补结合"粮食补贴新体系一方面充分考虑到各个省、区、市粮食播种面积、粮食产量以及农户的异质性，通过市场选择的方式开展差异化补贴，完善粮食补贴政策的调控机制；另一方面，将进一步完善产粮大省和种粮大户的奖励性补贴政策，健全奖励资金的动态调整机制，重点向商品粮调出量大、对国家粮食安全贡献突出的产粮大省倾斜，逐步提高产粮大省的风险保障能力。

（四）加强基础，相互印证，构建信息化系统

建立"险补结合"粮食补贴新体系，拉近了政府与农业生产者的距离，实现了政府对农户精准的风险补偿，但这是建立在大量复杂而高效的信息处理和管理工作基础上的，对政府本身的改革创新和公共管理服务工作提出了很高的要求。由于风险补偿因素，农户在提供信息数据时可能出现利益驱动，对整个系统的运行安全带来影响，这就

对加强基础工作提出了更高的要求，需要收集多种渠道的信息数据并在其中进行合理选择和相互印证，以提高信息数据的真实性和可靠性。引入"险补结合"粮食补贴新体系是一个政府有"退"有"进"的过程。这个"退"的过程，主要是退出政府对粮食价格变化的直接干预或不合理干预，让粮食价格的变化由市场供求关系决定，让粮食最低收购价或临时收储价可涨可落，由国内和国际两个市场决定。这个"进"的过程，就是要做好日常基础工作和应急系统建设，全面加强公共财政可支付能力、政府行政管控能力、农民生产经营能力和国有粮食企业服务能力，要建设面向基本农户和农业生产经营单位的"农业生产基础信息管理系统"，建立统一规划、统一标准和高效运行的现代化信息网络系统，包含全国各个农户土地承包与种植面积的地理信息、种植产品信息等全方位基础性数据库信息系统，以便能够准确甄别和确定各个农户的产量、种植面积等情况。

（五）长期运作，前后印证，构建动态修正机制

建立"险补结合"粮食补贴新体系后，由于粮食市场损失（包括价格损失和因灾损失）的定性、定损、定量和定补工作量大、政策性强，容易产生冲突，同时不同年度的风险补偿资金支付和资金筹集存在差异，为了提高农业再保险-保险分保体系的运行效率，在组织管理上，要着眼长远，立足长期运作，探索建立跨期信息申报、核对和修正系统，实行前后印证，同时引入周期管理机制，按照农业生产发展趋势和粮食市场价格波动的大体周期（比如3年、5年、10年等）进行预测分析和调节管理，以全面扎实的系列调查统计数据为客观支撑，在确定年度粮食保障价格及风险补偿支付标准上实行渐进调整和综合平衡，建立动态修正机制。

三、健全市场体系，完善市场服务

引入"险补结合"粮食补贴新体系的一个隐含前提是粮食市场流通体系健全而完善，市场机制能充分有效地发挥作用。这样，对农民而言，不管粮食是紧缺还是过剩，是质量高还是质量低，都可以顺利卖出去，实现物流周转，能保证生产者获得起码的应有收入，以及实现产品的价值，最后从生产领域转移到消费领域，唯一问题是交易价格高低或利益平衡的问题。市场机制发挥作用的重要途径是推进粮食交易条件的统一化、规范化和标准化，引入可比较的价格，利用价格作为信号促进交易并反映粮食市场供求形势的变化，比如价格上升表示需求相对于供给上升，价格下降表示供给相对于需求上升，价格稳定表示供求基本平衡等，以此引导社会资源的优化配置。但是价格在资源配置中发挥重要作用也是有隐含条件的，需要确保市场上不止一个市场主体可以竞争性收购和销售粮食，需要确保农民生产的粮食质量安全，需要建立公开、公平和公正的市场交易秩序，需要有政府与社会组织提供公共管理服务和社会化服务。

理想的市场体系是一个完全竞争和规范管理的统一、高效、竞争、有序的市场系统。如果粮食市场交易和流通体系本身不健全、不完善，那么由粮食市场交易所提供的粮食价格信息的真实性、准确性和质量就会存在问题，市场机制在促进稀缺资源优化配置中的作用就会打折扣，也会直接影响到"险补结合"粮食补贴新体系的效果。因此，在建立"险补结合"粮食补贴新体系的过程中，还需要配套推进粮食市场化改革和粮食市场流通体系建设，改善农产品市场交易环境，加强市场交易管理，完善市场交易服务，规范市场价格信息披露背后的价格条件。

（一）改善市场交易环境，确保有人收购

加强粮食市场流通体系建设的重要基础是健全粮食市场流通渠道，改善粮食市场交易环境。我国城乡差距大，农业经营规模小，农村生产生活条件落后，农产品集中交易、仓储、物流设施较差，而农业生产受天气和市场等多种因素的影响，有丰有歉，在粮食生产丰收时，容易出现企业不愿收购乃至竞相压级压价的情况，形成"卖难"。为确保农民生产的粮食在收获后可以顺利卖出去，要围绕促进粮食市场交易，协调和整合农村市场流通资源，同时推进开放搞活，扩大招商引资，发展现代农产品流通企业，健全粮食市场流通渠道，切实改善粮食市场交易场所及交通、运输、仓储等基础设施条件。

（二）加强市场交易管理，保证交易公平

加强粮食市场流通体系建设的重要保证是引入资质审查机制，强化粮食市场交易管理。在社会现实中，粮食多种多样而供求关系多

变，不同品质的粮食差异很大，但市场上买者和卖者的信息是不对称的，买卖双方进行合理交易很困难或者交易时容易产生冲突，农业生产者往往在市场交易中处于弱势，如果对粮食市场交易缺乏监督管理，很难保证交易公平和价格合理，而这将深刻影响粮食生产者的利益。在实践中，要加强对粮食收购环节各种流通企业的资质管理，严格落实企业社会责任。一要建立粮食收购企业申报管理和信息披露制度，实行自愿参加，登记备案（申报企业情况、收购地点等），接受监管，提供发票，及时在信息网上公布包括粮食收购地点、时间、收购价格等粮食交易的相关信息。二要建立农业生产者申报管理和信息披露制度，实行自愿参加，登记备案（申报地理位置、土地面积、土地边界、银行账户和联系方式等），及时在信息网上公布包括作物面积、作物产量、销售数量、销售金额、销售发票、销售时间等粮食生产和交易的相关信息。三要探索建立代理人申报管理和信息披露制度，实行自愿参加，登记备案（申报基本信息、联系方式等），及时在信息网上公布包括经纪人、合作社、代理工作人员、服务范围、服务对象、为农户提供代理服务内容，为企业提供代理服务内容等农产品交易服务信息。

（三）完善市场交易服务，提高交易效率

加强粮食市场流通体系建设的重要支撑是培育市场服务主体，完善粮食市场交易服务。粮食市场交易服务是现代社会分工深化的产物，也进一步促进了现代社会分工的发展。粮食市场交易服务的内容很多，既包括政府基本公共服务，也包括社会化公共服务；既包括政策法规咨询服务，也包括专业技术服务，还包括代理服务和劳务服务等。粮食市场交易服务的核心是解决信息不对称问题、合理引导市场预期、减少或消除机会主义的威胁、帮助市场参与者提高粮食交易效率、促进买卖双方在市场内交易成功的概率，并及时向社会提供市场交易信息服务。要加快培养现代市场交易服务主体，积极发展现代服务业，加强粮食市场交易服务管理的规范化，在粮食市场交易场所推行持证上岗，公开各种相关政策法规，及时披露市场交易信息，不断完善粮食市场交易服务的内容，不断改进粮食市场交易服务的方式。

（四）规范价格背后的条件，提供标准价格

加强粮食市场流通体系建设的内在要求是统一规范价格条件，提供高质量、规范化和标准化的粮食价格信息服务。粮食价格问题是复杂的，一个具体的价格背后隐含了众多的假设和条件。人们在提到价格的时候，对粮食价格的理解往往过于简单，忽视了粮食价格的多元性、多阶段性和多样性。其实，每一个粮食价格的背后都隐含了众多的假设和条件，比如交易目标、交易时间、交易环节、交易地点、交易对象、交易规则、交易频率、交易可持续性、粮食品种、粮食等级、粮食质量等，一个交易就有一个价格，不同的交易就有不同的价格。如果简单抽掉价格背后的这些假设条件，是无法对价格进行合理评价的。换言之，只有规范化、标准化的价格信息才是有意义的，才可以用于比较，才可以用于核算。要加强对价格信息背后粮食交易的价格条件和价格服务的规范化管理，提供标准价格，公开显示价格背后的成交条件，提高粮食价格信息服务的质量和水平。

四、保留并改造粮食最低收购价和临时收储体系

"险补结合"粮食补贴新体系的主要功能是提供具有特殊针对性的市场损失（包括价格损失和因灾损失）风险补偿，建立这个制度可以解决市场机制所不能解决的粮食利益分配失灵问题，也即承担收入保障功能，但不能承担市场机制的价格发现和调控功能。我国自2004年建立了粮食最低收购价制度和临时收储制度，在稳定粮食价格、提高种粮农民收入方面发挥了重要作用，取得了明显成效。作为一种改革方案，在建立"险补结合"粮食补贴新体系的过程中，需要对粮食最低收购价制度和临时收储制度进行改革，但并不意味着今后就要彻底取消粮食最低收购价制度和临时收储制度，而是要对这个制度实行保留和调整相结合，既要对这个制度有所保留，也要对这个制度有所调整，特别是要保留临时收储体系、改造临时收储机制，让最低收购价回归"最低"，让临时收储回归"临时"，发挥这个制度在稳定粮食市场价格方面的重要功能，牢牢把握我国政府在粮食等重要农产品市场变化调控上的主动权，为保障国家粮食安全、促进社会和谐稳定提供强有力的制度保障。

第六章 引入"险补结合"粮食补贴新体系的基本原理

(一) 稳定的内容：收购体系和监管制度

粮食最低收购价及临时收储制度具有很强的"价格托底"功能，对稳定粮食市场价格具有不可替代的重要作用。实现这个功能的一些制度安排，在引入"险补结合"粮食补贴新体系的过程中要予以保留，尤其是国家建设垂直管理的政策性粮食收储企业，加强主产区粮食收购体系建设，实行定点、定期、定价临时收储和在批发市场进行公开拍卖，建立一套严格的监督管理服务体系，为主产区农民生产的粮食提供销售渠道，保证农民生产的粮食能及时顺利卖掉，在全国范围内跨地区、跨年度进行余缺调剂，实现粮食的顺利流通。

我国农村人多地少，粮食主产区主要位于经济欠发达地区，总体上仓储物流条件比较差，粮食加工产业不发达，而粮食生产受天气和市场等多种因素影响，有丰有歉，在粮食生产丰收时，容易出现企业不愿收购乃至竞相压级压价的情况，形成"卖难"。保留这些制度内容以后，国家通过垂直管理的政策性收储企业直接介入粮食收购领域，可以在粮食收获季节和市场低迷时按照公布的最低收购价格实行定点收购，然后在全国范围内跨地区、跨年度进行仓储调剂和市场买卖，帮助农民解决粮食丰收后仓储物流设施不足、加工企业和其他社会购销企业不愿收购乃至竞相压级压价的问题，不仅使国家在保护主产区农民利益的同时，掌握成本较低的粮食资源，用于在全国范围内跨地区、跨年度调剂余缺，更进一步增强了政府防通胀、保民生和提升国际经济竞争力的物质基础和手段。

(二) 取消的内容：高价收购和只涨不落

粮食最低收购价制度及临时收储制度的隐含缺陷是最低收购价及临时收储价的定价不断提高并逐渐超过国际市场粮食价格，以及由此带来的粮食库存高企、内外价差拉大、进口数量激增、加工企业经营亏损、财政补贴难以为继、信贷资金占用创历史新高等一系列问题。产生这些问题的根源，在于这些年来我们持续使用粮食最低收购价和临时收储制度这一种政策工具来实现提高粮食产量、保护种粮农民收入、稳定市场价格这三个目标，实在是勉为其难。尤其在实际经济运行高度复杂多变的情况下，农业暨粮食调控仅采用价格支持这一单一政策工具不仅存在诸多问题，而且事实上一旦开始盯住某一个目标，例如价格，这个目标本身也会异化，进而导致政策的系统性偏差。未来，在引入"险补结合"粮食补贴新体系的过程中，一要逐步取消粮食最低收购价和临时收储制度的"收入保障"功能，恢复其启动机制的预备性，也即只有在出现市场收购价格下跌到最低收购价或临储收购价以下时，中央政府才启动这一政策，且在市场收购价格回升到最低收购价或临储收购价格以上时则停止收购。二要以全国粮食市场流通体系建设现状及粮食物流周转存在的问题为依据，结合地方政府及粮食行政主管部门的临时收储或应急收储申请，合理确定国家实行粮食最低收购价及临时收储的范围和地区，适度控制国家最低收购价及临时收储的收购价格水平和收购数量。三要取消单纯以主产省及主产区为依据设立粮食最低收购价及临时收储范围的做法。四要取消高价（主产区收购价格高于国际市场价格）收储以及与此相关的通过增设代储库进行大规模临时收储的做法。五要取消年度最低收购价及临时收储价只涨不落的定价方式，以及年度临时收购数量占当地市场收购量大部分份额的做法。

（三）修改的内容：定价机制和启动机制

在建立"险补结合"粮食补贴新体系后，对粮食最低收购价和临时收储制度中有一定合理性但又不完善的制度安排，要予以修改并进行配套改革。主要内容是改造其定价机制，在政府确有必要进行临时收储或应急收储的范围和地区之内，如果当地粮食市场价格低于国内、国外粮食市场加权平均价才启动最低收购价或临时收储，同时适当缩短最低收购价或临时收储时间。一是改造粮食最低收购价的定价机制，将政府定价改为市场定价，将固定价格改为弹性价格，实行国内、国外粮食市场加权定价机制，使粮食最低收购价的定价向名副其实的"最低"回归，确保粮食最低收购价政策仅用于保障主产区农民生产的粮食在市场低迷时能全部卖掉，并可在全国范围内跨区域、跨年度进行余缺调剂。二是改造粮食临时收储的定价机制，将政府定价改为市场定价，将固定价格改为弹性价格，实行国内、国外粮食市场加权定价机制，使粮食临时收储政策向名副其实的"临时"回归，并在粮食价格回升到合理区间时，及时停止临时收储机制。三是将粮食最低收购价和临时收储制度中的政府调控价格范围进行调整和拓展，从主要考虑国内市场价格稳定转变为考虑国内和国际两个市场变化相结合,从主要考虑短期变化转变为考虑短期与中长期变化相结合,从主要考虑一般交易转变为考虑政府财政可补贴能力、特定主体、特定交易和责任分担相结合。

五、下决心转方式,建设"农业生产基础信息管理系统"

引入"险补结合"粮食补贴新体系的重要工作是下决心对传统的文件式政策进行改革,推进政策措施制定深入基层、深入农民、深入企业,推进政策措施中的前提条件、基本主张、资金预算、组织方式、管理标准和法律责任等组合配套,建设覆盖全面的农业劳动者个人、农户家庭和各种法人单位的基础信息管理系统并不断进行补充完善和动态更新,以大数据为支撑,以 2~3 年的时间周期为长度,以保险合约为形式,提高政策制定的科学性和制度实施的有效性。现代社会分工越来越细,技术进步越来越快,不同生产经营水平的个人和单位之间的差异会越来越大并出现社会分化,因此人与人之间进行合作至关重要。开放的市场是促进人与人之间进行合作的平台,但仅有开放的市场是不够的,不仅市场上各种交易的隐含假设条件需要进行统一化、规范化和标准化,以产生可比较的高质量的价格信息,而且市场上存在的交易失败、无法交易、交易不公平和不合理等现象也需要进行管理协调,同时市场机制在参与者利益分配上还可能存在失灵问题,这都需要发挥现代国家的合理作用。从经济社会发展长期趋势来看,国家在经济发展中提供公共管理服务的职责任务绝对不是越来越轻和越来越简单,而是越来越重、越来越深、越来越细和越来越复杂,关键是要把事办对、办好、办到位和办得高效。

(一)有补贴重要,没有补贴的工作也重要

建立"险补结合"粮食补贴新体系,国家对农业生产者提供风险补偿是有条件的,只有努力耕种、达到常年产量的粮食生产者才能获得风险补偿,没有劳动贡献的土地承包权人,以及不努力耕种、粮食产量未达到常年产量的农户都无法获得风险补偿。从国家发展需要的角度看,有补贴的风险补偿是重要的,没有补贴的甄别工作也是重要的,在某种意义上,围绕风险补偿进行的一系列定性、定损、定量、

定补和定责的工作，相比风险补偿本身可能更具有基础性和重要性。这些工作是现代国家深入基层、深入农民、深入企业组织进行公共管理服务的重要渠道，是每年都要规范开展和系统组织的，每个参与者都是利益相关的，既有积极参与的内生动力，也有负责参与的外生压力，在工作质量上相对较高。通过这种公共管理服务工作，可以产生比较系统而完整的基础数据。现代经济是不断发展的，社会是不断变化的，人是不断流动的，但基础数据可以是长期稳定不变的，可以是长久保存而有效的。有了基础数据，不仅可以为农业生产经营者向国家申领必要而公平的粮食风险补偿提供最重要的客观依据，而且可以为中央和地方各级政府面向农业、农村、农民开展科学而合理的公共管理服务提供最重要的决策依据，还可以为农业劳动者个人、农户家庭和各种法人单位之间开展深入广泛的分工合作提供最重要的参考依据。

（二）下决心转变方式，更多采用市场的方式向劳动者提供管理服务

建立"险补结合"粮食补贴新体系，需要国家深化改革创新，下决心转变过去比较简单粗放的文件式政策制定和执行方式，加快建立以市场为核心的资源分配体系，加强制度顶层设计，更多采用市场的方式向农业劳动者个人、农户家庭和各种法人单位提供公共管理服务。要对农业生产者在制度内申领风险补偿的过程进行定性、定损、定量、定补和定责的条件和内容进行准确而细致的规定，将"险补结合"风险补偿流程设计得科学合理而具有可操作性，将管理流程设定得环环相扣和高效运转，将参与者的投入和回报结合起来，激励相容，让参与者和政府都在严格的条件约束下办事，并将这些条件在制度内充分显示出来，降低整个制度在实施过程中可能出现的不确定性（行为上的不确定性和结果上的不确定性）问题，确保制度执行结果与制度设计目标保持一致。

六、财政、行政与社会改革相结合

引入"险补结合"粮食补贴新体系的重要保证是政府的财政支付能力和组织管理能力比较强大以及政府具有控制参与者在制度内进行寻租或投机的有效手段。只有这样，国家才能够保证"险补结合"粮

食补贴新体系在实践中有效实施，同时确保有限的财政资金使用得当、准确到位并发挥效益，不会在社会上引发矛盾和冲突。在政策实践中，这就需要政府本身改革创新并进行艰苦细致的努力，深入推进财政改革、行政流程改革和社会改革，将政府的职责严格限制在有限政府和公共管理服务范围之内，加强公共财政可支配能力、公共行政可管控能力和现代社会服务支撑能力建设，推进农业生产发展方式转变。

（一）财政改革：总体算账，节约成本，变暗补为明补

鉴于现有粮食补贴体系对中央财政带来的沉重负担，"险补结合"粮食补贴新体系的构建将秉持节约原则，力求提升粮食补贴的效率。一方面，调整粮食补贴资金结构，加大对生产性专项补贴资金的投入力度，改变国家对粮食补贴各项目资金投入比例不尽合理的现象，适度减少对于促进粮食增产和农民增收具有弱效应的价格支持政策补贴力度，降低其在补贴资金总额中的比例；另一方面，通过"险补结合"适度增加对促进粮食增产具有较强效应的直接收入补贴支出，提高该项补贴资金在总额中所占的比重。实际上，建立"险补结合"粮食补贴新体系的过程，就是将过去粮食最低收购价和临时收储制度中比较隐含的和带有不确定性的价格补贴转变为比较显性的和比较确定的风险补偿的过程，这是对我国财政支农制度的一项重要改革。改革的方向是坚定不移的，改革的关键是要总体算账，建立补贴支付需要与财政补贴能力的市场均衡机制。

（二）行政改革：考虑细节，实行企业化管理

建立"险补结合"粮食补贴新体系，需要将过去在流通环节通过价格支持补贴收储企业转变为通过市场的保险合约方式服务到农业劳动者个人、农户家庭和种粮法人单位，这是对我国政府行政管理制度的一项重要改革。要深化政府行政管理体制和公共管理服务方式改革，设立政策性的中国农业再保险公司，加强对农户及相关农业生产经营者的调查、统计、联系和支持，建立全国统一、内容完整、以电子数据为基础、高效运行的农业保险-再保险分保系统，进一步提升我国农业的公共服务能力。

(三) 社会改革：建立秩序，推进社会激励约束

建立"险补结合"粮食补贴新体系，需要实行依法治国和合约治理、不断健全和完善粮食流通体系、改革国有粮食流通企业管理机制、推进农业生产经营管理方式创新等，这是对我国社会管理体制的一项重要改革。要深入推进社会改革，引导和促进社会化力量广泛参与粮食生产、流通和加工，促进民营企业规范发展，强化各参与者在制度内的社会责任，建立信息披露平台，建立专门配套的金融管理和信息化技术支撑系统，提升优势企业发展能力。

七、长远方向整合各种补贴资金，统一补贴项目

"险补结合"粮食补贴新体系在本质上不是一种价格支持政策，而是一种风险补偿机制。由这个制度提供的风险补偿，尽管与粮食直补、农资综合直补、良种补贴、农机补贴等农业生产补贴一样都属于农业补贴，但也有很大不同，要求与实际生产挂钩并由市场价格变化来进行检验，如果制度设计合理，这种属于WTO"绿箱"政策的风险补偿机制是更加具有科学性和合理性的。在这种风险补偿制度中，国家的本质是一个中间人，是在粮食生产出现阶段性或临时性过剩以至于市场价格大幅回落、全社会消费者获得粮食价格下降带来的实质性福利的时候，国家代表消费者为粮食生产销售者提供一定的限额补偿，保障基本经营收益，实现粮食生产者与消费者之间的利益平衡，促进粮食生产稳定发展，保障粮食市场稳定供应，建立良好的社会秩序和社会结构。从今后我国农业支持保护制度改革发展的长远方向来看，要以"险补结合"为重点，整合各种补贴资金，统一补贴项目，将"险补结合"粮食补贴新体系的内容设计好、执行好和发展好，推进国家农业支持政策的整体创新。

(一) 建立和完善保障价格体系

保障价格一般高于市场价格，本质上是一种合约价格，是中央政府在一定时期内根据保障粮食安全需要、弥补种粮成本、保持粮农合理收入、考虑影响粮价形成的各种因素而事先公布的理想价格水平。目前我国还没有建立全国性的粮食保障价格体系，但随着我国经济社会发展阶段的转变和国内外粮食市场供求形势的变化，建立这个制度

第六章 引入"险补结合"粮食补贴新体系的基本原理

不仅越来越必要，而且越来越重要。要提高认识，解放思想，转变观念，将人作为制度的出发点和落脚点，以科学的理论和方法为依据，针对粮食等重要农产品，加快建立和完善全国性的粮食保障价格体系。

一是全面考虑粮食保障价格的决定因素，从制度设计和政策宣传上明确粮食保障价格的科学内容，合理确定粮食保障价格的水平、条件以及参与者在制度内定性、定损、定量、定补和定责的条件。从经济学上看，粮食保障价格的概念非常特殊，更接近一种政策性补贴价格计算标准，由假设条件和价格水平两个部分组成。引入粮食保障价格的政策目标，是将粮食价格形成机制与政府补贴机制分开，让价格由市场决定，同时又将粮食价格的变化与政策补贴机制联系起来，对由于粮食生产价格过度下降给符合理赔要求的特定生产者带来的基本利益损害，由政策性的农业再保险公司代表政府进行适当补偿。

二是正确处理"险补结合"粮食补贴新体系与粮食收购市场全面放开制度、粮食最低收购价和临时收储制度之间的关系，建立和完善由粮食市场价格体系、粮食最低收购价及临时收储制度和"险补结合"粮食补贴体系组成的"三位一体"新型粮食调控整体框架，防控和化解在建立"险补结合"粮食补贴新体系过程中出现的风险和问题，包括粮食价格波动可能增大，粮食流通问题可能凸显，以及国家对农户的风险补偿政策执行存在困难等突出问题。在保护生产者基本经营收益上，"险补结合"粮食补贴新体系与粮食最低收购价和临时收储制度相比，没有什么本质的不同，主要差异是需要界定风险补偿的具体条件、对象、价差、数量、流程等，对粮食流通配套体系建设和规范化管理的要求更高，对农业支持保护的方式更加深化和细化，财政补贴从隐性（价内补贴）走向显性（价外补贴）、从不确定走向确定、从难以控制走向可控。

三是深化改革创新，将建立"险补结合"粮食补贴体系与健全市场体系、完善市场服务结合起来，保留并改造粮食最低收购价和临时收储政策，实行财政、行政与社会改革相结合，建立农业生产基础信息系统，促进企业参与，合理引入条件，不断完善制度设计内容，发挥这种制度在解决市场机制失灵方面特殊而重要的作用。

（二）以"险补结合"为基础，整合粮食补贴资金

引入"险补结合"粮食补贴体系后，如果制度设计完善，在制度组织实施过程中将产生一系列与粮食生产发展和粮食市场交易有关的比较系统且完善的统计数据和信息，这些数据和信息是国家调整优化粮食生产结构、促进农业发展方式转变和合理配置农业支持保护资源最重要的客观依据。在实践中，要以建立"险补结合"粮食补贴体系为契机和基础，探索整合各种粮食补贴资金，尤其是整合粮食流通领域通过"价格暗补"方式沉淀的大量低效率补贴，将各种粮食补贴资金集中起来用于"险补结合"粮食补贴，发挥市场机制在资源配置中的决定性作用，提高国家粮食补贴资金作为一种稀缺资源使用的效率、效益、公正性与合理性，确保农业支持保护政策执行的结果与政策设计的目标保持一致。

第七章
"险补结合"粮食补贴新体系政策框架

第一节 新体系的政策框架

通过对美国农业保险-再保险体系的认真研究,结合我国农业保险发展的客观实际,可以将我国目前农业保险的风险补偿设计思路调整为收入补贴设计思路,以农业保险来托底农户收入,使之成为种粮农户收入补贴的核心工具。具体就是针对三大主粮品种(小麦、稻谷和玉米),在农户实现稳产高产的情况下,通过农业保险的收入保障契约条款,确保农户取得稳定的种植收益(保障收入=常年产量×保障价格×保障水平,若农户取得的种植收益低于上述保障收入,由农业保险补齐差额),以防"谷贱伤农";而在农户面临自然灾害、出现减产亏损的情况下,通过农业保险的风险补偿契约条款,确保农户前期投入和物化劳动能够得到风险补偿。

一、基本概念界定

1. 保障收入

是收入保险的赔偿触发条件,也称赔偿触发收入,如果被保险人的实际收入低于保障收入,由保险人补偿其差额。

2. 常年产量

是根据各地区的自然条件和当地的一般情况以及种植习惯而专门核定的在正常年景下单位面积所收获的农作物产量。常年产量以一个地区(省、市或县)近5年的粮食平均亩产量为基础进行测算,常年产量确定后,在一定时期内不予变更,作为农业收入保险的产量基础。

3. 保障价格

本质上是一种合约价格,是中央政府在一定时期内根据保障粮食安全需要、弥补种粮成本、保持粮农合理收入、考虑影响粮价形成的各种因素而事先公布的理想价格水平。保障价格一般高于市场价格，以中央政府于每年年初提前公布的粮食目标价为基准来确定。

4. 保障水平

是农业保险所能为农业生产者提供的风险保障程度，是农业保险功效衡量的主要标准，在具体操作中，投保人可选择的保障水平分为85％、80％、75％、70％、65％五个等级。

二、运行机制

"险补结合"粮食补贴新体系运行机制如图7-1所示。图中纵轴代表某种粮食作物的价格，其中P_1为保障价格，P_2为农户选择一定保障水平后的价格（投保人可选择的保障水平分为85％、80％、75％、70％、65％五个等级），P_3为市场价格；横轴代表某种粮食作物的产量，其中Q_1为实际产量，Q_2为常年产量，Q_3为灾后产量。

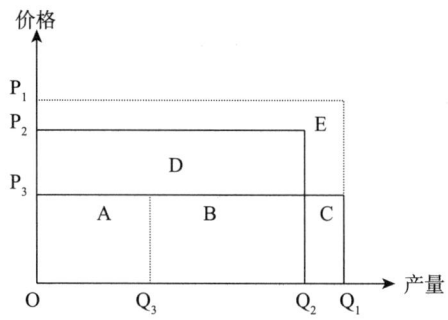

图7-1 "险补结合"型农业保险运行机制

在仅依靠价格支持政策开展粮食宏观调控的情况下，国家一般会提前公布目标价格P_1，待农户粮食丰收后，P_1与Q_1的乘积，即图中A＋B＋C＋D＋E的面积，为农户的实际种粮收入。该政策的弊端在书中其他章节多有涉及，此处不再赘述。

在引入"险补结合"粮食补贴新体系后，如果种粮农户努力耕种，且收获后的实际产量达到或者超过常年产量，则该农户除了能够获得按市场价格销售粮食的收入，还能从农险公司获得一部分收入保障性补偿，即该农户的实际种粮收入由A＋B＋C＋D的面积构成。

如果种粮农户努力耕种，但农作物因自然灾害而减产，则该农户除了能够获得按市场价格销售粮食的收入，还能从农险公司获得一部分自然风险保障性补偿，即该农户的实际种粮收入由A＋D的一部分面积构成，具体风险补偿标准要看农户事前投保的保障水平。如果种粮农户不努力耕种，收获后的实际产量未能达到常年产量，则该农户得不到"险补结合"粮食补贴新体系的任何补偿。

以玉米投保为例，详见图7-2，假设当年提前公布的保障价格为1元/斤，当地玉米的常年产量为800斤/亩，甲农户为自己投保的是85%保障水平，则甲农户在年初可以锁定自己未来达产情况下每亩玉米收入为680元（800×1×0.85）。等到玉米收获时，甲农户可能会遇到以下几种情况之一。

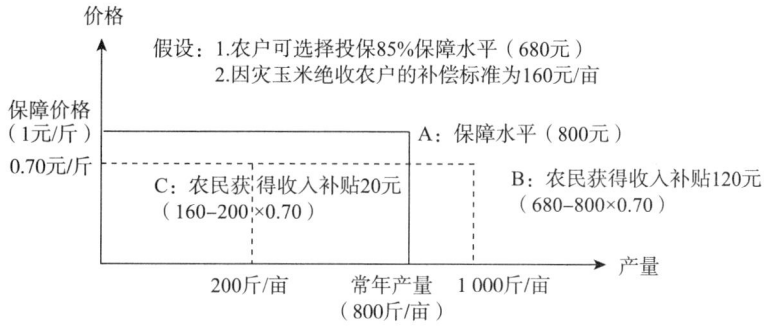

图7-2 "险补结合"型玉米保险运行机制

1. 产量达到或者超过常年产量

假设甲农户收获玉米1 000斤/亩，市场收购价为0.70元每斤，则甲农户将从农业保险获得每亩120元（680－800×0.70）的收入补贴。这里需要强调的是，即便农户丰收产量超过常年产量，在农险收入补贴测算中也以常年产量为准，以此鼓励农户多种粮、种好粮。

2. 产量未达到常年产量，但高于自然风险补偿标准

这种情况下，农业收入保险将不予理赔，并以此激励农户只有在高产、稳产的情况下才能获得农业保险收入补贴。

3. 产量因受灾而低于自然风险补偿标准

假设农业保险对因灾玉米绝收农户的补偿标准为160元/亩，甲

农户玉米产量因受灾降为 200 斤/亩，市场收购价为 0.70 元每斤，则甲农户将从农业保险获得每亩 20 元（160－200×0.70）的自然风险补偿。

三、补贴机制

将粮食流通领域低效率的间接暗补调整为生产领域高效率的风险补偿，并以此作为"以险代补、险补结合"农险体系的财政补贴资金来源。通过流通领域稳步推进的去库存策略，把当前对粮食流通领域低效率的高额补贴，通过"以险代补、险补结合"的方式，逐步调整至生产环节，在重点支持现代高效粮食生产体系发展的同时，放开粮食流通和加工环节，通过市场竞争方式培育我国具有国际竞争力的粮食流通和加工产业。

（一）补贴方式的确定

"险补结合"型农业保险补贴机制的设计思路是，国家对政策性农业保险的补贴主要解决农民买不起保险以及农业保险经营成本过高两个问题，而将"险补结合"型农业保险中巨灾风险分散问题交由银行间市场解决。因此财政补贴主要分为两个部分：

1. 对保费的补贴

其中对保险费补贴额和补贴率主要取决于保险纯费率、保险保障水平高低、政府的政策目标和财力、农民对保险产品的接受或购买能力等因素。一般来说，保险产品的纯费率越高补贴越多，纯费率越低补贴越少；保险项目或产品的保障水平越高补贴率越低，保障水平越低补贴率越高；在政府的发展计划中，保险标的越重要或保险的政策目标越高，政府又有财力，补贴也就越多，相反，补贴就少；农民投保愿望强烈又有支付能力的保险产品，其补贴就少，相反，补贴就多。按照中国目前的实际情况，对政策性农业保险保费的补贴应该主要针对大宗农产品，尤其是粮食作物，即水稻、小麦、玉米、大豆以及棉花等。当前，中央和地方政府财政对粮食等大宗农产品保险给予保费补贴的基本框架比例是：凡中央补贴的农业保险品种除北京、上海等发达地区外，东部地区中央财政占保费的 35%、地方财政补贴占保费的 45%，中西部地区则是中央和地方财政均承担 40% 的保费补贴。2017年全国新开展的13个主产粮区的粮食作物大灾保险，其保费补贴分担比例，中央财政在东部的比例提高到40%，在中西部地区的比例提高到47.5%，体现了中央政府在确保国家粮食安全、减轻地方财政压力方面承担了更多的责任。

2. 对承担农业保险的商业性保险公司补贴一部分营业费用，补贴的数额可以根据具体情况确定

按照目前各省（市、区）自主决策开办农业保险的思路，中央和省两级财政可以通过政策性的农业再保险公司共同提供经营管理费和保险费补贴，但具体费用补贴比率可以根据各省经济发达程度适当调整。在实践中，关于商业性保险公司经营农业保险的费用补贴可以按照以下思路确定：首先，确定对农业保险业务的补贴范围，制订补贴规则；其次，确定商业保险公司从事的符合政策规定的农业保险业务数量；第三，确定该为每一类符合政策要求的农业保险业务提供多少补贴，以及补贴在中央和省（市、区）之间的分配比例率。

关于中国竞争性农业保险供给体系的保费补贴方式及测算将在第八章展开论述。

（二）补贴对象的选择

"险补结合"型农业保险的特殊性，决定了农业保险经营者经营农业保险的赔付率和经营成本均较高。因此，在强调参与竞争性供给体系的各类商业保险公司自主经营、自负盈亏的基础上，中央和地方政府要根据"险补结合"型农业保险的特征，运用经济补贴手段给予农险经营者一定的扶持、保护，从而使"险补结合"型农业保险经营者达到收支平衡或使其经营的平均利润率达到社会平均利润率，以调动"险补结合"型农业保险经营者的积极性。

在市场经济条件下，"险补结合"型农业保险政府补贴机制还必须建立在保护并支持自由竞争、补充市场竞争不足的基础上。从这个角度而言，政府补贴扶持作为"险补结合"型农业保险持续发展的一项基本措施并非目的，而仅是一种手段，其真正的目的在于扶持本国农业发展。因此，要充分发挥市场的资源配置职能，使农业保险在政府扶持本国农业发展的过程中发挥基础性的资源配置作用，则必须建立必要的经济激励机制，使更多的社会组织和商业保险机构加入到农业保险的行列，将传统的政策性农业保险经营转变为与区域经济和企业利益密切相关的事业，使经营农业保险的商业保险公司在追逐自身经济利益的同时，高效率地完成农业保险的分保业务。

四、以农业再保险规制农业保险

（一）设立政策性的中国农业再保险公司

以农业再保险来补贴各类商业保险公司的农业保险业务，并对其承保和理赔行为进行有效监督和激励。政策性的农业再保险公司职能可以归纳为以下三个方面：①通过再保险机制，有效连接银行间资金市场与农业保险市场。政策性的农业再保险机构作为资金市场与保险市场的联结点，要一方面起到在全国范围内分散风险的作用，另一方面也要通过资金市场定期融入巨额的流动性资本以满足商业保险公司理赔农业保险产品的流动性资金需要，并进而降低或分担财政承担的潜在农业风险责任。其运作方式为：首先，专业的农业保险公司或各类愿意经营农业保险的商业保险公司要按照低于实际农业风险的统一保费费率开展农业保险业务，并不得以任何理由拒绝愿意参保的任何农户；其次，当赔付率超过商业保险公司事先与中国农业再保险公司签订的分保比率时，由中国农业再保险公司代表国家进行弥补，其资金来源为资金市场募集的流动性资金。运用上述杠杆补贴机制，既可以保证农户以可接受的费率参加保险，又可以利用资金市场工具吸引各类商业保险机构以不低于平均行业利润率的水平承保农业风险。②专司负责精算农业保险费率，设计农业保险产品，审核各个参与经营农业保险的商业保险公司和再保险公司的资格及其所做的农业保险业务，然后审定补贴数额。③承担对商业性保险公司的经营费用补贴及保费补贴等职能。具体而言，政策性的农业再保险公司要重点做好以下几方面工作：

1. 对从事农业保险经营机构的准入资质进行把关

中国农业再保险公司接受财政部和银保监会的委托与管理，主要职能是保证从事农险业务的商业性保险公司合规运营，形成良好的农业保险秩序，维护好保险双方的权益，特别是投保农民的正当权益，确保农业保险的稳健运营和发展。因此，农业再保险公司要对从事

"险补结合"型农业保险经营机构的资质进行核准,未能满足资质要求的,不得经营"险补结合"型农业保险业务。一是从事"险补结合"新型农业保险的保险机构应具备相关资质。包括偿付能力充足,上一年度末及最近四个季度偿付能力充足率均在150%以上;有经过保险总公司股东会或董事会认可的农业保险发展规划;有与拟开办农业保险业务的区域内与之业务规模相匹配的基层网络;有拟开办区域内的分支机构专设的农业保险经营部门并经保监部门认定的专业人员;有较稳健的农业再保险和大灾风险安排以及风险预案等,引导市场主体从低层次的价格竞争、费用竞争转向高层次的服务能力竞争。二是适当控制经营主体数量。以美国为例,其年度农业保险保费规模超过100亿美元,但被批准经营农险业务的保险公司仅有19家。我国也应保持农险市场合理准入节奏,对于没有农业保险经营经验的公司,应分步骤、分批次批准其经营资格,待其积累了成熟的经验、完善了管理制度和配备了足够人才队伍后再稳步扩大经营区域。三是建立农业保险市场退出机制。及时将服务能力达不到规定要求、发生严重侵害农民利益行为的经营主体或分支机构清理出市场,营造适度竞争、有序开发、健康发展的农业保险市场环境。

2. 对"险补结合"型农业保险的条款和费率进行统一设计

农业保险的条款和费率是农业保险的核心内容,条款和费率是否公正、合理,直接关乎投保农户的切身利益和正当权益,也关系到政府对农业保险的保费补贴的公共效用,需要进行严格的审查和监督。"险补结合"型农业保险体系中,农业再保险公司将设计统一的标准农业保险合同,鼓励各类商业保险公司按照统一保费标准竞争性开展农业保险业务,承担相应理赔义务,并不得以任何理由拒绝愿意参保的任何农户。

3. 对农业保险的经营进行监督管理

《农业保险条例》规定,禁止任何单位和个人挪用、截留、侵占保险机构应当赔偿被保险人的保险金;禁止虚构或者虚增保险标的或者对同一保险标的进行多次投保;禁止假理赔、虚列费用、虚假退保或者截留、挪用保险金、挪用经营费用等方式冲销投保人应缴的保费或者财政给予的保险费补贴。政策性农业再保险公司的一项重要工作就是要定期检查保费补贴资金的使用情况,防止骗取、挪用保费补贴资金等行为,防范农业保险资金使用中的道德风险,保障农业保险资金的合理使用,维护国家、农户和保险公司的利益不受侵害,确保农业保险稳健开展。

4. 对农业保险运行开展绩效考核

为提高政策性农业保险服务水平,提高农业保险资金尤其是财政农业保险补贴资金的使用效率和效益,更好地保障投保农民利益,促进农业保险持续健康发展,农业再保险公司要通过成本效益分析法、比较法、因素分析法、公众评判法等方法,对农业保险运行开展绩效评价、考核,综合评价商业保险公司农险工作的经济效益和社会效益等综合效益,进而使对农业保险的绩效评价逐步走向制度化。

(1)考核评价的主要方式。考核评价一般分为定量考评和定性考评。农业保险考核评价应本着公开、公平、公正的原则,应坚持选择反映考核评价内容的关键指标,采取以定量考评为主、定性考评为辅的原则。

(2)考核评价的主要内容:一是农险业务规模或者服务覆盖面的考评。可选择的考评指标包括保费规模、承保标的数量(农作物播种面积等)、承担风险金额等。二是农业保险运行效率的考评。可选择的指标包括承保周期、查勘定损、理赔速度等指标。三是农业保险服务质量的考评。可选择的指标包括承保信息和理赔金额的准确性、客户满意度、农户投诉率等。四是合规状况。主要考评经办机构是否遵循农业保险相关规章制度,一方面审视经办机构在农险业务承保、理赔流程中是否合规,如是否足额核定和支付赔款、流程是否合规等;另一方面主要考评经办机构在自身会计核算、财务管理方面是否合规,如是否按照规定计提农险巨灾准备金,费用分摊是否合理准确等。

(3)考核评价结果的使用。根据农业保险经办机构的考核评价结果,建立对农险经办机构的奖惩机制,如对考核评价结果较好的经办机构确定较高的经营费用补贴比例,扩大其承办农险业务的区域和范围,以及对表现突出的机构和个人进行表彰奖励等。

5. 给予农业保险保费补贴

对农业保险给予保费补贴是世界各国的通行做法。我国把给予农业保险保费补贴作为一项重要的农业政策，体现对农业和农民的支持和关心，视作一项政府的重要责任。《农业保险条例》提出，"国家鼓励地方人民政府采取由地方财政给予保险费补贴等措施，支持发展农业保险。"未来，政策性的农业再保险公司将承担农业保险保费补贴资金的监督管理和分配使用等职能，切实发挥好"险补结合"维护国家粮食安全的职能。

6. 建立专门的政策性农业保险会计核算和财务管理制度

（1）对政策性农业保险业务要独立核算。商业保险公司经办的商业保险业务性质完全不同于政策性农业保险业务，商业保险业务运行的核心目标是追求利润最大化，而政策性农业保险经营的核心目标是服务"三农"，因此必须建立专门的农业保险业务核算制度。经办农业保险业务的商业保险公司，必须将政策性农险业务与商业保险业务完全分开，在农业保险业务与商业保险业务之间设置有效的"防火墙"，对农业保险业务独立核算；对人工费用、管理费用等共同业务成本，应按照一定的规则进行分摊。

（2）建立政策性农险业务经营的稳定机制。按照现行会计准则规定，商业保险公司尤其是上市公司一般按照年度核算收益和披露有关经营状况，农业保险业务的经营将对商业保险公司整体经营产生一定的影响。必须建立农业保险业务经营的稳定机制：一是明确政策性农业保险业务的年度最大盈亏水平，即确定商业保险公司经营政策性农险业务年度最大利润率（或亏损率），如一般不超过10%。在没有自然灾害的平年，经办保险公司农业保险业务收益率较高时，应计提超额利润准备金，并划入国家统一农业保险巨灾准备金账户由相关部门统筹管理使用；在发生较大自然灾害的灾年，保险公司农业保险业务发生巨额亏损时，国家级和省级农险巨灾准备金账户分别予以补偿，使得保险机构亏损率控制在一定的范围之内。二是参照美国联邦农作物保险公司为商业保险公司提供的风险转移基金、发展基金及商业基金等再保险基金的做法，设立几种风险基金的机制安排，确定不同风险程度下和农险业务赔付率时，农险巨灾准备金和农险经办公司之间的亏损补偿和利润分享规则，由农险经办机构根据自己对下一年农业风险自然灾害的判断以及自身的承受能力进行选择，并与中国农业再保险公司签订相关协议。

7. 建立统一的政策性农业保险产品开发体系

（1）建立相对统一的政策性农业保险产品开发体系。中国农业再保险公司直接或深度参与制定主要的农业保险产品，尤其是关系国计民生的粮食等主要农作物保险产品，原则上对于三大口粮作物保险的风险责任应涵盖一切常见的自然灾害，只是根据各省（市、区）风险程度不同，设定不同的费率。

（2）定期对农作物保险产品费率进行回顾。如果部分区域连年发生较大自然灾害，农业保险经营连续发生亏损，则必须对相关农业保险产品费率进行调整，以确保农业保险各级财政补贴规模精算准确以及后期农业保险大灾准备金使用的公平性。

8. 建立统一的政策性农业保险承保理赔标准及流程

要实现农业保险的统一管理，必须建立统一的政策性农业保险承保理赔标准及业务流程，这里主要是针对中央财政提供补贴的"险补结合"农业保险业务。一是明确一套从农险业务承保前信息采集、政策宣传直到发生灾害后的报案、查勘定损、支付赔款、客户回访等标准化的业务流程体系，供所有经办机构遵循。二是制定明确的农业保险定损和理赔通用标准。聘请相关农业学专家和技术人员，结合各种农作物生长的特点，针对不同生长期发生灾害可能导致的损失状况，制定农业保险定损和理赔的通用标准，供农险经办机构遵循。一方面提升农险经营的专业化水平，另一方面防止不同经办机构采用不同的标准导致不正当竞争等问题。

（二）建立竞争性的农业保险分保体系

在"险补结合"型农业保险安排中，政策性的农业再保险公司通过"标准再保险分保协议"与商业性保险公司一起承担农业保险的风险损失及收益。在这种安排下，风险收益成为吸引商业性保险公司参与农业保险计划的首要原因，但风险损失的分担机制也能有效确保商业性保险公司在农业保险领域的理性扩张。"标准再保险分保协议"需要明确规定，商业性保险公司必须按照政策性的农业再保险公司规定的统一保费费率开展农业保险,并接受农业再保险公司的监督。此外,从事农业保险保单销售的商业性保险公司不得以任何理由拒绝愿意参保的任何农户。这样,商业性保险公司在开办日常的农业保险业务时,就不得不被动地接受大量潜在风险较大的保单。

因此,在"险补结合"型农业保险的"商业性—政策性"风险分散机制中,最容易引起争议的制度性安排集中于风险分担的方式及比例方面。关于农业保险风险分担的具体比例方面,"标准再保险分保协议"可以规定,按照风险与收益成正比的原则,允许商业性保险公司根据不同的险种与农业再保险公司签订风险分担比例不同的分保协议,即从事农业保险的商业性保险公司可以选择以下三种方式分散其承保的风险:①商业性再保险;②商业性—政策性再保险;③政策性再保险。上述三种分保方式的主要区别在于商业性保险公司按照风险与收益成正比的原则,所承担的风险及收益比例不同。选择商业性再保险,意味着商业性保险公司将承担所签署保单100%的风险及其收益;选择政策性再保险,意味着商业保险公司将承担所签保单20%的风险及对应的保费与收益[①],剩余80%的风险及对应的保费与收益将分保给农业再保险公司;至于商业性—政策性再保险,其分保及收益比例介于商业性再保险与政策性再保险之间,并由商业性保险公司与农业再保险公司直接协商,具体比例可以根据市场协商,灵活设置。因此,商业性保险公司在销售环节的首要任务就是甄别这些潜在风险较大的保单,并将其分保给政策性的农业再保险公司。

而作为一项政策性的保险制度安排,政策性的农业再保险公司也要为商业性保险公司的风险分担行为提供充分的制度保障。对于商业性保险公司承担的所有农业风险,根据业务最终的赔付率水平,以省为单位、以累进制方式与农业再保险公司分享利润和分摊损失。如果某一个省的业务产生承保利润(赔付率<100%),则由商业性保险公司向农业再保险公司分享自留业务的一部分利润。赔付率越低,商业性保险公司分享至农业再保险公司的分成利润比例越高。如出现承保

---

① "标准再保险分保协议"的设计思路,除了保费收入按比例分配以外,还将对开办农业保险的商业性保险公司支付额外的管理及经营费用。

损失（赔付率＞100％），则由农业再保险公司承担商业性保险公司自留业务的一部分损失，与商业性再保险中的损失分担较为类似，且赔付率越高，农业再保险公司承担相应分成损失的比例越高；若业务赔付率达200％以上，则200％以上对应的损失由农业再保险公司全额承担。机制通过差异化设置利润损失分配比例，鼓励商业性保险公司积极开展农险业务。

实际上，当前已经开办农业再保险的北京市和上海市的相关经验，可以为我们下一步设计农业保险标准再保险分保协议提供很好的思路与借鉴。

北京市的做法是，当发生巨灾时，保险公司承担160％以下的风险，超出部分风险通过再保险合约转移到再保险公司，超出再保部分由政府承担。对于再保险，北京市建立了政府主导、市场运作的政策性农业再保险机制。一是凡是政策性农业保险品种，由政府集中投保，与再保险公司签订再保险合同，指定在北京从事政策性农业保险的保险公司为受益人。因各保险公司经营规模、管理水平差异导致超赔风险水平不同，在计算再保险起赔点时，实行各保险分别核算，任一公司赔偿率超过160％时，即启动再保险的赔付工作。二是赔偿区间确定在160％～300％这个区间，在北京可以用再保险的方式应对"五十年一遇"的灾害水平，政府主要承担了这一区间的再保险责任。北京市在2009年实行这一再保险制度，至2016年再保险保费累计支出2.1亿元，不仅分散了大灾（巨灾）风险，也使现有费率减低了31个百分点，如果没有系统的再保险机制，此期间的保费要增加6亿多元，无形中增加了政府和农户的保费支出，也可以理解为少付出保费6亿多元，由此取得的再保险杠杆效应是显而易见的。这也可以称为再保险分散大灾风险的"北京模式"。

上海市农业再保险风险分散机制的主要特点：一是保险机构为在上海市从事享受市级财政保费补贴农业保险种类的农业保险公司。二是将大灾风险界定为由于遭受台风、特大暴雨、重大病虫害（疫病）等不可抗拒灾害，一个公历年度政策性农业保险业务赔付率超过90％的情况，巨灾风险则是赔付率超过150％的情况。三是其大灾（巨灾）分担的机制采取分层方式，赔付率在90％以下的损失部分，由农业保险公司自行承担；赔付率在90%～150%的损失部分，由农业保险机构通过购买相关再保险的方式分散风险；赔付率超过150%的损失部分，由再保险赔款摊回部分和大灾准备金承担，不足部分，由市、区县财政通过"一事一议"方式予以安排解决。四是政府对再保险和巨灾风险的具体支持办法是，对农业保险业务赔付率90%～150%损失部分的再保险给予保费补贴，年度补贴标准为上年度农业保险机构购买相关再保险保费支出的60%，最高不超过800万元，其补贴经费列入预算。对于赔付率超过150%以上的，可由市政府按照程序给予保险机构巨灾风险补偿资金补助。上海市2014年专门印发了《上海市农业保险大灾（巨灾）风险分散机制暂行办法》，成为一种制度性安排。

（三）建立完善农业保险巨灾准备金管理体系

为保证农业保险的持续健康发展，在现行商业保险经办公司按照保费和经营利润的一定比例计提巨灾准备金之外，以中国农业再保险公司为载体和管理人，设立政府支持的农业保险巨灾准备金体系，以备大灾之年的农业保险赔付之需，确保农业保险经营的持续性和稳定性。农业保险巨灾准备管理体系是农业保险"政策支持"和"确保市场化持续稳定经营"最重要的一个链接机制。

1. 农业保险巨灾准备金账户设立及资金来源

（1）确定农险巨灾准备金的年度拨付支出和总规模。根据历年全国及各省（市、区）农业生产自然灾害相关农作物及养殖业损失情况，结合相关险种农业保险业务开展情况，确定全国及各省（市、区）农业保险巨灾准备金规模。在制度设计初期，可只针对小麦、水稻、玉米等少数最重要的粮食作物保险品种进行测算。

（2）设立国家级和省级农险巨灾准备金预算科目和专用账户。国家级和各省级农险巨灾保险准备金账户应分别设立。

（3）明确各级财政补贴资金来源。一是农业保险巨灾准备金的主要来源是中央和省两级财政，每年拨付一笔专项资金补充至农业保险巨灾准备金。二是中央和省级财政拨付的巨灾准备金专项资金分别进入国家级和省级农险巨灾准备金账户。三是可以考虑将目前中央财政和省级财政部分用于临时性农业救灾的支出以及对其他用于"三农"

的支出进行适当整合，逐步转入农业保险巨灾准备金账户。四是当国家级和省级农业保险巨灾准备金账户资金连同其资金运营产生的收益之和达到核定规模后，中央和省级财政停止拨付；当农业保险巨灾准备金账户发生支出用于弥补经办机构大灾赔付出现缺口时，中央财政和省级财政按照一定的规则逐步进行补充。

（4）进一步完善现行经办机构计提的农业保险巨灾准备金管理制度。2014年，财政部印发《农业保险大灾风险准备金管理办法》，明确经办机构计提的农业保险大灾准备金由保费准备金和利润准备金两部分构成，其中保费准备金按照自留保费收入（保费收入-分出保费）的一定比例计提；利润准备金为当保险机构经营农业保险实现年度及累计承保盈利并满足一定条件，从年度净利润中提取超额承保利润的75%。该准备金管理办法从一定程度上规避了农业保险过高盈利的问题。下一步，应在运行过程中，逐步把各经办保险公司计提的农业保险巨灾准备金纳入行业农险巨灾保险准备金账户，实行全国统一管理，这样才能发挥其全国各区域间分散风险、保障农业保险制度健康运行的作用。

2. 农业保险巨灾准备金的使用及管理

（1）农业保险巨灾准备金的使用。农业保险巨灾准备金主要用于弥补农业巨灾风险损失。当发生大的农业生产灾害，开始启动农业保险巨灾准备金以弥补经办机构当年度农业保险巨额赔付时，首先应明确中央和省级农业保险巨灾准备金的启动规则，一般应首先启动省级农业保险大灾准备金，如当年度农业灾害损失使经办机构农业保险综合赔付率达到80%时，超出部分开始启动省级农业保险大灾准备金。其次，当年度农业生产自然灾害导致的损失非常大，以至于经办机构农业保险综合赔付率超过100%（或120%）时，应启动中央农业保险巨灾准备金。

（2）通过中国农业再保险公司对农业保险巨灾准备金的调节，实现经办公司农险业务经营的稳定。

（3）农业保险巨灾准备金的管理。一是国家明确由中国农业再保险公司负责对国家级农业保险巨灾准备金的设立、使用和管理；中国农业再保险公司驻各省（自治区、直辖市）办事机构，会同省级财政相关部门负责省级农业保险巨灾准备金的设立、使用和管理。二是加强农业保险巨灾准备金的投资和运营。坚持农业保险巨灾准备金的收益性、安全性、流动性原则,加强农业保险巨灾准备金的投资和运营。制定多元化投资战略,构建多元化的基金投资渠道,合理确定和控制不同性质投资渠道的比例,在坚持安全性、充分流动性的前提下,尽量实现农险巨灾准备金的保值增值。

(四)创新再保险机构的融资方式

以银行间市场加财政补贴,来维持中国农业再保险公司的健康运行。由中国农业再保险公司的发起金融机构作为银行间市场与保险市场的联结点,通过银行间市场定期融入巨额流动性资本(如发行巨灾债券)以满足中国农业再保险公司在大灾之年理赔农业保险产品的流动性资金需求,进而降低或分担财政承担的潜在农业风险责任。财政补贴则体现在补充中国农业再保险公司的运营资本金、为再保险机构发债进行担保、贴息等。

一般情况下,商业保险公司无法通过自身的积累来有效覆盖日后发生的农业自然灾害风险损失。例如假设长江中下游地区在未来30年中将要遭受一次严重的洪水袭击,并造成300亿元的损失,而一家商业性保险公司承保了全部风险,也即300亿元的风险损失。因为该商业保险公司无法对未来农业自然灾害损失进行精确预计,因此任何以之前若干年度农业自然灾害期望损失为依据的保费定价策略都不切实际。现实中更合理的安排是将300亿元的保费收入规模均分为30年,每年收入10亿元(为了简便计算,我们不考虑货币的时间价值)。如果所有这些现金收入都能够有效地形成农业保险基金而不被挪作他用,那么这种安排就是有效的。但如果灾难在第一年发生,并且造成了300亿元的损失,则这种资金积累方式显然无法覆盖上述巨额损失,也即如果没有资金市场或者政府财政的支持,商业保险公司根本无法在短时间内筹集到足够的流动性资本用以偿付上述农业自然灾害造成的风险损失。

因此,将资金市场工具引入农业再保险领域,以有效解决稳定的年度保费收入与不确定的农业自然灾害风险损失间的资金规模不匹配问题。

1. 农业再保险分保方式的不足之处

实践中,再保险合同安排是保险人分散其承保的潜在风险的有效传统手段。对于整个保险业来说,再保险安排提供了风险在不同地域间进行分散的有效工具。但对农业保险这种特殊的保险产品来说,单纯的再保险方式是否有效值得思考。

在再保险合同安排中,所有的保费收入以及与之相对应的所有损失,都以某种比例在保险人和再保险人之间进行分配。虽然这种重新分配保费和风险的安排使得保险人和再保险人均能受益,但如果把保险契约和再保险契约合并起来考虑的话,则会发现农业保险所面临问题的实质并没有发生改变。也就是说,虽然再保险安排为风险的二次分配引入了更多的流动性资金,但这种契约性的制度安排并没有从根本上解决农业自然灾害风险损失与保费收入间的不匹配问题。当缺乏流动性资本的问题出现在整个保险业面前时,所有的问题都又回到了没有再保险契约的情况下。同样,如果整个市场的费率或者利润下降,追求盈利最大化的再保险人也会像保险人一样,逐步退出农业保险领域。以英国的劳合社为例,其无限责任的保险契约能在一定程度上缓解流动性资本不足的问题,但是,在 300 年后的今天,劳合社也开始在一些险种中推行有限责任的制度模式。① 这些都进一步说明了面对流动性资本不足的限制,再保险市场往往也面临着与保险市场相似的问题。

此外,再保险功能的有效发挥也受到了逆向选择等问题的限制,而整个保险行业的资金容量也限制了其对风险的涵盖能力。尽管近期关于农业自然灾害风险的再保险能力有所增长,但国际巨灾再保险市场的承保能力也就在 150 亿美元左右,且在农业自然灾害保险领域,任何一个商业性的再保险分保人所承保的额度都不能超过 4 亿美元(Mooney,2002)。这些承保能力与农业自然灾害风险动辄造成的上百亿美元损失相比,远远不够。即便忽略再保险的上述承保能力问题,再保险这种契约形式依然需要各个分保人持有大量的流动性资

---

① 对于承保风险的这种从无限责任到有限责任的变化,主要是由于一些劳合社的新成员往往由于信息不对称的原因而会从老会员那里分得一些高风险的保单。

产,以备农业自然灾害风险发生后保险人有足够的偿付能力来覆盖已经发生的损失。

2. 银行间资金市场对于农业保险的作用

虽然银行间资金市场无法降低农业自然灾害风险造成的期望损失,[①] 但资金市场工具能够有效地提高风险在相同时点的分散程度,平滑保险公司当年保费收入所对应的理赔及费用支出,进而提高农业保险市场的整体效率。

因此,当认识到流动性资金是支持农业自然灾害保险开展的重要条件后,中央政府完全可以通过债券工具,专门向面临流动性不足的农业自然灾害风险承保人提供债券融资。因为这些债券是专门针对农业自然灾害风险发行的,因此,我们也把它称作"农业巨灾债券"。以美国相互保险公司为例,J. P. Morgan 公司就曾经在债券市场上为其募集了 4 亿美元,用于解决该公司短时期内流动性资本不足的问题。而在农业保险领域,为了及时兑付突发的巨灾损失,政府同样可以采取债券融资的形式来满足保险公司理赔的流动性资金需要。可以说,这种安排也是在风险无法转移和分散情况下进行融资的有效方式。

如果上述安排合理的话,政策性的农业再保险公司也完全可以通过事前的契约性安排,在农业巨灾没有发生的情况下向银行间债券市场提供资金融通,并获得比国债高 10% 的收益率;如果农业巨灾发生后,政策性的农业再保险公司则可以随时抽回其注入债券市场的资金,用于农业自然灾害损失的理赔及费用支出。与第一种融资方式相比,这种方式融合了风险转移与资金融通的双重特点。

实践中,如果要在农业保险领域引入银行间市场融资安排,则根本性问题进一步转变为如何对债券和银行票据进行适当、合理的定价。因为农业巨灾的突发性、偶然性、补偿性等特点决定了农业巨灾债券利息支出与债券市场价格变化的相关性不大,因此从现代的资产定价原理中可以得出农业巨灾债券的风险升水补偿,也即债券利息定价应该近似地与国债利息定价的水平相近。当然,对于政府来说,适

---

① 只有事前的防灾、减灾措施能够做到这一点。

当增加农业巨灾债券的利息费用也是可以承受的,因为政府发行农业巨灾债券的首要目的是通过银行间资金市场在短期内获得巨额的流动性资金,进而降低或分担财政承担的潜在农业风险责任。

3. 农业巨灾风险证券化

农业巨灾风险的分散还可以通过证券化的方式,通过发行农业巨灾风险证券、互换、期货、期权等金融工具,将承保风险转移至资本市场,使得巨灾风险在现实上获得更广范围、更多渠道的分散。当发生农业巨灾时,国家级和各省级农业保险巨灾准备金账户入不敷出时或达到一定的临界点,采取发行农业巨灾风险债券等证券化的方式,从国内甚至国外资本市场募集资金,用于大灾赔款支付。一是在证券市场发行农业巨灾风险债券。巨灾风险债券是一种发行收益和约定巨灾损失相连接的债券,是资本市场的创新性工具对再保险的一种延伸。巨灾风险债券可以借助资本市场的资金实力,将农业巨灾风险通过整合和再分割进行转移分散。从关系人来看,巨灾风险证券的运作有五方关系人,即投保人、发行人、经办商业保险公司、债券承销人和投资者。农业巨灾风险债券一般要对期限、利率触发原因、转移的风险等有明确规定,并需要进行信用评级。农业巨灾风险债券的发行对象主要是活跃于资本市场的各类机构投资者。一般由国家级农业保险巨灾准备金的管理机构——中国农业再保险公司作为农业巨灾债券的发起人,债券本金及收益偿还资金的来源主要是未来国家和省级农业保险巨灾准备金资金。二是农业风险巨灾互换、期货、期权都是类似的金融衍生工具,只不过在相关金融工具中引入了巨灾风险的特点,最终的目的都是从资本市场进行融资,提高农业保险巨灾准备金的稳定性,确保农业保险制度的健康运行。

(五)建立"农业生产基础信息大数据管理系统"

"农业生产基础信息大数据管理系统"是贯穿"险补结合"新型农业保险风险分析、产品开发、经营管理、市场拓展、客户服务、决策支持、效果评价等环节的跨行业、跨专业、跨地域、跨时间的结构化、多维度、多形态的海量农业保险相关数据的大集中,是发挥数据价值、促进新型农业保险创新发展的重要手段。

1. "农业生产基础信息大数据管理系统"主要数据构成

农业再保险公司要负责建立起包含全国各个农户土地承包与种植面积的地理信息、种植产品信息等全方位基础性数据库信息系统,以便能够准确甄别和确定各个农户的产量、种植面积等情况,为此,"农业生产基础信息大数据管理系统"需要重点收集以下七类相关数据:

(1) 农业保险业务数据。农业保险业务数据是指保险公司经营农业保险业务时,由保险公司核心业务系统办理保险业务过程中产生的数据,其覆盖了精算、产品上线、投保、验标、承保出单、批单、退保、出险报案、查勘定损、立案、撤案、理算、理赔、支付、财政结分保、再保等各业务环节产生的业务数据,它是农业保险最主要、最基础的数据资源。

(2) "险补结合"新型农业保险业务支撑数据。新型农业保险业务支撑数据是对农业保险保障潜力评价、农业保险产品创新、设计与定价提供支撑的数据,通过对数据挖掘与分析来设计保险产品并确定产品的费率、保障水平、保险期限、承保数量、赔付指标、保险金额和赔付等内容。具体可包括:首先是粮食种植业历史生产数据,包括种植面积、产量和单产;其次是粮食种植业历史灾情数据,包括灾害类型、作物受灾面积、承保面积和绝收面积;第三是气象数据,包括气象站点不同时间尺度(年、月、旬、日)的降水、日照、温度、风速和农业气象站点不同时间尺度(年、月、旬、日)的土壤含水量、作物生育期等方面数据;第四是农产品市场价格数据,包括农作物收购价格、批发价格和期货价格等;第五是农产品成本数据,包括物化成本、人工成本和土地成本等。

(3) "险补结合"新型农业保险精确承保支撑数据。承保理赔相关数据是支持新型农业保险开展精确承保的支撑数据。具体包括:首先是土地资源数据,包括耕地、林地、水资源总面积、人均面积、分布情况等;其次是粮食种植业地块数据,包括遥感识别提取的作物地块数据、农业普查的作物地块数据等;第三是土地权属数据,包括农村农业土地确权数据;第四是土地流转数据,包括农村农业土地流转合同、承包合同和租赁合同数据等;第五是粮食直补数据,包括农村农业粮食直补面积等数据。

（4）"险补结合"新型农业保险精准理赔支撑数据。具体可包括：首先是粮食种植业灾情遥感监测分析数据，是指利用卫星遥感识别的重大灾害的影响范围，不同作物的受灾面积、受灾比例和受灾程度等；其次是粮食种植业无人机灾情提取数据，是指利用无人机遥感技术识别的重点区域灾害的影响范围、作物的受灾面积、受灾比例和受灾程度等；第三是农业灾情统计上报数据，是指由官方机构统计调查获得的区域作物受灾面积和受灾程度；第四是农业灾情抽样调查数据，是指由保险机构或其他第三方机构灾后实地抽样调查的作物受灾面积和受灾程度；第五是灾害的相关气象信息，是指灾害发生时基础气象站点、自动气象站或人工气象站采集的受灾区域的相关信息等。

（5）"险补结合"新型农业保险效果评价支撑数据。新型农业保险效果评价相关数据是为拓展新型农业保险深度与密度、创新保险产品和提高新型农业保险参保率提供支撑的数据。具体可包括：首先是农业产值、增加值数据，包括分品种分区域的农产品产值与增加值、副产品产值与增加值等；其次是农民生产成本、收益数据，包括生产成本、分区域的土地成本、净利润、现金成本、现金收益等；第三是农业灾害损失和救济补偿，包括自然灾害和补偿；第四是农业补贴数据，包括三合一补贴、目标价格补贴等；第五是新型农业保险财政补贴数据，包括中央补贴、省级补贴、市级补贴、县级补贴等数据。

（6）"险补结合"新型农业保险服务主体相关数据。新型农业保险服务主体相关数据是指新型农业保险服务与受益主体的相关数据信息。该主体主要有两类：一类是种养规模较小的普通农户，俗称"散户"；另一类是以专业大户、家庭农场、农民合作社、龙头企业为代表的新型农业经营主体。针对前一类主体，主要的数据信息包括：农户身份信息、健康状况、联系方式、家庭成员构成、种植规模、保险状况、赔付情况、银行卡信息等；针对新型经营主体，主要的数据信息包括：机构/企业基本信息、种植规模、农资等生产资料购买信息、生产信息、销售信息、财务状况、贷款信息、信用信息、保险信息等。

（7）其他支撑数据。其他支撑数据是指对新型农业保险经营与服务起支撑作用的数据。具体可包括：首先是行政区划数据，包括省级、直辖市、市级、县级、乡镇级乃至村级行政区划；其次是基础地理信息数据，包括城镇分布数、水文数据、地形地貌数据、土地利用数据、植被分布数据、土壤分类数据等；第三是政策文件和法律法规数据，指新型农业保险涉及的相关政策文件、条例、法规、政府公文、操作规程、技术标准、技术规范等。

2. "农业生产基础信息大数据管理系统"的整体架构

"农业生产基础信息大数据管理系统"的价值在于数据的挖掘、分析与应用。从整体架构上，农业生产基础信息大数据平台包括采集层、标准层、存储层、分析层、应用层、用户层等六大部分。

采集层：数据采集是产生数据的过程，是所有大数据的源头。大数据平台的采集层是利用信息技术将新型农业保险相关数据数字化并进行有效采集和传输的过程。相比较电信、金融等行业，农业保险的数据积累尚处在初级阶段，相当部分数据采集工作仍通过数据上报的传统方式。但随着大数据技术的发展，新型农业保险数据的采集技术也将会逐步深化，其中最关键的技术包括物联网采集技术、移动互联采集技术、遥感采集技术和互联网数据抓取技术等。

标准层：大数据产生价值的一个重要前提是数据有效整合，而数据整合的前提则是数据标准的统一。针对多源异构的新型农业保险大数据，需在标准层上建立一套农业保险大数据标准化体系对数据的采集、传输、存储和汇交进行标准化。

存储层：大数据的核心在于存储的计算，主要解决的是海量数据搜索、计算、挖掘、展现和应用等问题，而这一切都离不开高效的数据存储技术。从存储层的逻辑结构上看，大数据存储主要包括分布式数据库、数据平台和数据仓库三项关键技术。

分析层：大数据的价值就在于大数据的分析应用，因此分析层是整个大数据平台的关键。新型农业保险大数据分析是以新型农业保险应用为需求，通过各种分析手段、算法、工具等对数据进行处理与加工，形成对新型农业保险应用产生价值的新技术、新知识、新结论等，实现数据的再增值过程。

应用层：大数据分析只有在新型农业保险实务中应用，才能真正将大数据的价值体现出来，因此，大数据平台的应用层是在分析层的基础上，根据实际的农业保险实务需求，实现大数据在新型农业保险承保、理赔、产品、风控、决策、服务等方面的应用，并促进新型农业保险的提升与创新。

用户层：大数据平台的应用与服务对象包括农业再保险公司、商业保险公司和广大投保农户。面向农业再保险公司，利用大数据应用提升农业再保险的及时性、有效性和科学性；面向商业保险公司，利用大数据应用提升农业保险经营与管理的合规性和高效性，更好地进行风险管控和产品创新；针对广大投保农户，利用大数据应用提升农户的保险意识、增强保险服务体验和挖掘保险服务需求。

3. 大数据管理系统带来新型农业保险的提升与创新

（1）精确承保。粮食种植业精确承保的关键之一在于确定保险标的地理位置及数量，因此建立以地块数据为驱动的按图承保模式是解决粮食种植业虚假投保、重复投保的重要手段。首先，承保时，保险业务员手持移动终端，载入实时调查数据、土地承包经营权确权登记数据、粮食作物遥感识别地块数据等辅助数据源，配合实时的高清影像底图，结合 GPS 或北斗等定位技术，快速采集投保户投保标的（地块）位置和面积，采集地块要与保险单一起进入保险公司核心业务系统作为核保的重要依据，实现"无图不出单"的精确承保原则。其次，建立"农险一张图"的按图管险新模式，以地图的方式管理所有粮食种植业保单地块，实现"保单连地、地连保单"的强关联，开展地块面积核实、地块重复投保校验、地块虚假投保判断、地块承保人变更监测、区域覆盖率分析等辅助决策功能，提升新型农业保险承保的精准度。第三，实现"依图公示"的承保公示新模式，把投保清单与地块地图一并以纸质或网络方式进行公示。把公示信息精确到地块，保险公司和投保农户一目了然，方便投保农户直观地确认标的信息，减少后续的争议。

（2）精准理赔。解决粮食种植业勘查定损难的关键在于建立以卫星遥感、无人机及手持移动终端共同组成的"天、空、地"一体化的勘查定损技术体系。首先是卫星遥感大尺度勘查定损。凭借卫星遥感数据覆盖广、多分辨率、多时相的优势，可实现省级（市级、县级）

尺度的灾害损失快速勘查，让保险公司对灾害损失有全局性把握；可快速识别重灾区，为进一步的勘查调度提供指导。其次是无人机中等尺度勘查定损。凭借无人机拥有机动性强、分辨率高的特点，可对受灾严重的乡镇或村庄进行精确调查。另外，无人机遥感还能为人力无法到达的区域灾损精确调查提供支持。第三是移动终端小尺度勘查定损。移动设备具有携带方便和精确定位的优点，可实现以户为单位的灾害损失实地勘查和远程辅助勘查，并能借助无线网络实现勘损信息的快速传输。

（3）科学定价。一是基于多源数据融合的新型农业风险评估。新型农业保险科学定价的核心在于科学厘定保险费率，实现保险费率与保险责任的对等，而科学厘定费率的关键在于对农业生产风险进行有效评估。根据风险构成要素的不同，农业生产风险的评估方法可归纳为基于风险因子的评估法、基于风险机理的评估法和基于风险损失的评估法三类，其中，基于损失的评估方式是目前保险业较为普遍使用的方法。从数据层面上，衡量粮食生产的损失可以通过产量数据计算减产损失、通过气象数据计算气象损失、通过灾情数据计算灾害损失和通过保险理赔数据计算保险损失，但每种数据计算的损失都存在着缺陷。因此，从大数据的角度出发，综合产量、气象、灾情和保险理赔数据等多源数据，开展数据的深度分析与挖掘，进而评估粮食生产风险和厘定保险费率，将更加客观与准确。

二是基于地图的新型农业保险费率区划。新型农业保险费率区划是在粮食生产风险评估及费率厘定基础上，依据地域差异特征和规律进行科学分类，按照区内相似性与区间差异性的原则，在空间上划分不同等级的费率区域。不同等级的区域使用不同的费率标准，这样不仅可满足地域差异性的特点，也可以有效规避道德风险与逆向选择问题。在实际应用中，利用地图制作的新型农业保险费率区划图是最直观的区划结果表达，也将是未来农业再保险公司广泛使用的区划资料。

（4）服务升级。一是增强种粮农户的客户体验。在新型农业保险大数据的基础上，借助互联网技术，为广大投保农户提供快捷的保险服务，增强广大投保农户的客户体验。首先是开通保险信息查询渠道。广大投保农户可通过移动信息手段随时进行保单查询、理赔进度查询。其次是开通一键投保、一键报案服务渠道。广大投保农户可利用移动设备一键提交投保意向，出险一键报案并协助上报现场的第一时间资料。第三是开通网络快捷理赔服务。将支付权限下放到业务前端，实现现场查勘、即时核赔，并以扫码支付的方式将预付赔款直接支付给投保农户。第四是开通巨灾预付的绿色通道。对于受到巨灾损失的规模种植投保农户，在确定灾情、尚未核损的情况下，将预付赔款在灾后第一时间送达农户手中。

二是引导智能服务。在新型农业保险大数据的基础上，借助数据挖掘和智能分析等技术手段，改善与提高新型农业保险的服务水平，实现服务的智能化。首先是行为分析。在大数据支持下，开展投保农户，尤其是新型经营主体的生产、交易、信贷、保险等行为规律的挖掘分析，揭示农户生产特点、经营发展情况、投保意愿变化、融资需求等潜在规律，为开展智能营销、提供保险以外的服务提供支撑。其次是智能营销。通过大数据支持下的投保农户行为分析，挖掘投保农户潜在风险状况和保险需求，定制和营销适于该投保户个性化需求的保险产品。第三是产品评价。通过新型农业保险大数据分析，可以开展保险产品的风险状况分析、经营状况分析、市场反映度分析、客户层次分析等多维度综合评价，有助于改善产品方案，提升产品品质。

三是催生更多的增值服务。在气象、价格等其他农业保险相关数据的支持下，将相关信息以推送的方式主动推送给保险公司和广大投保农户，实现保险外的其他增值服务。首先是气象信息的推送。在气象数据的支持下，为商业保险公司和广大投保户主动推送预报信息和气象灾害预警，提前做好防灾减灾工作，及时降低损失，具体如中长期气候预测信息、短期气候预报信息、气象灾害预警信息和气象灾害灾后评估信息等。其次是价格信息的推送。在粮食价格数据的支持下，为商业保险公司和广大投保农户主动推送粮食价格信息和价格分析，具体如粮食价格走势分析信息、价格对比分析信息、价格涨跌预警信息、价格预测信息等。

（5）引领智慧农险。大数据作为新一代信息技术，潜力十分巨大，将其应用于"险补结合"新型农业保险，不仅能提高新型农业保险的经济效益和服务能力，还能深化新型农业保险的数字化和信息化，并推动新型农业保险向"智慧农险"的迈进，通过运用现代信息技术手段对农业保险标的、保险公司经营、气象、市场价格等农业保险大数据进行感知、量测、采集和整理，通过有线和移动互联网实时传输，形成农业保险大数据中心，运用大数据分析技术对海量异构的大数据进行处理、整合、储存、分析、推理和预测，实现新型农业保险准确、动态、高效与智能管理，为政府部门、保险机构、广大投保农户提供个性化、精准化、智能化服务。

五、逐步恢复粮价的市场决定机制

在以上体系稳步建立的前提下，逐步改变单纯的价格支持干预方式，实行价补分离，并适度放开粮价，让粮价在一定区间内随行就市，从而恢复其调节市场供求关系的基本功能，引导农民根据市场需求来调整粮食种植结构、降低生产成本、提高粮食生产竞争力。也即在明确农业收入保险体系承担粮食收入补贴核心支柱职能的前提下，发挥市场在资源配置中的决定性作用，统筹粮食收入补贴政策与价格支持政策的调整，促进农业政策目标的协调、机制的顺畅和可持续性。即按照"稳价格、提收入、调结构、促转型"的思路，统筹规划以农业保险为核心的粮食收入补贴政策与粮食价格支持政策的调整，力争做到政策调整环环相扣，互相协同，整体推进。其中，"稳价格"是粮食补贴政策调整的前提，这里的稳价格除了指稳定粮食现货市场价格以外，更重要的是稳定未来市场价格预期；"提收入"主要是指通过"以险代补、险补结合"的方式，提高对种粮农户的收入补贴力度，但要指出的是，"稳价格"是"提收入"的前提，如果价格预期不稳，即便提高种粮农户的收入补贴力度，政策效果也会大打折扣；"调结构"主要是指调整粮食收入补贴政策的补贴方向、深度和范围，并将农户收入补贴的发放与农业保险的投保、定损、理赔情况相衔接；"促转型"主要指通过统筹规划农业收入补贴政策与农业价格支持政策的调整，达到促进我国农业生产向适度集约化、规模化的现代农业发展方式转型的目的。

第二节 新体系的运行模式

一、政策性业务与准政策性业务互相协同

根据"险补结合"新型农业保险体系功能定位,按照各类不同农业保险业务公共性程度的差异,将新型农业保险体系分为政策性农业保险业务和准政策性农业保险业务两部分。其中,政策性农业保险业务的公共性程度较高,需要政府支持的力度较大,尤其是一般需要中央财政提供较高比例的财政补贴,政策性农业保险业务也是我国农村普惠金融业务的重要组成部分;准政策性农业保险业务的公共性程度相对较小,需要政府支持的力度相对较小,一般由地方财政根据各地情况提供相应的支持。

(一)政策性农业保险业务

1. 主要功能目标

政策性农业保险业务主要保障关系国计民生的粮食作物和大宗农产品,以保障国家粮食及大宗农产品安全为目标,发挥"稳定器"的作用,保障和稳定基础性农业再生产能力。

从保障的农业生产者类型来看,政策性农业保险业务的农业生产主体中分散农户占比很高。考虑到大多数粮食作物种植尤其是口粮作物种植的农业生产主体目前仍主要是分散性小农户,这部分农户总体来看收入水平相对较低,保险意识较弱。从这个角度看,政策性农业保险业务通过发挥经济补偿和收入分配转移的功能,改变农民"一年受灾,即刻致贫""一年受灾,三年难以翻身"的现状,提高从事农业产业的积极性,有利于保障农民稳定增收,增进民生福祉,促进社会公平和社会和谐。政策性农业保险业务应属于农村普惠金融业务的主要内容之一。

2. 主要内容

(1)主要品种。政策性农业保险业务的主要品种首先是关系国计民生、粮食安全、公共性程度很高的粮食作物保险,也即小麦、玉米和水稻等口粮作物保险,其次是公共性程度较高的棉花、大豆等农作物保险。

(2) 保障水平。在农户种植农作物达到或超过常年产量的情况下，政策性农业保险业务提供的保障水平不仅将覆盖农作物全部成本（包括物化成本加地租、劳动力成本），还将在政府财力保障到位的情况下，不断提高保障程度，直至提高到保障粮食作物种植全部收益的水平，即通过"险补结合"达到"收入保险"保障水平。

在农户种植农作物未达到常年产量、但高于自然风险补偿标准的情况下，"险补结合"新型农业保险将不予理赔，并以此激励农户只有在高产、稳产的情况下才能获得农业保险收入补贴。

在农户种植农作物产量因受灾而低于自然风险补偿标准的情况下，"险补结合"新型农业保险提供的保障水平将覆盖农作物的物化成本。

(3) 风险责任。对"险补结合"新型农业保险而言，保障的风险主要是市场风险以及各地农业生产比较常见、无法抗拒的自然灾害，包括干旱、洪水、雨涝、台风、冰雹、霜冻、低温等重大自然灾害。

（二）准政策性农业保险业务

1. 主要功能目标

准政策性农业保险业务原则上包括除了政策性农业保险以外的所有农业保险业务。准政策性农业保险的覆盖范围主要是设施蔬菜、水果、茶叶、奶牛、生猪、海洋渔业等特色种植、养殖产业，其主要功能是发挥"推进器"的作用，推进我国农业结构调整优化和升级转型，支持农业科技创新，提升我国农业产业的附加值；通过定向加快发展种养大户、家庭农场等新型农业经营主体的农业保险业务，推进农村金融体制改革和支持国家农业产业化、社会化等综合配套改革的进行。

2. 主要内容

准政策性农业保险业务可包括两部分：一是政策性补充农业保险，即属于各级财政补贴支持的"险补结合"农业保险。二是完全由投保人缴纳保费的农业保险。

(1) 保障范围。一是从品种上看，主要包括典型区域特色的其他农作物（主要是经济作物，如茶叶、苹果、烤烟、甘蔗等）、设施农业（如大批量订单农作物、大棚蔬菜）和养殖项目（规模化养殖场、渔业养殖场），这些保障品种的主要特点是：在国民经济中的重要性比重要粮食作物、大宗农产品地位相对较低，具有一定的规模，区域化布局，优质化生产，标准化管理，产业化经营。二是从保障主体上看，主要是产业化组织程度较高的农民合作社、农业产业化龙头企业、种养大户等。这些经营主体种植、养殖的规模相对较大，或者保险标的价值较高；生产的专业化、集约化程度较高，收入来源高度集中，一旦遭遇自然灾害将对其造成较大损失，通过农业保险来规避风险的欲望和需求比较强烈。

（2）保障水平。一是对于政策性补充农业保险。考虑到补充农业保险体系所保障的农作物品种的公共性程度低于政策性农业保险相关品种而且设施农业、水产养殖等农业产业的单位价值远远高于粮食、棉花等作物的单位产值，同时考虑到我国财政补贴的可承受范围等因素，因此，政策性补充农业保险体系的有关品种保险应定位为成本保险，保障水平为物化成本。二是对于完全由投保人缴纳保费的农业保险。由于这类准政策性农业保险的被保险人一般是规模较大的农业产业化龙头企业或农民合作社，对农业保险具有较强烈的内在需求，同时这些主体也具有相对较强的经济实力，因此，完全由投保人缴纳保费的农业保险保障水平可以保成本，也可以保价格、保产量或者保收入，完全由商业保险公司等保险机构与被保险人根据保险标的具体情况协商确定。

3. 风险责任

一是对于政策性补充农业保险，其保障的风险既可以包括所有农业生产比较常见、无法抗拒的自然灾害，包括干旱、洪水、雨涝、台风、冰雹、霜冻、低温等重大自然灾害，采取一切险方式进行承保；也可以承保当地相关作物面临的主要风险。二是对于完全由投保人缴纳保费的农业保险，可由商业保险公司等保险机构与被保险人根据保险标的具体情况协商确定，一般承保经常发生的主要自然灾害即可，也可以采取一切险方式承保。

判断政策性农业保险和准政策性农业保险的归属，本质上要依据农业保险业务的公共性，即作为公共物品的公共性程度。因此，第一，应主要从保障品种上来看，对属于主要粮食作物尤其是口粮作物

（水稻、小麦、玉米）的农业保险业务，以及其他关系国计民生的非常重要的农产品保险业务，应归属于政策性农业保险业务范畴。第二，从其保障程度上看，对于主要粮食作物，在农户达到或超过常年产量的情况下，政策性农业保险业务提供的保障水平不仅将覆盖农作物全部成本（包括物化成本加地租、劳动力成本），还将保障粮食作物种植全部收益的水平，即通过"险补结合"达到"收入保险"保障水平。除此之外的农业保险业务原则上属于准政策性农业保险，保障水平为物化成本。因此，总体看我国农业保险市场上开展的创新型农业保险业务，大部分保险品种都属于地方特色农产品，一般地方财政都提供部分保费补贴，但具体补贴比例不一，属于政策性补充农业保险业务范畴。

（三）政策性农业保险业务与准政策性农业保险业务的关系

1. 政策性农业保险业务与准政策性农业保险业务的区别是公共性程度不同

划分政策性农业保险业务与准政策性农业保险业务的依据，是相关农业保险产品的公共性程度不同，即作为公共物品的公共性强弱不同。对于公共性更高、关系国计民生的粮食作物和大宗农产品，属于普惠金融业务，应归属于政策性农业保险业务范畴。准政策性农业保险的功能主要是发挥"推进器"的作用，推进地方支柱农业产业发展，推进农业产业结构升级转型，促进农业综合改革。从当前我国加快推进农业现代化的角度看，准政策性农业保险业务虽然具有较强的公共性，但其公共性的程度是低于政策性农业保险的，尤其对于完全由投保人缴纳保费的农业保险产品，其公共性程度更低。

2. 政策性农业保险业务与准政策性农业保险业务的财政支持程度不同

政府支持"险补结合"新型农业保险发展的根本性原因是新型农业保险定位于公共物品的属性，因此政府支持不同农业保险业务的程度也取决于其公共性程度的强弱。鉴于政策性农业保险的特点是"保基本"，公共性程度较高，一般政府支持程度和财政补贴比例较高，甚至由中央和省级财政提供主要保费补贴，确保其有足够的资金支持业务发展。准政策性农业保险的特点是"补充性"，一般也由中央财政提供少量的财政补贴，或者通过实施奖补政策，鼓励地方财政提供补贴支持，调动保险公司的积极性；对于部分经济发展程度相对落后和财政实力相对较弱的地区，也由中央和省级财政通过财政转移支付的方式提供资金支持。而对于完全由投保人缴纳保费的农业保险产品则不需要政府提供补贴，而是完全由农业生产者自行承担保费。

3. 政策性农业保险业务与准政策性农业保险业务划分是相对的，可相互转化

政策性农业保险业务与准政策性农业保险业务相互补充，共同构成了完整而综合性很强的新型农业保险体系。同时，政策性农业保险业务与准政策性农业保险业务的划分也是相对的，并非一成不变，有时也可以相互转化。

部分补充政策性农业保险产品，会因时间、地理位置等因素的改变而改变。某一地区的补充政策性农业保险业务，在另外一个地区的重要性会非常高，各级财政补贴比例可能会达到80%，该农业保险业务在这个地区实际上转化成政策性农业保险业务。如青稞种植对西藏、青海等地区农业产业发展乃至整体经济发展都占据重要的地位，因此，这些产业在其他地区可以定位为准政策性农业保险范畴，但在这些省区应属于政策性农业保险范畴。

随着经济发展环境变化以及国家财力的不断增长，部分补充政策性农业保险业务对应保险标的的重要程度也会不断提高，可能转化为政策性农业保险业务，政府应给予更大力度的支持。如与推进农业现代化相关的准政策性农业保险业务，随着中央"三农"工作战略布局的日渐清晰，农业现代化在农村工作中的重要性越来越突出。如何加大创新驱动力度，推进农业供给侧结构性改革，加快转变农业发展方式，让广大农民平等参与现代化进程、共同分享现代化成果，正日益成为一个全局性问题。因此，与推进农业现代化相关的一部分农业保险业务的重要性或公共性程度正逐步上升，与其密切相关的一部分原来属于准政策性农业保险业务范畴的农业保险产品，将逐渐转换为政策性农业保险产品。

与此同时，有些政策性农业保险产品未来在特殊情况下也可能转化成准政策性农业保险产品。尤其是随着科学技术的进步，未来部分政策性农业保险产品所保障的农作物可能会出现替代产品，或产量供应快速增加，届时该产品的公共性程度将大幅下降，并由政策性农业保险产品退化至准政策性农业保险产品范畴。

二、分散农户和新型农业经营主体分类办理

我国农业生产总体呈现分散农户经营和新型农业经营主体（种养大户、农民合作社、家庭农场等）经营并存，且以分散农户经营为主体的状态，这种经营状态将在以后相当长的一段时间内持续，这是由我国农业生产、人口大国及二元经济结构格局决定的，也是我国不同于西方发达国家高度集约的农业现代化组织经营形式的重要特征。因此，"险补结合"新型农业保险有必要对分散农户和新型农业经营主体实行差异化的业务流程和操作模式。

（一）分散农户不同于规模化经营主体的特征

1. 分散性农户高度分散

分散性农户高度分散，户均生产规模很小，但数量极为庞大，直接带来收取保费等农业保险经营成本极高，尤其是我国农业生产的地域差异性很大，村落高度分散，一些农村地区交通条件极差，如在我国贵州省的农村，土地分布主要是山地和丘陵，农村人均耕地仅为1.18亩，大部分农村地区地理形态异常复杂，交通条件较差，在这种情况下逐一上门收费的难度更大。而且从今后一段时间来看，由于地理形态的制约，即便该地区生产力发展到一定条件，农业劳动力具备较大规模的转移条件，但实现土地规模经营仍存在"技术性障碍"。

2. 分散性农户的保险意识较差

第一，我国国民的整体保险意识相对偏低。受我国文化、历史、社会、经济以及居民心理因素的影响，尤其是儒家文化的要义强调人要忍让、和谐、规范，没有培养国民保险意识的氛围。尽管改革开放40多年来，我国国民生产总值和国民收入大幅提高，但国民保险意识的转变仍然需要一个过程。第二，广大分散农户的保险意识较差。我国农民长期处于分散封闭的小生产状态下，其自给自足的自然经济传统观念根深蒂固，加之农业生产灾害本身具有时间分布的差异性，有所谓"二年一小灾、三年一大灾"的说法，导致我国农户更多采取

自我积累的方式,通过增加储蓄等手段来预防市场和自然风险。

3. 分散性农户心理因素的影响

这些心理因素包括侥幸心理、实惠心理,以及偏见和误解。分散性农户认为危险发生不一定会降临到自己头上,尤其在经济状况欠佳的时候,保险费往往被列入能省则省的范围。以大数法则为理论基础的保险业务经营中,出险的一般是少数,而大多数投保人则不会遇到风险,因此,未经风险的投保户就会认为参加保险是"白交冤枉钱"。另外还有一种是实惠心理,这部分分散性农户对保险的作用有一定的了解,但是会把保险需求和自己的实际利益联系起来考虑取舍,有利可图的险种就积极参加,得利少的险种就不参加,或对风险采取选择性投保,就是保险中所说的逆向选择,将风险程度高的转嫁给保险公司,风险程度较低的尽量不投保,参加保险后一两年平安无事,得不到经济补偿就回避风险而不续保。此外,同时还存在着保险公司只是为了赚钱及保险也是一种乱收费的偏见和误解。这些心理因素的存在与农业保险宣传的不到位有很大的关系。

(二) 针对不同类型农业生产主体,发挥"险补结合"新型农业保险机制的不同作用

关于政策性农业保险的功能作用有两种观点,一是风险处理手段论,即以相对不多的固定支出,将难以预测的农业风险损失转移,形成一种互助性风险保障;二是收入转移途径论,即政策性农业保险一般需要政府的支持,提供财政补贴、税收优惠等支持政策。结合分散农户和规模化农业生产经营主体的不同特征,"险补结合"新型农业保险体系将针对不同类型农业生产主体,发挥农业保险机制的不同功能作用,或者同时发挥上述两种功能作用,但侧重点不同,从而实现政策性农业保险业务促进现代农业发展的最大功效。

(1) 针对规模化经营主体,同时发挥"险补结合"新型农业保险风险分散和收入转移的功能作用,但以风险分散功能作用为主。规模化经营主体一般面临的风险更大、更集中,因此对于新型农业保险的内在需求更大,同时规模化经营主体相比较于分散农户,一般具有较高的收入水平和可支付能力,因此,在这种情况下,重点发挥新型农业保险风险分散的功能作用,以收入转移为辅助。

（2）针对分散性农户主体的政策性农业保险，同时发挥收入转移和风险分散两种功能作用，但以收入转移为主。根据前述的分析，一方面分散农户保险意识较弱，文化素质相对较低，收入水平也较低，尤其是分散农户由于农业生产规模较小、可能发生自然灾害损失风险较小，从而对于农业保险的内在需求相对不强烈；另一方面，由于我国过于广泛和分散的农业生产状况，导致针对分散农户承保、理赔成本很高。此时，"险补结合"新型农业保险将重点发挥农业保险的收入转移职能，即把政府对农业保险的财政补贴，间接转移给分散农户，这也与"险补结合"新型农业保险具有普惠金融业务的特征不谋而合。在针对分散性农户的政策性农业保险业务中，发挥收入转移功能最典型、表现最突出的业务就是与扶贫相结合的新型农业保险业务。当前，国家高度重视扶贫工作，明确提出实施定向、精准、特惠扶贫战略，确保"十三五"时期7 000多万农村贫困人口全部摆脱贫困的目标。未来，"险补结合"新型农业保险将重点针对"建档立卡贫困户"发挥农业保险财政补贴的收入转移功能，此时，新型农业保险的风险分散功能作用也要按照保险机制的原理尽量发挥，但相对于收入转移功能是辅助的。

（三）分散性农户操作模式

鉴于上述分散农户的特征，对于公共性程度较高的政策性农业保险业务，尤其是三大口粮作物保险，针对分散农户应采取特殊的农业保险操作模式。

1. 三大口粮作物新型农业保险分散农户在85％的保障水平下，按10元/亩的统一标准缴纳保费，剩余部分由财政予以补贴

2. 明确基层政府相关农业保险承保信息及协助理赔到户的责任

（1）必要性。"险补结合"新型农业保险是政策性保险业务，受益对象是广大种粮农民。新型农业保险点多、线长、面广一般指的主要是广大分散性农户，这是我国开展新型农业保险业务的特殊性，也是新型农业保险公共性的重要特征之一。在这种状况下，要实现新型农业保险"险补结合"承保理赔到户，使投保农民真正享受到新型农业保险的好处，必须充分发挥基层政府组织的功能作用。

（2）基层农林部门具有诸多优势符合相关条件。一是农经部门拥有健全的网络机构。农经部门拥有省、市（州）、县（市、区）、乡（镇）、村五级网络，各级农村经营管理站能充分发挥支持农业发展的作用。二是相对的专业优势。尽管从乡镇农经站人员的素质来看，全国各地人员的专业水平参差不齐，但是全国各县级农业部门都拥有一批精通农业科技知识的专家人才，近年来农业部门加大科技推广培训力度，加快培养动植物新品种培育、重大动物疫病防控和植物病虫害防治技术、防灾减灾等方面的基层专业队伍，这对于新型农业保险查勘定损、防灾减灾极为有利。三是熟悉农村农民。基层农林部门在掌握农村政策的同时，由于工作范围在基层，长期扎根生活在农村，熟悉农业、了解农民，懂得如何和农民沟通，甚至对农户耕地的性质、构成都非常清楚，也熟悉当地土壤、耕作技术、天气、饲养规范、流行疫病等情况。

（3）明确基层农林部门的相关责任。在"险补结合"新型农业保险经营模式及制度框架下，必须明确基层政府涉农部门协助农险经办机构收集分散农户承保信息、协助理赔到户的责任，将协助农业保险经办机构做好农业保险基础性工作作为其职责之一。涉农部门协助农险经办机构有序组织开展新型农业保险承保信息采集，开展农险承保；在发生灾害或市场风险的时候，组织开展查勘定损，实现新型农业保险赔款到户，充分发挥新型农业保险精准理赔、精准补偿功能。明确基层涉农部门协助办理新型农业保险的职责后，应对基层部门权责、人员、财务收支情况进行合理的评估，存在人员、资金缺口的地方，应将其必要的经费列入财政预算，或者由农业保险经办机构给予协办新型农业保险业务的涉农部门或工作人员相应的工作经费。

3. 加大"险补结合"新型农业保险宣传力度，夯实新型农业保险发展的基础

一是加大新型农业保险宣传力度，不断提高农户和基层乡村干部的保险意识。通过加强针对分散农户的新型农业保险宣传力度，一方面可以不断提高农户保险意识；另一方面对经办机构的农险服务客观上也起到一种监督的作用。二是推动新型农业保险工作经费政策落地。《农业保险条例》规定，农业保险经办机构可以向基层协办农险业务的工作人员支付工作经费，应尽快研究出台实施细则。一方面新型农业保险作为公共物品，要适当明确农林部门的协办责任，财力充足的地区要加强相关经费支持保障；另一方面，在很多地区县乡基层财政经费不足、乡村干部"保险意识"也较为薄弱的初期，需要拓宽"政府购买服务"的思路，采用市场化的办法充分调动基层协办人员的积极性，但前提是要确保新型农险工作经费的使用效率。三是扎实推进农村土地承包经营权确权登记颁证工作。在总结试点经验的基础上，适时全面推开，加强相关信息共享利用，为分散农户落实承保理赔到户提供基础支撑。

（四）规模化新型农业经营主体操作模式

1. 针对规模化新型农业经营主体，根据种植规模和生产效率，明确保费下浮的不同比例，以此鼓励农业生产经营的适度规模化

首先要明确农业生产经营适度规模化的指导标准。考虑到我国农业生产地域分布的广泛性，可以省（市、区）为单位，分别明确农业生产经营适度规模化的指导标准。在耕地面积比较广袤的东北三省和内蒙古地区，农业生产经营适度规模的标准可以达到 500~1 000 亩；在耕种条件比较好、但耕地面积相对稀缺的江苏、浙江、上海地区，农业生产经营适度规模的标准可能只有 300~500 亩。

其次根据农业生产经营适度规模化的指导标准，结合新型农业经营主体生产效率，明确保费下浮的不同比例。对于种植规模在适度规模化指导标准以下或以上的新型农业经营主体，投保"险补结合"新型农业保险保费费率不下浮；对于种植规模在适度规模化指导标准区间内的新型农业经营主体，投保"险补结合"新型农业保险，保费费率结合新型农业经营主体生产效率，适度下浮，下浮比例可以由中国农业再保险公司结合各省（市、区）实际情况进一步确定。

2. 加强农业保险基层服务网络建设

相对于分散农户，规模化经营主体投保新型农业保险成本相对较低，但农业生产主体毕竟分布十分广泛，要扎实做好"险补结合"新型农业保险落地服务，必须大力加强农业保险基层服务网络建设。

（1）继续依托基层涉农部门。乡镇农经站、乡镇农业技术推广机构等基层涉农部门一般也负责农村相关规模化经营主体的注册及日常管理服务，因此新型农业保险经办机构可从基层涉农部门获得规模化经营主体的相关信息。

（2）鼓励和要求新型农业保险经办机构加大投入建设保险机构自有的基层网络。一是鼓励经办农业保险的商业性保险公司结合业务开办需要，在乡、镇、村设立"三农"保险营销服务部、"三农"保险服务站或"三农"保险服务点等，建立覆盖全面、深入乡村的基层保险服务网络。需要特别指出的是，对于开办地方财政补贴的、补充政策性农业保险业务的经办机构，是否在相关地区范围内设立完备的基层服务网络应作为新型农业保险经办机构开展业务的前提和要件。二是加强基层农网队伍新型农业保险政策、产品知识、承保理赔流程等内容的培训、宣传和引导，全面提升农险队伍素质和服务新型农业保险的能力。三是加大投入力度，配备必要的办公设备以及农险查勘定损工具，开发相关信息系统，提升农业风险管理的信息化水平。

（3）依托基层相关涉农中介机构。包括银行、邮政、供销总社等机构在乡、镇、村的落地机构，以及农民合作社等。考虑到很多地区基层涉农机构人员力量比较薄弱，尤其是在经济发展较为落后的中西部地区，地广人稀，乡镇机构本身人员较少，经办农业保险的保险公司可委托涉农中介机构或者与其他涉农中介机构深度合作，建立互惠互利的协作关系，共同开展针对规模化农业经营主体的相关服务。

3. 推进完善现代农业经营体系基础性工作

建立健全家庭农场认定和名录制度，明确认定标准、认定程序和监督管理措施，实施并不断完善新型农业经营主体直报制度。加强农民合作社示范社建设，在引导农民合作社创新发展的基础上，引导合作社完善规章制度，加强民主管理，严格依法办社，引导合作社不断提高资信能力。支持农业产业化企业转型发展，引导企业提升研发能力，增强与农户的利益连接机制。

三、新体系的运行模式

（一）投保

"险补结合"型农业保险的第一个必备要素是投保，由投保人，即农户或农业生产经营组织向从事农业保险的商业保险机构，按照某种农作物（农业产品）的保险条款提出农业保险的意愿。因为，我国农业保险实行自主自愿原则，所以"险补结合"型农业保险也要建立在要约的基础上，即能否签订农业保险合同，首先是基于投保人的要求。为了使更多的农户参加新型农业保险，并能维护好自身的正当权益，保险公司有义务对农户或农业生产经营组织就保险的条款，以及其中包含的保险标的、保险责任、合同双方的权利义务、理赔的标准和方式做出宣传和说明，以得到投保人的充分了解和理解，积极主动投保。

（二）承保

承保是对应投保而言的，即由从事农业保险的商业保险经营机构承接投保人的投保要约。世界各国都对农业保险承保资格设置了严格的准入条件。在我国，从事农业保险的机构是经中国保监会批准的可以从事农业保险业务的保险公司和保险组织。能否承保，对商业性保险公司的要求是应查验投保人的资质是否合格，所投保的标的是否真实合法，如承保种植业保险，应查验投保人土地承包经营权证书或土地承包经营租赁合同。这些都是能否承保的客观要件和基础要求。承保还包括承保方和投保方对保险费率、保障金额的协商约定，形成合约。

（三）签订合同

订立"险补结合"型农业保险合同是保险双方当事人对保险条款的共同认同，签订的有关农业保险的协议文书。农业保险合同的签订，既是某一农业保险契约建立的一道必经的程序，又是农业保险运行中的中心环节，标志着某一农产品标的的保险关系已经建立，保险双方的权利、义务、责任已经成立，开始运行并受到法律的保护，保险双方当事人都不能随意更改，都有履行的责任，否则将发生违约责任。商业性保险公司在按合同规定收取农户自缴保费后，向农户（投保人）出具保单，这种保单是农户（投保人）发生保险损失向保险人要求赔付的凭据，对农户（投保人）而言这是一个"放心单"。

（四）商业性保险公司向中国农业再保险公司分保

在"险补结合"型农业保险安排中，政策性的农业再保险公司通过"标准再保险分保协议"与商业性保险公司一起承担农业保险的风险损失及收益。在这种安排下，风险收益成为吸引商业性保险公司参与农业保险计划的首要原因，但风险损失的分担机制也能有效确保商业性保险公司在农业保险领域的理性扩张。在竞争性分保体制下，从事农业保险的商业性保险公司可以按照风险与收益成正比的原则选择以下三种方式分散其承保的风险：①商业性再保险；②商业性—政策性再保险；③政策性再保险。商业性保险公司在销售环节的首要任务就是甄别那些潜在风险较大的保单，并将其分保给政策性的农业再保险公司。

（五）报案

当某一保险农产品受损后，投保人可以向承保的商业保险机构报案，告知受损情况，要求予以赔偿损失。这也是"险补结合"型农业保险运行过程中的一个重要环节。农业保险的宗旨就是防范风险，而风险的发生是一种必然的现象，它涉及千家万户，将损失情况报知承保机构自然也成为一种常态。这就要求商业保险公司加强接报案管理，保持报案渠道畅通，并将报案信息及时准确录入业务系统，作为立案的依据以及查勘定损的重要信息来源。

（六）查勘定损与立案

按照保险监管部门的要求，商业保险公司应在接到报案后24小时内进行现场查勘。对种植业的灾害查勘，一般采取实地查勘的办法，受灾面积大的，往往采取定点定位确定样本、测定保险标的损失程度；受灾面积小的，也采取受灾实际面积实勘的办法，同时也可以利用相关的农业技术数据和气象数据，以使受灾损失的勘定更为准确。对损失核定的时间，种植业因保险事故发生绝收的，应在接到报案后20日内完成；造成部分损失的，在农作物收获后20日内完成。凡查勘结束后，保险公司都应及时形成查勘报告，确定受损情况，并予以立案，做出赔付决定。

（七）理赔

理赔是商业保险公司执行农业保险合同，履行保险义务，承担风险责任的具体体现。一份农业保险合同，其完整的运行过程，或经营模式，在发生灾害损失，经过查勘定损立案，并确定损失程度及赔付，就进入理赔的程序，整个运行过程完成，构成一个完整的运作过程，成为一个完整的经营模式。理赔要经过三个环节：一是理赔公示。凡理赔,商业保险公司都应事先告知投保的农户,对农业生产经营组织、村民委员会等组织农户投保种植业保险的,商业保险公司应将定损结果、理赔结果在村级或生产经营组织公共区域进行不少于3天的公示。保险公司还应根据公示反馈结果制作分户理赔清单,由被保险人或其直系亲属签字确认。对被保险人提出异议的,应予调查核实,据实调整。二是核赔。为保证理赔的合规、合理,保险公司的省级分公司或总公司要对查勘报告、损失清单、查勘影像、公示材料进行严格审核。三是赔款支付。保险公司应在与被保险人达成赔偿协议后10日内支付赔款,其赔款原则上应通过转账支付到被保险人银行账户,现在通行的做法是直接将赔款打到农户的"一卡通"上。

在"险补结合"型农业保险安排中,理赔分两种情况。一是农作物发生灾害损失,经过查勘定损立案,并确定损失程度及赔付,这也是常规农业保险的主要作用。二是在农作物未发生灾害,且产量达到或超过常年产量的情况下,由商业性保险公司按照"险补结合"农业保险保单的收入保障条款,按事先约定的保障收入水平,向投保农户办理理赔手续。如果投保农户种植的农作物未发生灾害,但产量也没有达到常年产量,则该投保农户将无法获得任何理赔收入。

(八)中国农业再保险公司二次定损、核保、理赔

当前,在农业保险主体较多的一些省份,各机构为竞标农业保险业务展开激烈竞争,并由此产生腐败现象,不仅增加了商业保险公司的经营成本,而且由于寻租最积极但经营管理水平较低的保险公司占据农险市场,农险产品创新、覆盖率提高和可持续发展都受到一定影响。在"险补结合"型农业保险安排中,通过对商业保险公司农险业务定损、核保、理赔的二次审核,中国农业再保险公司要起到进一步监督、制约商业保险公司农险业务开展情况的作用,杜绝套用国家财政资金以及跑冒滴漏等现象,进一步提高农业保险的补贴效率。

(九)中国农业再保险公司按分保协议向商业性保险公司支付农业保险风险补偿,以及相应的农业保险经营费用补贴

在"险补结合"型农业保险开办初期,考虑到农业风险数据积累不够完善等原因,农险理赔保费比率小于1的风险损失可以由商业性保险公司全额承担；理赔保费比率大于1而小于2的风险损失可由商业性保险公司承担50%；依次类推，当商业性保险公司理赔保费比率大于2时，其风险损失全部由政策性的农业再保险公司承担。

第三节　新体系的主要功能

我们之所以采取"险补结合"型农业保险的手段来稳定农业、保护农民，是因为"险补结合"型农业保险是与现代市场经济相适应的一种经济制度安排，是农业支持保护的重要政策工具，是一种农产品市场损失（包括价格损失和因灾损失）风险补偿制度。制度建立的基本思路是国家在有限政府框架内帮助种粮农户分担市场损失，解决市场机制所不能解决的在利益分配上的失灵问题以及相关的政府在解决问题过程中存在的失灵问题，促进农户生产性努力并保护其获得基本报酬，平衡粮食生产者和粮食消费者之间的利益，建立良好稳定的社会秩序和社会结构。深入分析研究"险补结合"型农业保险的主要功能，有利于我们更加深入地认识新型农业保险的作用，更加充分地运用好新型农业保险来服务于中央大政方针，服务于农业现代化，服务于农民生产和生活。

一、防范风险功能

农业是一种高风险产业。

一是自然风险。农业不同于工业，它处于自然的条件下，在农业不发达的条件下，我们用"靠天吃饭"来形容农业的自然属性，即使在有设施农业的条件下，农业仍然难以排除自然灾害的侵袭，更何况大多数农作物，特别是以稻谷、小麦、玉米为主要品种的粮食，都和土地、雨量、温度、风力等因素联系在一起，并在很大程度上受自然状况的影响。我国是个自然灾害频发的国家，北方不少省份"十年九旱"、南方不少地方"十年九涝"，这些都是历史总结。据1990—2017年民政部的统计数据，年均自然灾害损失2 518.3亿元。突出的自然灾害有干旱、洪涝和暴雪灾害。2008年南方低温雨雪冰冻；

2009年华北东北等地冬春连旱、11月份16省市暴雪；2010年西南冬春大旱、东北洪涝；2011年西南夏秋连旱；2012年东北暴雪、南方高温；2013年8月东北地区洪涝风雹、南方地区高温干旱；辽宁北部地区自2014年以来连续干旱，2015年得到缓解，2017年又出现春旱，给玉米播种带来极大的困难。极端天气频现也是近些年自然灾害的一个突出特点，仅以2013年为例，入夏以来南方多省平均最高气温38.6℃，比常年同期偏高2.4℃，平均持续期10.2天，比常年同期多4.8天。2017年入夏以来，华北、西北地区连续高温，甘肃、内蒙古、陕西局部地区气温超过40℃，天津2017年7月高温是同期的2倍，这是多年所未见的。风暴潮成为沿海地区突出的自然灾害，2012年中国沿海发生风暴潮24次，浙江、山东、河北三省直接经济损失分别为42.57亿元、31.59亿元和20.44亿元。2013年，中国沿海共发生风暴潮26次，其中台风风潮14次，有11次造成灾害，直接经济损失152.45亿元。

二是市场风险。农产品所具有的自然属性，可能因为气候原因而增产，或是减产，这会造成农产品供应的丰歉而带来价格波动，这是就一个地区而言的。因为世界大市场的形成，也会因为农产品的进出口而造成价格的波动。也不排除人为炒作的原因，使某种农产品的价格忽高忽低，如前两年在国内市场出现的"将（姜）你军""算（蒜）你狠"等农产品价格的飙升，往往使有的农产品经历"过山车"式的价格波动。这些都将对农户造成收入的不稳定，尤其在信息不对称的情况下，农民的选择往往存在邻里效应、从众心理，也造成了这种风险。以上所述，是我们所见的一些景象。如用数据加以说明更能反映问题。据2013年《中国农村统计年鉴》，自1952—2012年，农产品生产价格总指数最高年份的1994年达到139.9，而较低年份的1997年、1998年、1999年、2000年分别是95.9、92.0、87.8、96.4，与之相对应，也是我国农民增收最低的年份，其收入增长分别4.6%、4.3%、3.8%、2.1%。可见农产品价格对农民收入有着直接的正相关关系。再列举2010—2014年几种主要农产品的生产者价格指数情况：棉花2010年、2011年、2012年、2013年、2014年的价格指数分别是157.7、79.5、98.1、103.9、87.1，表明价格在多数年份是下行的，而且幅度很大，相对于2010年，2011年棉价较之下跌将近一半，波动剧烈可见一斑。我国的几大主粮品种因为实施最低收购价或是临时收储制度，自2007年以来，随着国家价格支持补贴的提高，一直处于较为平稳的上涨过程中。但是自2016年国家对东北玉米产区实行"市场定价、价补分离"改革之后，玉米价格从2015年的1.00元/斤，下跌到2016年黑龙江玉米平均0.65元/斤、吉林0.70元/斤、辽宁0.80元/斤左右，即使加上玉米生产者补贴，一些玉米种植户如果将物化成本、土地成本、劳动力投入合并计算，玉米亩均收益也为负值。

总之，农业所具有的自然风险和市场风险是一种难以消除的客观存在，这就是"险补结合"型农业保险需求的客观性。可以说，"险补结合"型农业保险是与现代市场经济相适应的一种经济制度安排，是农业支持保护的重要政策工具，是一种农产品市场损失（包括价格损失和因灾损失）风险补偿制度。在市场经济环境中，粮食市场购销完全放开，粮食价格由参加市场交易的买卖双方自主协商确定，农业生产面临资源约束、环境约束、自然风险、技术约束和市场约束，粮食生产发展比较效益偏低。在粮食生产价格下降或低位运行的情况下，农业生产者难以承担基本收益的市场损失（包括价格损失和因灾损失），将影响粮食生产积极性；而粮食消费关系国计民生和社会安全，我国人口众多，国家在保障粮食和重要农产品供应安全方面压力很大。因此，政府具有促进粮食生产稳定发展和保障粮食市场稳定供应的重要责任。引入"险补结合"型农业保险的主要目的是帮助种粮农民解决市场损失（包括价格损失和因灾损失）问题，发挥市场在资源配置中的决定性作用，减少政府主观行为对粮食市场运行产生的不利影响，提高财政资源配置效率，促进粮食生产长期稳定发展和市场长期稳定供应。

综上所述，"险补结合"型农业保险可以通过农产品产量和价格两个维度来防范农产品自然和市场风险，还可以通过再保险进一步分散其风险。正是新型农业保险对农业风险的防范、规避、减损的作用，使农户能有稳定的收入预期，放心开展农业生产。因此，"险补结合"型农业保险防范风险的功能成为其基本的属性。

二、杠杆功能

杠杆是个简单的机械装置,人类很早就发现它的效应。杠杆引入经济学则成为杠杆原理,就有了经济杠杆、金融杠杆,即以少量的前期资源投入带动数倍的后期投入。"险补结合"型农业保险之所以能吸引农户投保,就是因为其具有杠杆效应,即投得少、保得多,农户自然愿意。

"险补结合"型农业保险的杠杆功能可以作如下说明:凡农业保险都包含费率、保费、保险金额。"险补结合"型农业保险的费率是农户投保时向承保机构交纳的费用金额与承保机构承担的最大赔偿金额的比率。保费是投保农户按照费率和单位保险金额的乘积,保险金额是承保机构与投保农户经过精确计算并协商一致约定的风险保障金额。"险补结合"型农业保险的杠杆功能用计算公式可以一目了然:假定费率是5%,在发生自然灾害的情况下,因灾损失的保额是100元,则保费是5元钱,5元钱的保费获得100元的保险额,其倍数是20,如果农户用5元的保费所投保的100元保险额的农作物全部遭受损失,即可以获得100元的赔付;在未发生自然灾害且农户生产的粮食作物亩产达到或超过常年产量的情况下,农户将获得"险补结合"型农业保险对其收入的保障性补偿,具体补偿金额由市场价格与保障价格的差额水平以及农户选择的风险保障程度决定,其杠杆效应是不言自明的。

三、互助功能

"险补结合"型农业保险的互助功能与它的杠杆功能相对应,两者并行不悖,否则,只有杠杆功能,则"险补结合"型农业保险在巨大的风险保额压力下难以为继,新型农业保险的互助功能则能起到平滑作用,而互助功能的根基是保险的大数法则。大数法则是随机事件的大量出现往往呈现出一致的规律,是概率论的法则之一,保险人对任何一个风险损失概率做出比较精准的估算时,都需要根据大数法则的需要,通过大量的观察和统计,得出损失概率。根据大数法则,承保的风险单位越多,损失概率的偏差越小;而保险费率的大小又是以损失率大小为依据的。损失概率大的风险,费率就高;损失概率小的风险，费率就低。这里的要义是承保的风险单位越多，损失的概率变小。这是因为对农业而言，自然风险尽管始终存在，但它具有区域性，往往是"东边太阳西边雨"，某种自然灾害即使在一个区间，也有大有小、有轻有重，如果这种投保的区域越大，有的地方受灾，有的地方没有灾害，这样，受灾的地方要进行赔付，不受灾的地方免赔，自然没有发生赔偿地方的保费，就补充了保险机构对赔付地方的资金支付，这是保险互助功能的体现。另外，农业的自然灾害还具有周期性的特点，同等程度的自然灾害在同一地区是不可能连续发生的，一般说的粮食种植"一年丰、一年平、一年歉"，便是对粮食种植受自然气候周期性影响的总结，表明丰歉有年。另一方面，如果以年为限，连续投保，也可以在年际之间得到一种盈亏平衡，这也可以作为互助功能在"险补结合"型农业保险上的运用。

至于市场风险即价格风险，"险补结合"型农业保险的互助功能发挥得会更加充分。新型农业保险最主要的功能之一，就是在粮食市场流通适度放开的条件下，通过价补分离（粮食价格由市场主体决定，粮食补贴由政府统筹决定）和险补结合（粮食补贴与价格变化和粮食实际生产等挂钩）来对冲农户面临的市场风险。补贴在价外运行，国家在有限政府框架内按照公开、公平和效率原则，帮助解决农业生产者粮食价格损失和自然灾害损失问题，在制度设计上带有公共性、长期性和合约性。实际上，农产品的价格波动是一种常态，如果我们选择5年、10年、15年以至更长年份的价格波动加以观察，通过"险补结合"型农业保险的收入补偿作用，种粮农户将得到更好的保障。

四、增信功能

"险补结合"型农业保险的增信功能是保险所具有的一种内在属性，或者叫内涵性品质。农业保险机构作为一个合法的市场经营主体，具有行业要求的经营资质，对某一农产品或者某一农户投保的农产品承保，形成保险合同。若发生合同约定的赔付情况，承保机构就要按照合约规定的金额予以赔付。这即表明，该份农产品保险合同所约定的保险金额获得了保险，成为一种信用金额，使其具有了信用的资质，内生为增信功能。

按照"以险代补、险补结合"思路建立起农业保险—再保险市场调控机制后,有利于对我国农产品生产和流通领域进行一体化的系统调控,提高补贴效率,减轻财政负担,形成更好的政策协同效果,同时也为我国农业宏观调控创造一组合适的调控工具,便于相机抉择,进一步激活我国农村金融市场活力,丰富农村金融产品。未来,在增信产品设计上,一张"险补结合"的农业收入保险保单,既可以作为质押,直接到银行申请涉农贷款融资;也可以作为现货仓单,用于大宗农产品的现货流通凭证;还可以作为期货仓单,参与大宗农产品的期货交易。在增信方式设计上,可以探索开展"政银保""农险+信贷""政府+银行+保险+农户"等多种增信方式,其基本方式:一是银行可以按照保单给予农户等量或按一定比例的贷款;二是由政府、银行、保险公司各承担一定的风险比例,给予农户贷款;三是政府为新型经营主体、贫困农户的贷款给予保险的保费补贴。通过充分发挥"险补结合"型农业保险的增信功能,可以有效解决目前农民缺少贷款抵押物、"贷款难"的问题,增强银行对农村、农业、农民的金融支持,有力地促进农业发展,减轻政府财政支农资金不足的压力,降低银行融资风险,增加保险机构在农村的市场空间,形成多方支持农业持续发展的生动局面。

五、市场功能

市场机制是支撑现代经济增长的重要因素,发挥市场在资源配置中的决定性作用是我国深化农业支持保护政策改革的重要方向。市场是社会分工和商品生产的产物,也推动着社会分工和商品经济的进一步发展。市场的重要原则是平等、自愿、公平和诚实守信,具有平衡供求矛盾、商品交换和价值实现、提供服务、传递信息和利益分配五大功能。保险是市场经济条件下风险管理的基本手段,自然就具备了市场属性,投保人和承保人之间对风险的处置通过合约形式转化为市场的规则性行为,双方都要受市场规则的约束,而且承保人是以公司形式出现的,它作为市场的主体进行市场活动,让保险资源(资金)在市场中配置,形成一种市场化经营,达到最佳的资源配置效果。

保险的市场功能主要表现在保险资金通过市场得到流动,形成全国以至世界性的保险市场，使保险的杠杆功能、互助功能、增信功能得到实现。可以说，保险需要市场，保险助推市场，保险形成市场，而市场的形成，使保险资源（资金）有了配置的广阔平台，在市场的运作中，实现增值、风险转移或疏解，这就是保险的市场逻辑。所以，推进"险补结合"型农业保险就其本质是推进农业走向市场，甚至可以将新型农业保险的保险深度作为农业市场化程度的一个标志，同时，"险补结合"型农业保险又是农业市场化必不可少的保驾护航手段。而农业现代化和农业市场化紧密相连，现代农业需要现代市场，现代市场助推现代农业，二者相辅相成。从这个意义上看，"险补结合"型农业保险又是现代农业的"助推器"。

"险补结合"型农业保险具有市场功能更具现实意义的是，为政府补贴农业、支持农民提供了一条更具效率的途径。农业相对于工业，在市场竞争中往往处于弱势，对农业给予补贴是世界各国的通行做法。但是，政府的合理补贴遇到两个方面的制约：一是有限性，政府补贴与农业的需求总是有差距的，这是难以改变的现实。就我国而言，尽管中央和各级地方政府高度重视农业，各级财政每年投入到农业领域资金已超过1.9万亿元，但农村仍是发展的短板，农村和城镇居民的收入差距还有近3倍。二是受到"黄箱"政策的限制，按照WTO《农业协议》规则，我国财政直补具体农产品的补贴资金超过该作物产值的8.5%即为"爆箱"，要受到质疑。"险补结合"型农业保险的市场功能作用，在于它可以将财政补贴资金通过"险补结合"的"绿箱"方式合理放大，获得加倍的乘数效应。如前文所述，为农户补贴500元的保费，按20倍的保额，则可以获得10 000元的风险补偿，大大提高了对农业的保护程度。所以，建立"险补结合"粮食补贴新体系，让市场在配置财政资金中形成加倍的乘数效应，让市场和政府"两只手"同时发力，成为农业供给侧结构性改革的一项重要内容，也是一个有利之举。

六、社会管理功能

保险从社会角度讲，是社会经济保障制度的重要组成部分，是社会生产和社会生活"精巧的稳定器"，是社会风险管理的一种有效方法。保险成为社会管理的一种有效手段,其最突出的特点是,运用市场的方法来参与和实现社会管理。因为,凡保险都有合同合约,合同双方即投保人和承保人只要一签订合同,即具有法律效力,双方都受到合约的约束,都负有遵守条约的义务和条约赋予的权利。这意味着保险首先具有责任效力,保险双方谁违背了约定条款中规定的责任,谁就得担责,承担赔付的责任,受到经济处罚,这种责任原则使保险双方的行为受到约束。另外,这种责任原则还派生出激励机制,这主要是承保方,如何将可能造成的保险标的损失降到最低程度,减少因自然灾害造成的保险赔付,从某种意义上说,减少因灾赔付就是增加收益。再加上保险合同的相关责任确定与实际利益紧密相连,保险双方一致认同,使之具有精准、现实、直接的特点。"险补结合"型农业保险的另一层社会管理意义在于,它是用经济的方法在市场运行中实现的,比之政府直接从事的社会管理减少了行政强制和政府成本,比之社会组织参与的社会管理又多了经济的手段。引入"险补结合"型农业保险的基本思路是将国家的角色还原为一个能力有限、理性有限、权力有限和责任有限的公共管理服务者,在有限政府框架内,按照限额交易合约方式,帮助种粮农民解决市场损失(包括价格损失和因灾损失)问题,发挥市场在资源配置中的决定性作用,减少政府主观行为对粮食市场运行产生的不利影响,提高财政资源配置效率,促进粮食生产长期稳定发展和市场长期稳定供应。因此,需要我们认真研究和开拓"险补结合"型农业保险的社会管理功能,推动社会治理,促进社会和谐。

第四节 "险补结合"新型农险与农业收入保险和价格保险的区别

一、农业收入保险

(一)农业收入保险简介

农业收入保险是一种旨在降低农作物产量风险、价格风险以及产量和价格复合风险的农业保险产品。农业收入保险包括两个要素:产量部分通常是基于当地有代表性的历史产量,多由近5~10年连续产量的平均值计算得到；价格部分通常是依赖于成熟的价格发现机制，如期货市场来确定。在保单起保和理赔的两个时间段里，基准价格和收获价格是基于本土市场的大宗农产品期货合约价格来决定的。开办农业收入保险的基本原则为大数法则，即灾害地区的农民损失由其他收成较好地区的农民共同承担，并且也可以由收成好的年份与收成较差的年份进行平衡。如果保险公司承保的风险非常多样化，则风险分散机制可以很好地发挥作用。归纳而言，开展农业收入保险的基础条件有以下几个方面：

一是精确测产。农业收入保险需要依赖可靠的统计数据来确定预期产量。一般来说，产量数据的时间跨度要足够长，并且空间分辨率良好。在最理想的情况下，农户的历史产量数据可以用于确定目标产量。实际操作中，对于粮食等农作物而言，蛋白质含量、水分含量、真菌量等指标都需要进行高度标准化之后，才可以进行收入保险产品设计。任何标准上的偏差都可能导致实际销售价格低于期货市场显示的官方交易价格。因此，收入保险只能承保产量下降，而不能保障农产品质量下降带来的损失。

二是透明有效的价格发现机制。农业收入保险中通常利用既定的大宗农产品期货交易所日收盘价来确定预期价格（保单期前）和结算价格（作物收获后）。如果该农产品交易很少，或者没有交易，则期货市场价格可能存在高波动性或者人为干扰的问题。因此，农业收入保险要利用高流动性的农产品交易平台数据，来获得有意义的价格参照。一般来说，期货市场每日的交易量大小取决于交易农作物类型及地区分布等因素。对于相对封闭的市场或者由国际价格主导的市场，农作物产量的下降会对农产品价格产生很大的影响。此种情况下，产量和价格之间通常有一定的负相关，这种负相关关系会使综合考虑产量和价格风险的农业收入保险产品与单独承保某种风险的方法相比保费更为低廉。当然，只有在充分了解农产品期货交易市场价格的各个驱动因素的基础上，才能将其投入应用，包括了解生产风险和对农作物的库存等等。

（二）农业收入保险在我国的试点情况

近年来，我国农业保险在《农业保险条例》和国家政策的支持下不断发展，农业保险的重要作用得到基层政府和广大农民高度认可。农业保险经营机构从保自然风险到保价格风险，对农业保险有效实现形式的探索一直没有停止，现在已经开展探索收入保险。安华农业保险公司吉林省分公司敦化支公司2016年在地方财政和农业部门的支持下，在吉林省敦化市开展了大豆收入保险的试点工作。该保险产品的保险责任确定为被保险人因价格波动和自然灾害减产造成的大豆实际收入低于保险合同约定的预期收入水平时，保险人按照保险合同约定负责赔偿。实际收入为收获期市场价格、平均每亩实际产量和保险面积的乘积。预期收入为预期价格、每亩保险产量、保险面积和保障比例（保险只对实际预期收入的部分进行保障，最高保障80%）的乘积。收获期市场价格根据大连商品交易所黄大豆1号次年1月份到期期货合约在承保当年10月份平均结算价确定；预期价格根据大连商品交易所黄大豆1号承保的次年1月份到期期货合约在承保当年4月份平均结算价确定。预期价格在保险单载明。收获期市场价格、预期价格均为黄大豆1号期货合约交割标准品品质的价格，不含期货合约质量差异扣价。每亩保险产量根据当地大豆近五年平均产量由投保人和保险人协商确定，每亩实际产量在开始收获前由保险公司、农户和农业技术人员等共同确定。预期收入的保障比例由投保农户从保险公司提供的几种不同保障比例档次的大豆收入保险产品中选择。每亩保险产量、保险面积、预期价格等都在保险合同上载明。保险费为保险金额与费率的乘积，大豆收入保险的费率为13.5%。

（三）我国试点开展农业收入保险面临的主要问题

1. 无法精确测产导致产量和价格的确定仍存在争议

农业收入保险的保费为预期收入和费率的乘积，其中预期收入测算依赖于预期产量和农产品期货市场价格。农业收入保险对区域产量、价格和产量与价格的相关性等数据的要求非常高。我国虽然建立了粮食等主要农作物产量数据系统，但区域数据或者单个农业生产者、新型农业经营主体产量数据不够详细，使得农业收入保险费率厘定难度较大。虽然期货市场具有价格发现功能，但我国农产品期货市场发育不完善，期货市场与现货市场关联度较弱，市场机制无法充分发挥价格预测作用。在试点中，大豆市场收购价格与合同上载明的期货预期价格之间存在明显差异，导致投保大豆收入保险农户的实际收入保障水平达不到期望值，农民对实际价格与期货价格之间的差异不理解。

2. 现阶段农业收入保险的"保险＋期货"模式相对复杂，农民接受程度低

粮食等大宗农产品种植成本保险经过较长时间的推广，农民接受程度较高，而大豆收入保险中"保险＋期货"的模式相对复杂，农民理解起来困难。与成本保险相比，大豆收入保险需要综合考虑到产量和价格风险，保险经营机构承担的风险大，基于保险精算原理得出的保险费率也随之增高。尽管投保收入保险的保障水平相对高一些，但是毕竟需要农民承担更多的保费。2016年敦化市开展大豆收入保险试点初期，保险公司组织投保大户专门开展了一天的宣讲活动，投保农户虽然大概了解了这种以精确测产和期货报价为基础的保险模式，但更多的农民对此还缺乏深刻的理解和认识。

3. 财政补贴的压力大，且保障程度不高

从试点情况看，大豆收入保险只对实际预期收入的部分进行保障，最高保障80%，与"险补结合"新型农业保险体系相比，保障程度要弱很多，但即便如此，在没有中央财政系统支持的情况下，地方财政保费补贴压力依然很大。2016年敦化市黑石乡大豆收入保险每亩保费57.32元，市（县）财政按照40%的比例提供保费补贴，每亩大豆市（县）财政要补贴22.86元。如果敦化市按45万亩大豆种植面积计算，市（县）财政要拿出1 031.76万元的保费补贴。从常年的参保面积看，另外还有近75万亩的农作物参加了成本保险，这部分保险需市（县）财政补贴近200万元，两部分合计约需市（县）财政补贴1 200多万元。对于敦化市这样的农业大市来说，市（县）级财政远不能承受这种持续的补贴支出。

二、农业价格保险

（一）农业价格保险简介

农业价格保险是近20年国外农业保险发达国家开始研究和试验的一类保险产品。农业价格保险就是以农户生产的农产品的市场价格变动为风险责任,当农户收获的农产品上市时,市场价格低于保险合同事先约定的保障价格,由保险人赔偿市场价格与保障价格差价损失的保险。

农户在农业生产经营中,主要面临两种风险,即自然风险和市场风险(主要是价格风险)。新型经营主体生产方式的变革,推动了农业商品化程度的提高,这也改变了现代农户对风险保障的需求。在传统农业背景下,因为农户生产的很大一部分产品是为了自给自足,需要出售的农产品只是一部分甚至是很少一部分,农业生产主要惧怕的是自然风险损失,也就是灾害导致的减产和绝收。但是,农村经济结构的巨大变化,日益扩大的商品性农业生产,使得农业生产和经营者惧怕的风险损失不仅仅是成本或者是产量,农业生产的周期性以及农产品价格波动风险对现代农业的影响越来越大。

自然风险与价格风险在性质上是迥异的。农业的自然风险除了洪水、地震、台风等灾害,在极端的情况下或者一定范围内具有某些系统性风险的属性,但总体上属于纯粹风险,气象灾害或者病虫灾害基本上可以看作随机事件,其发生具有不确定性,从而在空间和时间两个维度上都可以分散风险,这类风险的可保性比较强。

但价格风险就不一样了。随着市场经济深入发展和市场一体化的形成,价格具有快速的传导性,这使得农产品的价格风险具有近乎完全的系统性特征。具体表现在如下三个方面:一是不同区域农产品价格波动趋势和特征基本一致;二是农产品生产价格、批发价格和零售价格的波动趋势和特征基本一致;三是所有农产品生产者面临的价格变动趋势与特征是一致的。可见,农产品的价格风险具有系统性风险的属性,且同时具有投机性风险的属性。这使得价格风险的系统性虽然在一定程度上可在时间上予以分散,但也受到很大的局限。因为农产品价格风险不是随机事件,农产品价格的下降或者上升是缓慢生成的,人们可以从各种信息中感知、了解和预测到,从而在保险购买上表现出强烈的逆选择特点,市场价格上涨预期强烈的时候,农户不会选择投保,而在价格进入下行通道时,多会选择投保。另外,价格风险在空间上难以分散,易造成巨灾损失,让保险公司面临巨大的赔付风险。因此,本质上说,价格风险不具有可保性。在商业保险条件下，保险公司通常不会承保价格风险，再保险商也不会接受分保。

自然风险和价格风险的异质性是农业保险面临的重要挑战。目前由于对自然风险和价格风险的异质性认识不足，对"从保成本、保产量到保价格"过于乐观，对其中遇到的问题与困难认识不足，这使得实践中农业保险在承保价格与市场风险方面面临诸多约束，在支持农产品价格形成机制改革方面思路不清、作为不大。

（二）农业价格保险在我国的试点情况

近年来我国不少地区都开发了蔬菜价格保险、生猪价格指数保险、"保险＋期货"等纯粹承保价格风险的农业保险产品，对承保农产品市场风险进行了诸多有益的探索。这些价格保险本质上类似一种"看跌期权"，对相关各方都具有一定的价值与意义。首先，对农户而言，通过购买价格指数保险，让农户有机会利用类似于"看跌期权"的市场价格风险管理工具。其次，对政府而言，可以利用市场机制探索农产品价格形成机制改革，可以发挥政府补贴的杠杆作用，利用保险公司已有的组织资源效率也会更高。最后，对商业保险公司而言，一方面以创新的方式集合与分散风险，参与农产品价格形成机制改革试点，服务于现代农业发展，另一方面也可以提供专业风险管理服务，以专业的经营推动业务发展并获取适当的盈利。

（三）我国试点开展农业价格保险面临的主要问题

1. 纯粹的价格保险不完全具有可保性，难以大规模推广

一些地方的蔬菜价格指数保险之所以能够在一定的区域试点，是因为这些蔬菜大都是本地产、本地销售，而且蔬菜保质期短、运输性差，某种程度上具有封闭循环的特点。加之当地往往采取限定种植面积的方式控制供给扩大，以免造成价格下跌和保险赔付。但对于大宗农产品来说，价格就难以承保了，因为像玉米、小麦、水稻等大宗农产品生产，其同质性强、可运输性强、全国统一的大流通基本形成，其价格变动的风险具有系统性，保险公司承保粮食等大宗农产品生产将面临巨灾风险。因此，商业保险公司往往将试点限定在风险可预期、损失可控的一定范围内，不敢贸然扩大规模。同时，纯粹的价格保险非常容易发生逆选择，保险公司也难以在时间的维度上分散风险。与此相似，"保险＋期货"形式的价格保险也受制于期货市场与现货市场相关性、农产品期货交易的市场容量、期货套期保值帮助保险公司规避系统性风险损失的效率等因素，目前只能根据套期保值的现实可行性决定试点的范围与规模，短期内难以大面积推开。

2. 直接承保价格风险会抑制市场机制作用的发挥

本来根据市场价格信号，农户需要调整供给规模，但由于有价格保险等措施，市场信号的作用弱化甚至会被扭曲，市场机制发挥的作用打了折扣。而农产品价格形成机制改革的根本目标是推进农产品价格的信号功能（反映供求关系，引导资源配置）与利益调节功能（实现产权转移，承载利益分配）的分离，即信号的归信号（价格变化由市场决定），利益的归利益（政策补贴由政府决定）。如果价格保险大规模推广，则将有可能直接影响到价格变化的市场信号，这其实有悖于农产品价格形成机制改革的目标。

3. 纯粹的价格保险不符合农产品价格形成机制改革的实践方向

纯粹的价格保险是在农产品价格形成机制改革以及目标价格补贴制度试点的背景下提出来的。但从新疆的棉花、东北的玉米目标价格补贴改革评估结果来看，此前的目标价格试点在实践中出现了很多问题，包括财政成本和风险巨大、政策执行成本高昂，影响地方政府的日常中心工作、容易滋生腐败现象和引发社会不稳定等，将可能逐步被扬弃，代之以收益保障，即通过调低乃至取消价格支持来消除其对市场的干预和扭曲影响，把粮食价格形成还给市场机制，另外通过直接补贴措施来"保收益"，实现价补分离。

三、"险补结合"新型农险与农业收入保险和价格保险的区别

一是运行基础不同。农业收入保险和价格保险以"大数法则"为基础，是传统意义上的保险产品进一步细分。而"险补结合"新型农险从本质上看，是一种具有特殊针对性的农业补贴制度和粮食市场损失（包括价格损失和因灾损失）补偿制度的结合，主要目的是为了发挥市场机制在农业资源配置中的决定性作用和解决市场机制所不能解决的利益分配上的失灵问题。基本内容是在粮食市场流通适度放开的条件下，实行价补分离（粮食价格由市场主体决定，粮食补贴由政府

统筹决定）和险补结合（粮食补贴与价格变化和粮食实际生产等挂钩）。补贴在价外运行，国家在有限政府框架内按照公开、公平和效率原则，帮助解决农业生产者粮食价格损失和自然灾害损失问题，在制度设计上带有公共性、长期性和合约性。基本思路是放开市场，发挥市场机制在资源配置中的决定性作用，让农产品市场损失问题显性化，用制度解决问题，实行合约治理。主要方式是政府财政出资，让国家对农业生产者提供的政策性补贴通过"以险代补、险补结合"的方式合理化、"绿箱"化，建立激励约束机制，确保制度在实践中执行的实际结果与制度设计目标保持一致。事实上，"险补结合"型农业保险就是政府利用保险的"外壳"，注入支持和保护农业的政策"内容"，通过法律、行政和经济手段，运用保险机制为农业提供较全面的风险保障，最终成为政府支持和保护农业的政策工具。从制度经济学角度看，"险补结合"型农业保险就是为有效集中与分散农业的市场风险（包括价格损失风险和因灾损失风险），保障农业生产活动的稳定性和可持续性而制定的约束政府、保险人、投保人行为的一系列规则。科学的"险补结合"型农业保险制度安排可以有效地促进农业保险事业和农业生产力发展。

二是补偿水平不同。农业收入保险只对实际预期收入的部分进行保障，一般最高保障80%，也即在年度实际产量保持稳定的情况下，最多保障到预期市场价格80%的水平。农业价格保险由于只考虑市场价格因素，保障程度比农业收入保险更低。而"险补结合"型农业保险在农户实现稳产高产的情况下，通过农业保险的收入保障契约条款，确保农户取得稳定的种植收益（保障收入＝常年产量×保障价格×保障水平，若农户取得的种植收益低于上述保障收入，由农业保险补齐差额），以防"谷贱伤农"；而在农户面临自然灾害、出现减产亏损的情况下，通过农业保险的风险补偿契约条款，确保农户前期投入和物化劳动能够得到风险补偿。需要强调的是，在农户产量达到常年产量的情况下，"险补结合"型农业保险提供的保障价格一般高于市场价格20%左右，其对种粮农户收入的保障效果远超农业收入保险和价格保险所能提供的保障水平，能够有效保护种粮农民积极性，确保国家粮食安全。

三是补偿方式不同。农业收入保险和价格保险都以市场价格为基础，进行一次性收入补偿。而"险补结合"型农业保险属于"两段式"补偿方式，即在农户实现稳产高产的情况下，通过农业保险的收入保障契约条款，确保农户取得稳定的种植收益；在农户面临自然灾害、出现减产亏损的情况下，通过农业保险的风险补偿契约条款，确保农户前期投入和物化劳动能够得到风险补偿。因此"险补结合"型农业保险的补偿方式要更优于农业收入保险和价格保险。实际上，"险补结合"型农业保险的本质是政府为农业提供全面风险保障所花费的一部分代价，也就是对农业的净投入。从一些国家对农业保险的扶持方式和环节来看，无论是对农业生产者进行保费补贴，还是对保险公司进行管理费用补贴、减免相关税收以及给予再保险支持等，都是政府对农业的一种投入。国家农业越是发展，越需要增加对农业的净投入。

第四节　新体系对现行农业暨粮食补贴体系的比较优势

新体系对现行农业暨粮食补贴体系的比较优势可以用"以险代补、险补结合"八个字来概括。其中"以险代补"就是设立农业再保险机构，以农业收入保险充当农业补贴的核心工具，替代农产品价格支持政策和其他直补政策的农户收入补贴功能，健全粮食补贴体系。但这里要强调的是，这个"代"不是彻底代替、非黑即白的边角解，其最终目的是要实现"险补结合"，为农业宏观调控增加一个生产环节保护农民收入的调控工具，以便于相机抉择：即剥离粮食价格支持政策的农户收入补贴功能，交由粮食生产领域的农户收入保险来承担，与此同时，保留价格支持政策对粮食流通领域的价格调节功能，使得每一项政策工具仅承担一项粮食调控目标，并通过政策工具的组合应用，共同服务好我国粮食安全和宏观调控需要。实际上，无论价格支持政策也好，目标价格补贴政策也好，或者农业再保险政策也好，所有这些政策都是农业宏观调控的相机决策工具，本身没有绝对的好坏之分，政策执行中的利弊也是动态演化的，并非一成不变。就当下而言，之所以提出"以险代补、险补结合"的政策建议，主要是因为粮食价格支持政策经过近40年的持续使用，其政策的边际收益递减、边际成本上升，政策的副作用日益增大，甚至到了中央财政无力承担的地步，迫切需要引入新的政策体系，在有效保护种粮农户收入的同时，降低中央财政负担，提高农业补贴效率。

一、按"以险代补、险补结合"思路发起设立中国农业再保险公司可以有效减轻财政负担

以中央财政补贴支出最高的2016年粮食流通领域最低收购价和临时收储利息费用补贴支出为例，如果改为以农业保险的方式直接向农户支付收入补贴，相当于每斤粮食补贴0.167元，如果再加上2016年农业保险保费收入417亿元，相当于每斤粮食可以获得收入补贴0.20元。也即在中央财政没有多出一分钱的情况下，以险代补改变农业补贴方式可以在粮食生产100%覆盖面的前提下，提高种粮收入20%左右，这与当前国家通过目标价格直接补贴对粮食生产的保护力度是相当的。但需要强调的是，以农业保险的方式向农户支付收入补贴，对于经济效率以及农产品市场价格没有任何影响，其费用支出为一次性财政补贴支出，不会产生价格支持政策导致的资源浪费和价差亏损等派生财政负担问题。如果考虑到改革开放以来我们通过单纯的价格支持政策已经形成的前三次粮食政策性挂账成本，以及第四次粮食政策性挂账形成的预期财政负担，我们现在所倚重的粮食价格支持政策的显性和隐性成本要远高于以险代补的农业补贴方式。

二、有助于规避WTO规则，多渠道筹集资金支持农业

对农户而言，由于保险合同为农民收入提供了一定保障，本身可以将合同收益权向金融机构质押以获得融资服务；对从事农业保险的机构而言，对农业的支持不仅体现在为农户提供基本理赔和收入补贴服务，自身由于可以通过跨地区经营和再保险机制来分散风险、获取收益，实现可持续发展，进而可以通过产品创新来向农户提供保障程度更高的保险服务；对再保险公司而言，除了需要对商业保险公司提供再保险支持并监督复核商业保险公司定损、理赔等职能外，更重要

的是，要依托财政信用和资金的支持，通过资本市场融资来进行跨期分散风险，可谓"引资本市场之水灌现代农业之田"；而对国家而言，由于再保险公司的信用支持和资金补贴与价格脱钩，是属于WTO规则下的"绿箱"政策，不仅有利于总体补贴体系由"黄"转"绿"，提高财政资金使用效率，还可以合理合法地加大补贴力度，根据需要拓展支持空间。

三、解决了"监督者"的激励问题，可以有效防止普遍存在的农户土地撂荒或管理不善却领取足额补贴的现象

现有目标价格直接补贴和生产者补贴机制的效率之所以较低，是因为补贴资金不仅与农作物产量脱钩，存在"大锅饭"的平均主义，更重要的是无论通过何种核实公示手段，作为补贴资金拨付方的政府管理人员都不会有真正的激励来监督资金的使用，因为这是公共资金。而在基于再保险的农业补贴体系下，农业保险公司的角色被设计为保险服务的理赔方，对根据合同条款核实农户的种植信息有着天然的激励，其出于自身利益最大化的考虑，将真正起到"监督"作用，可以确保农户只有在稳产高产情况下才能享受补贴支持。同时，为了防范保险公司与农户合谋骗取补贴资金，再保险公司将依据拟建设的"天地一体的农业物联网监控体系"对保险公司理赔行为进行数据分析和核实。因此，这样一个环环相扣、层层嵌套的体系本身也是激励相容的。

四、"险补结合"粮食补贴新体系的引入可以有效纠正商业保险公司的激励扭曲问题，促进农业保险市场的健康发展

自2007年实施农业保险财政补贴政策以来，我国农业保险进入了快速发展阶段，但也面临着巨大挑战：一方面，由于在投保、定损、理赔、支付环节缺乏系统性监督制约，导致商业性保险公司为片面追求规模和利润、套取国家保险补贴资金的现象时有发生，在一些地区甚至出现多层级大面积违规违法现象；另一方面，由于保障程度偏低，无法真正满足农民有效需求，产品保障范围和创新力度不能适应新型经营主体多样化保险要求。再保险的引入将有效纠正这一现

象。农业再保险公司将专门精算农业保险费率,设计农业保险产品,审核、监督农业保险投保、定损、理赔、支付情况。同时,调整单纯由财政向农户直接补贴保费的做法,改为财政仅补贴受灾情况下物化成本损失风险所对应的保费,而收入保障程度较高的产品保费则由农户自行承担一部分费用。这一设计将有利于激励保险公司通过整合资源、创新产品、优化服务来争取客户、占领市场,在满足农民多样化的保险需求的同时,帮助农户降低农业生产风险,从而促进农业风险由等量风险管理向减量风险管理转变。

五、有利于构建现代农业风险保障机制,提高农业生产效率和规模化经营水平

农业风险的客观存在及其多元化发展使得现代农业与新型经营主体经营面临着诸多不确定性,需要构建现代农业风险保障机制。当前,随着我国农业新型经营主体越来越多地应用现代农业科学技术和农业机械化操作,土地流转、人工、设备等带动农业生产成本逐步提高,迫切要求进一步建立"以险代补、险补结合"的农业保险体系,提高农业风险保障水平,使得新型经营主体在达产时获得稳定的收入保障,在灾害发生时得到比较充分的风险补偿,及时恢复再生产。

六、有利于促进粮食储备机构回归本位,保障粮食安全

由于长期以来过于依赖价格支持政策,粮食储备机构成了价格托市的工具,不限量的收储政策导致储备粮库存远超常年储备,背离了"托底收购"的政策初衷;同时,流通、加工各类市场主体因托市价格远超市场价格,导致后续产业链经营亏损,使交储成为唯一目标,形成事实上的国家统购统销,阻碍了多元市场主体的发育和产业链健康发展,不仅未能起到平抑粮价波动的作用,还给财政带来了巨额负担。实际上,一直以来,中央政府都面临着一个基本难题:即到底储备多少粮食才是安全的?有句话比较形象地概括了其中的尴尬:"粮食储备多不得,少不得,不多不少真难得"。之所以"不多不少真难得",其根本原因在于我们的粮食收储调节机制多年来一直单纯依靠价格支持政策,使得该政策在确保大宗农产品稳定高产的同时,还承

担着持续提高种粮农民收入的重任。但受制于市场调控手段的不足，粮食等大宗农产品因价格支持而产量过剩——"卖粮难"——市场大幅波动——政策性挂账的现象总是交替互现。而根据本研究的构想，随着"以险代补、险补结合"的收入补贴和价格支持政策调整到位，粮食储备机构将专注于通过正常的收储轮换机制确保实现"谷物基本自给、口粮绝对安全"的国家粮食安全目标，只有在粮价偏离合理区间时才通过临时收储政策适度干预；不仅如此，由于农民收入稳定了，粮食产能也就稳定了，再加上有市场均衡价格为参考，储备机构将可以根据产能状况、市场预期来综合测算最优的储备量，从而在根本上保障粮食安全。

总的来说，这种基于"险补结合"的粮食补贴体系一旦成为农业补贴的支柱，现有的价格支持政策就可以回归其本位，从而打破价格刚性，价格将在一定区间内随行就市。农民将可以根据价格信号来对市场行情进行预测，主动调整其供给结构，逐步提高其适应市场竞争的能力。换言之，引入"险补结合"粮食补贴新体系将有力地促进农业的供给侧结构性改革。

第八章 "险补结合"粮食补贴新体系实证分析

第一节 公共财政补贴"险补结合"型农业保险的原则

公共财政资金支持"险补结合"型农业保险发展,应遵循以下几项原则:

第一,循序渐进、量力而行原则。中国地域广阔,人口众多,气候差异大,农业生产条件复杂,开展农业保险时间短、规模小、经验不足,不宜短期内全面铺开,而应循序渐进,稳步发展;同时,中国是发展中国家,国家财力有限,难以对所有农产品实行高额财政补贴,必须量力而行,应先试点,后推广。

第二,对市场风险提供收入保障原则。建立"险补结合"粮食补贴新体系,对农业生产者的风险补偿本质上是一种基于有劳而获和因损而获的劳动报酬。这种基于市场损失的风险补偿有价格损失补偿和因灾损失补偿两种不同的形式,但风险补偿的前提都需要粮食生产者的努力耕种,以及在粮食销售价格下降或低位运行的过程中遭受市场损失。风险补偿的性质实质上是必要劳动报酬,这种报酬是粮食生产者在市场机制下无法获得但又有必要获得的劳动收入。只有努力耕种、达到常年产量的粮食生产者才能获得风险补偿,没有劳动贡献的土地承包权人,以及不努力耕种、粮食产量未达到常年产量的农户都无法获得风险补偿。

第三,对自然风险提供基本保障原则。由于"险补结合"型农业保险已经对努力耕种并达到常年产量之上的农户提供了稳定的收入保障,对自然风险提供的保障以覆盖物化成本为主,确保受灾农户来年能够开展农业再生产即可。在保障达产农户收入的情况下,若提供高保障的农业自然风险保险,对收入较低的农民来说,难以承担高额保费;对保险人来说经营风险大,不利于持续发展;对国家来说,加大财政补贴额度,财力有限。由此可能导致产生"农民保不起,保险人赔不起,国家补不起"的问题。

第四,保障粮食安全原则。中国粮食安全问题比较突出。"险补结合"型农业保险可解除农民惧怕种粮高风险的后顾之忧,使其能够扩大种植规模、提高技术含量、增加资金投入,从而提高粮食综合生产能力。

因此,在以下章节,我们将依据上述原则把"险补结合"型农业保险的风险补偿测算界定为小麦、稻谷、玉米、大豆四种主要粮食品种,一方面进一步突出农业保险服务于保障粮食安全的核心目标,另一方面也确保测算尽可能精确。

第二节 农业保险费率的确定

一、农业保险费率的构成

农业保险的保险费率包括纯费率、安全费率、营业费率和利润率四部分内容。这四部分相加的结果,就是保险人向被保险人实际计收的费率,通常称为毛费率。农业保险费率的计算公式为:

$$毛费率=纯费率+安全费率+营业费率+利润率$$

(一) 纯费率

所谓纯费率,是指一年中农民为每单位投保金额所支付的纯保险费,或一年中农作物单位面积上应支付的纯保险费。从理论上说,农民支付的纯费率应该等于一年中农作物歉收对保险人造成的单位面积上的预期或平均年损失费用。这种单位面积上的预期或平均损失费用因所保农作物产量风险责任程度的不同而与社会损失率有所区别。如果指定单位面积保障水平为 P,实际单位面积收获量为 y_i,且 $y_i < P$,则纯费率 M 就等于单位面积损失 $(P-y_i)$ 的数学期望,即

$$M = E(P - y_i) = \sum (P - y_i) \times w$$

或

$$M = E(P - y_i) = \int (P - y_i) f(y_i) \mathrm{d}y$$

纯费率是以长时期的平均损失率为基础确定的，其所确定的保险费与保险人对正常损失进行赔偿部分相对应。保险事故的发生对于个别保险标的来说具有偶然性，但从社会的角度，把众多保险标的作为一个整体来看，保险事故的发生是有规律的，根据大数法则，灾害损失将会大体稳定在某种水平上。这种较为稳定的损失，可以视为社会正常损失，它是保险费率客观存在的根本原因。

(二) 安全费率

安全费率的设计是为了提高保险人财务经营的安全性，理论上以异常损失为基础，它所确定的保险费与保险人对异常损失部分的赔偿相对应。保险事故的发生虽有一定的规律性，但损失的这种稳定性和规律性只有从广大空间上和较长的时间上才能看到。如果某一时期保险人承保的实际损失小于正常平均损失，则对保险人影响不大；如果实际损失大于正常平均损失，则用纯费率确定的保险费就不足以补偿实际损失。因此有必要在纯费率的基础上增加安全费率，以提高保险人财务经营的安全程度。理论上，安全费率的大小与损失率的方差均值大小及对估计可靠程度的要求相联系。但在实际中，一般是按纯费率的一定比例来确定的，即安全费率＝纯费率×安全系数。

(三) 营业费率

营业费率是以保险人经营保险业务的各种营业费用为基础的，其所确定的保险费用于保险人的各种营业费用支出。保险人的营业费用包括保险人进行展业、防损、勘查、定损、理赔等业务活动的必要支出和管理活动的必要支出两个部分。在实践中，营业费率通常也是按纯保费的一定比例确定，即营业费率＝纯费率×营业费用系数。营业费用系数一般是根据过去年份平均营业费用占纯保费的比重来确定的，农业保险的营业费用系数一般要高于普通财产保险。

(四) 利润率

虽然政策性农业保险不追求利润最大化，但为使农业保险业务能够收支平衡、略有节余，在险种开发和费率厘定过程中，一般都事先设定相当于社会平均利润率的利润留成，也即利润率通常由保险人根据综合因素按照纯保费的一定比例来确定。

因此，农业保险费率的计算公式可以写为：

毛费率＝纯费率×（1＋安全系数）×（1＋营业费用系数）×（1＋利润率）

从上式可以看出，计算农业保险费率的核心是纯费率的计算。

二、农业保险纯费率计算

（一）纯费率分区与风险区域的关系

纯费率分区是在划分不同风险区域（即将风险基本一致的保险单位归为同一区域）、再按风险区域分别计算保险费率后形成的具有不同费率层次的保险单位组合。在同一费率区，不同的投保人或保险单位适用同样的保险费率。实际上，单从保费负担和风险责任一致性角度考虑，制定费率最公平的办法是按每个保险单位分别厘定，但由于这样做不仅工作量过于繁重，而且也无法获得制定费率所需要的单个农户连续多年的准确产量资料[1]，因此，一般采取区域性的资料代替。

具体到纯费率及风险区域的划分，则要依靠数理统计学的基本原理。随机事件[2]的样本个数 n 足够大，也即样本为超过 30 个的大样本时，样本平均数服从以总体平均数 M 为均值，以 D/n 为方差[3]的正态分布。也就是说，在大样本条件下，样本均值落在总体均值周围 3 个标准差之内的概率为 99.9%。这个称为中心极限定理的著名定理对农作物保险的意义在于：危险单位要足够大，且至少超过 30 个时，才能保证农业异常灾损的出现维持小概率分布。因而，保险人开展农作物保险要求其承保的危险单位必须达到一定数量，只有这样才能保证年度平均损失率趋于基本固定，波幅不大，从而保证保险人经营的稳健性，并使风险从空间上得到分散。

---

[1] 中国的联产承包责任制导致耕地过于分散，经常出现的情况是一户农户拥有若干片彼此并不相连的耕地，这种安排虽不利于农业保险数据收集，但其本身也起到了农业风险的分散作用。

[2] 对于农业保险来说就是危险单位。

[3] D 为总体方差。

（二）农业保险纯费率计算

（1）数据整理。以全国 31 个省（区、市）1949—2017 年播种面积、成灾面积和受灾程度等原始数据为基础，进行数据汇总、整理和分析。

（2）计算各年度农作物平均受损成数。

$$j = \frac{0.4g + 0.65h + i}{c}$$

其中，j 为"平均受损成数"；g 为"受灾程度介于三成至五成的成灾面积"；h 为"受灾程度介于五成至八成的成灾面积"；i 为"受灾程度介于八成至绝产的成灾面积"；c 为"该区域某年的全部成灾面积"。

（3）计算各种灾害的综合损失率。

$$k = \frac{j \times c}{b} \times 100\%$$

其中，k 为农作物遭受各种灾害的"综合损失率"；j 为"平均受损成数"；c 为"该区域某年的全部成灾面积"；b 为"该区域某年的全部播种面积"。

（4）计算各种灾害综合损失率 1995—2017 年的平均值。

$$综合损失率平均值 = \frac{各年综合损失率之和}{资料年数}$$

（5）计算各种保险责任的纯费率。

$$纯费率 = 综合损失率平均值 \times （1 + 稳定系数）$$

纯费率等于损失率平均值与危险附加项之和。其中，危险附加项的数值体现为稳定系数。在本测算中，稳定系数设定为 10%。

第三节　公共财政补贴测算

按照"险补结合"粮食补贴新体系的设计方案，本测算将计算新方案下的财政补贴总额以及与现行价格支持政策体系相比所节省的财政补贴金额。"险补结合"粮食补贴新体系的设计虽然是基于微观个体农户，但在宏观层面上可以大致计算出新方案所需的财政补贴总额，同时由于现行价格支持政策体系的财政补贴金额是可加总的客观数据，因此两种粮食补贴体系的计算与对比具有实际的政策含义。

一、测算依据

(一) 品种

方案测算涉及小麦、稻谷、玉米、大豆4种主要粮食品种。由于2015年是我国小麦、稻谷、玉米、大豆4项主粮品种的生产高峰年份，因此测算的生产基准设定为2015年。与此相应，2016年是我国小麦、稻谷、玉米、大豆4项主粮品种的收购高峰年份，因此粮食补贴测算的基准年份设定为2016年。

(二) 地域范围

现行价格支持政策体系相关的各项粮食补贴政策覆盖范围为：

(1) 最低收购价政策：小麦涵盖河北、江苏、安徽、山东、河南、湖北等6省；稻谷涵盖辽宁、吉林、黑龙江、江苏、安徽、江西、河南、湖北、湖南、广西、四川等11省区。

(2) 玉米临时收储：涵盖辽宁、内蒙古、吉林、黑龙江等4省区。

(3) 玉米生产者补贴：涵盖辽宁、内蒙古、吉林、黑龙江等4省区。

(4) 大豆目标价格补贴：涵盖辽宁、内蒙古、吉林、黑龙江等4省区。

(三) 价格

1. 市场价格

发现粮食市场价格是整个补贴测算工作的核心与难点，由于我国常年实行小麦和稻谷最低收购价，导致国内小麦和稻谷实际市场价格长期偏离真实市场价格，但偏离程度需要精心选择基准市场价格后才能测算。为此，对于小麦品种，我们以2018年美麦和加麦加权进口到岸价加适度流通成本为基准，测算国内小麦真实市场价格为1元/斤；对于稻谷品种，以2018年泰国大米加权进口到岸价反推回稻谷价格，同时适当参考国内玉米、小麦、稻谷的比价关系，测算国内稻谷真实市场价格为1.10元/斤；对于玉米品种，由于市场价格已经放开，以2018年国内玉米收购均价为基础，计算玉米市场价格为0.90

元/斤；对于大豆品种，由于高度依赖国际市场，以2018年国内大豆收购均价和进口大豆到岸价为基础，计算大豆市场价格为1.75元/斤。

表8-1 2018年玉米市场价格采集表

单位：元/吨

地区	等级	价格类型	产地	1月4日	3月1日	5月31日	8月31日	12月7日	平均
长春深加工	中等	收购价	本地	1 670	1 680	1 590	1 590	1 760	1 658
通辽深加工	中等	收购价	本地	1 730	1 770	1 670	1 700	1 890	1 752
黑龙江肇东	中等	收购价	本地	1 500	1 660	1 580	1 580	1 730	1 610
德州饲企	中等	收购价	本地	1 800	1 890	*	*	*	1 845
大连港	中等	平舱价	东北	1 820	1 900	1 750	1 770	1 920	1 832
广东港	中等	成交价	东北	1 940	1 990	1 860	1 860	2 000	1 930

数据来源：中华粮网。

表8-2 2018年稻谷市场价格采集表

单位：元/吨

地区	品种	等级	价格类型	1月4日	3月1日	5月31日	8月31日	12月7日	平均
龙江建三江	粳稻	中等	收购价	3 000	3 000	2 860	2 880	2 600	2 868
吉林松原	粳稻	中等	收购价	3 000	3 000	2 970	2 970	2 880	2 964
江苏新沂	粳稻	中等	收购价	—	3 000	2 800	2 820	2 790	2 282
辽宁盘锦	粳稻	中等	收购价	—	3 140	2 970	2 980	2 960	2 410
湖南长沙	晚籼稻	中等	收购价	2 720	2 720	2 500	2 360	2 20	2 564
江西南昌	中籼稻	中等	收购价	2 720	2 760	2 00	2 500	2 520	2 620
安徽芜湖	晚籼稻	中等	收购价	2 720	2 720	2 450	2 500	2 520	2 582
湖北枝江	晚籼稻	中等	收购价	2 720	2 700	2 400	2 400	2 520	2 548

数据来源：中华粮网。

表8-3 2018年小麦市场价格采集表

单位：元/吨

地区	品种	等级	价格类型	1月4日	3月1日	5月31日	8月31日	12月7日	平均
郑州	白麦	中等	收购价	2 580	2 550	2 390	2 440	2 460	2 484
济南	白麦	中等	收购价	2 590	2 570	2 430	2 460	2 480	2 506
石家庄	白麦	中等	收购价	2 610	2 580	2 440	2 480	2 540	2 530

数据来源：中华粮网。

表 8-4 2018 年大豆市场价格采集表

单位：元/吨

地区	等级	价格类型	产地	1月4日	3月1日	5月31日	8月31日	12月7日	平均
哈尔滨	国标三等	磅秤收购价	本地	3 800	3 600	3 600	3 540	3 550	18 090
天津港	进口普通	港口分销价	南美	3 360	3 340	3 420	3 450	3 440	17 010
青岛港	进口普通	港口分销价	南美	3 360	3 340	3 420	3 450	3 440	17 010
广东港	进口普通	港口分销价	南美	3 360	3 340	3 400	3 440	3 440	16 980

数据来源：中华粮网。

2. 保障价格

为了保证"险补结合"粮食补贴新体系对农户种粮收入的补贴力度不降低，同时确保粮食补贴计算的时效性和准确性，粮食保障价格以 2018 年国家小麦、稻谷最低收购价以及玉米、大豆享受生产者补贴后的价格为基础进行设定。

（1）小麦的保障价格确定为 1.35 元/斤，如果农户投保 85% 保障水平后，小麦补贴的计算价格为 1.15 元/斤，与 2018 年小麦最低收购价格相同。

（2）稻谷的保障价格确定为 1.47 元/斤，如果农户投保 85% 保障水平后，稻谷补贴的计算价格为 1.25 元/斤，与 2018 年籼稻和粳稻最低收购均价相同。

（3）玉米的保障价格确定为 1.18 元/斤，如果农户投保 85% 保障水平后，玉米补贴的计算价格为 1.00 元/斤，与 2015 年玉米临时收储价格相同（2016 年以后，玉米价格支持政策改为市场价格＋生产者补贴，但补贴力度与 2015 年玉米临时收储价格相当）。

（4）大豆的保障价格确定为 2.47 元/斤，如果农户投保 85% 保障水平后，大豆补贴的计算价格为 2.10 元/斤，与 2018 年大豆市场价格＋生产者补贴的支持力度相当。

（四）基本公式

补贴总额＝保障收入－达产标准
达产标准＝播种面积×常年产量×市场收购价格
保障收入＝播种面积×常年产量×保障价格×保障水平
常年产量＝实际平均产量×90%

其中：

（1）保障收入是收入保险的赔偿触发条件，也称赔偿触发收入，如果被保险人的实际收入低于保障收入，由保险人补偿其差额。

（2）常年产量是根据各地区的自然条件和当地的一般情况以及种植习惯而专门核定的在正常年景下单位面积所收获的农作物产量。常年产量以一个地区（省、市或县）近5年的粮食平均亩产量为基础进行测算，常年产量确定后，在一定时期内不予变更，作为农业收入保险的产量基础。

（3）保障价格本质上是一种合约价格，是中央政府在一定时期内根据保障粮食安全需要、弥补种粮成本、保持粮农合理收入、考虑影响粮价形成的各种因素而事先公布的理想价格水平。保障价格一般高于市场价格，以中央政府于每年年初提前公布的粮食目标价为基准来确定。

（4）保障水平是农业保险所能为农业生产者提供的风险保障程度，是农业保险功效衡量的主要标准，在具体操作中，投保人可选择的保障水平分为85%、80%、75%、70%、65%五个等级。测算时采取最高档，即85%，这代表了最大可能的补贴金额，也可以选择较低水平的保障，但测算出来的补贴金额要更低。

（5）播种面积数据来自于国家统计局公布数据。

（6）实际平均产量数据来自于国家统计局公布数据。

二、测算结果

测算结果见表8-5至表8-9。

表8-5 以2015年为基期的粮食实际平均产量

单位：斤/亩

地区	小麦	稻谷	玉米	大豆
全国总计	719.02	918.43	785.71	241.25
内蒙古	374.08	898.20	880.79	223.31
辽宁	643.84	1 144.36	774.31	298.69
黑龙江	408.69	931.72	811.79	237.93
吉林	537.36	1 102.96	984.48	239.88

(续)

地区	小麦	稻谷	玉米	大豆
河北	825.12	857.44	685.68	259.93
江苏	718.45	1 136.03	744.41	319.61
安徽	765.71	870.63	750.60	206.00
山东	823.40	1 090.47	861.60	338.61
河南	860.36	1 080.32	739.12	181.76
湖北	513.28	1 103.19	645.28	281.80
湖南	424.64	857.15	722.73	302.65
江西	286.33	808.68	563.63	313.15
四川	507.96	1 039.85	728.20	310.23
广西	230.52	764.71	601.09	197.68

表 8-6　以 2015 年为基期的粮食常年产量

单位：斤/亩

地区	小麦	稻谷	玉米	大豆
全国总计	647.12	826.59	707.14	217.13
内蒙古	336.67	808.38	792.71	200.98
辽宁	579.46	1 029.92	696.88	268.82
黑龙江	367.82	838.55	730.61	214.14
吉林	483.62	992.66	886.03	215.89
河北	742.61	771.70	617.11	233.94
江苏	646.61	1 022.42	669.97	287.65
安徽	689.14	783.56	675.54	185.40
山东	741.06	981.42	775.44	304.75
河南	774.32	972.29	665.21	163.58
湖北	461.95	992.87	580.75	253.62
湖南	382.18	771.43	650.46	272.39
江西	257.70	727.81	507.26	281.83
四川	457.16	935.87	655.38	279.20
广西	207.47	688.24	540.98	177.91

表 8-7 粮食遭受自然灾害风险补偿标准测算

单位：元/亩

地区	小麦	稻谷	玉米	大豆
全国总计	360	459	393	121
内蒙古	187	449	440	112
辽宁	322	572	387	149
黑龙江	204	466	406	119
吉林	269	551	492	120
河北	413	429	343	130
江苏	359	568	372	160
安徽	383	435	375	103
山东	412	545	431	169
河南	430	540	370	91
湖北	257	552	323	141
湖南	212	429	361	151
江西	143	404	282	157
四川	254	520	364	155
广西	115	382	301	99

表 8-8 粮食遭受自然灾害风险补偿金额测算

单位：万元

地区	小麦	稻谷	玉米	大豆	总计
全国总计	78 112	116 554	143 763	2 606	341 036
内蒙古	950	298	14 405	178	15 830
辽宁	16	2 619	8 982	48	11 666
黑龙江	131	12 318	22 682	857	35 988
吉林	1	3 529	17 957	58	21 544
河北	8 610	305	10 690	45	19 651
江苏	7 044	10 934	1 614	97	19 689
安徽	8 466	8 172	3 176	254	20 068
山东	14 080	533	13 126	70	27 808
河南	21 006	2 976	11 863	100	35 946
湖北	2 526	10 140	2 131	42	14 838

(续)

地区	小麦	稻谷	玉米	大豆	总计
湖南	56	14 811	1 209	41	16 117
江西	16	11 352	82	49	11 499
四川	2 558	8 695	4 900	105	16 258
广西	5	6 372	1 796	28	8 202

表8-9 "险补结合"粮食补贴金额测算

单位：万元

地区	小麦	稻谷	玉米	大豆	总计
全国总计	3 456 437	5 600 854	4 164 648	819 822	14 041 761
政策平移区域	2 473 148	3 850 181	1 687 425	364 146	8 374 901
内蒙古	42 018	14 305	417 296	55 842	529 460
辽宁	712	125 857	260 210	15 094	401 873
黑龙江	5 782	591 930	657 082	269 498	1 524 292
吉林	28	169 560	520 184	18 267	708 040
河北	380 995	14 673	309 684	14 214	719 567
江苏	311 708	525 413	46 754	30 387	914 261
安徽	374 622	392 707	92 008	79 788	939 126
山东	623 018	25 591	380 239	21 920	1 050 768
河南	929 520	143 031	343 664	31 388	1 447 603
湖北	111 756	487 262	61 718	13 336	674 072
湖南	1 657	474 475	23 339	8 644	508 115
江西	464	363 680	1 582	10 195	375 920
四川	113 184	417 806	141 961	33 153	706 105
广西	234	306 189	52 038	8 954	367 415

情况一：仅在小麦、稻谷最低收购价预案区，以及玉米、大豆生产者补贴实施区域开展新型农业保险，即覆盖现行粮食价格支持政策实施区域。

根据以上公式计算，如果"险补结合"粮食补贴新体系平移覆盖现行粮食价格支持政策实施区域，"险补结合"粮食补贴新体系需要的补贴金额为837亿元/年，其中小麦、稻谷、玉米和大豆的补贴金额分别为247亿元/年、385亿元/年、169亿元/年和36亿元/年。上述补贴金额仅为理论测算值，实际运行中还需要考虑以下增减因素。

1. 调减补贴金额因素

考虑到2018年农业保险保费收入为573亿元，其中约80%是来自中央和地方财政的补贴，金额约为458亿元，可以自动转入"险补结合"的新型农业保险体系中，冲抵财政补贴支出，因此"险补结合"粮食补贴新体系实际需要的补贴金额要远小于测算额。

2. 调增补贴因素

（1）农业再保险公司运营费用20亿元/年。

（2）商业保险公司经营农业保险费用补贴86亿元/年。

（3）保持储备粮合意库存的保管费用97亿元/年。

经调整后，"险补结合"粮食补贴新体系的补贴支出总额＝（达产后的收入风险补偿总额＋因灾损失自然风险补偿总额）－农业保险保费收入＋农业再保险公司运营费用＋商业保险公司经营费用补贴＋储备合意库存保管费用＝582亿元。

情况二：在全国范围内普惠性开展新型农业保险。

根据上述公式计算，在全国范围内普惠性开展新型农业保险，"险补结合"粮食补贴新体系需要的补贴金额为1 404亿元/年，其中小麦、稻谷、玉米和大豆的补贴金额分别为346亿元/年、560亿元/年、416亿元/年和82亿元/年。上述补贴金额仅为理论测算值，实际运营中还需要考虑以下增减因素：

1. 调减补贴金额因素

考虑到2018年农业保险保费收入为573亿元，其中约80%是来自中央和地方财政的补贴，金额约为458亿元，可以自动转入"险补结合"的新型农业保险体系中，冲抵财政补贴支出，因此"险补结合"粮食补贴新体系实际需要的补贴金额要远小于测算额。

2. 调增补贴因素

（1）农业再保险公司运营费用20亿元/年。

（2）商业保险公司经营农业保险费用补贴86亿元/年。

（3）保持储备粮合意库存的保管费用97亿元/年。

经调整后，"险补结合"粮食补贴新体系的补贴支出总额＝（达产后的收入风险补偿总额＋因灾损失自然风险补偿总额）－农业保险保费收入＋农业再保险公司运营费用＋商业保险公司经营费用补贴＋储备合意库存保管费用＝1 149亿元。

三、需要补充说明的两种情况

上述测算为农户粮食生产全部达到或超过常年产量的补贴支出测算情况，也即全部达产的补贴支出测算情况。实际上，农户粮食生产可以分为三种情况：①全部达产；②部分达产，其余受灾；③部分达产，部分受灾，部分既未受灾又未达产。第一种情况已经计算过。如果考虑后两种情况，"险补结合"粮食补贴新体系的补贴支出计算过程如下：

1. 部分达产，其余绝收

计算公式为：

自然风险补偿金额＝自然风险补偿标准×绝收面积－绝收产量×市场收购价

绝收面积＝总种植面积×受灾百分比

绝收产量＝绝收面积×灾害后亩产

需要进一步做如下假定：①绝收亩产为平均产量的20%；②自然风险补偿标准为平均产量的50%；③绝收百分比假定为全国的1%。

2. 部分达产，部分绝收，其余既未达产又未绝收

假定未达常年产量但超过自然风险补偿标准的耕地面积占比为1%。

从全国范围来看，上述两种方案测算出来"险补结合"粮食补贴支出规模仍然没有超过1 420亿元，与全部达产时的补贴支出规模1 404亿元差异不大，因此，不再分别考虑上述两种方案的政策含义。

第四节 结　　论

根据现有粮食统计数据和我们测算，如果改为以新型农业保险的方式向农户支付风险补偿，有以下两种情况：

一是仅在小麦、稻谷最低收购价预案区,以及玉米、大豆生产者补贴实施区域开展新型农业保险,即覆盖现行粮食价格支持政策实施区域,通过整合现行农业保险体系,中央财政每年仅需补贴新型农业保险582亿元,即可达到现行粮食价格支持政策的补贴效果,每年可为中央财政节省64.3%的支出。

二是在全国范围内普惠性开展新型农业保险,通过整合现行农业保险体系,中央财政每年需补贴新型农业保险1 149亿元,便可使全国所有种粮农户都享受到现行粮食价格支持政策实施区域同等水平的补贴福利,每年还可为中央财政节省29.6%的支出。

需要强调的是,以新型农业保险的方式向农户支付风险补偿,对于经济效率以及农产品市场价格没有任何影响,其费用支出为一次性财政补贴支出,不会产生价格支持政策导致的资源浪费和价差亏损等派生财政负担问题。如果考虑到改革开放以来我们通过单纯的价格支持政策已经形成的前三次粮食政策性挂账成本,以及第四次粮食政策性挂账形成的预计财政负担,我们现在所倚重的粮食价格支持政策的显性和隐性成本要远高于以险代补的农业补贴方式。

附 表

附表 1 1995—2017 年度粮食单位面积产量变异情况表

单位:千克/公顷

地区	1995	1996	1997	1998	1999	2000	2001	2002	2003	2004	2005	2006	2007	2008
北京	6 143.4	5 670.3	5 711.8	5 785.0	5 016.6	4 902.6	5 194.2	5 166.0	4 455.2	4 777.0	5 120.6	5 138.7	5 332.6	5 713.8
天津	5 122.7	4 946.0	5 082.1	5 146.0	4 382.2	3 929.7	4 820.4	4 816.0	5 000.9	5 058.7	5 149.6	5 159.7	5 171.4	5 208.9
河北	4 346.9	4 213.6	4 208.9	4 293.0	4 096.0	4 006.7	4 025.4	4 011.0	4 255.5	4 357.4	4 371.3	4 535.2	4 796.6	4 883.3
山西	3 365.7	3 750.0	3 308.1	3 747.0	2 943.8	3 021.3	2 805.9	3 496.0	3 817.9	4 222.0	3 780.2	4 008.9	3 751.1	3 709.4
内蒙古	3 037.5	4 052.0	3 504.1	3 877.0	3 658.1	3 579.4	3 853.9	4 040.0	4 488.6	4 569.2	4 908.2	4 979.8	4 551.7	5 059.8
辽宁	5 110.4	5 841.0	4 655.4	6 515.0	5 834.7	4 350.8	4 891.2	5 870.0	6 042.4	6 653.4	6 314.1	5 929.0	6 070.9	6 425.2
吉林	6 121.7	6 915.6	5 449.1	7 630.0	7 104.1	4 758.2	5 125.1	5 872.0	6 073.9	6 358.7	6 618.5	7 066.1	6 459.4	7 351.5
黑龙江	4 349.5	4 726.0	4 596.1	4 708.0	4 598.1	4 612.9	4 511.8	4 916.0	4 634.0	5 246.5	5 384.1	5 376.7	4 567.5	5 454.3
上海	6 217.6	6 471.0	6 384.1	6 119.0	6 321.3	6 833.7	7 319.7	7 044.0	6 895.5	7 089.6	6 503.1	6 928.6	6 717.4	6 874.1
江苏	5 934.1	6 138.0	6 161.3	5 921.0	6 327.2	6 114.3	6 302.5	6 207.0	5 567.0	6 184.5	6 041.3	6 365.7	6 233.2	6 272.9
浙江	5 299.0	5 517.0	5 452.6	5 407.0	5 330.1	5 734.6	6 082.0	6 175.0	6 166.0	6 313.4	5 919.8	6 427.4	6 406.6	6 723.6
安徽	4 729.7	4 707.9	5 027.3	4 623.0	4 975.0	4 400.1	4 828.6	4 972.0	4 133.9	4 956.9	4 723.1	5 102.8	5 157.7	5 347.1

(续)

地区	1995	1996	1997	1998	1999	2000	2001	2002	2003	2004	2005	2006	2007	2008
福建	4 928.9	5 066.8	5 067.4	5 048.0	5 009.4	5 007.2	5 089.0	5 007.0	5 315.2	5 428.6	5 421.1	5 481.7	5 654.7	5 793.6
江西	4 816.7	5 233.2	5 209.8	4 796.0	5 201.7	5 171.9	5 233.3	5 152.0	5 023.9	5 177.4	5 298.6	5 449.5	5 630.2	5 696.2
山东	5 374.1	5 350.3	5 019.7	5 352.0	5 415.8	5 386.9	5 268.4	4 864.0	5 403.7	5 704.1	5 908.2	6 010.4	6 019.0	6 162.8
河南	4 115.6	4 462.0	4 725.3	4 610.0	4 942.9	4 739.0	4 907.5	4 910.0	4 279.2	4 980.6	5 284.9	5 703.4	5 799.0	5 864.6
湖北	5 588.6	5 511.5	5 812.6	5 674.0	5 689.1	5 894.1	5 885.1	5 886.0	5 999.6	6 235.3	6 040.1	5 893.5	5 787.2	6 031.4
湖南	5 647.1	5 697.6	5 846.9	5 605.0	5 667.1	5 880.3	6 014.6	5 721.0	5 802.1	5 923.2	5 869.8	5 976.8	6 138.5	6 328.8
广东	5 329.5	5 578.7	5 699.9	5 837.0	6 117.1	5 600.6	5 359.6	5 353.0	5 385.2	5 168.6	5 171.1	5 177.5	5 329.7	5 099.8
广西	4 692.9	4 643.9	4 714.3	4 744.0	4 833.1	4 790.6	4 656.0	4 671.0	4 686.6	5 923.2	4 679.7	4 831.3	5 013.2	5 021.7
海南	3 980.1	3 890.0	4 187.4	4 118.0	4 282.2	4 010.3	4 168.6	3 987.0	4 104.5	4 390.9	3 695.5	4 489.3	4 509.7	4 608.4
重庆			4 687.1	4 429.0	4 450.8	4 702.5	4 448.4	4 738.0	5 065.1	4 356.3	5 502.5	4 461.2	5 980.8	6 279.6
四川	4 855.1	4 983.0	5 368.8	5 307.0	5 342.8	5 442.9	4 758.5	5 117.0	5 212.1	5 286.9	5 402.1	4 937.3	5 189.4	5 421.5
贵州	3 837.2	4 088.0	4 117.0	4 168.0	4 244.4	4 398.6	4 236.2	3 928.0	4 427.3	5 420.4	4 673.3	4 491.7	5 010.2	5 133.4
云南	3 639.3	3 759.3	3 832.5	3 809.0	3 932.8	3 691.0	3 923.5	3 870.0	4 043.5	4 672.9	4 077.8	4 124.0	4 186.2	4 201.0
西藏	3 868.1	4 122.3	4 133.9	4 341.0	4 704.0	4 886.7	5 044.1	5 158.0	5 297.9	4 133.3	5 327.7	5 429.8	5 519.4	5 635.9
陕西	2 655.8	3 282.9	3 174.6	3 617.0	3 026.5	3 190.0	3 094.7	3 301.0	3 540.4	5 300.1	3 753.6	3 708.7	3 667.9	3 775.9
甘肃	2 418.7	3 031.2	2 777.3	3 121.0	2 975.9	2 693.2	2 905.5	3 155.0	3 387.3	3 727.3	3 342.5	3 214.8	3 241.4	3 544.3
青海	3 044.9	3 257.9	3 359.6	3 448.0	3 139.2	2 708.0	3 360.5	3 185.0	3 485.3	3 409.4	3 792.2	3 518.9	3 604.9	3 716.7
宁夏	3 052.5	3 828.4	3 836.2	4 288.0	4 136.1	3 539.3	4 043.5	3 929.0	3 935.3	3 559.2	4 530.4	4 934.3	4 432.4	5 305.6
新疆	4 586.4	4 922.8	5 024.1	5 386.0	5 329.8	5 514.6	5 771.2	5 752.0	5 871.5	4 237.8	6 126.5	6 264.1	6 517.4	6 183.9

(续)

地区	2009	2010	2011	2012	2013	2014	2015	2016	2017	平均每公顷产量	方差	标准差	产量变异系数(%)
北京	5 676.0	5 296.9	5 943.2	5 991.2	6 191.0	5 490.0	6 174.0	6 292.0	6 350.0	5 544.9	276 021.3	525.38	9.48
天津	5 266.2	5 310.8	5 375.3	5 159.9	5 344.3	5 177.0	5 245.0	5 538.0	6 090.0	5 108.7	159 686.9	399.61	7.82
河北	4 870.2	4 877.2	5 195.7	5 291.7	5 475.6	5 455.0	5 415.0	5 627.0	5 780.0	4 712.5	336 253.9	579.87	12.30
山西	3 422.9	3 813.0	4 103.4	4 374.1	4 508.7	4 545.0	4 290.0	4 539.0	4 641.0	3 824.5	281 362.6	530.44	13.87
内蒙古	4 617.6	4 912.0	5 268.5	5 361.0	5 726.1	5 596.0	5 697.0	5 605.0	5 661.0	4 634.9	655 714.2	809.76	17.47
辽宁	5 326.1	5 688.4	6 569.2	6 631.8	7 044.2	5 523.0	6 217.0	6 780.0	6 870.0	5 963.2	526 141.2	725.36	12.16
吉林	6 265.8	6 867.0	7 581.8	7 741.6	7 875.3	7 445.0	7 494.0	7 804.0	7 848.0	6 775.1	822 485.8	906.91	13.39
黑龙江	5 305.2	5 743.7	6 176.2	6 049.1	6 248.3	6 414.0	6 376.0	6 362.0	6 605.0	5 346.1	565 356.0	751.90	14.06
上海	6 506.1	6 738.7	6 680.1	6 646.4	6 887.7	6 973.0	7 042.0	7 190.0	7 562.0	6 780.2	127 370.1	356.89	5.26
江苏	6 369.2	6 364.6	6 467.6	6 561.9	6 642.3	6 753.0	6 819.0	6 624.0	6 733.0	6 304.7	89 965.3	299.94	4.76
浙江	6 741.9	6 641.0	6 821.3	6 750.4	6 453.3	6 588.0	6 489.0	6 689.0	6 542.0	6 203.0	261 176.6	511.05	8.24
安徽	5 376.6	5 366.7	5 422.2	5 680.4	5 650.7	5 881.0	6 021.0	5 804.0	5 923.0	5 165.7	259 226.6	509.14	9.86
福建	5 847.6	5 822.7	5 956.9	5 955.6	6 002.3	6 037.0	5 998.0	5 978.0	6 154.0	5 524.8	183 123.8	427.93	7.75
江西	5 786.3	5 581.2	5 846.8	5 898.4	5 962.7	6 023.0	6 025.0	6 028.0	6 026.0	5 489.9	164 545.2	405.64	7.39
山东	6 174.7	6 154.3	6 224.9	6 308.4	6 244.3	6 218.0	6 327.0	6 287.0	6 392.0	5 807.4	227 887.9	477.38	8.22
河南	5 837.6	5 837.0	5 861.8	5 934.2	5 953.7	5 957.0	6 214.0	6 068.0	6 130.0	5 352.9	442 658.4	665.33	12.43

（续）

地区	2009	2010	2011	2012	2013	2014	2015	2016	2017	平均每公顷产量	方差	标准差	产量变异系数（%）
湖北	6 090.9	6 035.9	6 199.9	6 253.7	6 255.6	6 313.0	6 437.0	6 177.0	6 270.0	5 998.3	62 283.8	249.57	4.16
湖南	6 280.2	6 135.0	6 239.1	6 327.8	6 163.2	6 282.0	6 311.0	6 262.0	6 354.0	6 020.6	65 316.6	255.57	4.24
广东	5 320.1	5 348.1	5 554.9	5 676.9	5 395.4	5 635.0	5 636.0	5 636.0	5 712.0	5 483.6	60 910.0	246.80	4.50
广西	5 136.5	5 032.1	5 001.2	5 252.6	5 366.7	5 456.0	5 403.0	5 476.0	5 327.0	4 948.7	96 761.8	311.07	6.29
海南	4 569.8	4 271.8	4 541.7	4 747.8	4 767.9	4 979.0	5 120.0	5 157.0	4 996.0	4 414.7	168 117.2	410.02	9.29
重庆	6 107.0	6 229.4	6 070.9	6 121.8	6 227.6	6 241.0	6 339.0	6 394.0	6 539.0	5 538.2	631 369.2	794.59	14.35
四川	5 495.9	5 556.5	5 752.3	5 746.7	5 916.6	5 898.0	6 033.0	6 122.0	6 282.0	5 459.2	167 456.4	409.21	7.50
贵州	5 133.0	4 978.2	3 365.7	4 483.5	3 973.2	4 364.0	4 571.0	4 710.0	4 903.0	4 430.8	199 033.9	446.13	10.07
云南	4 239.7	4 171.7	4 389.8	4 534.5	4 536.9	4 688.0	4 733.0	4 816.0	4 942.0	4 185.9	139 711.7	373.78	8.93
西藏	5 410.5	5 429.8	5 581.3	5 627.7	5 522.7	5 612.0	5 669.0	5 663.0	5 667.0	5 171.8	313 377.4	559.80	10.82
陕西	3 897.7	3 991.7	4 142.5	4 327.0	4 285.5	4 227.0	4 386.0	4 371.0	4 325.0	3 716.1	248 258.0	498.26	13.41
甘肃	3 605.1	3 772.3	3 837.1	4 264.1	4 333.1	4 474.0	4 520.0	4 490.0	4 551.0	3 524.5	417 524.0	646.16	18.33
青海	3 651.5	3 755.9	3 735.9	3 786.9	3 821.6	3 945.0	3 893.0	3 832.0	3 558.0	3 528.7	94 937.9	308.12	8.73
宁夏	5 314.5	5 410.5	5 257.7	5 690.3	5 879.0	5 876.0	5 806.0	5 721.0	5 693.0	4 725.1	753 878.0	868.26	18.38
新疆	5 908.7	5 969.5	6 114.8	6 069.5	6 288.9	6 374.0	6 454.0	6 420.0	6 522.0	5 879.8	285 559.8	534.38	9.09

附表 2　1949—2017 年中国农业灾害及干旱灾害有关数据资料汇总表

年份	总受灾面积（万亩）	总成灾面积（万亩）	旱灾受灾面积（万亩）	旱灾成灾面积（万亩）	旱灾受灾率（%）	旱灾成灾面积占旱灾受灾面积的比例（%）	旱灾受灾面积占总受灾面积的比例（%）	旱灾成灾面积占总成灾面积的比例（%）	旱灾减产粮食占粮食总产量比例（%）	单位播种面积减产量（千克/亩）	农作物总播种面积（万亩）	粮食总产量（万吨）	粮食单产（千克/亩）	旱灾粮食减产量（万吨）
1949											186 429	11 318	68.60	128.5
1950	15 015	7 680	3 600	615	1.86	17.08	23.98	8.01	1.14	0.69	193 239	13 213	77.00	190
1951	18 840	5 670	11 745	3 450	5.89	29.37	62.34	60.85	1.44	0.98	199 290	14 369	81.33	368.8
1952	12 285	6 645	6 360	3 885	3.00	61.08	51.77	58.47	2.57	1.85	211 884	16 392	88.13	202.1
1953	35 130	10 620	12 930	1 020	5.98	7.89	36.81	9.60	1.23	0.95	216 053	16 683	87.80	544.7
1954	32 175	18 885	4 485	390	2.02	8.70	13.94	2.07	3.27	2.52	221 888	16 952	87.60	234.4
1955	29 985	11 805	20 145	6 210	8.89	30.83	67.18	52.60	1.38	1.06	226 622	18 394	94.47	307.5
1956	33 285	22 845	4 695	3 090	1.97	65.81	14.11	13.53	1.67	1.36	238 760	19 275	94.27	286
1957	43 725	22 470	25 815	11 100	10.94	43.00	59.04	49.40	1.48	1.2	235 866	19 505	97.33	622.2
1958	46 440	11 730	33 540	7 545	14.71	22.50	72.22	64.32	3.19	2.64	227 993	19 765	103.27	512.8
1959	66 945	20 595	50 715	16 755	23.74	33.04	75.76	81.35	2.59	2.25	213 608	16 968	97.47	1 080.5
1960	98 190	37 470	57 195	24 270	25.31	42.43	58.25	64.77	6.37	5.06	225 963	14 385	78.33	1 127.9
1961	92 625	43 245	56 775	27 975	26.43	49.27	61.30	64.69	7.84	4.99	214 821	13 650	74.93	1 322.9
1962	55 770	25 005	31 215	13 035	14.84	41.76	55.97	52.13	9.69	6.16	210 344	15 441	84.67	894.3
1963	48 270	30 030	25 305	13 530	12.03	53.47	52.42	45.05	5.79	4.25	210 327	17 000	93.87	966.7
									5.69	4.6				

(续)

年份	总受灾面积(万亩)	总成灾面积(万亩)	旱灾受灾面积(万亩)	旱灾成灾面积(万亩)	旱灾受灾率(%)	旱灾成灾占旱受灾面积的比例(%)	旱灾受灾占总受灾面积的比例(%)	旱灾成灾占总成灾面积的比例(%)	旱灾减产粮食占总产量比例(%)	单位播种面积减产量(千克/亩)	农作物总播种面积(万亩)	粮食总产量(万吨)	粮食单产(千克/亩)	旱灾粮食减产量(万吨)
1964	32 460	18 960	6 330	2 130	2.94	33.65	19.50	11.23	2.33	2.03	215 297	18 750	102.40	437.8
1965	31 200	16 830	20 445	12 165	9.51	59.50	65.53	72.28	3.32	3.01	214 937	19 453	108.40	646.5
1966	36 315	14 640	30 030	12 165	13.63	40.51	82.69	83.09	5.24	5.09	220 244	21 400	117.93	1 121.5
1967	9 662	1 343	6 114	800	2.81	13.08	63.28	59.57	1.46	1.46	217 415	21 782	121.80	318.3
1968									4.49	4.48	209 741	20 906	120.00	939.2
1969									2.24	2.23	211 416	21 097	119.60	472.5
1970	14 955	4 950	8 580	2 895	3.99	33.74	57.37	58.48	1.73	1.93	215 231	23 996	134.13	415
1971	46 575	11 175	37 575	7 980	17.19	21.24	80.68	71.41	2.32	2.66	218 526	25 014	138.00	581.2
1972	60 690	25 770	46 050	20 415	20.75	44.33	75.88	79.22	5.69	6.16	221 879	24 048	132.27	1 367.3
1973	54 735	11 430	40 800	5 895	18.31	14.45	74.54	51.57	2.30	2.73	222 821	26 494	145.80	608.4
1974	57 975	9 795	38 325	4 110	17.19	10.72	66.11	41.96	1.57	1.94	222 953	27 527	151.67	432.3
1975	53 070	15 360	37 245	7 980	16.60	21.43	70.18	51.95	1.49	1.89	224 318	28 452	156.67	423.3
1976	63 750	17 160	41 235	11 775	18.36	28.56	64.68	68.62	3.00	3.82	224 585	28 631	158.07	857.5
1977	78 030	22 740	44 775	10 515	19.99	23.48	57.38	46.24	4.15	5.24	224 000	28 273	156.53	1 173.4
1978	76 185	32 700	60 255	26 955	26.76	44.73	79.09	82.43	6.58	8.9	225 156	30 477	168.47	2 004.6

(续)

年份	总受灾面积（万亩）	总成灾面积（万亩）	旱灾受灾面积（万亩）	旱灾成灾面积（万亩）	旱灾受灾率（%）	旱灾成灾面积占旱灾受灾面积的比例（%）	旱灾受灾面积占总受灾面积的比例（%）	旱灾成灾面积占总成灾面积的比例（%）	旱灾减产粮食占粮食总产量比例（%）	单位播种面积减产量（千克/亩）	农作物总播种面积（万亩）	粮食总产量（万吨）	粮食单产（千克/亩）	旱灾粮食减产量（万吨）
1979	59 055	22 680	36 975	13 980	16.60	37.81	62.61	61.64	4.17	6.22	222 716	33 212	185.67	1 385.9
1980	66 795	33 480	39 165	18 735	17.84	47.84	58.63	55.96	4.54	6.62	219 569	32 056	182.27	1 453.9
1981	59 685	28 110	38 535	18 195	17.70	47.22	64.56	64.73	5.71	8.52	217 736	32 502	188.47	1 854.5
1982	49 695	24 180	31 050	14 955	14.30	48.16	62.48	61.85	5.60	9.14	217 133	35 450	208.27	1 984.5
1983	52 065	24 315	24 135	11 385	11.17	47.17	46.36	46.82	2.65	4.76	215 990	38 728	226.40	1 027.1
1984	47 835	22 890	23 730	10 680	10.97	45.01	49.61	46.66	2.62	4.93	216 332	40 731	240.53	1 066.1
1985	66 555	34 065	34 485	15 090	16.01	43.76	51.81	44.30	3.27	5.76	215 439	37 911	232.20	1 240.4
1986	70 710	35 490	46 560	22 140	21.53	47.55	65.85	62.38	6.50	11.76	216 306	39 151	235.27	2 543.4
1987	63 135	30 585	37 380	19 545	17.19	52.29	59.21	63.90	5.18	9.64	217 436	40 473	242.47	2 095.5
1988	76 305	35 910	49 350	22 950	22.71	46.50	64.67	63.91	7.91	14.34	217 304	39 408	238.60	3 116.9
1989	70 485	36 675	44 040	22 890	20.03	51.98	62.48	62.41	6.96	12.9	219 831	40 755	242.13	2 836.2
1990	57 705	26 730	27 270	11 715	12.25	42.96	47.26	43.83	2.87	5.76	222 543	44 624	262.20	1 281.7
1991	83 205	41 715	37 365	15 840	16.65	42.39	44.91	37.97	2.71	5.26	224 379	43 529	258.40	1 180
1992	76 995	38 850	49 470	25 575	22.13	51.70	64.25	65.83	4.74	9.38	223 511	44 266	266.93	2 097
1993	73 245	34 695	31 650	12 990	14.28	41.04	43.21	37.44	2.45	5.04	221 612	45 649	275.40	1 118

(续)

年份	总受灾面积(万亩)	总成灾面积(万亩)	旱灾受灾面积(万亩)	旱灾成灾面积(万亩)	旱灾受灾率(%)	旱灾成灾占旱灾受灾面积的比例(%)	旱灾受灾占总受灾面积的比例(%)	旱灾成灾占总成灾面积的比例(%)	旱灾减产粮食占粮食总产量比例(%)	单位播种面积减产量(千克/亩)	农作物总播种面积(万亩)	粮食总产量(万吨)	粮食单产(千克/亩)	旱灾粮食减产量(万吨)
1994	82 560	47 070	45 645	25 575	20.53	56.03	55.29	54.33	5.89	11.78	222 362	44 510	270.87	2 620
1995	68 732	33 401	35 183	15 602	15.65	44.35	51.19	46.71	4.93	10.23	224 819	46 662	282.67	2 300
1996	70 484	31 851	30 227	9 371	13.22	31.00	42.88	29.42	1.94	4.29	228 572	50 454	298.87	980
1997	80 144	45 464	50 271	30 375	21.77	60.42	62.73	66.81	9.63	20.61	230 954	49 417	291.80	4 760
1998	75 218	37 772	21 354	7 590	9.14	35.54	28.39	20.09	—	5.44	233 559	51 230	300.13	1 270
1999	74 823	40 095	45 234	24 921	19.28	55.09	60.45	62.15	6.55	14.2	234 560	50 839	299.53	3 330
2000	81 821	51 447	60 623	40 077	25.86	66.11	74.09	77.90	12.97	25.57	234 450	46 218	316.87	5 996
2001	78 323	47 690	57 708	35 547	24.71	61.60	73.68	74.54	12.11	23.46	233 562	45 264	284.47	5 480
2002	70 679	40 979	33 311	19 871	14.36	59.65	47.13	48.49	6.85	13.49	231 953	45 706	293.29	3 130
2003	81 759	48 774	37 278	21 705	16.31	58.22	45.59	44.50	7.15	13.47	228 623	43 070	288.83	3 080
2004	55 649	24 446	25 880	12 723	11.24	49.16	46.50	52.05	4.92	10.03	230 329	46 947	308.03	2 310
2005	58 227	29 949	24 042	12 719	10.31	52.90	41.29	42.47	3.99	8.28	233 232	48 402	309.44	1 930
2006	61 637	36 948	31 107	20 117	13.63	64.67	50.47	54.45	8.36	18.25	228 224	49 804	316.34	4 165
2007	73 488	37 596	44 079	24 255	19.54	55.03	59.98	64.51	7.41	16.56	225 593	50 414	316.55	3 736
2008	59 985	33 426	18 206	10 197	7.90	56.01	30.35	30.51	3.00	6.96	230 535	53 434	330.05	1 605.5

(续)

年份	总受灾面积（万亩）	总成灾面积（万亩）	旱灾受灾面积（万亩）	旱灾成灾面积（万亩）	旱灾受灾率（%）	旱灾成灾面积占旱灾受灾面积的比例（%）	旱灾受灾面积占总受灾面积的比例（%）	旱灾成灾面积占总成灾面积的比例（%）	旱灾减产粮食占粮食总产量比例（%）	单位播种面积减产量（千克/亩）	农作物总播种面积（万亩）	粮食总产量（万吨）	粮食单产（千克/亩）	旱灾粮食减产量（万吨）
2009	70 821	31 851	43 889	19 796	18.81	45.10	61.97	62.15	6.46	14.93	233 385	53 941	324.70	3 484
2010	56 139	27 807	19 889	13 481	8.46	67.78	35.43	48.48	3.01	7.16	235 178	55 911	331.57	1 684.8
2011	48 707	18 662	24 456	9 899	10.20	40.47	50.21	53.04	3.94	9.68	239 789	58 849	344.39	2 320.7
2012	37 443	17 213	14 010	5 264	5.77	37.57	37.42	30.58	1.90	4.78	242 741	61 223	353.45	1 161.2
2013	47 025	21 455	21 150	8 778	8.63	41.50	44.98	40.91	3.27	8.42	245 180	63 048	358.44	2 063.6
2014	37 337	19 017	18 408	8 516	7.44	46.26	49.30	44.78	3.14	8.11	247 449	63 965	359.01	2 006.5
2015	32 655	18 570	15 915	8 795	6.36	55.26	48.74	47.36	2.19	5.77	250 244	66 060	365.52	1 444.4
2016	39 332	20 505	14 810	9 197	5.91	62.10	37.65	44.85	2.89	7.61	250 409	66 044	363.46	1 906.4
2017	27 717	13 802	14 813	6 666	5.94	45.00	53.44	48.30	2.03	5.39	249 498	66 161	367.07	1 344.4

参考文献

[1] 蔡昉. 比较优势与农业发展政策 [J]. 经济研究, 1994 (6).

[2] 蔡昉. 农业保护政策: 国际经验与中国现实 [J]. 当代经济科学, 1997 (1).

[3] 蔡昉, 林毅夫. 中国经济 [M]. 北京: 中国财政经济出版社, 2003.

[4] 蔡昉. 穷人的经济学 [M]. 北京: 社会科学文献出版社, 2007.

[5] 林毅夫, 蔡昉, 李周. 中国的奇迹: 发展战略与经济改革 [M]. 上海: 生活·读书·新知三联书店, 1994.

[6] D. 盖尔·约翰逊. 经济发展中的农业、农村、农民问题 [M]. 北京: 商务印书馆, 2000.

[7] 卡尔·H. 博尔奇. 保险经济学 [M]. 北京: 商务印书馆, 1999.

[8] 庹国柱, 李军. 农业保险 [M]. 北京: 中国人民大学出版社, 2005.

[9] 庹国柱, 王国军. 中国农业保险与农村社会保障制度研究 [M]. 北京: 首都经济贸易大学出版社, 2002.

[10] 刘京生. 中国农业保险制度论纲 [M]. 北京: 中国社会科学出版社, 2001.

[11] 张五常. 佃农理论 [M]. 北京: 商务印书馆 2000.

[12] 速水佑次郎. 发展经济学 [M]. 北京: 社会科学文献出版社, 2003.

[13] 陈其广. 百年工农产品比价与农村经济 [M]. 北京: 社会科学文献出版社, 2003.

[14] 刘颖秋. 干旱灾害对我国社会经济影响研究 [M]. 北京: 中国水利水电出版社, 2005.

[15] 秦中春, 李伟. 引入农产品目标价格制度的理论、方法与政策选择 [M]. 北京: 中国发展出版社, 2015.

[16] 李丹. 农业风险与农业保险 [M]. 北京: 高等教育出版社, 2017.

[17] 李传峰. 公共财政与我国农业保险经营模式研究 [M]. 北京: 中国财政经济出版社, 2016.

[18] 王宏伟, 张艳芳. 中国财政支农绩效监测评价研究 [M]. 北京: 经济管理出版社, 2017.

[19] 陈锡文, 韩俊, 周菁. 中国农业供给侧改革研究 [M]. 北京: 清华大学出版社, 2016.

[20] 田维明. 中国的农业发展：思考与探索［M］. 北京：中国农业出版社，2013.

[21] 刘合光. 中美农业比较分析［M］. 北京：中国经济出版社，2015.

[22] 西奥多·W. 舒尔茨. 改造传统农业［M］. 北京：商务印书馆，1964.

[23] 斯蒂芬·贝利. 地方政府经济学：理论与实践［M］. 北京：北京大学出版社，2006.

[24] 胡炳志，陈之楚. 再保险［M］. 北京：中国金融出版社，2006.

[25] 安源. 农业再保险最优业务选择研究［M］. 北京：中央财经大学出版社，2017.

[26] 赵晨. 以再保险为基础的农业保险巨灾风险分散机制研究［M］. 成都：西南财经大学出版社，2012.

[27] 布坎南. 公共财政［M］. 北京：中国财政经济出版社，2000.

[28] 古扎拉蒂. 计量经济学［M］. 北京：中国人民大学出版社，2000.

[29] 董瑾. 国际贸易实务［M］. 北京：高等教育出版社，2001.

[30] 李斯特. 政治经济学的国民体系［M］. 北京：商务印书馆，1961.

[31] 冷柏军. 国际贸易理论与实务［M］. 北京：中国财政经济出版社，2000.

[32] 朱道华. 农业经济学［M］. 北京：中国农业出版社，2000.

[33] 保罗·克鲁格曼. 国际经济学［M］. 北京：中国人民大学出版社，1998.

[34] 布坎南. 公共财政［M］. 北京：中国财政经济出版社，2000.

[35] 王健林，林日暖. 中国西部农业气象灾害 1961—2000［M］. 北京：中国气象出版社，2003.

[36] 新疆维吾尔自治区人民政府办公厅. 新疆辉煌 50 年［M］. 乌鲁木齐：新疆人民出版社，1999.

[37] 新疆生产建设兵团统计局. 新疆生产建设兵团统计年鉴 2004［M］. 北京：中国统计出版社，2004.

[38] 国家统计局. 中国灾情报告：1949—1995［M］. 北京：中国统计出版社，1995.

[39] 冯继康. 美国农业补贴政策：历史演变与发展走势［J］. 中国农村经济，2007（3）.

[40] 冯文丽. 美国农业保险法的修正历程与启示［J］. 农村金融研究，2010（9）.

[41] 黄玉屏，黄毅. 国际粮食补贴政策与措施比较［J］. 湖南工程学院学报（社会科学版），2018（3）.

[42] 韩喜平，李罡. 从价格支持到农村发展——欧盟共同农业政策的演变与启示［J］. 理论探讨，2007（2）.

[43] 李成贵. 粮食直接补贴不能代替价格支持——欧盟、美国的经验及中国的选择［J］. 中国农村经济，2004（8）.

[44] 侯明利. 日本粮食补贴政策经验及其启示 [J]. 商业研究, 2013 (2).

[45] 王玉帅, 田恬. WTO下美韩日"绿箱"措施对发展我国现代农业的启示 [J]. 东北师大学报 (哲学社会科学版), 2013 (5).

[46] 张天佐, 郭永田, 杨洁梅. 基于价格支持和补贴导向的农业支持保护制度改革回顾与展望 [J]. 农业经济问题, 2018 (11).

[47] 李含, 曹云峰. 中国农业政策性保险制度的发展取向 [J]. 首都经济贸易大学学报, 2014 (16).

[48] 何小伟, 刘佳琪, 肖宇澄. 我国农业再保险体系的完善研究 [J]. 中国保险, 2016 (10).

[49] 黄季焜, 李宁辉, 陈春来. 贸易自由化与中国农业: 是挑战还是机遇 [J]. 农业经济问题, 1999 (8).

[50] 黄季焜, 马恒运. 中国主要农产品生产成本与主要国际竞争者的比较 [J]. 中国农村经济, 2000 (5).

[51] 马翠玲. 我国农业保护的理论依据及历史现状研究 [J]. 甘肃农业, 2000 (3).

[52] 揭新华. 优化农业保护, 促进农业产业化 [J]. 贵州社会科学, 2000 (2).

[53] 何忠伟, 蒋和平. 中国农业补贴政策的演变与走向 [J]. 农业经济导刊, 2004 (2).

[54] 孙秀清. 对我国农业保险发展模式的探讨 [J]. 经济问题, 2004 (10).

[55] 邢鹂, 钟甫宁. 粮食单产波动与农业保险制度 [J]. 农业经济导刊, 2004 (6).

[56] 王和, 皮立波. 论发展我国政策性农业保险的策略 [J]. 保险研究, 2004 (2).

[57] 谢家智, 林涌. 论加快我国农业保险经营技术创新 [J]. 保险研究, 2004 (5).

[58] 赵岸英. 农业保险的政策性出路 [J]. 金融与保险, 2004 (8).

[59] 胡秋明. 我国农业保险发展制度创新 [J]. 金融与保险, 2004 (11).

[60] 田少波. 我国农业保险商业化运作初探 [J]. 保险研究, 2004 (9).

[61] 冯文丽. 我国农业保险市场失灵与制度供给 [J]. 金融研究, 2004 (4).

[62] 赵德余, 温思美. 我国农业产业化组织形成的动因与线索 [J]. 农业经济导刊, 2004 (10).

[63] 钟甫宁, 叶春辉. 我国种植业战略性结构调整的原则和模拟结果 [J]. 中国农村经济, 2004 (4).

[64] 财政部农业司《公共财政覆盖农村问题研究》课题组. 公共财政覆盖农村问题研究报告 [J]. 农业经济问题, 2004 (7).

[65] 方伶俐．中外农业补贴政策的比较分析及启示 [J]．华中农业大学学报，2005 (2)．

[66] 吴杨．WTO后时代的新选择：农业支持替代农业保护 [J]．农业经济问题，2005 (7)．

[67] 尚娟，吴应华．WTO框架下如何加强政府财政对农业的投资 [J]．科技导报，2005 (1)．

[68] 庹国柱，朱俊生．关于我国农业保险制度建设几个重要问题的探讨 [J]．中国农村经济，2005 (6)．

[69] 陈风波，陈传波，丁士军．中国南方农户的干旱风险及其处理策略 [J]．中国农村经济，2005 (6)．

[70] 郭庆旺，贾俊雪．中国全要素生产率的估算：1979—2004 [J]．经济研究，2005 (6)．

[71] 温涛，王煜宇．政府主导的农业信贷、财政支农模式的经济效应 [J]．中国农村经济，2005 (10)．

[72] 刘拥军．我国农业增长与工业增长关系的实证研究 [J]．中国农村经济，2005 (10)．

[73] 王雅鹏．对我国粮食安全路径选择的思考 [J]．中国农村经济，2005 (3)．

[74] 程国强．中国农业面对的国际环境及其趋势 [J]．中国农村经济，2005 (1)．

[75] 顾海英，张跃华．政策性农业保险的商业化运作 [J]．中国农村经济，2005 (6)．

[76] 薛宇峰．中国农村收入分配的不平等及其地区差异 [J]．中国农村经济，2005 (5)．

[77] 盛来运．农民收入增长格局的变动趋势分析 [J]．中国农村经济，2005 (5)．

[78] 魏华林，蔡秋杰．保险费率监管研究 [J]．金融研究，2005 (8)．

[79] 熊军红，蒲成毅．农民收入与农业保险需求关系的实证分析 [J]．保险研究，2005 (12)．

[80] 吴红．关于中国农业保险模式的思考 [J]．金融与保险，2005 (11)．

[81] 张咏．论股份制商业农业保险公司的发展路径 [J]．保险研究，2005 (11)．

[82] 邓学衷，陈天阁．农村金融改革：以需求为引导的供给调整 [J]．金融理论与实践，2005 (12)．

[83] 黎已铭．农业保险性质与农业风险的可保险性分析 [J]．保险研究，2005 (11)．

[84] 李明松，黄将，王勇．我国农业保险方案设计的内在因素分析 [J]．经济问题，2005 (6)．

[85] 冯占军．我国农业保险市场失灵的特殊性及对策 [J]．金融与保险，2005

(6).

[86] 梁敏. 我国应建立有中国特色的政策性农业保险模式——从国外农业保险制度模式分析[J]. 保险研究, 2005 (12).

[87] 姚耀军. 中国农村金融研究的进展[J]. 金融与保险, 2005 (10).

[88] 姜长云. "十一五"期间统筹城乡发展的对策思路[J]. 经济研究参考, 2005 (1).

[89] 叶兴庆. 对我国农业政策调整的几点思考[J]. 农业经济问题, 2005 (1).

[90] 韩俊. 建立保护农民权益的长效机制[J]. 中国经济时报, 2005-02-08.

[91] 赖昭瑞, 冯继康. 试论当前各国农业支持政策的调整态势[J]. 农业经济, 2005 (3).

[92] 马援, 姚蔚. 粮食产销平衡地区国有粮食企业购销经营状况及其发展趋势分析[J]. 中国农村经济, 2006 (6).

[93] 姚蔚. 新农村建设与政策性金融职能定位[J]. 银行家, 2006 (9).

[94] 施建祥, 邬云玲. 我国巨灾保险风险证券化研究[J]. 金融研究, 2006 (5).

[95] 谢平, 徐忠. 公共财政、金融支农与农村金融改革[J]. 经济研究, 2006 (4).

[96] 杜彦坤. 农业政策性保险体系构建的基本思路与模式选择[J]. 农业经济问题, 2006 (1).

[97] 吴扬. 农业保险的理论依据及其效用分析[J]. 农业经济导刊, 2006 (4).

[98] 蒲成毅. 农业保险制度模式与产品组合设计研究[J]. 重庆工商大学学报, 2006 (1).

[99] 王保平. 我国农业保险发展路径的现实选择[J]. 保险研究, 2006 (9).

[100] 孟春, 高伟, 陈昌盛. 新疆建设兵团农业保险实践调研报告[J]. 国研报告, 2006 (10).

[101] 郭左践. 中国农业保险发展面临的问题及政策建议[J]. 中国金融, 2006 (11).

[102] 中国水利年鉴[M]. 1990—2017.

[103] 中国统计年鉴[M]. 1995—2017.

[104] Mark R. Green. the Government as an Insurer [J]. The Journal of Risk and Insurance, 1976, 43 (3).

[105] Dwight M. Jaffee, Thomas Russell. Catastrophe Insurance, Capital Markets, and Uninsurable Risks [J]. The Journal of Risk and Insurance, 1997, 64 (2).

[106] L.D. Howell. Benefits versus Costs of Price Support [J]. The Quarterly Journal of Economics, 1954, 68 (1).

[107] Ralph R. Botts. Federal Crop Insurance [J]. Journal of the American Association of University teachers of Insurance, 1956, 23 (1).

[108] Andrew J. Hogan, Robert T. Aubey. Compulsory Insurance and Allocative Efficiency in Agriculture [J]. The Journal of Risk and Insurance, 1984, 51 (2).

[109] John D. Long. Insurance Subsidies and Welfare Economics [J]. The Journal of Risk and Insurance, 1972, 39 (3).

[110] Alfred Manes. Insurable Hazards [J]. The Journal of Business of the University of Chicago, 1941, 14 (1).

[111] C. Arthur Williams, Jr. Social Insurance, Proper Terminology? [J]. The Journal of Insurance, 1963, 30 (1).

[112] Mario Miranda and Dmitry V. vedenov. Innovations in Agricultural and Natural Disaster insurance [J]. American Journal Agricultural Economics, 2001 (8).

[113] Goodwin, Barry K., Vincent H. Smith. The Economics of Crop Insurance and Disaster Aid [M]. Washington, DC: The AEI Press, 1995.

[114] Hazel, Peter and Alberto Valdes. Crop Insurance for Agricultural Development: Issues and Experience [M]. Baltimore J. The-John Hopkins University Press, 2000.

[115] Rejesus, R. M., B. B. Little, A. Lovell, M. Cross, and M. Schucking. Patterns of Collusion in the U. S. Crop Insurance Program: An Empirical Analysis [J]. Journal of Agricultural and Applied Economics, 2004 (36).

[116] Shaik, S., and J. Atwood. Demand for Optimal Units in Crop Insurance [J]. American Journal of Agricultural Economics, 2003 (7).

[117] Smith, D. R. The Public/Private Risk Management Partnership [J]. Agricultural and Resource Economics Review, 2001 (2).

[118] Bourgeon, J. M., and R. G. Chambers. Optimal Area-Yield Crop Insurance Reconsidered [J]. American Journal of Agricultural Economics, 2003 (82).

[119] Chambers, R. G. and J. Quiggin. Decomposing Input Adjustments under Price and Production Uncertainty [J]. American Journal of Agricultural Economics, 2001 (83).

[120] Chambers, R. G. and J. Quiggin. Optimal Producer Behavior in the Presence of Area-Yield Crop Insurance [J]. American Journal of Agricultural Economics, 2002 (84).

[121] Coble, K. H., and T. O. Knight. Crop Insurance as a Tool for Price and Yield Risk Management [J]. A Comprehensive Assessment of the Role of Risk in

Agriculture, 2002.

[122] Duncan, J., and R. J. Myers. Crop Insurance under Catastrophic Risk [J]. American Journal of Agricultural Economics, 2000 (82).

[123] Glauber, J. W., and K. J. Collins. Crop Insurance, Disaster Assistance, and the Role of the Federal Government in Providing Catastrophic Risk Protection [J]. Agricultural Finance Review, 2002 (69).

[124] Goodwin, B. K., and V. H. Smith. An Ex Post Evaluation of the Conservation Reserve, Federal Crop Insurance and Other Government Programs: Program Participation and Soil Erosion [J]. Journal of Agricultural and Resource Economics, 2003 (28).

[125] Goodwin, B. K., M. L. Vandeveer, and J. Deal. An Empirical Analysis of Acreage Effects of Participation in the Federal Crop insurance Program [J]. American Journal of Agricultural Economics, 2004 (86).

[126] Hess, U. Innovative Financial Services for India: Monsoon-Indexed Lending and Insurance for Smallholders [R]. The World Bank. Agriculture and Rural Development working paper No. 9, August 2003.

[127] Ker, A. P. and P. McGowan. Weather-Based Adverse Selection and the U. S. Crop Insurance Program: The Private Insurance Company Perspective [J]. Journal of Agricultural and Resource Economics, 2000 (25).

[128] Mahul, O. Optimal Insurance Against Climatic Experience [J]. American Journal of Agricultural Economics, 2001 (83).

[129] Mahul, O. Optimal Area Yield Crop Insurance [J]. American Journal of Agricultural Economics, 1999 (81).

[130] Mason, C., D. J. Hayes, and S. H. Lence. Systemic Risk in U. S. Crop Reinsurance Programes [J]. Agricultural Finance Review, 2003 (63).

图书在版编目（CIP）数据

中国农业补贴改革：思考与探索：构建"险补结合"农业暨粮食补贴新体系 / 姚蔚著 . —北京：中国农业出版社，2019.6（2020.6 重印）
ISBN 978-7-109-25556-2

Ⅰ.①中… Ⅱ.①姚… Ⅲ.①农业－政府补贴－财政改革－研究－中国 Ⅳ.①F812.2

中国版本图书馆 CIP 数据核字（2019）第 100164 号

中国农业出版社出版

（北京市朝阳区麦子店街 18 号楼）

（邮政编码 100125）

责任编辑 赵 刚

中农印务有限公司印刷 新华书店北京发行所发行
2019 年 6 月第 1 版 2020 年 6 月北京第 2 次印刷

开本：700mm×1000mm 1/16 印张：22.75
字数：330 千字
定价：90.00 元

（凡本版图书出现印刷、装订错误，请向出版社发行部调换）